U0456160

唐鉴

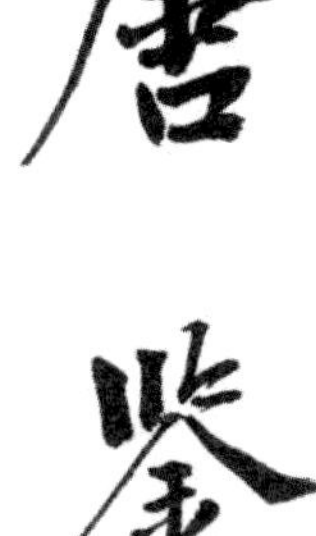

全本全注全译

〔宋〕范祖禹 著

谦德书院 注译

团结出版社

图书在版编目（CIP）数据

唐鉴 /（宋）范祖禹著；谦德书院译注. -- 北京：团结出版社，2023.3

ISBN 978-7-5126-9837-6

Ⅰ. ①唐… Ⅱ. ①范… ②谦… Ⅲ. ①中国历史—唐代—编年体 Ⅳ. ①K242.043

中国版本图书馆CIP数据核字（2022）第213601号

出版：团结出版社

（北京市东城区东皇城根南街84号 邮编：100006）

电话：（010）65228880　65244790　（传真）

网址：www.tjpress.com

Email：65244790@163.com

经销：全国新华书店

印刷：北京天宇万达印刷有限公司

开本：145×210　1/32

印张：17.25

字数：380千字

版次：2023年3月　第1版

印次：2025年6月　第2次印刷

书号：978-7-5126-9837-6

定价：78.00元

《谦德国学文库》出版说明

人类进入二十一世纪以来，经济与科技超速发展，人们在体验经济繁荣和科技成果的同时，欲望的膨胀和内心的焦虑也日益放大。如何在物质繁荣的时代，让我们获得内心的满足和安详，从经典中获取智慧和慰藉，或许是我们不二的选择。

之所以要读经典，根本在于，我们应当更好地认识我们自己从何而来，去往何处。一个人如此，一个民族亦如此。一个爱读经典的人，其内心世界必定是丰富深邃的。而一个被经典浸润的民族，必定是一个思想丰赡、文化深厚的民族。因为，文化是民族之灵魂，一个民族如果不能认识其民族发展的精神源泉，必定就会失去其未来的生机。而一个民族的精神源泉，就保藏在经典之中。

今日，我们提倡复兴中华优秀传统文化，当自提倡重读经典始。然而，读经典之目的，绝不仅在徒增知识而已，应是古人所说的“变化气质”，进一步，是要引领我们进德修业。《易》曰：“君子以多识前言往行，以畜其德。”实乃读经典之要旨所在。

基于此理念，我们决定出版此套《谦德国学文库》，“谦德”，即本《周易》谦卦之精神。正如谦卦初六爻所言：“谦谦君子，用涉大川”，我们期冀以谦虚恭敬之心，用今注今译的方式，让古圣先贤的教诲能够普及到每一个人。引导有心的读者，透过扫除古老经典的文字障碍，从而进入经典的智慧之海。

作为一套普及型的国学丛书，我们选择经典，不仅广泛选录以儒家文化为主的经、史、子、集，也将视野开拓到释、道的各种经典。一些大家所熟知的经典，基本全部收录。同时，有一些不太为人熟知，但有当代价值的经典，我们也选择性收录。整个丛书几乎囊括中国历史上哲学、史学、文学、宗教、科学、艺术等各领域的基本经典。

在注译工作方面，版本上我们主要以主流学界公认的权威版本为底本，在此基础上参考古今学者的研究成果，使整套丛书的注译既能博采众长而又独具一格。今文白话不求字字对应，只在保证文意准确的基础上进行了梳理，使译文更加通俗晓畅，更能贴合现代读者的阅读习惯。

古籍的注译，固然是现代读者进入经典的一条方便门径，然而这也仅仅是阅读经典的一个开端。要真正领悟经典的微言大义，我们提倡最好还是研读原本，因为再完美的白话语译，也不可能完全表达出文言经典的原有内涵，而这也正是中国经典的魅力所在吧。我们所做的工作，不过是打开阅读经典的一扇门而已。期望藉由此门，让更多读者能够领略经典的风采，走上领悟古人思想之路。进而在生活中体证，方能直趋圣贤之境，真得圣贤典籍之大用。

经典，是古圣先贤留给我们的恩泽与财富，是前辈先人的智慧精华。今日我们在享用这一份恩泽与财富时，更应对古人心存无尽的崇敬与感恩。我们虽恭敬从事，求备求全，然因学养所限、才力不及，舛误难免，恳请先贤原谅，读者海涵。期望这一套国学经典文库，能够为更多人打开博大精深之中华文化的大门。同时也期望得到各界人士的襄助和博雅君子的指正，让我们的工作能够做得更好！

团结出版社

2017年1月

前　言

《唐鉴》是北宋史学名家范祖禹的史论代表作，是中国第一部关于施政治国方略的经典杰作，记述了唐朝二十一位皇帝近三百年的政治史。它和《资治通鉴》并驾齐驱，被视为帝王读物。据说，北宋理学家程颐非常喜欢读《唐鉴》，他曾评价道："三代以后，无此议论。"宋高宗也曾评论道："读《资治通鉴》，知司马光有宰相度量；读《唐鉴》，知范祖禹有台谏手段。"

范祖禹是司马光的学生，二人的历史观高度一致，他们都非常关注历史上的兴废治乱和民生休戚问题，都希望从历史中寻找可供后人借鉴的经验教训。范祖禹协助司马光编纂《资治通鉴》，主要负责《唐纪》部分的编写。《唐鉴》正是范祖禹在《唐纪》的基础上，截取有关"成败之迹"的精华，然后进行一番剖析，以期探究唐代兴废治乱之由。

范祖禹（1041—1098），字淳甫，一字梦得，北宋成都华阳人（今四川成都），世称"华阳先生"。范祖禹很小便失去了父亲，寄居于叔祖范镇家，后受业于叔父范百禄。青少年时代的范祖禹勤学苦读，学识逐渐渊博，人格光明峻洁。仁宗嘉祐八年（1063）三月，二十三岁的范祖禹以进士甲科第四名登第。然而，高官厚禄并不是他所追求的目标，他的宏伟抱负是经邦济世。

北宋英宗时，龙图阁直学士司马光受命挑选馆阁英才，设局编修《资治通鉴》。年轻的范祖禹以其才华和人品为司马光所赏识，和刘恕、刘攽一起被选为司马光的助手，范祖禹主要负责唐五代十国史的编修。唐代是中国历史上经济文化繁荣的重要时期，五代十国又是历史上非常混乱的时期，它们距离北宋很近，各种文献资料相当繁杂。范祖禹不辞劳苦，十余年夜以继日地工作，终于完成了重任。司马光在《致宋次道书》中曾说："唐文字尤多，托范梦得将诸书依年月编次为草卷，每四丈截为一卷……共计不减六七百卷。"其中的艰辛可想而知。宋神宗元丰七年（1084）十一月，《资治通鉴》编修完成，司马光进呈神宗，并上奏范祖禹有同修之功。宋神宗授范祖禹秘书省正字，后迁著作佐郎。宋哲宗元祐元年（1086）二月，范祖禹进呈《唐鉴》，后改迁著作郎兼侍讲。元祐四年（1089），授右谏议大夫、给事中。元祐六年（1091），授礼部侍郎、翰林学士，并兼修国史。宋哲宗绍圣元年（1094），罢翰林学士，授龙图阁学士，知陕州。绍圣三年（1096），范祖禹因人诬谤，被一贬再贬。宋哲宗元符元年（1098），卒于化州。

作为一位杰出的历史学家，范祖禹始终认为研究历史、撰写历史著作的目的在于"以史为镜"，给后世以借鉴。《唐鉴》一书记录了唐代将近三百年的历史。在内容上，它涉及唐代的方方面面，比如政治、经济、军事、文化等等。在体例上，范祖禹对书中所记述的每一条史实都进行了精辟的分析和评论，总结了很多唐代治乱兴衰、成败得失的政治经验和教训。这些论断和总结体现出了范祖禹作为一位杰出历史学家的胆略和气魄。

《唐鉴》书成后颇为时人和后世推重，蔡绦在《铁围山丛谈》中记载："范内翰祖禹作《唐鉴》，名重天下。……其幼子温，字符实。……一日，游大相国寺，而诸贵盖不辨有祖禹，独知有《唐鉴》而已；见温，辄指目，方自相谓：'此《唐鉴》儿也。'"苏轼曾说："老来不欲泛观他书，近日且看《唐鉴》。"《宋史·范祖禹传》更是盛赞："《唐鉴》深明唐三百年治乱，学者尊之，目为'唐鉴公'云。"清人李慈铭在《越缦堂读书记》中记载，清仁宗嘉庆皇帝对群臣说："范祖禹所著《唐鉴》一书，胪叙一代事迹，考镜得失，其立论颇有裨于治道。"并且下令让馆臣仿其体例，编成《明鉴》，足见《唐鉴》影响之深远。

《唐鉴》现在流通的版本主要有三种：一种是上海图书馆藏的宋刻本；一种是吕祖谦作注的明弘治本；一种是北京图书馆藏的宋刻元修本。这三种版本在分卷和文字上各有出入，上海图书馆藏的宋刻本共计十二卷，吕祖谦的注本共计二十四卷。此次出版，原文我们以吕祖谦的注本为底本，同时参考其他两种版本进行整理，为了便于现代读者阅读，编者对原文做了简明的注释和通俗流畅的译文。囿于能力，书中难免有所疏漏，恳请读者不吝赐教。

谦德书院
2023.2

目　录

唐鉴卷之五

唐鉴卷之六

唐鉴卷之七

唐鉴卷之八

唐鉴卷之九

唐鉴卷之十

唐鉴卷之十一

唐鉴卷之十二

唐鉴卷之十三

唐鉴卷之十四

唐鉴卷之十五

唐鉴卷之十六

唐鉴卷之十七

唐鉴卷之十八

唐鉴卷之十九

唐鉴卷之二十

唐鉴卷之二十一

唐鉴卷之二十二

唐鉴卷之二十三

唐鉴卷之二十四

进唐鉴表

扫一扫 听导读

臣祖禹[①]言：臣窃以自昔下之戒上，臣之戒君必以古验今，以前示后。禹、益[②]之于舜，则言其所无于佚于乐，傲虐[③]之作，防于未然。周召之于成王[④]，则相古先民历年坠命。日陈于前，皆所以进哲德而养圣功也。臣祖禹诚惶诚惧，顿首顿首。臣昔在先朝[⑤]承乏书局，典司载籍，实董有唐。尝于䌷[⑥]次之余，稽其成败之迹，折以义理，缉成一书，思与庶人传言，百工执艺，献之先帝[⑦]，庶补万分。比臣赴职，不幸先帝遽扬末命。伏遇皇帝陛下嗣膺大统，睿智日跻，详延耆儒，启沃[⑧]圣学。监于前代，宜莫如唐仪刑祖之典则。四方承式，万世永赖。臣之此书，虽不足以发挥德业，广助聪明，拳拳之忠不能自已。苟有所得，不敢不告。辄以狂愚，尘玷日月，罪当诛死。伏惟清闲之燕，少赐省览。其《唐鉴》十二卷，缮写成六册，谨随表上进以闻。

臣祖禹诚惶诚惧，顿首顿首谨言。

元祐[⑨]元年二月二十八日，承议郎行秘书省著作佐郎骑都尉赐绯鱼袋[⑩]臣范祖禹上表。

【注释】①祖禹：即范祖禹（1041–1098），字淳甫（淳，或作醇、纯；甫或作父），华阳人，嘉祐八年（1063）进士，并历官龙图学士，出知陕州。作为历史学家，他参加了司马光编修《资治通鉴》的写作班子，主修唐代一段历史。《唐鉴》一书所写的大量历史人物和历史事件，都是唐代的真人真事，是十分珍贵的历史资料。②禹、益：禹，姒姓，名文命，史称大禹、帝禹，为夏后氏首领，舜时大臣，舜崩受禅而继位，国号“夏”。益，尧舜时期大臣，主管畜牧业，与大禹的功绩不相上下。“满招损，谦受益”便是出自益之口。③傲虐：指遨游嬉戏，残害百姓的行为。④周召之于成王：周召，指周公旦与召公奭，两人共同辅佐成王。成王，即周成王姬诵，武王之子，西周第二任君主。公元前1021年，因病驾崩，享年三十五岁，在位21年。与其子周康王统治期间，社会安定、百姓和睦、“刑错四十余年不用”，史称“成康之治”，是中国古代史上的一代明君。⑤先朝：指宋神宗执政时期。⑥紬（chōu）：指抽引，理出丝缕的头绪。⑦先帝：指宋神宗赵顼（1048–1085），初名赵仲针，北宋第六位皇帝，1067年至1085年在位。⑧启沃：典故名，典出《尚书》卷十《商书·说命上》。商王武丁任用傅说为相时，命之曰：“若岁大旱，用汝作霖雨。启乃心，沃朕心，若药弗瞑眩，厥疾弗瘳。后遂用“启沃”指竭诚开导、辅佐君王。⑨元祐：宋哲宗赵煦的第一个年号，公元1086年至1094年，共计九年。⑩绯鱼袋：是指绯衣与鱼符袋，唐制朝官五品以上为佩鱼符袋，宋沿用。从唐朝开始，官服分颜色三品以上为紫袍，佩金鱼袋；五品以上为绯袍，佩银鱼袋；六品以下为绿袍，无鱼袋。官吏有职务高而品级低的，仍按照原品服色。

【译文】臣范祖禹禀告：我认为自古以来下属劝诫上司，臣子劝诫君王，都是以古代的事例来检验现今的情形，用过去的历史经验来启示后人。过去禹、益劝诫帝舜，则是劝诫舜不要贪图安逸，淫于音乐；遨游嬉戏，残害百姓的行为，应该防患于未然。周公旦与召公奭辅助周成王时，则是以古代历代君王失去天命而亡国的教训来警戒他，每天当面提醒的都是一些增进智慧修养与培养帝王功业的事例。臣范祖禹诚惶诚恐，小心谨慎，三拜九叩。臣过去在神宗时期时曾主管书局，在管理编修的典册文献中，有唐代的相关内容。臣在整理这些文献的空余时间，曾把唐代政治成败得失的史料，按照伦理道德的行事准则编成了一本书，想着能让臣民百姓传诵，让各工商业者持守技艺。臣准备将此呈给神宗皇帝，希望对国家治理能有一点点作用。但是当等到臣编完此书准备呈奉之时，先帝神宗却不幸离世。现在幸遇皇帝陛下继承天下大位，聪明才智日渐强盛，且又聘请了德高的老儒，以孔圣之学来启发辅佐陛下。以前代历代为鉴，最好的莫过于唐代效法老祖宗们的典章制度的做法。他们将此作为行事准则颁示天下，代代相传。臣所编辑的这部书，虽然不足以让陛下建立圣功大业，广泛增长陛下的视听，但是臣的拳拳忠诚之心无法自已。姑且有了一点点收获，不敢不禀报。因此臣甘冒狂愚之罪献上此书，玷污了陛下观览，臣罪该万死。臣只请求陛下在茶余饭后的空闲之时，能稍稍翻览一下。这本《唐鉴》共计十二卷，编录成六册，现连同奏表一同呈上给陛下。

臣范祖禹诚惶诚恐，顿首再拜。特此禀报。

时哲宗元祐元年（1086）二月二十八日，承议郎行秘书省著作佐郎骑都尉赐绯鱼袋臣范祖禹敬上表章。

唐鉴卷之一

扫一扫　听导读

高祖上

隋大业[①]十三年，高祖为太原留守，领晋阳宫监。时炀帝南游江都，天下盗贼起。高祖子世民，知隋必亡，阴结豪杰谋举大事。惧高祖不听，与副监裴寂[②]谋。寂因选晋阳宫人私侍高祖，乃以大事告之。世民因亦入白其事。五月，以诈杀副留守王威、高君雅[③]，遂起兵。遣刘文静使突厥约连和。

【注释】①大业：隋炀帝杨广的年号，公元605年至617年，共计十三年。十三年，即公元617年。②裴寂（573—629）：字玄真，蒲州桑泉人。隋大业中，与李渊一块起兵，入唐官大丞相府史，封魏国公。③王威、高君雅：王威，隋末太原副留守，郡丞（一说为武贲郎将）。高君雅，隋末武牙郎将。二人因获知李渊欲起兵反隋，因此密谋于晋祠诛杀李渊，结果事情败露，反被李渊诬以谋反罪名杀害。

【译文】隋朝炀帝大业十三年（617），唐高祖李渊出任太原留守，并兼领晋阳（今山西太原市南）宫监。当时隋炀帝正南下巡游江都（今江苏省扬州市），因政治昏暗，以致天下盗贼纷纷涌起。高祖李渊的儿子李世民明白，这样下去隋朝一定会灭亡，所以暗中与天下英雄豪杰交结，谋划起兵反隋夺取天下。因为害怕高祖李渊不同意，于是和晋阳宫副监裴寂谋划。裴寂因此挑选了晋阳宫女私下去服侍李渊，并乘机将准备起兵反隋的事告诉了李渊。李世民也乘机向父亲说了起兵之事。这年五月，李渊父子以谋反罪诬蔑杀害了太原副留守王威与高君雅，正式起兵反隋。同时，派遣刘文静出使突厥，约定联合起兵。

臣祖禹曰：匹夫欲自立于乡党，犹不可不自重也，况欲图王业，举大事，而可以不正启之乎？太宗陷父于罪，而胁之以起兵。高祖昵裴寂之邪，受其宫女而不辞，又称臣于突厥，倚以为助，何以示后世矣？夫创业之君，其子孙则而象之，如影响之应形声，尤不可不慎举也。是以唐世人主无正家之法，戎狄多猾夏[①]之乱，盖高祖以此始也。或曰：太宗苟不为此，则高祖或终不从，而突厥将为后患，二者权以济事也。臣窃以为不然。古之王者，行一不义，杀一不辜[②]，而得天下，不为也。太宗恐高祖之不从，惧突厥之为患，终守臣节可也，岂有胁父臣虏以得天下而可为欤？此而可为，则亦无所不至矣。惜乎太宗有济世之志，拨乱之才，而不知义也。

【注释】①夏：指中原地区。②行一不义，杀一不辜：语出《孟子·公孙丑上》："行一不义，杀一不辜而得天下，皆不为也。"

【译文】臣范祖禹认为，一个人如果想要在乡里街坊中自立，尚且不能够不自重，何况是要谋求帝王之业，夺取天下的大事，能够用不正当的手段开始吗？太宗李世民用计使父亲李渊犯罪，因而胁迫他起兵。李渊认同了裴寂的邪恶行为，对他选送宫女的行为没有拒绝，并向突厥俯首称臣，借突厥的兵力为倚仗，这又怎么来给后人做榜样呢？创业建国的君主，他们的子孙大多会效仿他们来行事，这就好比影子随形，音之应声，尤其要慎重行事。正因如此，唐朝的历代君王都没能很好地处理好家务，戎狄等外族也多次侵犯中原，这大概就是从高祖时期开始的吧。有人说，唐太宗如果不用手段胁迫父亲起兵，那么高祖李渊最后也许不会这样做，而突厥可能会成为后患，这两者是姑且用来成就大事的。但臣范祖禹却不这样认为。古代的君王，做一件不义之事，杀一个无罪的人，以此去夺取天下，他们都不会去做。唐太宗如果担心父亲不同意起兵夺取天下，害怕突厥成为后患，那么坚守大臣的节操也是可以的，又怎么能做胁迫父亲、称臣突厥来夺取天下这种事呢？如果这样的事都能做，那就没有什么事是不可以干的了。可惜啊！唐太宗有拯救百姓治理天下的大志，有拨乱反正的才能，却不知道仁义之理啊。

高祖使建成、世民将兵击西河郡，攻拔之，执郡丞高德儒[①]。世民数之曰："汝指野鸟为鸾，以欺人主，取高官，吾与义兵，正为诛佞人耳。"遂斩之，自余不戮一人，秋毫无犯。

臣祖禹曰：昔武王克商，释箕子[②]之囚，封比干[③]之墓，式商容[4]之闾，戮蜚廉、恶来[5]于海隅，显善除恶，如恐不及，何哉？使民知向方，示以征伐之本意也。故海内莫不革心易虑，以听上之所为。去商之污俗，被周之美化，如水之走下，草之从风也。太宗始起兵而戮一佞人，民知所好恶矣。如是则谁不欲为忠，而不为佞，宜其成王业之速也。德儒佞于隋而戮于唐，为佞者果何利哉！

【注释】①高德儒（？-617）：隋朝的亲卫校尉，他在洛阳西苑看见孔雀。自称看见鸾鸟祥瑞，奏报隋炀帝，孔雀已经飞走，无法验证，隋炀帝任命他为朝散大夫，后为西河（今山西汾阳）郡丞。大业十三年（617）六月初五，李渊起兵，派儿子李建成、李世民攻打西河，六月初十，攻克西河，李世民历数他的罪过，将其处死。②箕子：名胥余，殷商末期贵族，商纣王的叔父，文丁的儿子，帝乙的弟弟，官太师，因其封地于箕，故称箕子，他与微子、比干齐名，史称“殷末三贤”。因向纣王进谏，不听，佯狂为奴，后被囚禁。③比干（前1110-前1047）：沬邑（今河南卫辉）人氏，因封于比地，故称比干，也称王子比干。商王文丁庶子，商王帝乙之弟，商纣王帝辛子受之叔，殷商王室的重臣。因给纣王提意见，触怒纣王，被杀死挖心。④商容：商纣王时掌管音乐的官，名容，故名商容。⑤蜚廉、恶来：上古历史人物。蜚廉，亦作飞廉，相传是春秋战国时期秦国、赵国的祖先，黄帝孙子颛顼的后裔。恶来，一作“恶来革”，商纣王的大臣，蜚廉之子，以勇力而闻名。父子两人俱事殷纣王，武王克商时被杀。

【译文】唐高祖李渊派长子李建成与次子李世民率军攻打西

河郡（今山西省汾阳市），不久便攻克了，并抓获了郡丞高德儒。李世民责备高德儒说："你指着野鸟说那是鸾凤，以此来欺骗皇上，谋取高官，我与各路义兵，正是为了诛杀你们这些奸佞之人。"于是斩杀了高德儒。其余的没有再杀害一人，与百姓秋毫无犯。

臣范祖禹认为，过去周武王消灭商纣后，释放了囚牢中的箕子，修缮了比干的坟墓，凭吊了商容所居之处，在偏远之地杀掉了蜚廉、恶来，显善除恶，这样还担心做得不好。为什么呢？因为他想让老百姓知道应该提倡什么反对什么，向百姓表明了他灭商的本意。所以天下人没有不改正思想，转变观念，接受周武王的所作所为的。因此改变商朝的恶风恶俗，实施周朝的美好教化，就如同流水从高处往低处流，小草随风起伏一样自然。唐太宗一起兵就杀掉了高德儒这个佞邪之人，所以老百姓便知道唐太宗的好恶了。这样一来，谁还不知道要对他忠心耿耿，而不去做那些佞邪之事呢！这也正是唐太宗能迅速夺取天下的原因。高德儒讨好隋人却被唐人所杀，可见做佞邪之事的人真的没什么好下场啊！

高祖以书招李密①。密自恃兵强，欲为盟主。复书曰："所望左提右挈，戮力同心，执子婴②于咸阳，殪③商辛④于牧野。"高祖得书曰："密妄自矜大，非折简可致。若遽绝之，乃是更生一敌，不如卑辞推奖，以骄其志。"复书曰："天生烝民，必有司牧，当今为牧，非子而谁？老夫年逾知命，愿不及此，欣戴⑤大弟，攀鳞附翼，惟弟早膺图箓，以宁兆庶，宗盟之长，属籍见容，复封于唐，斯荣足矣。"密得书甚喜，曰："唐公见推，天下不足定矣。"

【注释】①李密（582-619）：字玄邃，小字法主，辽东襄平（今辽宁辽阳市）人。隋末唐初的群雄之一。后与李渊争夺天下，被杀。②子婴：秦二世胡亥的侄儿，二世被赵高杀死后，立子婴为王，后项羽入咸阳杀子婴。③殪（yì）：杀死之意。④商辛：即商纣王，其名辛。⑤欣戴：指悦服拥戴。

【译文】唐高祖李渊写信招降李密。李密自恃兵力强盛，想做盟主。因此他回信给高祖说："我希望能得到大家的支持，一起同心协力，打到咸阳（今陕西省咸阳市）捉住子婴，攻到牧野（今河南新乡市北）杀掉商纣王。"唐高祖接到信后说："李密妄自尊大，不是写一封信去就能招来为我效力的。如果马上与他断绝关系，只会给自己增加一个劲敌，不如言辞谦恭点，称赞他一番，使其志骄意惰。"于是他又写信给李密说："上天生养了这么多老百姓，便一定会有人来管理他们。当今能够成为他们的管理者称皇为帝的人，除了你还有谁呢？我已经五十有余了，没有这个愿望，愿攀龙附凤，心悦诚服拥护大弟你，给你当助手。只希望大弟你早登大位，以安定天下百姓。你当盟主，我愿归附于你，只要你能再封我为唐王，我就非常荣幸了。"李密收到这封信后非常高兴，说："唐公李渊推我为盟主，平定天下就没有什么问题了。"

臣祖禹曰：晋文公[①]谲而不正，孔子讥之。当是时，李密方围洛邑，高祖乘虚席卷入关。密进则前有太原之敌，后有东都之师，是以聚兵洛口而不能西，其势亦可见矣。然则高祖何赖于密，而招之以纳侮。及其自欲为盟主也，又何惮于密，而骄之以行诈哉？且始举义兵而劝进于叛人，非所以为名也。臣以为此非太宗、刘文静之谋，必出于高祖与裴寂之徒，怯惧之计，得已而不已者也。

【注释】①晋文公（前697—前628）：姬姓，名重耳，中国春秋时期晋国的第二十二任君主，春秋时晋献公之子。因内部争权出奔，流亡在外多年，后返晋执政，使晋国强大，成为五霸之一。

【译文】臣范祖禹认为，晋文公谲诈又不正派，孔子曾讥讽过他。当时，李密的军队正围困着洛阳，唐高祖李渊乘隋军兵力空虚从潼关打进了关中。这样，李密如果前进则会遇到李渊的军队，而后面又有东都洛阳隋朝的军队，因此军队聚集在洛口而无法西行进关，这样的形势是很明显的。然而高祖有什么需要依赖李密的，并且招来了李密的侮辱。他自己想当盟主，又有什么需要害怕李密的，故意用欺诈的手段去哄骗他？况且一开始举义兵时劝叛人李密为首领，做的并不是名正言顺。臣认为这不是唐太宗、刘文静的计谋，一定是唐高祖与裴寂等人的主意。这种假装惧怕的计策，是可以不使用的却又不得不采用。

武德元年三月[①]，隋恭帝[②]诏以唐王[③]为相国，加九锡[④]。王谓僚属曰："此谄谀者所为耳。孤秉大政而自加宠锡，可乎？必若循魏晋之迹，彼皆繁文伪饰，欺天罔人，考其实不及五霸[⑤]，而求名欲过三王[⑥]，此孤常所非笑，窃亦耻之。"或曰："历代所行，亦何可废？"王曰："尧舜汤武各因其时，取与异道，皆推其至诚以应天顺人，未闻夏商之末，必效唐虞之禅也。若使少帝[⑦]有知，必不肯为，若其无知，孤自尊而饰让，平生素心所不为也。"但改丞相府为相国府，其九锡殊礼，皆归之有司。

【注释】①武德：唐高祖李渊建唐后的第一个年号，从618年至626年，共计9年。武德元年即公元618年。②隋恭帝：杨侑（605-619），字仁辅，弘农华阴（今陕西省华阴市）人。隋朝第三位皇帝（617-618年在位），隋炀帝杨广之孙。③唐王：即李渊，他于隋大业十三年十一月被封为唐王。④九锡：古代帝王赐给有大功臣的九种物品，即车马、衣服、乐则、朱户、纳陛、虎贲、弓矢、鈇钺，秬鬯。⑤五霸：春秋时期相继称霸的五个诸侯，即齐桓公、晋文公、秦穆公、宋襄公、楚庄王。⑥三王：指尧、舜、禹。⑦少帝：即隋恭帝。

【译文】高祖武德元年（618）三月，隋恭帝杨侑下诏任命唐王李渊为相国，并授予最高的九锡之礼。唐王李渊对他的下属们说："这是那些谄谀讨好的人所做的事。我掌管着国家大政却自己给自己加以九锡大礼，这可以吗？如果一定要像魏晋的办法一样去做，那都是以繁复的文辞来伪饰，欺天骗人的花架子。考查他们的真实情况，却是远远赶不上五霸强大的，而他们求取名利却还想超越尧、舜、禹三王，这让我常常讥笑，也羞于这样去做。"有人说："这是历代所遵行的，怎么可以废除呢？"高祖李渊说："尧、舜、汤、武四王根据自己所处时期的不同情况而获得了天下大权，他们采取的办法都不一样，但都是发自内心的至诚之心来顺应天时与民心，我没有听说过夏、商两朝末年时，还有君主一定要效仿尧舜禅让天下的。如果恭帝懂得这些，必定不会这样做的；如果恭帝不懂得这些，我自己尊崇自己又假意推让，这是我平生素来都不想去做的。”于是他下令只把丞相府改为了相国府，九锡大礼所赐给的东西都交给了相关官员。

臣祖禹曰：魏晋之君，欺孤蔑寡，以夺天位。考其实，无异于寒浞①、王莽。王必欲唐虞之文，后世因袭而莫之改，其君臣皆不以为羞也。惟唐高祖知其出于谄谀者所为，故繁文伪饰有所不行，亦可谓不自欺者矣。然以兵取，而必为之文曰受禅于隋。是亦未免袭衰世之迹也。虽不能正其名实，如三代之王，而优于晋魏则远矣。

【注释】①寒浞（前2013—前1933）：妘姓，又名韩浞（zhuó）、寒漪。传说中夏代东夷族的首领，为其君伯明所逐，有穷氏部落首领后羿用为相，继而又夺取后羿的政权，后被少康所杀。

【译文】臣范祖禹认为，魏晋时期的君主，常常都是欺负那些幼小之主及太后，并乘机夺取天下政权。考察他们的行为，就和寒浞、王莽等篡位没有两样。魏晋之王想要效法唐虞的禅让之法，并让其后人也沿袭此法不变，他们君臣也都不以此而感到耻辱。只有唐高祖知道加九锡大礼是谄谀之徒所干的事，所以表面假装这一套他是不干的，这也可以说他是实事求是了。然而他以起兵的方式夺取了隋朝的天下，却还坚持说这是隋恭帝禅位给他的。这样做，未免也是采取了与过去衰世时期同样的做法。虽然他不能为他夺权的做法正名，就像三王时期那样禅位，但比晋魏时期的君王夺权还是好多了。

五月，诏曰：近世以来，时运迁革，前代亲族，莫不诛夷，兴亡之效，岂伊人力，其隋蔡王智积[①]等子孙，并付所司，量才选用。

臣祖禹曰：《诗》曰："商之孙子，其丽[②]不亿。上帝既命，侯[③]于周服。侯服于周，天命靡常。"武王数纣曰："昏弃厥遗，王父母弟不迪，故致讨焉。"诛其罪人之身，而立其子，天下之公义也，况其父兄宗族乎？自晋魏以来，强臣篡夺，除君之族而代其位，以非道得之，亦非道失之，易姓之祸，如循一轨。《传》曰："君以此始，亦必以终。"信矣。唐高祖始即位，而录隋之子孙。由汉以来最为忠厚，其享国长世，宜哉。

【注释】①蔡王智积：即杨智积（？-616）是隋文帝杨坚的兄弟杨整的儿子。其父战死，文帝时追封为蔡王，智积袭其位，故称蔡王。②丽：数，多。③侯：惟。

【译文】武德元年五月，唐高祖李渊下诏说：近世以来，时局形势变化不断，前代帝王的亲戚族人，没有不被杀害的，国家的兴亡，又怎么是只靠人力就能改变的呢！隋朝的子孙蔡王杨智积等人，都由相关部门根据他们各自的才能，安排相应职务。

臣范祖禹认为，《诗经》上说："殷商的那些子孙后代，其数量多得数不清，老天爷既已降下意旨，就臣服于周朝以顺应天命。臣服于周朝，可见天命无常会改变。"周武王斥责殷纣王说："你昏庸无道，轻视并遗弃了你同祖的叔伯兄弟不用，因此我来讨伐你。"

除掉犯罪的人，扶持他们的子孙后代，这是天下的公义，何况扶持的是他们的叔伯兄弟及族人呢！自从魏晋以来，擅权的大臣篡位夺权，杀掉君王的宗亲族人而取代他们的位置，都是采用不正当手段取得天下的，也是因为不正当的手段而失去了天下，改朝换代造成的祸害，就像同一轨迹造成的。《左传》上说："君王采用什么方式获得天下，也必然会以什么方式失去天下。"这话说得真对。唐高祖取得帝位后，便录用了隋朝皇室的子孙后代为官。这是从汉朝以来最为忠厚的，所以他们唐朝得以长期享有天下，这也是应该的啊。

万年县法曹孙伏伽[①]上表，以为："隋以恶闻其过亡天下，宜易其覆辙，务尽下情。人君言动，不可不慎。陛下今日即位，而明日有献鹞雏者。又百戏散乐，亡国淫声。近太常于民间借妇女裙襦以充妓衣，拟五月五日玄武门游戏，非所以为子孙法也。"又言："太子诸王参僚，宜谨择其人。"帝省表大悦，下诏褒称，擢为治书御史，赐帛三百匹，颁示远近。

【注释】①孙伏伽（？-658）：贝州武城（今河北省故城县）人。唐初大臣，历史上有据可查的第一位状元。隋炀帝末年，担任京畿万年县（今陕西西安）的法曹，负责审理刑狱，督捕奸盗，查办赃贿，是万年县颇有点要势的官员。

【译文】万年县法曹孙伏伽上书，认为："隋朝灭亡是因为害怕听到有人讲它的错误，现在应该吸取它灭亡的教训，务必要尽量了解群众的心声和情况。作为众人之君，其言行不可不谨慎。陛下今天登上皇位，而明天就有人进献鹞雏来讨好，另外喜欢各种游戏音乐，这些都是亡国的靡靡之音啊。近来太常寺又到民间借取妇女的裙襦来充当歌妓的衣服，准备在五月五日时在玄武门游戏，这可不能成为子孙效法的榜样啊。”他又说：“太子、诸王的幕僚，都应当谨慎选择合适的人。”高祖李渊看了孙伏伽的表书后非常高兴，下诏对他进行褒奖称赞，提拔为治书御史，并赏赐给他三百匹帛布，通报远近。

臣祖禹曰：国将兴必赏谏臣，国将亡必杀谏臣。故谏而受赏者，兴之祥也；谏而被杀者，亡之兆也。天下如人之一身。夫身必气血周流，无所壅底[①]，而后能存焉。谏者使下情得以上通，上意得以下达，如气血之周流于一身也。故言路开则治，言路塞则乱，治乱者系乎言路而已。高祖鉴隋之所以亡，王业初基，庶事草创，而首辟言路，以通下情，可谓知所先务矣。是以海内闻风，如热者之得濯，废者之得起。民知上之忧己，而疾痛将有所愬也。唐室之兴，不亦宜乎！

【注释】①壅底：阻塞之意。

【译文】臣范祖禹认为，国家将要兴盛时，一定会表彰那些敢于进谏的大臣；国家将要灭亡时，一定会诛杀那些敢于进谏的大臣。所以，因进谏而受表彰，这是国家兴盛的祥兆；因进谏而被杀害，这是国家将亡的征兆。天下就如同人的身体，身体必须要气血流通，没有阻塞，这样人才能够生存。敢于谏诤的人能够让全国各地的情况汇集到朝廷，朝廷的意志能够传达到各地，就如同人体的气血流转全身一样。所以，如果进谏之路通畅，那么国家便将得到大治；如果进谏之路堵塞，那么国家便会大乱，国家的治与乱完全取决于进谏之路是否畅通。唐高祖吸取了隋朝所以灭亡的教训，在帝业刚刚建立、万事初具规模的时候，首先便广开言路，以了解全国各地的情况，可以说是懂得应该先做什么了。因此，天下人听说高祖这样做后，就犹如发热的人得到了洗澡的机会，残废的人得到了站起来的机会。老百姓们知道了朝廷在关心自己，而疾病痛苦也将有了申诉的地方。所以，唐朝的兴盛强大，不是很正常吗？

十一月。徐世勣①降，赐姓李氏。

臣祖禹曰：古者天子建国，赐姓命氏。姓氏，所以别其族类之所出也。自三代之衰，称姓者或以国，或以族，或以地，或以官。子孙各本于其祖，不可改也。汉高祖赐娄敬②姓为刘，鄙陋无稽，而唐世人主遂以为法。非其亲者附之属籍，或加于盗贼夷狄，以逆族异类为同宗。然则古之赐姓者别之，而后之赐姓者乱之也。夫惟天亲不可以人为，而强欲同之，岂理者乎？上渎其姓，下忘其祖，非先王之制，不可为后世法也。

【注释】①徐世勣：即李勣（594—669），原名徐世勣、李世勣，字懋功，曹州离狐（今山东省菏泽市东明县）人。唐朝初年名将，与卫国公李靖并称。其早年投身瓦岗军，后随李密降唐。因避李世民讳，改名李勣。②娄敬：汉代齐人，生卒年不详。汉刘邦谋士，有功，赐姓刘，又名刘敬，拜为郎中，号奉春君。

【译文】武德元年（618）十一月，徐世勣向唐军投降，唐高祖李渊赐他李姓。

臣范祖禹认为，古代的天子建立国家，会给有功之臣赐姓命氏。姓氏，是用来分别一个人家族来源出处的。自从尧、舜、禹三代之后，姓氏的称呼或是用国名，或是用族名，或是用地名，或是用官职名称。他们的子孙后代都沿用自己祖先的姓氏，不再改变。汉高祖赐予娄敬刘姓，改名为刘敬，这本是一件庸俗浅薄而无法考据的事，但唐朝的君王却将此作为效法的依据。与他们关系不亲近的人也被赐予李姓，成他们的属籍，或者赐给一些盗贼以及少数民族姓氏，甚至将一些逆党异族改为他们的李氏宗族。然而古代的赐姓是用来区别其宗族的，但是后来的赐姓却把人的宗族搞乱了。只有父母、兄弟、子女等血亲姓氏不是人为就可改变的，而如果勉强做出改变，又怎么能符合于理呢？君王不尊重自己的姓氏而随意赐人姓氏，被赐姓之人忘记了自己祖宗姓氏的渊源而接受赐予姓氏，这不是先王的制度，不可以作为后世效法的依据。

二年闰二月，隋宇文士及[①]、封德彝[②]来降。帝与士及有旧，时士及妹为昭仪，由是授上仪同。帝以封德彝隋室旧臣，而谄巧不忠，深诮责之，罢遣就舍。德彝以秘策干帝，帝悦，寻拜内史舍人，俄迁侍郎。

臣祖禹曰：高祖以女宠进士及，责德彝之谄巧。既斥之矣，复悦其计策，而骤用之。甚矣，佞人之难远也。自古君子易疏，小人易亲。盖君子难于进而果于退，小人不耻于自售而戚于不见知，其进也无所不至。人君一为所惑，不能自解，鲜有不至祸败者也。

【注释】①宇文士及（？-642）：字仁人，代郡武川（今内蒙古武川县）人。初为隋官，武德二年归顺唐高祖李渊，拜上仪同。随从秦王李世民征战四方，颇有功劳，拜中书侍郎，封郢国公。武德八年（625），检校侍中，兼天策上将府司马。唐太宗即位后，拜中书令。②封德彝：即封伦（568-627），字德彝，渤海蓨县（今河北景县）人。初为隋官，宇文化及败亡后降唐，渐得唐高祖李渊信任，拜中书令，封密国公。唐太宗即位后，拜尚书右仆射。

【译文】武德二年（619）闰二月，隋朝大臣宇文士及和封德彝前来向唐投降。唐高祖李渊与宇文士及过去有交情，且当时宇文士及的妹妹是后宫的昭仪，因此改授宇文士及上仪同之职。唐高祖因封德彝是隋朝的老臣，而且他逢迎巧诈，对朝廷不忠，所以狠狠地斥责了他一顿，并罢免了他的官职让他回家。后来因为献了一个秘策给唐高祖，使得唐高祖非常高兴，因此不久就任命封德彝为内史舍人，不久又提升为侍郎。

臣范祖禹认为，唐高祖因为喜欢后宫女官而给她的亲属分封官职，责备了封德彝的谄媚逢迎。既然已斥责并罢免了封德彝，却又高兴地接受了他的秘策，而且很快又封官重用。这太过分了！这些奸佞之人真是难以疏远啊。自古以来，君子容易被人疏远，奸佞小人容易被人亲近。这是因为君子直言进谏而难以被提升，却又勇于放弃退隐；奸佞小人不以自我吹嘘为耻辱，却因为自己不被重用而整天愁眉苦脸埋怨不断，他们钻营进取的手段无所不用。为人君王者一旦被他迷惑，便不能自己解脱，因此很少有不导致祸害而失败的。

三年五月，晋州人吉善行，自言于羊角山见白衣老父，谓善行曰："为我语唐天子，吾为老君，吾而祖也。"诏于其地立庙。

臣祖禹曰：商祖契①，周祖后稷②，皆本其功德所起，不可诬也。唐之出于老子，由妖人之言，而谄谀者附会之。高祖启其原，高宗、明皇③扇其风，又用方士诡诞之说，跻老子于上帝④，卑天诬祖，悖道甚矣。与王莽称王子乔⑤为皇祖叔父，何以异哉？

【注释】①商祖契：商代的祖先，名契。传说是舜的臣，助禹治水有功而封于商。②周祖后稷：后稷为周代祖先，姬姓，名弃。③明皇：即唐玄宗李隆基（685-762）。④跻老子于上帝：唐高宗李治乾封元年（666）到亳州祭祀老子李聃，并追谥为玄元皇帝。⑤子乔：即姬晋（约前567—前549），姬姓，名晋，字子乔，东周灵王的长太子。

【译文】武德三年（620）五月，晋州（今河北省晋州市）有个叫吉善行的道人，自己说在羊角山遇见了一个白衣老爷爷对他说："请你替我告诉唐朝的皇帝，我是太上老君李耳，我是他的祖先。"唐高祖因此下令在羊角山修建了一座老君庙。

臣范祖禹认为，商的祖先契，周的祖先后稷，都是凭借着自己的伟大功德而兴起的，这是不可否认的。唐高祖的祖先是老子李耳，这只是出自吉善行这个道人之口，而那些想谄媚讨好唐皇的人借此添油加醋而已。唐高祖开了这个源头，加上唐高宗、唐明皇对此进行渲染，又听信了方术之士诡谲荒诞的传说，把老子追谥为玄元皇帝，既降低了上天的威严，又诬蔑了自己的祖宗，真是太荒谬了！这与王莽称王子乔为皇祖的叔父，又有什么区别呢？

四年十月，赵郡王孝恭[①]、李靖[②]围江陵，萧铣[③]降，帝数之。铣曰："隋失其鹿[④]，天下共逐之，铣无天命，故至此。若以为罪，无所逃死。"竟斩于都市。

臣祖禹曰：萧铣，故梁子孙，屯难之世，民思其主。铣因隋乱，保据荆楚，欲复其考之业，虽僭大号，非唐之叛臣也。唐师伐而取其地，执其主，亦足矣。而铣以百姓之故，不忍固守而降。完府库，奉图籍，而归之唐。然则唐初割据之主，铣最无罪。高祖诛之，淫刑甚矣。我太祖太宗削平四方，僭伪之国，系累其主，致之阙下，虽无道如刘鋹[⑤]，拒命如继元[⑥]，穷天下之力而后取之，不诛一人，皆死牖下。自三代以来，未之有也。此所以祈天永命者欤。

【注释】①赵郡王孝恭：即李孝恭（591—640），唐朝宗室、名将。唐高祖李渊的堂侄，唐太宗李世民的堂兄，位列凌烟阁二十四功臣第二位。②李靖（571-649）：字药师。雍州三原（今陕西三原东北）人。唐朝杰出的军事家，隋朝凉州刺史韩擒虎外甥。③萧铣（583-621）：南兰陵（今江苏武进）人。隋朝末年南方割据群雄之一。后梁宣帝曾孙，隋时任罗川令。618年在岳阳称帝，国号为梁，年号鸣凤。武德四年（621）降唐被杀，时年三十九岁。④隋失其鹿：隋朝末年各地纷纷起兵，争夺隋朝天下，就像一匹野鹿，猎人一起逐猎，没有归属。⑤刘鋹：原名刘继兴（942—980），蔡州上蔡（今河南上蔡）人，南汉中宗刘晟长子，南汉末代皇帝。初封卫王。南汉乾和十六年（958），刘晟去世，刘继兴继位，改名刘鋹，改元大宝。971年降宋，南汉亡。⑥继元（960—992）：字保汉，本姓何，名宏初。北汉世祖刘旻外孙，汉睿宗刘钧外甥、养子，刘继恩弟。968年刘继恩为侯霸荣刺杀后，刘继元被司空郭无为迎立为帝。979年降宋，北汉亡。

【译文】武德四年（621）十月，赵郡王李孝恭和大将李靖率军围攻江陵（在今湖北西部长江北岸），萧铣投降，唐高祖李渊斥责了他。萧铣说："隋朝的政权已经丢失了，天下人为此都在争夺，我萧铣没有得到天命的护佑，所以得到了现在这个结果。你如果认为这是我的罪过，我不会逃避死。"最终萧铣被斩杀于街市。

臣范祖禹认为，萧铣是梁朝的子孙后代，艰难乱世中，百姓们想念他的君王。萧铣因为隋末的混乱，占据了荆楚之地，想复辟祖先的王业，虽然他僭称帝号，但他不是唐朝的叛臣。唐军攻打他并且占据了他的地盘，并且抓住了他，这也就足够了。而萧铣因为百姓的缘故，不忍心固守使百姓遭殃而投降了唐朝。他保留了完整的府库，献出了所有图书典籍，都交给了唐朝。这样说来，唐初割据独霸一方的人，萧铣是最没有罪的。唐高祖杀了他，真是太过滥用刑罚了！我们宋太祖、宋太宗平定天下后，那些私自假冒名号称王称帝的小国，都把他们的主人绑了起来，送到了宋朝宫阙之下。虽然刘鋹这样的人很坏，刘继元这样的人顽固抗命，我们大宋用尽全国之力才把他们攻下来，但也没有杀他们一个人，他们都得以寿终正寝。自从尧、舜、禹以来，这是从来没有过的事。这就是祈求上天永远授以王命之道吧！

五年。太子建成与齐王元吉①共倾秦王世民，引树党友，中允王珪②、洗马魏徵③说太子曰："秦王功盖天下，中外归心，殿下但以年长，位居东宫，无大功以镇服海内。今刘黑闼④散亡之余，众不满万，资粮匮乏，以大军临之，势如拉朽，殿下宜自击之，以取功名，因结纳山东豪杰，庶可自安。"太子乃请行，帝许之。

臣祖禹曰：立子以长，不以有功，以德，不以有众，古之道也。晋献公使太子申生⑤伐东山⑥，里克⑦入而谏君，出见太子，而勉之以孝。君子曰：善处父子之间矣。王、魏以辅导东宫为职，当劝建成以孝于高祖，友于秦王，则储位安矣。秦王有定天下之功，高祖苟欲立之，能为泰伯⑧，不亦善乎！且建成既为太子，则国其国也，安在于有功，乃使之击贼以立威，结豪杰以自助，是导之以争也，祸乱何从而息乎？夫以王、魏之贤，其为建成谋犹如此，况庸人乎？

【注释】①元吉：即李元吉（603–626），本名李劼，改名元吉，字三胡，陇西成纪（今甘肃秦安县）人，李渊的第四个儿子。与兄长李建成同党，共同反对李世民，在玄武门事变中被杀。②王珪（570–

639)：字叔玠，河东祁县（今山西祁县）人，唐初四大名相之一。历任世子府咨议参军、太子中舍人、太子中允，是隐太子李建成的心腹，支持李建成与李世民争权，事败，流放嶲州。太宗即位后，召拜谏议大夫。③魏徵（580-643）：字玄成，巨鹿人。隋唐政治家、思想家、文学家和史学家。武德末为太子洗马，每劝建成早为之谋，后建成败，归世民，辅佐唐太宗共同创建"贞观之治"的大业，被后人称为"一代名相"。④刘黑闼：（？—623），贝州漳南人。隋末亡命为盗，后从李密起兵为裨将。密败从王世充，后又归窦建德，封汉东郡公，以骁勇多谋著称。窦建德死后，其召集窦建德旧部起兵，后自称汉东王，建元天造，都城洺州。与唐朝多次交战，先被秦王李世民击败，后被太子李建成击败被杀。⑤申生（？-前656）：姬姓，名申生，晋献公与夫人齐姜所生之子，春秋时期晋国太子。⑥伐东山：指讨伐东山皋落氏。⑦里克（？-前650）：嬴姓，里氏，名克，春秋前期晋国卿大夫，晋献公的股肱之臣，太子申生的坚决拥护者，能征善战的统帅。⑧泰伯：事见《史记·吴世家》。泰伯、仲雍、季历三兄弟皆周太王之子。泰伯、仲雍年长，而季历贤。太王欲立季历，伯、仲二人奔之荆蛮，文身断发，示不可用，以让位于季历。季历果立，是为王季。

【译文】武德五年（622），太子李建成与弟弟齐王李元吉合谋共同排挤秦王李世民，为此还结成帮派拉拢了一批人。中允王珪、洗马魏徵游说太子建成说："秦王在建国中功盖天下，朝廷内外都非常支持他，太子你只是凭借年长而位居东宫，没有什么大功劳能镇服天下。现在刘黑闼的残余兵员不到万人，后勤粮草辎重匮乏，如果派出大军追杀，必定会摧枯拉朽。太子你应当亲自率军围攻，以夺取功名，并以此结纳山东（太行山以东地区）的众英雄豪杰，这样才可以自立。”李建成于是向高祖报告了这件事，李渊同意了他的请求。

臣范祖禹认为，册立太子应当以长幼为序，而不是以功劳大小来定；应当以德行作为标准，而不应当看谁的势力大，这是自古以来的规矩。晋献公派太子申生前往讨伐东山的皋落氏，里克因而上朝劝谏晋献公。退朝后里克遇见太子申生，以孝道勉励申生要奉祀社稷，朝夕侍君。有识之士因此说，里克善于处理父子之间关系。王珪、魏徵的职务是负责辅佐引导太子，应当劝谏李建成孝顺侍奉高祖，与兄弟秦王李世民友好相处，那么他太子的位置也就应当安稳了。秦王李世民有安定天下的功劳，高祖如果想要立他为太子，那建成像泰伯一样让位于贤，不也是很好吗？况且李建成已被立为太子，天下已经成为他的天下，怎么还论有没有功劳，而再让他去统兵讨贼来树立威信，结交豪杰来增强自己的势力？这是引导他与兄弟争权，祸乱又要从哪去平息呢？像王珪、魏徵这样的贤能之士，还为李建成做出了这样的策略，何况是一般的平庸之人呢！

扫一扫 听导读

唐鉴卷之二

高祖下

七年，初定令。以太尉、司徒、司空为三公。次尚书、门下、中书、秘书、殿中、内侍为六省。次御史台，次太常，至太府，为九寺。次将作监，次国子学，次天策上将府，次十四卫。东宫置三师，至十率府。王公置府佐国官。公主置邑司。并为京职事官。州县镇戍为外职事官。自开府至将仕郎，二十八阶，为文散官。自骠骑至陪戎，三十一阶，为武散官。上柱国至武骑尉，十二等，为勋官。

臣祖禹曰：三公论道经邦，燮理[1]阴阳，故不以一职名官。太尉掌武，盖古者大司马之职也，司徒主民，司空主土，皆六卿之任，非三公之官也。自汉以来失之矣，唐不能革正，而复因之，是以官名之紊，莫甚于唐。且既有太尉、司徒、司空，而又有尚书省，是政出于二也。既有尚书省，而又有九寺，是政出于三也。夫天地之有四时，百官之有六职，天下万事，备尽如此。如网之在纲，裘之挈领，虽百世不可易也。人君如欲稽古以正名，苟舍周官，臣未见其可也。

【注释】①燮（xiè）理：调和，理顺之意。

【译文】武德七年（624），唐高祖初次下令：以太尉、司徒、司空为三公；再下依次以尚书、门下、中书、秘书、殿中、内侍为六省；再往下依次以御史台、太常，一直到太府为九寺；再往下是将作监、国子学、天策上将府、十四卫。东宫设置三师，一直到十率府。各王公设置府佐国官。公主设置邑司。都是京职事官。各州县镇戍为外职事官。从开府官到将仕郎共分二十八个等级，为文散官；从骠骑到陪戎共分为三十一个等级，为武散官；从上柱国到武骑尉共分为十二个等级，为勋官。

臣范祖禹认为，三公之职主要是为国家出谋划策，治理天下，调和、理顺阴阳，使之和谐平衡，所以不能以职位来确定其官职之名。太尉掌管军队，大概相当于过去的大司马一职。司徒主要是管理百姓，司空主要是管理田土等经济，都是属于六卿这一类的官职，不是属于三公之类的官。自汉朝以来，这些官职的职能就混乱了，到唐朝时也没能纠正，而是仍旧遵循着汉朝以来的混乱做法。所以，官职名称及其职责的混乱，没有比唐朝更厉害的了。况且既然已经设定了太尉、司徒、司空之职，而又设置了尚书省，这是同一职能的双重管理；既然设置了尚书省，而又再次设置九寺，这是同一任务的三重管理。天地有春、夏、秋、冬四季的轮回，百官有冢宰、司徒、宗伯、司马、司寇、司空等六种职能，天下万事，因此都能得到管理。这就好比撒渔网要抓住总绳才撒得开，鉴定裘服要提起衣领才看得清，这即使是历经百代也不会变更的。人君如果想要根据古代官职的设置情况来正名，如果舍弃周朝的官制不用，臣看来那是行不通的。

初定均田、租、庸、调法[①]。丁[②]中之民给田一顷，笃疾[③]减什之六，寡妻妾减七。皆以什之二为世业[④]，八为口分[⑤]，每丁岁入租粟二石。调，随土地所宜，绫绢絁布[⑥]。岁役二旬。不役，则收其庸，日三尺。有事而加役者，旬有五日，免其调；三旬，租调俱免。水旱虫霜为灾，什损四以上免租，六以上免调，七以上课役俱免。凡民赀业分为九等。百户为里，五里为乡，四家为邻，四邻为保，在城邑者为坊，在田野者为村。食禄之家，毋得与民争利。工商杂类，毋预仕伍。男女始生为黄，四岁为小，十六为中，二十为丁，六十为老。岁造计帐，三岁造户籍。

臣祖禹曰：唐初定均田，有给田之制，盖犹有在官之田也。其后租、庸、调法坏而为两税[⑦]。给田之制，因不复见。盖官田益少矣。自井田废而贫富不均，后世未有能制民之产，使之养生送死而无憾者也。立法者未尝不欲抑富，而或益助之。不知富者所以能兼并，由贫者不能自立也。贫者不能自立，由上之赋敛重，而力役繁也。为国者必曰财用不足，故赋役不可以省，盍亦反其本矣。昔哀公[⑧]以年饥用不足，问于有若。有若曰："盍彻乎？"夫彻，非所以裕用，然欲百姓与君皆足，必彻而后可也。后之为治者，三代之制虽未能复，惟省其力役，薄其赋敛，务本抑末，尚俭去奢。占田有限，困穷有养，使贫者足以自立，而富者不得兼之，此均天下之本也。不然，虽有法令，徒文具而已，何益于治哉！

【注释】①均田：是唐代实行的一种土地分配制度，按照人们的年龄、性别分配不同数量的土地，同时也是纳税的依据。租，指租粟，均田户每丁岁缴二石。庸，指力役，均田户每丁岁役二旬。调，指调绢，随土地所宜缴纳一定数量的绫、绢、絁、布。②丁：能担任赋役的成年男子，不同于男孩。③笃疾：指病情严重的人。④世业：唐代均田规定分给百姓的土地十分之二可传给后代，叫世业田，人口可变，田地不变。⑤口分：随人口的变化而变化的田叫口分田，增丁增田，减人减田。⑥絁：粗绸。⑦两税：唐代租庸调税收制破坏后新实行的收税办法，由杨炎提出，即均田户应交纳的税按夏、秋两季交纳。⑧哀公：鲁哀公（前521—前468），姬姓，名将，鲁定公之子，春秋时期鲁国第二十六任君主，公元前494年至前468年在位。

【译文】这年（624）朝廷初次颁布了均田制及租、庸、调税法。担任赋役的人员中成丁和半成丁分给田地一百亩，有重病的人分给田地四十亩，守寡的妇女分给田地三十亩。规定其中十分之二都要作为世业田，可以传给后代；剩余的十分之八作为口分田，随人丁的变动而变动。每个成丁每年向政府缴纳租粟二石。调布绢，则按当地的实际情况缴纳绫绢絁布。每个成丁每年服役二十天，如果不服役，那么需要每天交纳三尺布帛。因国家有事而需要增加服役时间，凡达到十五天的，便免除其调绢；如果达到三十天，则租、调全免。如果遇到了水旱、虫霜等自然灾害，庄稼损失达到四成以上的，则免除全年的租税；如果损失达六成以上，则免交调绢；如果损失达七成以上，则租、庸、调全免。根据百姓家中财产的多寡，将他们分成九个等级。百户人家为一里，五里为一乡；四家为邻，四邻为保；在城中居住的所在地叫坊，在农村居住的所在地叫村。享受国家俸禄的人，不得和老百姓争利。从事工商杂类工作的，不得为官从军。男女刚生下来的叫黄口，四岁后称小儿，十六岁时称中丁，二十岁后称壮丁，六十岁后称老人。要求对人口每年登记一次，每三年造一次户籍。

臣范祖禹认为，唐朝初定的均田制，规定了授给百姓田亩，其中还是保留了官田制度的。但是后面的租、庸、调税法却遭到了破坏而改成了两税法，给田制度因此不再存在，这样官田也就越来越少。自从过去井田制遭到破坏后，贫富差距便变得越来越大，后世再也没有能够保障百姓资产的制度，便百姓得以养生送死而没有后顾之忧。制定法律的人，没有不想控制富者的，但是结果有的却帮助了他们，使他们变得更加富有。不知道富者之所以能够侵占穷困者而变得更富，是因为贫穷者无法自立。贫困者不能自立，是因为国家的赋敛重而徭役过于繁多。治理国政的人总是会说财政费用不够，所以赋税和徭役不可以减少，这何尝不是重末抑本呢！过去鲁哀公因为荒年而赋税不足，便专门向孔子的学生有若求教。有若回答说："怎么不实行'彻'税法（按十分之一收取）呢？"实行彻税法，并不是为了增加财政开支，但是要想让百姓与君王都富裕起来，必须实行彻税法才行。后来治理国政的人，虽然无法实行尧舜禹时代的赋役制度，只能减少百姓的力役，减轻赋税，加强农业之本而抑制商业之末；提倡勤俭节约，反对铺张浪费；控制富者田地的占有量，使贫穷之人能休养生息，能够自己养活自己，而富有之人不得侵占他们的土地财产，这才是使天下变得共同富裕的根本办法。不然，即使有法令，也只能是徒具形式的一纸空文，对于国家的治理又有什么用处呢？

太子建成欲图秦王世民，擅募骁勇为东宫卫士，号长林兵。又密使发幽州突骑三百置东宫诸坊。使庆州都督杨文干①募壮士送长安。帝幸仁智宫，建成居守，使郎将尔朱焕②等以甲遗文干。焕等至豳州上变，告太子使文干举兵，欲表里相应。帝遣宇文颖③召文干，颖以情告之，文干遂举兵反。

臣祖禹曰：建成为太子，而擅募兵甲于东宫，又使杨文干反于外，以危君父，此天下之恶也。罪孰大焉？高祖不以公义废之，乃外惑于奸臣之计，内牵于妃嫔之请。至使兄弟不相容于天下，此高祖不明之过也。

【注释】①杨文干（？-624）：唐朝初年庆州都督。太子李建成的宿卫，担任庆州都督，私募壮士送长安东宫。后起兵造反被杀。②尔朱焕：唐朝初年人物，李建成的部下，是杨文干的庆州之变的重要人物。③宇文颖：初归李密，降唐，为农圃监，封化政郡公。与李元吉结好，举兵反世民，败斩。

【译文】太子李建成图谋要杀掉弟弟秦王李世民，因此擅自招募勇猛强悍之人作为东宫卫兵，号称长林军。他又秘密派出三百幽州突骑兵，安置到东宫的各个坊间，并让庆州都督杨文干招募壮丁送到长安城。唐高祖前往仁智宫，由太子李建成留守京城，他派郎将尔朱焕等人给杨文干送去兵器铠甲。当尔朱焕等人到达豳州叛变了，向唐高祖告发太子唆使杨文干起兵造反，想要里应外合。唐高祖因此派宇文颖前去召唤杨文干，而宇文颖把情况告诉了杨文干，杨文干于是举兵造反。

臣范祖禹以为，李建成作为太子，却擅自招募兵勇安置在东宫，又唆使杨文干在外举兵造反，因此陷唐高祖于险境，这是天下的大恶之事，还有比这更大的罪行吗？唐高祖没有因此以公义废掉太子，于是对外受奸臣计谋的迷惑，对内又受嫔妃谄言的祈请，结果导致兄弟水火不容，这实在是唐高祖不明智的行为啊！

八年，西突厥统叶护可汗[①]遣使请昏。帝问裴矩[②]，矩对曰："今北虏方强，为国家今日计，且当远交而近攻，臣谓宜许其昏，以威颉利[③]。数年之后，中国全实，足抗北夷，然后徐思其宜。"帝从之。

臣祖禹曰：自汉以女嫁匈奴[④]，而后世习为故常，结昏戎狄，不以为耻。以为畏之邪？则是以天下之大而畏人。至于纳女，耻也！以为谋之邪？则是以女为间，而欲夺人之国，亦耻也。高祖不谋于众贤，而问诸亡国之臣，宜其不知耻也。且西突厥不若颉利之强，弱者犹许其昏，则强者何以制之？此不足以示威，适足取侮于四夷而已。其后太宗以女分妻诸夷酋长，中宗[⑤]以后，皆嫁公主于蕃国[⑥]。夫匹士庶人求配偶，犹各以其类，况王姬公族，而弃之远裔，变华为夷，岂不哀哉！而终唐之世，人君行之不以为难也，其臣亦不以为非。高祖太宗实启之，是中国与夷狄无异也。

【注释】①统叶护可汗：生卒年限不详，西突厥汗国鼎盛时期的最高统治者（约615–627年在位）。619年，遣使入唐，联兵抗击东突厥。统治末期，自负强盛，用政苛猛，属部歌逻禄叛离。627年，被伯父所杀。②裴矩（547–627）：本名世矩，字弘大，河东闻喜（今山西闻喜）人。初仕隋。入唐，为殿中侍御史，爵安邑县公。高祖曾遣使约西突厥联合，突厥因请婚。③颉利：即颉利可汗（579–634），突厥族，姓阿史那氏，名咄苾，东突厥可汗。其初承父兄基业时，兵马强盛，阻挠唐朝统一。后又连年侵唐边地，杀掠吏民，劫夺财物。④汉以女嫁匈奴：即汉朝的“和亲”政策。汉初匈奴单于围汉高祖于白登，高祖遣刘敬与匈奴结和亲，奉宗室女为公主嫁单于阏氏，此后多有所嫁，如王昭君等。⑤中宗：即李显（656–710），原名李哲，陇西成纪（今甘肃秦安县）人。唐朝第四位皇帝，唐高宗李治第七子。683年至684年、705年至710年两度在位。⑥嫁公主于蕃国：唐中宗将女儿金城公主嫁给赞普。蕃国，指少数民族建立的政权。

【译文】武德八年（625），西突厥统叶护可汗派遣使者前来唐朝请求联姻。唐高祖向大臣裴矩询问意见，裴矩回答说：“现在这支突厥正是强盛的时候，从国家目前的形势和利益来说，应当结好远方的客人而攻打附近的敌人。臣认为可以答应他们的联姻请求，这样可以威慑东突厥的颉利可汗。当几年以后，我们唐朝财力富足、国力强盛了，足以抗击北边的突厥势力了，然后再考虑其他更好的方法。”唐高祖采纳了他的建议。

臣范祖禹认为，自从汉朝开始与匈奴通婚以来，后世各代对此习以为常，与外族通婚联姻，不以此为耻。以为这样是敬畏他们吗？如果是这样，那么就是以一个大国而怕人家。至于护送女子前去和亲，更是耻辱！以为这样做是计谋策略吗？这是把女子当作间谍，却还想着夺取别人的国家，这也是耻辱啊。唐高祖不想着与贤臣谋划，却向隋朝投降的臣子询问，这是他不知羞耻啊！况且西突厥没有东突厥颉利可汗强大，对于弱者尚且答应嫁女联姻，那么对强者又用什么手段来控制呢？这不足以体现自己的强大，反倒是正好让众外族轻视侮辱。后来，唐太宗把自己的女儿分别嫁给各外族的酋长，到唐中宗之后，都将公主嫁给外族首领。一般的士人老百姓求娶配偶，还讲求门当户对，何况是帝王与皇族的女人，把她们远嫁外邦，将华人变成外族，这不是悲哀的事吗！而唐朝从始至终，各代君王如此做不觉得是难为情的事，就连大臣们也不认为这样做是错的。唐高祖与唐太宗开了这样的头，这样中国和夷族也就没有区别了。

九年六月，秦王世民杀皇太子建成、齐王元吉。立世民为皇太子。诏军国庶事无大小，悉委太子处决。八月，高祖传位于太子。

臣祖禹曰：建成虽无功，太子也。太宗虽有功，藩王也。太子君之贰[①]，父之统也。而杀之，是无君父也。立子以长不以功，所以重先君之世也。故周公不有天下，弟虽齐圣，不先于兄久矣。论者或以太宗杀建成、元吉，比周公诛管蔡[②]，臣窃以为不然。昔者象日以杀舜为事[③]，舜为天子也，则封之。管、蔡启商以叛周，周公为相也，则诛之。其迹不同，而其道一也。舜知象之将杀己也，故象忧亦忧，象喜亦喜，尽其诚以亲爱之而已矣。象得罪于舜，故封之。管蔡流言于国，将危周公，以间王室，得罪于天下，故诛之。非周公诛之，天下之所当诛也。周公岂得而私之哉？后世如有王者，不幸而有害兄之弟如象，则当如舜封之是也；不幸而有乱天下之兄如管、蔡，则当如周公诛之是也。舜处其常，周公处其变，此圣人所以同归于道也。若夫建成、元吉，亦得罪于天下者乎？苟非得罪于天下，则杀之者，己之私也，岂周公之心乎？或者又以为使建成为天子，又辅之以元吉，则唐必亡。臣曰，古之贤人，守死而不为不义者，义重于死故也。必若为子不孝，为弟不弟，悖天理，灭人伦，而有天下，不若亡之愈也。故为唐史者书曰："秦王世民杀皇太子建成、齐王元吉。立世民为皇太子。"然则太宗之罪著矣。

【注释】①太子君之贰：《国语·晋语》："夫太子，君之贰也。"贰：副职，副手。②周公诛管蔡：周公，姓姬名旦，周武王之弟。管叔即管叔鲜，蔡叔为蔡叔度，与周公同为周武王之弟。周武王死后，其子周成王继位。周成王年幼，由管叔鲜四弟周公旦摄政。管叔鲜与蔡叔度、霍叔处不满周公旦摄政，于是挟持武庚发动叛乱，史称三监之乱。不久，周公旦平定叛乱，诛杀管叔鲜，蔡叔度被流放，最终死在流放之地。③象日以杀舜为事：象，舜的弟弟，与父谋杀舜，想分其财产妻子，没能成功。

【译文】武德九年（626）六月，秦王李世民在玄武门杀死了太子李建成与齐王李元吉。唐高祖因此册立李世民为太子，下令将国家军政事务不管大小，全部都由太子掌管。八月，唐高祖将皇位传给了太子李世民。

臣范祖禹认为，李建成虽没有什么功劳，但再怎么说他也是太子。唐太宗李世民虽有开国之功，但他只是一个藩王。太子是君王之下的第一人，是君父大业的继承人。而杀害太子，是无视君父的行为。按长幼之序而不是按功劳来册立太子，这是尊重先君之世的缘故。所以周公不做君王。弟虽然圣贤，但不能先于兄长的规矩很早就有了。有议论的人或者会认为唐太宗杀死李建成、李元吉，就如同周公除掉管叔鲜、蔡叔度一样。臣却认为不能这样看。过去象每天都想着要如何杀死哥哥舜，但当舜当了天子后，还为象封了官职。管叔鲜、蔡叔度教唆商纣王之子武庚发动叛乱，当时成王年幼，由周公辅佐摄政，所以周公杀掉了管叔鲜、蔡叔度。他们虽然情况不一样，但道理是一样的。舜知道弟弟象想要杀害自己的原因，所以象忧虑他也忧虑，象高兴他也高兴，他只是竭尽全力用诚心来感化象，所以象得罪了舜，舜还是为象封了官职。管叔鲜与蔡叔度在国内散布了很多流言，想危及周公辅佐朝政，用以挑拨周公与成王之间的关系，得罪了天下人，所以周公清除了他们。这不是周公想要杀他们，而是天下人认为应当除掉他们。周公又怎么能不听天下人意见而私自决定杀与不杀呢！后世如有为君之人，其不幸也出现了如象一样谋害兄长的情形，那么也应当像舜封弟弟一样做。如果不幸也有像管叔鲜、蔡叔度一样扰乱天下的兄弟，就应当像周公诛杀其兄管叔鲜、蔡叔度一样。舜封象为官是一般情形，周公杀管、蔡是不得已的反常情形，这就是圣人处理不同问题却遵循同一道理的所在。难道李建成、李元吉也得罪了天下人吗？如果不是得罪了天下人，那么李世民杀了他们就是为了自己争位的私心了，又怎么能与周公为国之心比呢？或许又有人认为，假使李建成当了皇帝，又由李元吉辅佐，那么唐朝一定会灭亡！臣要说，古代的贤人宁愿死也不会做不义之举，这是因为他们认为义重于死的缘故。如果一定要做儿子的不孝顺，当弟弟的不友爱，违背天理，灭绝人伦，因而据有天下，这影响比亡国还要坏！所以写唐史的人写道："秦王李世民杀害了皇太子李建成与齐王李元吉。册立李世民为皇太子。"这样唐太宗的罪过就很明显了。

初，洗马魏徵常劝太子建成早除秦王。及建成败，世民召徵谓曰："汝何为离间我兄弟？"众为之惧。徵举止自若，对曰："先太子若早从徵言，必无今日之祸。"世民素重其才，改容礼之，引为詹事主簿。亦召王珪、韦挺[①]于嶲州，皆以为谏议大夫。

臣祖禹曰：齐桓公杀公子纠[②]，召忽死之[③]，管仲[④]不死，又相桓公以霸，何哉？桓公、子纠，皆以公子出奔，子纠未尝为世子也。桓公先入而得齐，非取诸子纠也。桓公既入而杀子纠，恶则恶矣，然纳桓公者，齐也。《春秋》书"公伐齐，纳纠"，称纠而不称子，不当立者也。"齐小白入于齐"，以小白系之齐，当立者也。又曰：齐人取子纠杀之。称子纠，所以恶齐也。是以管仲不得终雠桓公，而得以之为君。今建成为太子，且兄也；秦王为藩王，又弟也。王、魏受命为东宫之臣，则建成其君也。岂有人杀其君，而可北面为之臣乎！且以弟杀兄，以藩王杀太子，而夺其位。王、魏不事太宗可也。夫食君之禄，而不死其难，朝以为雠，暮以为君，于其不可事而事之，皆有罪焉。臣之事君，如妇之从夫也，其义不可以不明。苟不明于君臣之义，而委质于人，虽曰不利，臣不信也。

【注释】①韦挺（589-646）：字号不详，京兆万年人。与李建成善，后因杨文干之事被流放越嶲。贞观初召挺为谏议大夫。②齐桓公杀公子纠：齐桓公（？-前643），姜姓，吕氏，名小白，春秋五霸之首，上古五霸之一，与晋文公并称“齐桓晋文”，公元前685年至前643年在位，春秋时齐国第十五位国君。公子纠（?-前685），春秋时齐国人，齐僖公之子，齐桓公之兄。齐国内乱时与齐桓公争位，后被杀。③召忽：春秋时齐人，曾辅佐公子纠奔鲁，公子纠死，召忽自杀。④管仲：又名管敬仲，字仲。颍上人。春秋时齐桓公的相，有名的政治家，对齐的政治、经济、军事、官制均有改革，使齐成为五霸之首。

【译文】起初，洗马魏徵曾劝太子李建成早日除掉李世民。等到李建成失败被杀，李世民召见魏徵，说：“你为什么离间我们兄弟之间的关系？”众大臣都为此提心吊胆，魏徵行为举止没有任何变化，他回答说：“建成太子如果早点听从我的意见，一定不会有今天的杀身之祸。”李世民向来重视魏徵的才能，因此对他态度和蔼，以礼相待，并提拔他担任了詹事主薄。也将王珪、韦挺从越巂召回，都任命为谏议大夫。

臣范祖禹认为，齐桓公杀了公子纠，召忽因此自杀效忠，而管仲却没有死，还辅佐齐桓公成为一代霸主，这是为什么呢？齐桓公与公子纠，当时都是以公子的身份逃难，公子纠从未被确定为继承人。齐桓公因为先回国而掌握了齐国政权，并不是从公子纠手中夺得的。齐桓公已经掌握了政权却还杀死了公子纠，其行为虽然很坏，然而接纳桓公的是齐国人。《春秋》中写道“鲁庄公伐齐，护送子纠回齐国”，称其纠而不称公子，是因为他不是王位继承人；“齐小白回到齐国”，《春秋》中以“小白”二字连在“齐”后面，这是认为齐国应当立他为君。书中又说：齐国想要将子纠缉拿回国杀掉。这里直接称呼子纠，是因为齐国认为子纠不祥。正因这样，管仲最终也无法仇恨桓公，反而还侍奉他为君主。现在李建成是太子，而且是兄长；秦王李世民是藩王，又是弟弟。王珪、魏徵受命辅佐太子李建成，那么李建成就是他们的君王。又怎么能有人杀了自己的君王，反而投降向杀人者俯首称臣的呢？况且是以弟弟杀兄长，以藩王杀太子，而夺取了其君主之位。王珪、魏徵不向太宗李世民称臣是可以的。拿着君王的俸禄，君王有难不殉，早上还是仇人，晚上却把他当作君王来事奉，对不应当侍奉的人却去侍奉，这都是有罪的！臣子侍奉君主，就好比妇人随从丈夫，其道义不能不弄清楚。如果不明白君臣之义，而投身效忠于人，虽嘴上说不是为了私利，但臣是不相信的。

九月，太宗引诸卫将卒习射于殿庭，谕之曰：“戎狄侵盗，自古有之。患在边境，小安则人主逸游忘战，是以寇来莫之能御。今朕不使汝曹穿池筑苑，专习弓矢。居闲则为汝师，突厥入寇则为汝将，庶几中国之民，可以少安乎。”于是日引数百人教射于殿庭，帝亲临试，中多者赏以弓刀布帛，其将帅加以上考①。群臣多谏，帝皆不听。由是人思自励，数年之间，悉为精锐。

臣祖禹曰：有国家者，虽不可忘战，然而教士卒习射者，有司之事，殿庭非其所也。苟将士得其人，何患乎士之不勇，技之不精乎？夫以万乘之主，而为卒伍之师，非所以示德也。且人君始即位，不以教化礼乐为先务，而急于习射，志则陋矣。虽士励兵强，征伐四克，威加海外，非帝王之盛节，亦不足贵也。

【注释】①上考：谓官吏考绩列为上等。

【译文】武德九年（626）九月，唐太宗李世民率领着宫廷卫队的所有将卒在殿庭上练习射箭，并对他们说：“戎狄侵犯劫夺我边境，自古以来就有。他们在边境为患，如果能稍稍安定，那么国君便容易贪玩而忘了战争，所以当贼寇来犯时将无法抵挡。现在我不让你们挖池筑园，而是专门练习射技。闲居无事时我就教你们练习技艺，当突厥来犯时我就率领你们前去迎敌，这样或许中国的老百姓便可以稍稍安定吧！”于是便天天领着几百人在殿庭上练习射技。唐太宗亲自参加测试，射中标靶多的便赏给他弓刀布帛，其将帅考绩列为上等。大臣们对此多次进谏，可是唐太宗没有听从。

从此以后大家都纷纷自我激励勤加练习，几年之间便都成为精锐战士。

臣范祖禹认为，作为君主，虽然不能忘记备战，然而教授士兵习射，这是相关主管部门的事，再说殿庭上也不是练兵的地方。如果能够选拔出合适的将领，又何必担心将士们不勇敢，技艺不精湛呢？作为一个大国的君主，却亲自去给士兵们当教官，这并不能显示君王的圣德。况且作为人君刚刚继位，不先以礼乐来教化百姓，而是急于先练习射技，这主意真是低劣。虽然士卒得到了激励，军力得到了加强，征伐也都取得了胜利，威望影响海内外，但这并不能算帝王的盛节，也不值得尊崇。

十一月，太宗与群臣论止盗，或请重法以禁之。帝哂之曰：“民之所以为盗者，由赋繁役重，官吏贪求，饥寒切身，故不暇顾廉耻耳。朕当去奢省费，轻徭薄赋，选用廉吏，使民衣食有余，则自不为盗，安用重法邪？”自是数年之后，海内升平，路不拾遗，商旅野宿焉。

臣祖禹曰：季康子[①]患盗，问于孔子。孔子曰：“苟子之不欲，虽赏之不窃。”信哉斯言也。盖君者本也，民者末也，君者原也，民者流也，本正则末正，原清则流清矣。是以先王之治，必反求诸己，己正而物莫不应矣。夫重法以止盗，法繁而盗愈多，则有之矣，未见其能禁也。去奢省费，轻徭薄赋。此清原正本止欲之道也。太宗行之，其效如此。君人者，无以迂言为难行，而以峻法为足恃，则知致治之方矣。

右高祖在位九年，传位于太宗，贞观九年崩，年七十一。

【注释】①季康子：即季孙肥，春秋时期鲁国的正卿。姬姓，季氏，名肥。谥康，史称“季康子”。与孔子同时，曾问政于孔子。事见《论语》。

【译文】武德九年（626）十一月，唐太宗和众大臣讨论如何防止盗贼的事，有人请求采用重法来禁止。唐太宗不以为然地一笑，说：“老百姓之所以成为盗贼，是因为国家赋役太过繁重，官吏贪婪无度，百姓吃不饱穿不暖，因此便不顾廉耻而干起了盗贼之事。朕应当去除奢华节省开支，减轻百姓徭役和赋税，选用清廉的官吏，使老百姓衣食有余，那么他们自然就不会去做强盗了，又怎么能采用重法呢？”从这之后几年内，四海之内太平无事，大家路不拾遗，商旅们哪怕就是住宿在野外也平安无事。

臣范祖禹认为，鲁国的季康子担心盗贼问题，因此向孔子求教应当如何治理。孔子说：“如果一个人没有盗窃欲望，那么即使你奖励他去盗窃他也不会去。”这话说得真好啊！国君是国家的根本，百姓是国家的枝末；君主是源头，百姓是支流，根本正了枝末就正了，源头清了支流就会清。因此古代的君王治理国家，一定会先反省自己，从自己做起，自己正了那么其他人也都会响应他。如果采用重法来制止盗贼，法律条文越多而盗贼也越多的现象就会出现，看不到能禁止的可能。去除奢华节省开支，减轻百姓徭役和赋税，这才是正本清源的防止盗窃的办法。唐太宗这么做了，效果也很好。作为领导者，不以别人迂阔的言辞当作是难行的，不拿严刑峻法为依恃，这样就能知道治理国家的方法了。

唐高祖在位九年，传位于儿子太宗李世民，于贞观九年去世，享年七十一岁。

扫一扫 听导读

唐鉴卷之三

太宗一

贞观元年[①]，帝谓太子少师萧瑀曰："朕少好弓矢，得良弓十数，自谓无以加，近以示弓工，乃曰皆非良材。朕问其故，工曰：木心不正，则脉理皆邪，弓虽劲而发矢不直。朕始寤乡[②]者辨之未精也。朕以弓矢定四方，识之犹未能尽，况天下之务，其能遍知乎？"乃命京官五品以上，更宿中书内省，数延见，问以民间疾苦，及政事得失。

臣祖禹曰：《传》曰，国之将兴也，君子自以为不足；其亡也，若有余。太宗因识弓之未精，而知天下之理已不能尽，询谋于众，而不自用，此其所以兴也。

【注释】①贞观：唐太宗李世民的年号，从627年正月至649年十二月，共计23年。②乡：过去。

【译文】唐贞观元年（627），唐太宗对太子少师萧瑀说："我从小就喜欢弓箭，并且得到了十几张好弓，我自认为这是最好的。最近我将这些弓拿给造弓箭的师傅看，他们说造弓的材料都不好。我问为什么不好，他们说：‘材料的木心不正，所以其纹理都是斜的。弓的力道虽然强劲，但是射出的箭不会直线前进。’我这才认识到以前辨别弓箭的好坏是不专精的。我是用弓箭平定天下的，对弓箭的辨别还不能做到精专，何况是治理天下的众多事务，又怎么能都懂呢？”于是唐太宗下令在京五品以上的官员，轮流到中书内省值班，并经常召见他们询问民间的疾苦，以及在国家政务处理中的对错得失。

臣范祖禹认为，《左传》上说道：“当国家将要兴盛时，君子能自己认识到自身的不足；当国家快要灭亡时，人们往往都自以为是，以为自己很能干。”唐太宗因认识到自己对弓箭的了解并未精通，而由此明白，治理天下的事务自己不可能都能知道，因此经常向大臣们求教而不自用，这是他能大治天下的原因。

有上书请去佞臣者，帝问：“佞臣为谁？”对曰：“臣居草泽，不能的知其人，愿陛下与群臣言，或扬怒以试之，彼执不屈者，直臣也；畏威顺旨者，佞臣也。”帝曰：“君原也，臣流也，浊其原而求其流之清，不可得矣。君自为诈，何以责臣下之直乎？朕方以至诚治天下，见前世帝王好以权谲小数接其臣下者，常窃耻之。卿策虽善，朕不取也。”

臣祖禹曰：太宗可谓知君道矣，夫君以一人之身而御四海之广，应万物之众，苟不以至诚与贤，而役其独智，以先天下，则耳目心志之所及者，其能几何？是故人君必清心以莅之，虚己以待之，如鉴之明，如水之止，则物至而不能罔矣。夫权衡设而不可欺以轻重者，唯其平也。绳墨设而不可欺以曲直者，唯其正也。我以其正，彼以其颇，我以其真，彼以其伪，何患乎邪之不察，佞之不辨，而必行诈以试之哉？一为不诚，则心且蔽矣，邪正何能辨乎？是故鉴垢则物不能察也，水动则形不能见也，己不明故也。且待物以诚，犹恐其不动也，况不诚而能动物乎？夫为君而使左右前后之人，皆莫测其所为，虽欲不欺，不可得也。唯能御以至诚，则忠直者进而憸①邪者无自入矣。

【注释】①憸（xiān）：邪佞之意。

【译文】有人上书请求唐太宗远离奸邪之臣，唐太宗问："请问谁是奸邪之臣？"那人回答说："我居住在乡下，无法明确知道谁是佞人。希望陛下能与大臣们谈谈，或是假装生气来试探一下他们，那些能坚持己见而不屈服的，是正直之臣；那些害怕你的威严而顺从你的，便是佞臣。"唐太宗说道："君王好比水的源头，大臣们就好比水流，弄浊了源头的水却希望支流的水清澈，这是无法实现的。君王自己带头欺诈，又怎么能批评大臣们不正直呢？我才凭着一颗至诚之心来治理天下，见到过去那些喜欢以权术欺诈等行为来对待臣下的帝王，心里常以此为耻。你的计策虽好，但朕不会采纳。"

臣范祖禹认为，唐太宗可算是懂得为君之道了。君主凭借自身来统御天下，处理天下成千上万的众多事务，如果不以至诚之心与众贤臣谋划，而是凭借自己一人的智慧独断专行，那么他所能听到、见到、想到的事，能够有多少呢？所以，为人君王者必须保持头脑清醒来治理天下，处理事务能虚怀若谷，就如镜子一般透明，如止水一样清澈，那么面临事情时就不会产生错误。设定了称重标准就不会轻易弄错物体的重量，这是因为秤的平衡作用；设定了以绳墨来定线条曲直就不会随意来论线条的曲直，这是因为绳墨的线条是正的。如果我以正道处事，他用不正之道；我以真实为据，他以虚假为据，又怎么还担心看不清奸邪，辨不清奸佞，而一定要用欺诈的手段来试探他们呢？一旦用心不诚，那么心志就会被蒙蔽，又怎么能辨别正邪呢？所以，当镜子脏了时就无法照物，当水荡漾时就无法映照出倒影，这是因为其本身已不明亮的缘故。况且诚心待人接物，还担心会不能感动人，何况是不诚心，又怎么能感动人呢？为人君王却让前后左右的人都不知道自己的想法，即使不想欺骗人，也是做不到的。只有以至诚之心来统御众臣，那么忠心耿直的人便会涌现，而那些邪佞之人自然就没办法靠近了。

帝[①]与侍臣论周秦修短。萧瑀对曰：“纣为无道，武王征之，周及六国[②]无罪，始皇灭之。得天下虽同，人心则异。”帝曰：“公知其一，未知其二。周得天下，增修仁义；秦得天下，益尚诈力，此修短之所以殊也。盖取之或可以逆，得而守之不可以不顺故也。”瑀谢不及。

臣祖禹曰：太宗于是失言矣。《易》曰：“汤武革命，顺乎天而应乎人。”取之以仁义，守之以仁义者，周也。取之以诈力，守之以诈力者，秦也。此周秦之所以异也。后世或以汤武征伐为逆取，而不知征伐之顺天应人，所以为仁义也。太宗曰“取之或可以逆”，非也。既谓之逆矣，则无时而可也。

【注释】①帝：指唐太宗。②六国：指战国时期的齐、楚、燕、韩、赵、魏六国。

【译文】唐太宗与侍臣们一起谈论周朝与秦朝做得好与不好的地方。萧瑀回答说：“商纣王残暴无道，因此周武王率众征伐他；东周以及六国没有罪过，而秦始皇却灭掉了他们。虽然同样都是夺取了天下，但周武王与秦始皇所得人心是不一样的。”唐太宗说：“你只知其一，却不知其二。周武王取得天下后，更加讲求的是仁义；秦始皇取得天下后，更加崇尚的是欺诈与武力，这是他们取得成就不同的地方。这就是夺取天下或许可以不顺应人心，但是夺取天下后守护时却不可以不顺应人心的缘故。”萧瑀谦逊表示不如太宗。

臣范祖禹认为，唐太宗这话说得不对。《易经》上说：“商汤与武王夺取天下，是顺应天命而得人心的。”以仁义取得天下，而又以仁义来守护天下的，是周朝；以欺诈与武力取得天下，而又以欺诈与武力来守天下的，是秦朝。这就是周朝与秦朝最终所获不同的地方。后世有人认为商汤与武王率众征伐是不当的，却不知他们率众征伐是顺应天意和人心的，所以是仁义的。唐太宗说“夺取天下或许可以采用不正当的手段”，这是不对的。既然认为是不正当的，那么任何时候都是不可以做的。

二年正月。帝谓魏徵曰："人主何为而明？何为而暗？"对曰："兼听则明，偏听则暗。昔尧清问下民，故有苗[1]之恶得以上闻。舜明四目，达四聪，故共、鲧、驩兜[2]不能蔽也。秦二世偏信赵高[3]，以成望夷之祸[4]，梁武帝[5]偏信朱异[6]，以取台城之辱[7]，隋炀帝偏信虞世基[8]，以致彭城阁之变[9]。是故人君兼听广纳，则贵臣不得壅蔽，而下情得以上通也。"帝曰："善。"

臣祖禹曰：善哉太宗之问，魏徵之对也，可谓得其要矣。夫圣人以天下为耳目，故聪明。庸君以近习为耳目，故暗蔽。明暗之分，惟在于远近大小而已矣。

【注释】①有苗：又称三苗，唐尧时代南方的部落政权。在今湖南洞庭湖一带。②共：共工、穷奇。鲧（gǔn）：传说中我国原始部落的首领，号崇伯，奉尧命治水，最后被杀。驩兜（huān dōu）：尧时南方部落领袖。③赵高：秦宦官，赵国人。任秦中车府令兼行符玺令事，与李斯合谋伪造遗诏，逼始皇长子扶苏自杀，立少子胡亥为二世皇帝。后杀李斯，任中丞相，杀二世。后为子婴所杀。④望夷之祸：又称望夷宫之变。是秦朝灭亡前夕，丞相赵高害怕秦二世追究责任，与女婿阎乐等合谋杀害秦二世于望夷宫的事件。⑤梁武帝：即萧衍（464—549），字叔达。南朝梁朝政权的建立者。⑥朱异（483—549）：字彦和，吴郡钱唐（今浙江杭州市）人。南朝梁奸臣、诗人，梁武帝萧衍的宠臣。梁武帝时任右卫将军等职，掌权三十余年，善窥人主之意，阿谀承上特被宠任。⑦台城之辱：太清二年（548）八月，梁豫州刺史侯景叛变，率军进攻萧梁国都建康，梁武帝被围在台城（即宫城）。549年三月十二日城破，梁武帝被俘，遭到软禁，最后饿死，终年85岁。⑧虞世基（?–618）：字懋世，会稽余姚（今浙江慈溪市观海卫镇鸣鹤场）人。隋朝大臣，书法家虞世南哥哥。博学高才，善草隶，隋炀帝时为官。⑨彭城阁之变：即江都兵变。隋炀帝即位后，横征暴敛、穷兵黩武，这种无休止的征调、兵役和徭役的负担，导致全国到处有人起兵造反。大业十四年（618），虎贲郎将扶风人司马德戡领兵从玄武门进入宫城，隋炀帝被抓后缢杀。

【译文】贞观二年（628）正月，唐太宗对魏徵说："君王应该如何做才能算是英明？怎么做才算是昏庸呢？"魏徵回答道："兼听则明，偏听则暗。过去帝尧能明晰地向民众了解情况，所以三苗的恶行才得以及时掌握；舜目能明察四方情状，耳能远听四方意见，所以不被共工、鲧、驩兜所蒙蔽。秦二世胡亥偏信赵高，最终招致了望夷宫的杀身之祸；梁武帝萧衍偏信朱异，结果导致在台城被俘，遭软禁饿死；隋炀帝偏信虞世基，导致了彭城阁之变被缢杀。因此，为人君王者应当广泛听取群臣意见，那么就不会被权臣蒙蔽，而民间的真实情况便能清楚地掌握。"唐太宗听了大声道："说得好！"

臣范祖禹认为，唐太宗的提问与魏徵的回答真是太好了！可以说是抓住了要领。圣人以天下人作为耳目，所以聪明。昏庸之君以亲信作为耳目，所以愚昧。聪明或是愚昧，只在于是否听取大众的意见还是小众的意见。

四月，突厥颉利可汗请入朝。帝谓侍臣曰："向者突厥之强，控弦百万，凭陵[①]中夏，用是骄恣，以失其民。今自请入朝，非困穷肯如是乎？朕闻之，且喜且惧。何则？突厥衰则边境安矣，故喜。然朕或失道，他日亦将如突厥，能无惧乎？卿等宜不惜苦谏，以辅朕之不逮也。”

臣祖禹曰：《易》曰：“其亡其亡，系于苞桑[②]。”《书》曰：“儆戒无虞。”夫戒所以励善而进德也。太宗睹突厥入朝，而知惧如此，其能致贞观之治[③]，宜哉。

【注释】①凭陵：侵扰。②系于苞桑：《易经》否卦九五：“其亡其亡，系于苞桑。”意指身处安静而常存危难，即居安思危之意。③贞观之治：指唐朝初年唐太宗在位期间出现的清明政治，经济复苏，文化繁荣的盛世局面。

【译文】贞观二年（628）四月，突厥族颉利可汗请求前来朝见唐太宗。唐太宗对侍臣说：“过去突厥族很强大，掌控的军队上百万，经常侵扰我中原华夏，因为太过骄横，以至于失去了老百姓的支持。现在他们主动请求来朝见，如果不是处境艰难窘迫，他会这样做吗？我听说这事后，是又高兴又担心啊。为什么呢？如果突厥族衰弱，那么我们的边境便会因此而变得安定，所以我高兴。但是如果我失道没治理好国家，那么日后也将会像突厥族一样衰败，我能不害怕吗？你们应当不顾一切坚持进谏，以弥补我的不足之处。”

臣范祖禹认为，《易经》中说：“要亡了吗？要亡了吗？将物系在树的嫩芽之上，危险啊。”《尚书》中说：“时刻保持戒惧就不会有什么可担心的了。”因为时刻保持警惕，所以能够发挥长处而增进德行。唐太宗见突厥族前来朝拜，能够知道这样警诫自己，那么在他的治理下能够出现贞观之治这样的太平盛世，也是应该的。

帝谓侍臣曰："古语有之，赦者小人之幸，君子之不幸。"一岁再赦，善人喑哑。夫养稂莠[①]者害嘉谷，赦有罪者贼良民。故朕即位以来，不欲数赦，恐小人恃之轻犯宪章也。"

臣祖禹曰：数赦之害，前世论之详矣。夫良民不被泽，而罪人获宥[②]，政之偏党，莫甚于此。欲以致和而措刑，不亦疏乎？而人君每以赦为推恩，或祈阴德之报。太宗惩之，可谓善政矣。

【注释】①稂莠（láng yǒu）：形似禾苗的害草，常用以表示坏人。②宥（yòu）：宽宥，赦罪。

【译文】唐太宗对侍臣们说："过去有句俗话说，赦免罪行对于作恶的小人来说是幸运的，而对于善良的百姓来说是不幸的。如果一年两次赦免，好人也会默不作声了。如果任由稂莠生长便会损害庄稼，赦免罪犯便会伤害老百姓。所以朕即位以来，不想连续赦免罪犯，因为担心这样会纵容小人因而轻易犯法。"

臣范祖禹认为，总是赦免罪犯的坏处，前人已经说得很详细了。老百姓得不到国家的恩惠，而罪犯却获得赦免，执政如此偏向一方，没有比这更坏的做法了。想要这样使天下和顺而放弃刑罚，不是离执政的目标更远了吗？有的君王总是以赦免罪行作为施恩的手段，有的甚至还祈求这样能够得到好报。唐太宗拒绝这样做，可以说是非常懂得治国之道了。

三年，帝谓房玄龄[①]、杜如晦[②]曰："公为仆射，当广求贤人，随才授任，此宰相之职也。比[③]闻听受词讼，日不暇给，安能助朕求贤乎？”因敕“尚书细务属左右丞，唯大事应奏者，乃关仆射”。

臣祖禹曰：太宗责宰相以求贤，而不使之亲细务，能任相以其职矣。《书》曰：“惟说[④]式[⑤]克钦承，旁[⑥]招俊乂，列于庶位。”此相之职也。苟不务此，而治簿书期会百吏之事，岂所谓相乎？

【注释】①房玄龄（579—648）：名乔，字玄龄，（另说名玄龄，字乔），齐州临淄（今山东临淄）人。贞观元年任中书令，三年拜尚书左仆射，封梁国公。十六年，拜司空。唐朝初年名相、政治家。②杜如晦（585—630）：字克明，京兆郡杜陵县（今陕西长安）人。唐朝初年名相。曾为秦王府兵曹参军，后迁兵部尚书，封蔡国公。贞观三年拜尚书右仆射兼吏部选事。与房玄龄一起，人称“房杜”。③比：近来。④说：指傅说（约前1335—1246），殷商时期卓越的政治家、军事家、思想家及建筑科学家。辅佐殷商高宗武丁安邦治国，形成了历史上有名“武丁中兴”的辉煌盛世，留有“非知之艰，行之惟艰”的名句，被尊称为“圣人”。⑤式：用，因此。⑥旁：广泛。

【译文】贞观三年（629），唐太宗对房玄龄、杜如晦说：“你们二位是尚书仆射，应当广泛寻求贤德之人，根据各自的才能分别授予职位，这是宰相的职责所在啊。近来听说你们听取汇报、诉讼，整天都没有空闲，这又怎么能帮助我找到贤德之人呢？”因此下令将尚书的琐碎事务交由左右丞去做，只有遇到应当向尚书仆射报告的大事，才由仆射处理。

臣范祖禹认为，唐太宗责成由宰相来物色贤才，而不让他们亲自处理琐碎的事务，使得宰相可以去做其职责所应做的事。《尚书·说命》中说："我傅说因此能够恭敬承奉王的旨意，广求贤才俊杰，把他们安排在各个职位上。"这才是宰相的职责呀。如果不能致力于此，而是整天处理文书，定期实施政令，从事这些百官应做的事，又怎么能称得上是宰相呢？

四月，帝谓侍臣曰："中书门下[①]，机要之司，诏敕有不便者，皆应论执。比来唯睹顺从，不闻违异。若但行文书，则谁不可为，何必择才也？"房玄龄等皆顿首谢。

臣祖禹曰：朝廷设官分职，非徒使上下相从，欲交修其所不逮也。故《书》曰："百官修辅。"苟取充位，而奉行上令，则是胥史[②]而已。不明之君，自以无过，恶人之言，是以政乱而上不闻。太宗敕责而使之言，虽欲不治，不可得也。

【注释】①中书门下：唐代处理政务的两大中央行政机构，与尚书省并称，所谓三省。中书决策，门下审查，尚书执行。②胥吏：官府中掌管案牍小吏，即文书。

【译文】贞观三年（629）四月，唐太宗对侍臣们说："中书省、门下省是掌管国家重要机密的关键部门。诏书、敕文中如果有难以实行的地方，都应该提出意见讨论选取后再执行。近来只看到顺从君命的，没见到谁有不同意见。如果仅仅只是颁发文书，那谁不能做呢？何必还要选拔人才？"房玄龄等人都叩首谢罪。

臣范祖禹认为，朝廷设立官位并明确各自职责，不是只让他们上下相从，而是想让他们相互修正自己的不足之处。所以《尚书》上说："众大臣各自忠于职守，以辅佐君王。"如果只是占据官位而奉行上级的命令，那么他们将成为只会掌管案牍的文书小吏。昏庸不明的君主，自认为自己不会犯过错，因此不喜欢别人提出不同的意见，因此朝政混乱他也无法知道。唐太宗下令责求众大臣要勇于进谏，多提意见，这样就算想让国家治理得不好，也是不可能的。

四年，灭突厥。四夷[①]君长诣阙，请帝为天可汗[②]。帝曰："我为大唐天子，又下行可汗事乎？"群臣及四夷皆称万岁。是后以玺书赐西北君长，皆称天可汗。

臣祖禹曰：孔子曰："夷狄之有君，不如诸夏之亡也"。以其无君臣之礼也。太宗以万乘之主，而兼为夷狄之君，不耻其名，而受其佞。事不师古，不足为后世法也。

【注释】①四夷：指周边的少数民族。②天可汗：可汗，古代北方少数民族的君王称可汗。天可汗，最高的君王、皇帝。

【译文】贞观四年（630），唐灭掉了东突厥。周边各少数民族的首领都前来都城朝见，请求唐太宗出任天可汗。唐太宗说："我是大唐的天子，还能做你们的可汗吗？"众大臣及各族首领都高呼万岁。从这以后，发文给西北各民族首领，盖章时都称天可汗。

臣范祖禹认为，孔子曾说："各外族即使有国君，但不明礼义，还不如华夏没有国君时有礼义。"因为他们不懂得君臣之礼。

唐太宗以一个大国的君王，却兼为外族的可汗，不但没有以此为耻，反而还接受了他们的谄谀。他这样做不以古代榜样为师，不足以令后人学习和效法啊。

突厥部落分散，其降唐者尚十万口。诏群臣议区处之宜。朝士多言宜悉徙之河南兖豫之间，散居州县，教之耕织，可以化为农民。颜师古[①]请皆置之河北，分立酋长，领其部落。李百药[②]以为宜因其离散，各即本部，署为君长，不相臣属，国分势敌，各自保全，必不能抗衡中国。窦静[③]以为宜假之王侯之号，妻以宗室之女，分其土地，析其部落，使其权弱势分，易为羁制。温彦博[④]请准汉武故事，置降匈奴于塞下，使为中国扞蔽[⑤]。魏徵以为宜纵之，使还故土，不可留之中国。帝卒用彦博策，置四都督府六州[⑥]以处降众。酋长至者，皆拜将军、中郎将，布列朝廷，五品以上百余人，殆与朝士相半，因而入居长安者近万家。

臣祖禹曰：先王之制，戎狄荒服[⑦]，夷不乱华，所以辨族类，别内外也。孔子美齐桓之功曰："微管仲，吾其被发左衽[⑧]矣。"圣人之惩戎狄如此。太宗既灭突厥，而引诸戎入中国，使殊俗丑类，与公卿大夫杂处于朝廷。苟欲冠带四夷，以夸示天下，而不知乱华亦甚矣。然则，中国几何不胥而为夷也？是以唐室世有戎狄之乱，岂非太宗之所启乎？

【注释】①颜师古（581-645）：名籀，字师古，京兆万年县人。隋唐时期经学家、训诂学家、历史学家，名儒颜之推之孙、颜思鲁之子。注《汉书》，官至中书侍郎。②李百药（564–648）：字重规，博陵安平（今河北安平县）人。隋唐时期大臣、史学家、诗人。任中书舍人，著有《北齐书》。③窦静：唐代史官，字元休，赠司空抗子。武德初累转并州大总管府长史检校并州大总管。太宗朝授司农卿，封信都县男，改夏州都督，再迁民部尚书。卒谥曰肃。④温彦博（574–637）：字大临，太原祁县（今山西祁县）人。唐朝宰相。曾在隋朝担任文林郎、通直谒者，后为幽州司马，随罗艺归唐，历任幽州大都督长史、中书舍人、中书侍郎、雍州治中、御史大夫，封西河郡公。⑤扞（hàn）蔽：屏藩之意。⑥四都督府六州：指唐时在北方设立的瀚海、金微、燕然、幽陵等都督府及鸡田、皋兰、鸡鹿、高阙等六州。⑦荒服：古“五服”之一。称离京师二千到二千五百里的边远地方。亦泛指边远地区。⑧左衽：穿左边开襟的衣服。衽，衣襟。

【译文】突厥部落人口居住分散，向唐朝投降的有十多万人。唐太宗下令让众臣讨论如何安置他们。大臣们大多认为最好将他们迁移到河南、山东之间一带，分散到各州县居住，教他们种田，织布，这样可以转化成农民。颜师古则请求将他们全部安置在河北境内，分别任命酋长，分别统领各自部落。李百药则认为最好根据他们的情况分散居住，各部落分别任命君长，互不相属，彼此对立，各自保全自己，这样必定无法抗衡我大唐。窦静则认为最好分别封他们为王侯，将宗室之女嫁给他们，将他们的土地分掉，部落打散分居，削弱他们的权力和势力，这样便于约束和控制。温彦博则提出准许按照汉武帝时期的做法，将降服的匈奴安置在长城内外，让他们成为中国边境的屏障。魏徵则认为最好将他们放掉，让他们回归原籍，不能够留在中原地区。唐太宗最终采用了温彦博的策略，分别设置了四个都督府以及六个州来安置投降了的突厥人。凡是到了长安的酋长，皆封为将军、中郎将等职，散布于朝廷之中，为五品以上官职的有一百多人，差不多占了朝廷官员的一半，因此在长安城中居住的有近万家。

臣范祖禹认为，先王曾规定，戎狄等外族居住在边远地区，使他们无法扰乱华夏，所以才会区分族类，才会有了内外之别。孔子赞美齐桓公的功劳时说："如果没有管仲，我们恐怕就要像北方外族一样披头散发穿左衽的衣服了！"圣人就是这样惩戒戎狄的。唐太宗既然已经灭掉了突厥，却把他们引入到了国内，使这些民风习俗都不一样的人，与公卿大夫们共同相处于朝廷上。如果是想统率周边的少数民族，以此向天下夸耀自己，却不知道这样也会把中华搞得很乱。如果这样，华夏族又怎能不渐变成异族呢？正因如此，唐朝世代都患有戎狄之乱，难道这不是唐太宗开启的门吗？

诏：自今讼者有经尚书省判不服，听于东宫上启，委太子裁决。若仍不服，然后闻奏。时太子年十二岁。

臣祖禹曰：太子之职，在于视膳问安[①]。古之教者，必以礼乐，而置师保[②]以辅翼之，苟问学明，而德性成，何患乎不能听讼也。且年十二，而使之裁决民事，不已早乎？若其才，则将不学而能，不才，则宫臣必教之以欺其君父，非所以养德也。

【注释】①视膳问安：指每日必问安，每餐必在左。是古代诸侯、王室子弟侍奉父母的一种孝礼。②师保：古时任辅弼帝王和教导王室子弟的官员，有师有保，统称“师保”。泛指老师。

【译文】唐太宗下诏，规定从现在开始，凡是对由尚书省判决后的诉讼不服的，可以去东宫上诉，由太子裁决。如果仍旧不服，然后再上奏皇上。时年太子十二岁。

臣范祖禹认为，太子的职责，在于侍奉皇上的起居饮食和叩安问候。过去教育太子，必定会以礼、乐为先，再安排老师来辅导和教育他，如果太子学问高明了，品德修好了，何必担心他不能判决诉讼呢！况且那时他才十二岁，就让他去断案判决民法之事，这样不是太早了吗？如果他有才能，那么即使他不学也会；如果他没有才能，那么宫中侍臣必定会教唆他欺瞒君父，这不是修养德行的行为啊。

六月，发卒修洛阳宫，以备巡幸。张玄素[①]谏曰：“陛下初平洛阳，凡隋氏宫室之宏侈者，皆令毁之。曾未十年，复加营缮，何前日恶之，而今日效之也？且以今日财力，何如隋世？陛下役疮痍[②]之人，袭亡隋之弊，恐又甚于炀帝矣。”帝谓玄素曰：“卿谓我不如炀帝，何如桀纣？”对曰：“若此役不息，亦同归于乱。”帝叹曰：“吾思之不熟，乃至于是。”顾谓房玄龄曰：“朕以洛阳土中，朝贡道均，意欲便民，故使营之。今玄素所言诚有理，宜即为之罢役。后日或以事至洛阳，虽露居亦无伤也。”仍赐玄素綵二百匹。

臣祖禹曰：上之所好者，下之所竞也。太宗虚己以求直言，故群臣争救其失，唯恐其言之不切。太宗不唯悦而从之，又赏以劝之，此人君之所难能也。夫如是，何患于有过乎？

【注释】①张玄素（？－664）：蒲州虞乡（今山西永济）人。唐太宗时著名谏臣。早在隋末，就以清廉著称。曾仕隋为景城县户曹，太宗擢拜为侍御史，迁给事中。②疮痍：也作“创痍”。创伤，伤口。

【译文】六月，唐太宗下令派士卒前往修建洛阳宫，以备巡察时作为行宫居住。侍御史张玄素进谏说：“陛下刚刚收复洛阳时，凡是隋朝修建得宏大奢华的宫室，都下令毁掉。到现在还没有十年，又要重新修缮，为什么过去排斥而现在却又要仿效呢？况且现在朝廷的财力，又怎么赶得上隋朝呢？陛下现在役使满身创伤的士卒前往修建宫室，这是继承了灭亡了的隋朝的弊端啊！甚至还要比隋炀帝更过分！”唐太宗对张玄素说：“爱卿说我不如隋炀帝，与桀纣相比怎么样？”张玄素回答说：“如果不停息这次徭役，也会像桀纣时一样乱国而亡。”唐太宗叹息道：“我没有考虑成熟，以至到了这种程度。”回头看着房玄龄道：“我原以为洛阳在国土中央，各地朝贡道路都比较近，想着这样更方便老百姓，所以才让人修缮洛阳宫。现在张玄素讲的确实有道理，应当马上停止修建。以后如果因为有事前往洛阳，即使是露天休息也没什么关系。”于是赐给张玄素彩绸二百匹。

臣范祖禹认为，上级所喜欢的，必然是下级竞相去做的。唐太宗虚心听取大臣们的直言进谏，所以众大臣都争相提出意见以补救太宗所犯的过失，还生怕自己的言辞不够中肯。唐太宗不仅高兴地接受了张玄素的意见，还赏赐给他两百匹彩绸予以表彰，这确实是为人君王难以做到的啊。他这样做，还有什么担心怕犯过失的呢？

帝问房玄龄、萧瑀曰："隋文帝何如主也？"对曰："文帝勤于为治，临朝或至日昃。五品以上，引坐论事，卫士传餐而食，虽性非仁厚，亦励精之主也。"帝曰："公得其一，未得其二。文帝不明而喜察，不明则照有不通，喜察则多疑于物，事皆自决，不任群臣。天下至广，一日万机，虽复劳神苦形，岂能一一中理。群臣既知主意，唯取决受成，虽有愆违，莫敢谏争，此所以二世而亡也。朕则不然，择天下贤材，置之百官，使思天下之事，关由宰相，审熟便安，然后奏闻，有功则赏，有罪则刑，谁敢不竭心力以修职业，何忧天下之不治乎？"因敕百司，自今诏敕行下，有不便者，皆应执奏，毋得阿从，不尽己意。

臣祖禹曰：《书》曰："元首明哉，股肱良哉，庶事康哉。"又曰："元首丛脞[①]哉，股肱惰哉，万事堕哉。"此舜皋陶[②]所以赓歌[③]而相戒也。夫君以知人为明，臣以任职为良。君知人，则贤者得行其所学。臣任职，则不贤者不得苟容于朝，此庶事所以康也。若夫君行臣职，则丛脞矣，臣不任君之事，则惰矣，此万事所以堕也。当舜之时，禹平水土，稷播百谷，土谷之事，舜不亲也。契[④]敷五教，皋陶明五刑，教刑之事，舜不治也。伯夷[⑤]典礼，夔[⑥]典乐，礼乐之事，舜不与也。益[⑦]为虞，垂[⑧]作共工，虞工之事，舜不知也。禹为一相，总百官，自稷以下，分职以听焉。君人者，如天运于上，而四时寒暑各司其序，则不劳而万物生矣。君不可以不逸也，所治者大，所司者要也。臣不可以不劳也，所治者寡，所职者详也。不明之君，不能知人，故务察而多疑，欲以一人之身，代百官之所为，则虽圣智，亦日力不足矣。故其臣下，事无大小，皆归之君，政有得失，不任其患，贤者不得行其志，而持禄之士，得以保其位，此天下所以不治也。是以隋文勤而无功，太宗逸而有成，彼不得其道，而此得其道故也。

【注释】①丛脞（cuǒ）：细碎；烦琐。②皋陶：一作咎繇，舜时大臣，掌刑狱之事。③赓歌：酬唱和诗。④契（xiè）：传说中商的始祖，助禹治水有功。被舜任为司徒，掌管教化。⑤伯夷：舜的大臣，主管礼仪。⑥夔：舜时大臣，主管音乐。⑦益：舜时大臣，主管狩猎、放牧。⑧垂：舜时大臣，主管百工之事。

【译文】唐太宗问房玄龄与萧瑀：“你们认为隋文帝杨坚是个什么样的君主呢？”两人回答说：“隋文帝治理国政很是勤勉，每次上朝处理政事往往都会工作到午后。五品以上的官员，都会被召到一起参与政事讨论，由卫兵们给他们送饭吃。他虽然算不上品性仁厚，但也可算是一个励精图治的君王了。”唐太宗说：“你们能够得知其一，却不知其二啊。隋文帝处事不英明却又喜欢考察了解情况。不英明那么有些事便会不理解，喜欢观考察了解情况便会对一些事物产生疑虑，因此所有的事都想由自己来决断，不信任大臣。天下这么大，每天处理那么多事务，虽然自己用心用力，认真干事，又怎么能事事处理得当呢！大臣们已经知道了他的想法，便只会按照他的意愿依计而行，即使他有些事处理得不当，大臣们也不敢谏争，这就是隋朝会二世而亡的原因。但朕不会这样，朕会选出天下的贤才，授予他们各种职位，让他们处理天下各种琐碎事务，大事则交由宰相处置，让他们审查成熟后施行，然后将结果上奏给朕。处理得当有功的便给予奖赏，处理不当的便予以惩罚治罪，这样谁还敢不尽心竭力做好本职工作？还有什么忧虑天下会治理不好呢？"因此下令百官，从现在诏令颁布开始，如果皇上有做的不恰当的地方，大家都应该提出奏议，不得阿谀顺从，而不清楚表达自己的意见。

臣范祖禹认为，《尚书》中说："如果君王做事英明，大臣便会忠良，那么天下就会安宁。"又说："如果君王做事细碎繁琐而胸无大略，辅助他的臣子就会懈怠，那么什么事情也做不成功。"这就是舜与皋陶总是唱和且用来警戒自己的道理。君主以能够知人为明，臣子以称职为良。君主能够知人善用，那么贤能之人便能充分发挥自己所学；臣子称职，那么无德无才者便无法继续在朝为官，这就是国家政务能得以很好处理而天下安宁的原因。如果君王去干大臣们应该做的事，那么政事就会烦琐了；大臣们不为君王做事，那么就会懒政了，这也是天下政务处理不好的原因。当舜帝执政时，让大禹负责治水，后稷掌管农业，治水与耕种的事，舜帝没有亲自参与；由契掌管父义、母慈、兄友、弟恭、子孝等五常教化，让皋陶负责五刑处罚，五常教化与司法之事，舜也没有亲自掌管；由伯夷负责礼仪祭祀等事，由夔负责以礼乐教化百姓，礼乐之事，舜也没有亲自参与；他封益为虞官，掌管山河、苑囿、畋牧的事情，封垂为共工，掌管百工，山泽与百工之事，舜也没有亲自过问。他任大禹为相，总管百官，自后稷以下，各自根据自己的职责行事。作为君王，管理百姓就如上天无心而自然运行一样，春夏秋冬寒来暑往，各自按序运行，那么不用辛劳而万物也能自然生长了。为君者不能不安逸，因为他所治理的是天下大事，所管理的是天下要事。为臣者不能不勤劳，因为他所管的事情少，所做的事情很具体。不英明的君王，不能了解大臣们的能力强弱，所以总是处处留心而整天疑虑，想要凭借个人的力量，去做百官应做的事，即使他有无上的智慧，也会渐渐显出精力不足来。所以他的臣属不管大事小事，都会来请示由他决定，对国家政务处理的结果好坏不管不顾，因此贤能的人无法发挥自己的才智，而那些只拿工资的人却得以保全官位。这就是天下治理不好的原因。所以隋文帝虽然勤劳却无法获得功绩，而唐太宗虽然清闲却天下大治，正是因为隋文帝不懂得治国之道，而唐太宗懂得治国之道的缘故。

帝之初即位也，尝与群臣语及教化，帝曰：“今承大乱之后，恐斯民未易化也。”魏徵对曰：“不然。久安之民骄佚，骄佚则难教，经乱之民愁苦，愁苦则易化。譬犹饥者易为食，渴者易为饮也。”帝深然之。封德彝非之曰：“三代以还，人渐浇讹，故秦任法律，汉杂霸道。盖欲化而不能，岂能之而不欲邪？魏徵书生，未识时务，若信其虚论，必败国家。”徵曰：“五帝、三王[①]不易民而化，昔黄帝征蚩尤[②]，高阳[③]征九黎[④]，汤放桀，武王伐纣，皆能身致太平，岂非承大乱之后邪？若谓古人淳朴，渐致浇讹，则至于今日，当悉化为鬼魅矣，人主安得而治之？”帝卒从徵言。元年，关中饥，米斗直绢一匹。二年，天下蝗。三年，大水。帝勤而抚之，民虽东西就食，未尝嗟怨。是岁天下大稔，流散者咸归乡里，米斗不过三四钱，终岁断死刑才二十九人。东至于海，南及五岭⑤，皆外户不闭，行旅不赍粮，取给于道焉。帝谓长孙无忌⑥曰：“贞观之初，上书者皆云人主当独运威权，不可委之臣下。又云：‘宜震耀威武，征讨四夷。’唯魏徵劝朕偃武修文，中国既安，四夷自服，朕用其言，今颉利成擒，其酋长并带刀宿卫，皆袭衣冠，徵之力也。但恨不使封德彝见之耳。”徵再拜谢曰：“突厥破灭，海内康宁，皆陛下威德，臣何力焉！”帝曰：“朕能任公，公能称朕所任，则其功岂独在朕乎！”

臣祖禹曰：太宗可谓能审取舍矣。魏徵，仁义之言也，欲顺天下之理而治之。封德彝，刑罚之言也，欲咈天下之性而治之。夫民莫不恶危而欲安，恶劳而欲息，以仁义治之则顺，以刑罚治之则咈矣。故治天下在顺之而已，咈之而能治者，未之闻也。太宗从魏徵，而不从德彝，行之四年，遂致太平，仁义之效，如此其速也。故治道在人主所力行耳，孰不可为太宗乎？及其成功，复归美于下，此近世帝王之所不及也。

【注释】①五帝、三王：五帝指传说中的上古帝王即黄帝、颛顼、帝喾、唐尧、虞舜。三王指夏、商、周三代开国之君大禹、商汤、武王。②蚩尤：上古黄帝时诸侯。好兵喜乱，暴虐天下，黄帝率诸侯之师征之，战于涿鹿。蚩尤作大雾，黄帝用指南车破之，遂诛蚩尤。③高阳：即五帝之一颛顼，姬姓，号高阳氏。④九黎：远古时代的一个部落联盟，居住在黄河流域中下游地区以及长江流域一带。以蚩尤为首领，有八十一个兄弟，都是九黎酋长，蚩尤为大酋长。⑤五岭：在广东与江西、湖南交界处东西走向的五个山岭，分别是大庾岭、骑田岭、萌渚岭、都庞岭、越城岭。⑥长孙无忌（594–659）：字辅机，河南洛阳人。曾佐唐太宗定天下，擢吏部尚书，封赵国公，累迁太子太师。高宗初进太尉。

【译文】唐太宗刚刚继位时，曾和众大臣们谈到教化天下的事。唐太宗说："现在正是国家经历了大乱的时候，恐怕老百姓不容易教化啊。"魏徵说："不是这样。国家长久的安定会让老百姓变得骄纵享乐，老百姓骄纵享乐便会变得难以教化；经历了动乱的老百姓懂得愁苦，懂得愁苦的老百姓便容易教化。这就好像饥饿的人对食物容易满足，干渴的人对于给他的饮水不挑剔。"唐太宗非常认同这种说法。封德彝却反驳道："自从夏、商、周三代以后，人们渐渐变得浮薄诈伪了，所以秦朝依靠法律手段，汉朝则还夹杂了霸道之法。这是因为想要教化却无法实行，哪里是不想依靠教化啊！魏徵只是一介书生，不懂得时务，如果听信了他的这些虚话，必定会让国家败坏。"魏徵说："过去五帝、三王都是教化同样的百姓，黄帝征讨蚩尤，高阳讨伐九黎，商汤放逐夏桀，武王灭除纣王，都使得天下得以太平，难道不都是在大乱之后吗？若要说古人淳朴，而后才慢慢变坏，那么到了今天，老百姓应当都变成鬼魅了吧！其君王又怎么能管理他们呢？"唐太宗最终采纳了魏徵的意见。贞观元年，关中（东潼关、西散关、南武关、北萧关以内）地区歉收闹饥荒，一斗米价值一匹绢。贞观二年，天下遭遇了蝗灾。贞观三年，又遭遇了水灾。唐太宗经常前往安抚百姓，老百姓虽然得东奔西逃地找食物，但没人有牢骚怨言。这一年天下大丰收，四处逃亡的百姓都回到了老家，一斗米不超过三四钱，整年被判死刑的才二十九人；而东到大海，南到五岭，老百姓都夜不闭户，行商旅客也不用自己携带口粮，在途中都能获得食物。唐太宗对长孙无忌说："贞观初年，大臣上书都说皇帝应当独揽大权，不可以放权给大臣。又说应当显耀国家武力与威严，征讨周边的外族。只有魏徵劝我停止武事，振兴文教，这样中国安定了，四夷自然也就会臣服了。我采纳了他的意见。现今突厥颉利可汗被俘了，其手下的将领都全副武装守卫着宫廷，都做了朝廷的官员，这是魏徵的功劳。只是遗憾没有让封德彝看见而已。"魏徵再次拜谢说道："突厥的破灭，天下得以康宁，都是陛下的威德使然，臣何来的功劳呢？"唐太宗道："我能任用你，你能很好地完成我所交办的事，那么功劳又怎么能只是我一人的呢？"

臣范祖禹认为，唐太宗可以说是很懂得取舍的人了。魏徵的话是仁义的，想顺应天下之理来治理国家。封德彝的话，主张的是依靠刑罚，想改变天下人的习性来治理天下。老百姓没有不厌恶动乱而渴望安定，厌恶辛劳而想要安闲的，如果用仁义来治理则会顺服，如果以刑罚来治理则会违逆了。所以治理天下便在于顺乎人性而已，违逆人性而能使天下太平的，臣还没有听说过。唐太宗采用了魏徵的意见而没有听从封德彝的话，实行了四年便让天下太平了，仁义治国的效果，竟然如此迅速！所以治理天下的道理就在于君王选取什么样的政策罢了，谁又不能成为唐太宗这样的人呢？等到他成功后又把功绩归功于臣属，这是近世的帝王所不如的地方。

唐鉴卷之四

太宗二

五年。初，帝令群臣议封建，魏徵李百药以为封建不便。颜师古以为不若分王宗子，勿令过大，间以州县，杂错而居。十一月，诏“皇家宗室及勋贤之臣，宜令作镇藩部，贻厥子孙，非有大故，无或黜免，所司明为条例，定等级以闻。”至十一年六月，诏荆王元景[①]等二十一王，长孙无忌等十四人刺史，皆令世袭。无忌等皆不愿之国，上表固让。其明年诏停袭封刺史。

臣祖禹曰：柳宗元有言曰：“封建非圣人意也，势也。”盖自上古以来有之，圣人不得而废也。故制其爵位之等，为之礼命[②]之数，合之以朝觐会同，离之以长帅牧伯，而后可治也。周室既衰，并为十二，列为六七，而封建之礼已亡。秦以诈力一天下，划灭[③]方国以为郡县，三代之制不可复矣。后世唯知周之长久，而不知所以长久者由其德，不独以封建也。必欲法上古而封之，弱则不足以藩屏，强则必至于僭乱，此后世封国之弊也。且尧舜有天下，犹不能私其子，不以一人而害天下也。况诸侯之后嗣，或贤或不肖，而必使之继世乎？是以一人而害一国也。然则如之何？《记》曰："礼，时为大，顺次之。"尧舜禅授，汤武征伐，三代封国，后世郡县，时也；先王之礼，或损或益，因时制宜，以便其民，顺也。古之法不可用于今，犹今之法不可用于古也。后世如有王者，亲亲而尊贤，务德而爱民，慎择守令以治郡县，亦足以致太平而兴礼乐矣！何必如古封建乃为盛哉！

【注释】①元景：即李元景（618–653），唐高祖李渊第六子，为莫嫔所生。初封赵王，后改封荆王，因参与房遗爱谋反事件，与儿子李则一起被处死。②礼命：指国家的礼籍和君王的策命。③刬灭：铲除，消灭。刬（chǎn），同"铲"。

【译文】贞观五年（631），唐太宗下令让众臣商议如何实行封建的问题。魏徵、李百药认为封建并不适宜，颜师古认为不如分封各个亲王宗族内的子弟，让他们无法坐大权势，并与地方各州县相互交错而居。这年十一月，唐太宗下令皇族宗室和有功勋及贤能的大臣，让他们分别到各地作为镇藩之部，并传留给子孙后代，如果没有大罪，不得撤免罢黜。又命令主管此事的部门制定出明确的条例，确定好不同的等级后上报。贞观十一年（637）六月，太宗诏令荆王李元景等二十一位诸侯王、长孙无忌等十四人为刺史，让他们全部世代世袭。长孙无忌等人都不愿意去封地就职，上表向太宗坚持推让。到了第二年，唐太宗下令停止袭封刺史。

臣范祖禹认为，柳宗元曾在《封建论》中说：“分封建制一事并不是古圣先贤的本意，而是当时的形势所需。”这种事从上古以来就有，就算圣人也无法废除！所以为此划分了爵位等级，制定了国家的礼籍和君王的策命之数，加之规定他们得定期前来朝拜以防止串联，又委派官员前往制约他们，这样便可以管理他们了。周王朝衰落以后，出现了十二个并峙诸侯国，战国时则成了六七个诸侯国称霸的局面，而分封制的规定基本废除了。秦朝依靠欺骗和武力统一了天下，灭掉六国而建立了郡县制，夏、商、周三代实行的分封制无法再实行。后世之人只知道周朝拥有天下的时间很长久，却不知道周朝之所以能长久存在的原因，是因为周朝以德治国，而不单单只是依靠分封制度。如果一定要效法上古时期实行分封制，封国弱小了则不足以成为国家的屏障，封国强大了则必然出现违背朝廷的现象，这就是后来实行分封制出现的弊端。况且就是尧、舜在执掌天下后还不能把政权私自传给自己的儿子，不能因为一人而害了天下百姓。何况各诸侯的后人有的贤能有的没出息，还一定要让他们世袭封爵吗？这是要因一个人而去害一个诸侯国啊！然而又要怎么办呢？《礼记》上说：“礼制，首先要符合当时形势要求，其次应顺应大势而行。”尧、舜时的禅位，商汤、武王时的征伐，夏、商、周三代时的分封制，秦汉后的郡县制，这都是由当时的形势决定的。古代先王的礼制，或是减损或是增加，因时制宜，以方便民众，这是顺应时势的要求。过去的法令无法适用于现在，同样现在的法令也无法在过去运用。今后如果谁君临天下，能够亲近其宗族，尊敬贤能之人，施行德治且爱护百姓，严格选拔郡守县令来管理郡县，也完全能够让天下太平，且礼乐教化兴盛！为什么一定认为要像古代那样搞分封制才能使天下大治呢？

康国[①]求内附。帝曰："前代帝王，好招来绝域[②]，以求服远之名，无益于用，而糜敝百姓。今康国内附，倘有急难，于义不得不救。师行万里，岂不疲劳！劳百姓以取虚名，朕不为也。"遂不受。

臣祖禹曰：太宗知招来绝域之弊而不为，然以兵克者，则郡县置之，其疲劳百姓也，亦多矣。岂"先行其言而后从之"者欤？然其不受康国，则足以为后世法，使其行事每如此，其盛德可少贬哉。

【注释】①康国：古代中亚民族国家，其地在今乌兹别克斯坦撒马尔罕一带。西汉时臣服于匈奴和大月氏。东汉时期，康居国是西域大国，其后逐渐衰弱。唐代时，这个国家仍然继续存在。②绝域：指极其遥远的地方（多指国外）。

【译文】康国要求归附唐朝。唐太宗说："前代的帝王，喜欢招抚地处偏远的国家来取得降服远方的盛名，这样做毫无益处，而只是让百姓受罪。现在康国要求归附，如果他们遇到了危急情况，从道义上来说不能不去救援。但士兵们长途跋涉，又怎么能不疲劳！让百姓疲劳来获取虚名，这样的事朕不做。"于是没有接受康国的归附。

臣范祖禹认为，唐太宗知道招抚地处偏远国家的弊病，因此没有去做。但是在军队攻克的地方，却设置了郡县，这给百姓增加的负担，也是够多的了。怎么能先说了这样的话然后却又那样去做呢？但是太宗没有接受康国归附，这足可成为后世效法的地方。如果他每次做事都能这样，那么他的盛德就会少些贬词了。

六年初，群臣表请封禅[①]。帝曰："卿辈皆以封禅为帝王盛事，朕意不然。若天下乂安[②]，家给人足，虽不封禅，庸何伤乎？昔秦始皇封禅，而汉文帝不封禅，后世岂以文帝之贤为不及始皇邪？且事天扫地而祭，何必登泰山之颠，封数尺之土，然后可以展其诚敬乎？"群臣请不已，帝亦欲从之，魏徵独以为不可，乃止。

臣祖禹曰：古者天子巡守至于方岳[③]，必告祭柴望[④]，所以尊天而怀柔百神也。后世学礼者失其传，而诸儒之谄谀者为说，以希世主，谓之封禅。实自秦始，古无有也。且三代不封禅而王，秦封禅而亡，人主不法三代而法秦，以为太平盛事，亦已谬矣。太宗方明朝，多贤臣，而佞者犹倡其议。独魏徵以为时未可，而亦不以其事为非也。其后使颜师古议其礼，房乔[⑤]裁定之，徵亦预焉。贞观之末，屡欲东封，以事而止，高宗、明皇遂踵行之。终唐之世，唯柳宗元以封禅为非。以韩愈之贤，犹劝宪宗[⑥]，则其余无足怪也。呜呼！礼之失也久矣，世俗之惑可胜救哉！

【**注释**】①封禅：祭天为"封"，祭地为"禅"，是指中国古代帝王在太平盛世或者天降祥瑞时一种祭祀天地的大型典礼。②乂安：太平、安定之意。乂，安定、治理；安，太平、安稳。③方岳：四方之山岳。古指东岳泰山、西岳华山、南岳霍山（一指衡山）、北岳恒山。④柴望：古代两种祭礼。柴谓烧柴祭天；望谓祭国中山川。亦泛指祭祀。⑤房乔：即房玄龄。⑥宪宗：指唐宪宗李纯（778–820），本名李淳，陇西成纪（今甘肃省秦安县）人。唐朝第十一位皇帝，805年至820年在位。

【译文】贞观六年（632）年初，大臣们一起上表奏请举行封禅大典。对此唐太宗说："你们都认为封禅大典是帝王的一桩盛事，但我不这么想。如果天下安定，家家衣食充裕，人人生活富足，即使不搞封禅大典，又有何妨？从前秦始皇搞封禅，汉文帝未搞封禅，后世难道有认为汉文帝不及秦始皇吗？况且向天地拜祭，难道非得上泰山之顶，封几尺高的土，那才算是对天地的诚心敬意吗？"大臣们仍然再三请求举行封禅大典，太宗也想要同意他们的请求了，只有魏徵坚持认为不行，于是最终没有再提封禅之事。

臣范祖禹认为，过去天子到各地巡察，到达四岳后，一定会举行柴望祭祀典礼，以此来表达对上天的尊敬及招来神祇，使各安其位。后世学礼之人失去了对原来柴望祭祀典礼本意的理解，而众多喜欢逢迎献媚的儒生却编造了各种理由来讨好君王，并将这叫作封禅。其实封禅是从秦朝才开始，在古代是没有的。况且夏、商、周三代不搞封禅也照样当帝王，秦朝搞封禅却两代而亡。为人君王者不效法三代却效法秦朝，认为这样便会让国家太平，也真是够荒谬了。当时唐太宗正采取英明的手段治理国家，朝中很多贤臣，但是那些谄佞之人仍旧提议举行封禅大典，只有魏徵认为是时机还没有到，他也没有认为这件事就是件坏事。之后太宗让颜师古商议举行封禅大典的礼仪，由房玄龄修订，魏徵也参与其中。贞观末年（649），唐太宗几次想东行泰山行封禅之礼，但因为其他的事而没能实现。唐高宗李治与唐明皇李隆基，却先后到泰山举行了封禅大典。整个唐朝，只有柳宗元认为帝王举行封禅大典是不对的。像韩愈这样贤能的人，他还劝唐宪宗前往泰山封禅，那么其他人如此就更不值得奇怪了。唉！天子之礼失传太久了，普通人对此迷惑不清，还能挽救吗？

帝谓魏徵曰："为官择人，不可造次。用一君子，则君子皆至；用一小人，则小人竞进矣。"对曰："然。天下未定，则专取其才，不考其行；丧乱既平，则非才、行兼备不可用也。"

臣祖禹曰：太宗以治乱在庶官，欲进君子退小人。此王者之言也。而魏徵之所谓才、行者，不亦异乎？夫才有君子之才，有小人之才。古之所谓才者，君子之才也；后世之所谓才，小人之才也。高阳氏有子八人[①]，天下以为才，其所以为才者曰"齐圣广渊，明允笃诚"。高辛氏有子八人[②]，天下以为才，其所以为才者曰"忠肃恭懿，宣慈惠和"。周公制礼作乐，孔子以为才。然则古之所谓才者，兼德行而言也。后世之所谓才者，辩给[③]以御人，诡诈以用兵，僻邪险诐，趋利就事，是以天下多乱职。斯人之用于世也，在《易·师》之上六[④]曰："开国承家，小人勿用。"象曰："小人勿用，必乱邦也。"《既济》[⑤]曰："高宗[⑥]伐鬼方[⑦]，三年克之，小人勿用。"王者创业垂统，敷求[⑧]哲人以遗后嗣，故能长世也。岂其以天下未定，而可专用小人之才欤？夫有才无行之小人，无时而可用。退之犹惧其或进也，岂可先用而后废，乃取才行兼备之人乎？徵之学驳而不纯，故所以辅导其君者，卒不至于三王之治也。

【注释】①高阳氏有子八人：高阳氏，即五帝之一的颛顼（见前注释）。有子八人，指的是苍舒、隤敳、梼戭、大临、龙降、庭坚、仲容、叔达等八大才子，天下之民谓之“八恺”。②高辛氏有子八人：高辛氏，即五帝之一的帝喾。有子八人，指的是伯奋、仲堪、叔献、季仲、伯虎、仲熊、叔豹、季狸八大才子，天下之人谓之“八元”。③辩给：便言捷给，能言善辩之意。泛指雄辩。④《易·师》之上六：《易经》师卦上六：“大君有命，开国承家，小人勿用，必乱邦也。”⑤既济：《易经》六十四卦之一。离下坎上。《易·既济》：“象曰：水在火上，既济，君子以思患而豫防之。”⑥高宗：指殷商中兴之主武丁（？-前1192），子姓，名昭，商王盘庚之侄，商王小乙之子，商朝第二十三任君主。其在位时期，勤于政事，任用刑徒出身的傅说、甘盘、祖己等贤能之人辅政，励精图治，使商朝政治、经济、军事、文化得到空前发展，史称“武丁盛世”。公元前1192年去世，庙号高宗。⑦鬼方：商周时期活动在山西北部以及我国西北地区的一个古老部落。⑧敷求：广求；遍求。敷，通“溥”。

【译文】太宗对魏徵说：“做官选拔人才，不可以随意。如果选用的是个君子，那么君子就会都来了；如果任用的是个小人，那么小人就会都想方设法前来。”魏徵回答说：“是的。但是在天下还没平定时，选用之人只要有一技之长便行，不需过多要求其德行；天下平定后，那么选用人才时就需要其德才兼备，否则不能任用。”

臣范祖禹认为，唐太宗认为国家动乱的治理在于百官，所以想要任用君子而远离小人。这是作为君王应说的话。而魏徵所说的任用有才能的官员与具备德行的官员，不是也有区别吗？所谓才能，有君子之才，也有小人之才。古人所说的才能，指的是君子之才，而后人所说的才能，是小人之才。过去高阳氏颛顼有才子八人，天下人都认为他们有才，而之所以认为他们有才，是因为他们德行高尚且知识渊博，处事公正且真心实意；高辛氏帝喾也有才子八人，天下人也都认为他们有才，而之所以认为他们有才，是因为他们忠诚恭敬且谦虚尚美，态度和蔼且心地善良。周公旦制作了礼、乐，孔子认为他有才。但是古人所说的才，指的是个人德才兼备，而后人所说的才，指的是能言善辩，用兵诡异狡诈，为人阴险奸猾，做事唯利是图。所以国家在选用人才时，大多不称职。如果是这种人来处理国家政事，就如《易经·师卦》上六所说：“册封新的诸侯，开创千乘大国，封为大夫，世袭百乘之家，不得任用小人。”其象辞说：“如果任用小人，天下将大乱。”《易经·既济》卦上说：“殷高宗武丁讨伐鬼方部落，三年便取得了胜利，是没有任用小人的缘故。”当皇帝要创业并把天下传下去，要选好人辅佐太子，所以能代代相传。怎么可以因天下未定就用有才无德的人呢？有才无德的小人，啥时候都不能用。不用他还生怕他钻进来，怎么可以先用他而后再免掉他，再去用德才兼备的人呢？魏徵的主意，杂乱不纯正，所以他辅导的唐太宗终究达不到夏禹、商汤、周武那样的境界。

九年十一月，以光禄大夫萧瑀为特进[1]，复令参预政事。帝曰："武德六年以后，高祖有废立之心而未定，我不为兄弟所容，实有功高不赏之惧。斯人也，不可以利诱，不可以死胁，真社稷臣也。"因赐瑀诗曰："疾风知劲草，板荡[2]识诚臣。"

臣祖禹曰：太宗以萧瑀无贰心于己，而嘉之，可谓能知臣矣。且太子在而私于藩王者，明君之所甚恶也。或诱以利，或胁以死，而从之者不亦多乎！惟瑀介然[3]自立，有陨无贰。太宗所以知其临大节而不可夺也。人君以此取于人，岂不得忠正之士乎？

【注释】①特进：起源于北魏的一个官职名。地位同三公。西汉后期始置，本非正式官名，为引见之称。行之既久，渐成加官。以赐列侯中有特殊地位者，朝会时位仅次三公。唐以后称为散官名。②板荡：典出《诗经·大雅》，其中有《板》《荡》两篇，写当时政治黑暗，人民生活贫苦，后来便以"板荡"来形容天下大乱，局势动荡不安，天老爷发怒。③介然：专一，坚正不移，坚定不动摇之意。

【译文】贞观九年（635）十一月，唐太宗任命光禄大夫萧瑀为特进官，并下令让他参与朝廷政事。唐太宗说："武德六年（623）以后，高祖有了废除太子另立之心，只是犹豫未定，我也不为兄弟建成、元吉所容，实在是担心功劳太高而无法被赏赐。萧瑀这个人，不能用私利来收买，也无法用死亡去威胁，真的是国家忠臣啊。"因此赐给萧瑀诗文，说："疾风知劲草，板荡识诚臣。"

臣范祖禹认为，唐太宗因为萧瑀对自己没有反叛之心而嘉奖了他，可以说是能够做到了解大臣了。况且太子还在，却私下与藩王交好的人，是让明君很讨厌的。或是以利益来收买，或是以死亡来威胁，在这种情形之下而叛节的人，不是也很多吗？只有萧瑀坚定不屈，没有屈从，哪怕是死也不愿反叛。唐太宗也因此知道了萧瑀是个临大节而不可夺志的人。为人君王者，能以此来选取人才，难道还不能得到忠心正直之士的拥护吗？

十年八月，帝谓群臣曰："朕开直言之路，以利国也。而比来上封事者，多讦[①]人细事。自今复有为是者，以谗人罪之。"

臣祖禹曰："太宗欲闻直言而恶告讦，不唯塱谗，而又罪之，可谓至明且远矣。此为君为长之道也。"

【注释】①讦（jié）：揭发别人的隐私。

【译文】贞观十年（636）八月，唐太宗对众大臣说："我提倡直言进谏的做法，是为了有利于国家。但是最近向朝廷汇报工作的人，却大多都是攻击别人的一些细碎私事。从今天开始，如再有人这样做，将以谗言害人之罪来处罚。"

臣范祖禹认为，唐太宗想让大家直言进谏，因此痛恨那些揭发别人阴私的人和行为。不仅仅是要杜绝谗言，更是因此判罪，可以说是很明智且目光长远，这才是为君王、为官长的德行。

文德皇后[①]崩。十一月葬昭陵。帝念后不已，于苑中作层观以望昭陵，尝引魏徵同登，使视之。徵熟视曰：“臣昏眊[2]，不能见。”帝指视之，徵曰：“臣以为陛下望献陵[3]，若昭陵，则臣固见之矣。”帝泣，为毁观。

臣祖禹曰：魏徵可谓能以义正君矣。造次不忘纳之于善，恐其薄于孝而厚于爱也。孟子曰：“唯大人为能格君心之非。”若魏徵近之矣。

【注释】①文德皇后：即长孙皇后（601–636），小字观音婢，河南洛阳人，唐太宗皇后，隋朝齐国公长孙晟之女，太尉长孙无忌同母妹。善于借古喻今，匡正李世民为政失误，保护忠正得力大臣，史称“千古贤后”。著有《女则》《史论东汉明德马后》《春游曲》。②昏眊（mào）：眼睛昏花。《孟子·离娄上》中有“胸中不正，则眸子眊焉”，赵岐注：“眊者，蒙，目不明之貌。”③献陵：唐高祖李渊及窦皇后死后葬埋的陵墓。

【译文】贞观十年（636）唐太宗文德皇后长孙氏逝世，于当年十一月葬于昭陵（位于今陕西礼泉东北九嵕山）。唐太宗非常想念长孙皇后，于是在苑中修建了一座高高的楼观来眺望昭陵，并曾叫魏徵一起登楼观望。魏徵看了很久后说：“我眼睛昏花，看不清呀。”唐太宗指着昭陵给他看，魏徵说：“我以为陛下是在看窦皇后和高祖的献陵，如果看的是昭陵，那我已看见了。”唐太宗听到魏徵的话后，很内疚，因此流着泪拆掉了新修的楼观。

范祖禹评论说，魏徵可以说是能够以道义来匡正君王的人了。就算是匆忙之间也不忘记对皇帝进谏善言，担心唐太宗会薄了孝亲而厚于爱自己的皇后。孟子曾说过：“只有伟大高尚的人才能匡正君王的错误。”像魏徵就是这种人。

十一年二月，帝自为终制[①]。初，文德皇后疾笃，言于帝曰：“妾生无益于人，不可以死害人，愿勿以丘垅劳费天下，因山为坟，器用瓦木而已。”及葬，帝复为文刻之石，称：“皇后节俭，遗言薄葬，以为盗贼之心，止求珍货，既无珍货，复何所求？朕之本志，亦复如此。主者以天下为家，何必物在陵中，乃为己有。今因九嵕山为陵，凿石之工才百余人，数十日而毕。不藏金玉，人马、器皿皆用土木，形具而已，庶几奸盗息心，存没无累。当使百世子孙奉以为法。”至是，帝以汉世豫作山陵[②]，免子孙苍猝劳费，又志在俭葬，恐子孙从俗奢靡。于是自为终制，因山为陵，容棺而已。

臣祖禹曰：厚葬之祸，古今之所明知也。夫藏金玉于山陵，是为大盗积而标示其处也。岂不殆哉？是以自汉以来，无不发之陵。后之人主，知其有害无益而姑为之，以贾[③]祸迹相接而莫之或戒也。太宗虽为终制以戒子孙，而昭陵之葬亦不为俭。及唐之末，不免暴露之患，岂非高宗之过乎？

【注释】①终制：父母去世服满三年之丧的制度。此指唐太宗生前对自己丧葬礼制的嘱咐。②汉世豫作山陵：汉代皇帝生前预修的坟陵，以备死后葬于其中。③贾：招之意。

【译文】贞观十一年（637）二月，唐太宗为自己死后的丧葬之礼做了规定。当初文德皇后长孙氏病得很厉害时，对唐太宗说：

“妾活着时就没有做什么对别人有益的事，不要死了以后还要增加别人的负担。希望不要为我修建坟墓而花费国家的钱财，只要靠着山挖掘一座墓地就行，陪葬物品也只要用瓦木制作的就可以了。”等到长孙皇后下葬之后，唐太宗又为她写了一篇祭文刻在石碑上，祭文说：“长孙皇后生活节俭，临死前曾叮嘱要求薄葬，认为盗墓贼盗墓，都是为了墓中珍宝。现在昭陵墓中没有了陪葬珍宝，那盗墓贼还有什么盗墓的需求呢？我的本来意思，也是这样的。为人君王者以天下为家，为什么要认为只有埋葬在陵墓中的物品，才算是自己的呢？现在依着九嵕山（位于长安西北）修建墓地，打凿石料的工匠只有一百多人，几十天就修好了陵墓。陵墓里不藏金玉，人马、器皿都用土木来制造，只要形状样子像就行了。希望那些盗墓贼们能够放弃盗墓的念头，使活着的与过世的人都能够安宁。这应当成为后代子孙们效法的榜样。”至此，唐太宗效仿汉代帝王预先修建陵墓，以免子孙们仓促间花费更多的精力和钱财。其意在节俭，担心后代子孙跟随世俗铺张浪费，因此给自己死后制定了丧葬之礼，要求依山修墓，只要能存放棺椁就行。

臣范祖禹认为，厚葬带来的坏处，是古今之人都清楚知道的。将金玉珠宝埋藏到陵墓中，这是为盗墓贼准备的，并且还将坟墓修得很显眼，为他们标明了地点，这不是很危险的事吗？所以，自从汉代以来，没有不被盗过的皇陵。后来的君王，虽然知道大修陵墓有害无益，但仍旧这样做着，以致招来的祸端一个接一个，没有一点点汲取教训的迹象。唐太宗虽然给自己制定了死后葬埋的规定用来告诫子孙后代，但是其下葬于昭陵时的规模等级还是算不上节俭。到唐朝末年时，还是免不了陵墓被盗发的祸端，这难道不是唐高宗的过失吗?

帝幸洛阳，至显仁宫。官吏以阙储偫[①]，有被谴者。魏徵谏曰:“陛下以储偫谴官吏，臣恐承风相扇，异日民不聊生，殆非行幸之本意也。昔炀帝讽郡县献食，视其丰俭以为赏罚，故海内叛之。此陛下所亲见，奈何欲效之乎!”帝惊曰:“非公，不闻此言。”因谓长孙无忌曰:“朕昔过此，买饭而食，僦[②]舍而宿;今供顿如此，岂得犹嫌不足乎!”

臣祖禹曰:富而不忘贫，则能保其富矣。贵而不忘贱，则能保其贵矣。夫以万乘之贵，四海之富，而犹以为不足。何哉?忘其始之贱贫，而欲大无穷也。是以高宗[③]旧劳于外，爰暨小人，及其即位，卒为贤君。文王卑服，即康功[④]田功[⑤]，周公作书以戒成王，恐其不知稼穑之艰难，而骄逸也。汉文[⑥]有言曰:“朕能任衣冠，念不至此。”是以恭俭爱民，唯恐烦之。呜呼!其可谓有德者矣。若太宗闻谏而能自省，不亦贤乎?

【注释】①储偫:存备。偫，同“峙”。②僦(jiù):租赁之意。③高宗:指商高宗武丁。小时候，其父小乙曾把他送到民间去，让他和百姓同出入辛劳，学种庄稼，知道百姓疾苦，使之当了帝王后不敢荒怠奢侈。④康功:指平整道路等事。⑤田功:指农事。⑥汉文:即汉文帝刘恒。

【译文】唐太宗前往洛阳，到了显仁宫。当地官员因缺乏储备，有被降职的。魏徵劝谏说:“陛下因为储备的事就贬官员的职，我担心今后官吏争相贡奉的风气会盛行，以后老百姓会承担不起，导致民不聊生，这恐怕不是陛下巡幸各地的本意吧！过去隋炀帝暗示各地郡县进献食品，根据各自进献的多少作为赏罚根据，所以天下大乱，百姓叛离。这是陛下你亲眼所见，为什么又要效法呢？唐太宗惊叹道："没有你，我听不到这样的话啊。"因此对长孙无忌等人说："我从前经过这里，自己买饭吃，租房子住宿。现在供奉这么好，怎么能嫌弃还不够充裕不够好呢？"

臣范祖禹认为，富足了却没有忘记贫困之时的日子，便能保住他的财富；富贵了却没有忘记卑贱之时的日子，便能保有他的荣贵。皇上拥有天下最尊贵的地位，以及全天下的财富，这样了还不满足。是什么原因呢？这是因为他忘记了过去的贫贱，而私欲却不断膨胀到了贪得无厌的地步。所以商朝高宗小时候便被父亲安排到民间去种植庄稼，体察百姓的艰辛，当他即位当了国君后，最终成为一位贤君。周文王生活节俭，穿着旧衣服，与百姓一起修路种田，周公旦将这写成了文字用来警戒周成王，担心他不知道百姓种植庄稼的艰难而变得骄纵，贪图安逸。汉文帝曾说过："我从孩提时代，从没想到会登上皇位。"所以他对人恭敬，生活节俭，爱护百姓，生怕增加百姓的负担。啊！这几位真算得上是有德之君了。如唐太宗这样听到了谏言而能自我反省，不也算是贤君吗？

三月，帝宴洛阳宫西苑，泛积翠池[①]，顾谓侍臣曰："炀帝作此宫苑，结怨于民，今日悉为我有，正由宇文述[②]、虞世基[③]、裴蕴[④]之徒内为谄谀，外蔽聪明故也。可不戒哉！"

臣祖禹曰：太宗可谓不忘戒矣，睹隋之宫苑，而以谄谀掩蔽戒群臣，夫知彼之所以亡，则图我之所以存，而不敢怠矣。此三王之所由兴也。

【注释】①积翠池：隋宫苑中的池塘，供皇帝游览观赏。②宇文述（546-616）：本姓破野头，后改姓宇文，字伯通，代郡武川人。隋朝名将，北周上柱国宇文盛之子，枭雄宇文化及的父亲。③虞世基（?-618）：字懋世，会稽余姚（今浙江慈溪市观海卫镇鸣鹤场）人。隋朝大臣，书法家虞世南哥哥。④裴蕴（? -618）：隋河东闻喜人。隋朝时期大臣，陈朝都官尚书裴忌之子。曾任隋朝洋、直、棣三州刺史。炀帝时任民部侍郎，后升御史大夫，参掌机密。

【译文】贞观十一年（637）三月，唐太宗在洛阳宫西苑与大臣宴饮后，一起泛舟于积翠池。他看着侍臣们，说："隋炀帝修造了这个宫苑，致使百姓怨声载道，现在却全都成了我的，正是因为朝廷上有宇文述、虞世基、裴蕴这些人对隋炀帝谄谀奉承，以致迷惑了他的心智，所以丢失了天下。这能不让人警惕吗？"

臣范祖禹认为，唐太宗算得上是个能够自我警戒的人了。他看到隋朝的豪华宫苑，因此以隋炀帝因大臣的谄谀奉承而失天下的事来告诫大臣。他知道隋朝之所以灭亡的原因，于是想要如何保住自己的江山，而不敢有所怠惰。这也是夏禹、商汤、周武三王之所以能兴盛的缘故。

八月，马周[①]上疏。其略曰："贞观之初，天下饥歉，斗米直匹绢，而百姓不怨者，知陛下忧念不忘故也。今比年丰穰，匹绢得粟十余斛，而百姓怨咨[②]者，知陛下不复念之，多营不急之务故也。自古以来，国之兴亡不以蓄积多少，在于百姓苦乐。且以近事验之，隋贮洛口仓[③]而李密因之，东都积布帛而世充[④]资之，西京府库亦为国家之有，至今未尽。夫蓄积固不可无，要当人有余力，然后收之，不可强敛以资寇敌。夫俭以息人，陛下已于贞观之初亲所履行，在于今日，为之固不难也。陛下必欲为长久之谋，不必远求上古，但如贞观之初，则天下幸甚。”

臣祖禹曰：纣积钜桥[⑤]之粟，武王发之。人主不务德而务聚敛者，民散而国亡。太宗在位浸久，将外事四夷，内治宫室，聚财积谷，欲以有为。马周先事而谏，欲如初年之节俭，可谓将顺其美而救其恶矣。

【注释】①马周（601–648）：字宾王，清河茌平（今山东茌平县茌平镇）人。贞观五年代常何上书，所论二十余事，为太宗所赏识，授监察御史，后为中书令。他劝谏太宗以隋亡为鉴，少兴徭役，反对实行世封制。②怨咨：也作“怨訾”。怨恨嗟叹的意思。③洛口仓：又名兴洛仓，在今河南巩县东北，因地处洛水入黄河之口而得名。隋大业二年（606）筑，周围二十余里，穿窖三千，每窖可容粮食八千石。大业十三年瓦岗农民起义军攻克此仓。④世充（？–621）：王世充，本姓支，字行满，西域析支（今甘肃省临夏县）人，祖籍西域。隋朝末年群雄之一，汴州长史支收之子。大业十四年，炀帝死，他在东都拥立杨侗为帝，不久击败瓦岗军。后废杨侗，自称皇帝，国号郑。武德四年（621）兵败降唐，在长安为仇人所杀。⑤钜桥：商代粮仓名。

【译文】贞观十一年（637）八月，马周上疏，他在疏中说："贞观初年时，国家遭遇饥荒，粮食歉收，一斗米能值一匹绢布，但老百姓没有因此而产生怨言，这是因为他们知道陛下对荒年十分关注的缘故。现在连续多年丰收，一匹绢布能买到十几斛粟，然而老百姓怨声不断，是因为知道陛下已不再顾念百姓，而是追求无关紧要之事的缘故。自古以来，国家的兴亡不在于仓库的蓄积有多少，而在于老百姓过得是苦还是乐。姑且以近代以来的历史加以考察。隋朝时在洛口仓蓄积了很多粮食而李密加以利用，东都积存了很多布帛而王世充得以借力，西京的府库也为我们大唐所用，至今都还没有用完。国家的积蓄储备固然不可缺少，但也要让百姓有余力，然后征收税赋，不可以强加聚敛，而后却拱手供给了敌方。节俭可以让百姓得以休养生息，这在贞观初年陛下已经亲身实践了，到了今天再次这么做，本来就不是什么难事。陛下如果想要谋划长治久安的政策，使国家长盛不衰，不必远求上古时代如何做，只是像贞观初年那样，就是天下百姓的幸事了。

臣范祖禹认为，商纣王在钜桥储存了很多粮食，使得周武王以此赈济百姓而崛起。为人君王，如果不讲求德行而只知道聚敛财富，那么百姓就离散，国家就会灭亡。唐太宗在位时间久了，于是准备向周边用兵，炫耀武力，扩展疆土；对内也是大修宫室，聚财积谷，想要展示自己的功绩。马周在他还没有付诸行动前便先行进言，告诫唐太宗应当像贞观之初那样节俭治国。这可以说是顺着赞美了唐太宗的长处而挽救了他的失误了。

十二年九月，帝问侍臣："创业、守成孰难？"房玄龄曰：

"草昧[①]之初，与群雄并起，角力而后臣之，创业难矣！"魏徵曰："自古帝王，莫不得之于艰难，失之于安逸，守成难矣！"帝曰："玄龄与吾共取天下，出百死，得一生，故知创业之难。徵与吾共安天下，常恐骄奢生于富贵，祸乱生于所忽，故知守成之难。然创业之难，既已往矣。守成之难，方当与诸公慎之。"

臣祖禹曰：自古创业而失之者寡，守成而失之者多。周公曰："相小人，厥父母勤劳稼穑，厥子乃不知稼穑之艰难。"故祸乱未尝不生于安逸也。然非特创业之君守成为难，其后嗣守成尤难也。可不慎哉！

【注释】①草昧：犹创始；草创。

【译文】贞观十二年（638）九月，唐太宗问身边的大臣："打天下与守天下哪个难？"房玄龄回答说："国家开始创立时，我们与各地的豪强竞相起兵，经过厮杀较量后才使他们俯首称臣，所以说打天下难啊！魏徵说："自古以来的帝王，没有不是经过艰难困苦取得天下，而又是在安逸骄奢的情况下失去天下的，由此可见还是守天下难啊！"太宗说："房玄龄协助我一起取得了天下，身经百战，九死一生，所以知道打天下的艰难，魏徵协同我一起治理天下，常常担心在富贵后会滋生骄奢淫逸，知道疏忽的时候会发生祸乱，所以知道守天下的艰难。但是，打天下的艰难时期，已经过去了。保持已有天下基业的艰难，才是应该和大家谨慎对待的才是。"

臣范祖禹认为，自古以来，自己打下江山而又在自己手里失去的情况很少，守护先辈打下的江山而失去天下的情况却很多。周公旦曾说："看看那些百姓的后代，他们的父母辛辛苦苦地劳动种植庄稼，他们的儿子却不知道种植庄稼的艰难。"所以说祸乱没有不是因贪图安逸享乐引起的。这就说明不是说只有打天下的君王守天下才难，他们的后辈子孙守护天下基业更难。这能让人不谨慎吗?

十三年五月，旱。诏五品以上上封事。魏徵上疏，以为陛下志业，比贞观之初，渐不克终者凡十条。其间一条，以为："比年以来，轻用民力，乃云'百姓无事则骄逸，劳役则易使'。自古未有因百姓逸而败、劳而安者也。此恐非兴邦之至言。"帝深加奖叹，云："已列诸屏障，朝夕瞻仰，并录付史官。"仍赐徵黄金十斤，厩马二匹。

臣祖禹曰："有国者不忧百姓之贫，而疑其财之有余，取之不已；不恤百姓之劳，而疑其力之有余，使之不已。此二者，亡之道也。人主曷不反诸己?己欲富而恶贫，则富者民之所欲也；己欲逸而恶劳，则逸者民之所欲也。与其所欲去其所恶，而不王者，未之有也。以太宗之明而养民不及其初，宜魏徵以为渐不克终也。

【译文】贞观十三年（639）五月，天下大旱。唐太宗诏令五品以上的官员上书言事。魏徵上疏，认为皇上治理天下的大志，与贞观之初相比，逐渐松懈而不能坚持到底的表现有十条。其中一条，魏徵认为："近年以来，经常轻易役使百姓，还说'老百姓没事做就会产生骄逸的念头，经常让他们从事劳役就会容易管理'。自古以来，就没有因为百姓安逸而丢失天下的，也没有因天天让百姓劳动而使天下安定的。这恐怕也不是让国家能够兴盛的做法。"唐太宗对此很是欣赏赞叹，他说："我已经将魏徵的这十条意见写在了屏风上，每天早晚都看一看，并且抄录给了史官。"此外，还奖给了魏徵十斤黄金，两匹好马。

臣范祖禹认为，如果拥有天下的人不是忧虑百姓的贫困，而是怀疑百姓们家中有富余，因而不停征敛；不是忧虑百姓的辛劳，而是怀疑百姓们过得很安逸，因而不停役使，那么这两点便将成为他的亡国之道。为人君王者，为什么不反过来想想自己呢？自己也是想要富足而不愿贫困的，所以富足也是百姓的追求；自己也是想要安逸而不愿意辛劳的，所以安逸也是百姓的追求。给予老百姓想要的富足与安逸，去掉他们所厌恶的贫穷与辛劳，如果这样做了而不能称王的，是不存在的。以唐太宗的英明，却使得老百姓的休养生息还不如贞观初年，魏徵说"渐不克终"确实是恰当的。

唐鉴卷之五

扫一扫　听导读

太宗三

贞观十四年，帝大征天下名儒为学官，数幸国子监，使之讲论，增学生满三千二百六十员。自屯营飞骑，亦给博士，使授以经，有能通经者，听得贡举[①]。于是四方学者云集京师，乃至高丽、百济、新罗、高昌、吐蕃诸酋长亦遣子弟请入国学，升讲筵者至八千余人。

臣祖禹曰：古之教者，家有塾，党有庠[②]，遂有序[③]，国有学[④]。士修之于家，而后升于乡，升于乡而后升于国，升于国而后达于天子。其教之有素，其养之有渐，故成人有德，小子有造，贤才不可胜用，由此道也。后世乡里之学废，人君能教者不过聚天下之士而乌合于京师，学者众多，眩耀一时而已，非有教养之实也。唐之儒学，惟贞观开元为盛，其人才之所成就者亦可睹矣。孟子曰："学所以明人伦也。"无学则人伦不明，故有国者以为先，如不复三代之制，臣未知其可也。

【注释】①贡举：始于西汉的一种荐举制度，由官吏向君王推荐人员。②庠（xiáng）：古代地方的学校名，即乡学。乡党设庠。五百家为党。③序：古代地方办的学校名。起初是教射的场所，后来发展成为奴隶主贵族一切公共活动如议政、祭祀、养老的场所，也是奴隶主贵族教育子弟的场所。后演变为学校。④学：学校。《汉书·平帝纪》："郡国曰学，县、道、邑、侯国曰校。"

【译文】贞观十四年（640），唐太宗下诏大量征招天下名儒为学官，并多次亲临国子监，让他们讲论古代经典，学生增加到了三千二百六十人。连屯营飞骑，也派去了博士官，给他们讲授经典。学员中那些能通晓五经的，便可以推荐为贡举。这样一来，各地的学者都集中到了京城长安，甚至高丽、百济、新罗、高昌、吐蕃等国的国王也派遣各自的子弟请求加入到国子监学习，一时间国子监的学员达到了八千多人。

臣范祖禹认为，古代的教育，有家里办的私塾，有乡党中办的"庠"，有遂里办的"序"，有在国都办的"学"。学生先在私塾中读书，学有所获后升到"庠"学习，学有所成者再升到国都的"学"中学习。其中学习优秀的学生将被推荐给天子。这样的分级教学很有素养，学子们的修养也逐步得到提高，所以成人后的德行都很高，年轻人都有所成，国家的贤才得以源源不断，这都是这种教育方式带来的结果。后来乡里的学校教育荒废了，君王所能教育选拔的不过是把天下的所谓士子聚集到京城。学员们很多，但都只是徒有表面炫耀一时而已，并没有实实在在地培养人才！唐代的儒学，只有贞观、开元年间盛极一时，培养出来的有学问有成就的人才也是很可观的。孟子说过："学校教育，是为了让人懂得人伦之道。"没有学校教育，便难以懂得人伦之道。所以，为人君王者都应当把办学培养人才放在第一位。如果不实行夏、商、周时期的学校教育制度，我不知道另有可行之法。

八月，侯君集[①]灭高昌[②]。帝欲以高昌为州县，魏徵谏曰："陛下初即位，高昌王文泰[③]夫妇首来朝，其后稍骄倨，故王诛加之。罪止文泰可矣。宜抚其百姓，存其社稷，复立其子，则威德加于遐荒，四夷皆悦服矣。今若利其土地以为州县，州县则常须千人镇守，数年一易，往来死者十有三四，供办衣资，违离亲戚，十年之后，陇右虚耗矣。陛下终不得高昌撮粟尺帛以佐中国，所谓散有用以事无用，臣未见其可。"帝不从。九月，以其地为西州，置安西都护府于交河城，留兵镇之。于是唐地东极于海，西至焉耆，南尽林邑，北抵大漠，皆为州县，东西九千五百里，南北一万九百一十八里。

臣祖禹曰：魏徵之言其利害非不明也，以太宗之智，岂不足以知之？惟其好大而喜远，矜功而徇名，不能以义制心。故忠言有所不从，而欲前世帝王皆莫我若也。

【注释】①侯君集（？—643）：字君集，豳州三水县（今陕西省旬邑县）人。唐朝时期名将，初从李世民作战，太宗继位，历任右卫大将军，兵部尚书等职。贞观十四年（640）带兵平定了高昌国。②高昌：唐朝时西域的一个佛教国家，位于今新疆吐鲁番市高昌区东南，是古时西域交通枢纽。③高昌王文泰：即麴文泰（？-640），金城郡金城县（今甘肃省兰州市）人。唐朝时期高昌国主麴伯雅之子，汉代尚书令鞠谭后代。

【译文】贞观十四年（640）八月，侯君集率军消灭了高昌国。唐太宗想把高昌国所在地改为州县，魏徵因此劝谏说："陛下刚刚即位时，高昌王鞠文泰夫妇率先前来朝拜，后来才慢慢变得骄慢无礼，所以陛下发兵消灭了它。这个罪只需加给国王鞠文泰就行了。我们应当安抚他们的老百姓，保留他们的国家，另外立他的儿子为国王，这样陛下的威德就会体现在周边的各个国家，周边的外族也都会因此而心悦诚服。现在如果在他们的土地上设立州县，那么平常必须有千人来长期镇守，几年轮换一次，来回因路途遥远艰辛而死在路途中的人便将达到十分之三四，还要供应解决他们的衣食费用，而他们也得远离父母亲人，十年之后，陇右地区（今陇山以西至新疆东部一带）恐怕就会耗费一空了。陛下最终将得不到高昌的一捧粮食、一尺布帛来供给国家。这样散弃有用的财物来做无用的事，徒劳无益，臣魏徵看不到可行的地方。"唐太宗没有采纳。当年九月，他下令将高昌故地改为西州，在交河城（在今新疆吐鲁番西北约五公里处、雅尔湖村之西两条小河交叉环抱的柳叶形小岛上）设置了安西都护府，并派兵镇守。于是，唐朝的版图东边到达大海，西边到了焉耆（今新疆焉耆一带），南边到了林邑（今占城。位于中南半岛东南部，北起今越南河静省的横山关，南至平顺省潘郎、潘里地区），北边到达了大漠（今蒙古国全境及周边一带），并在各边地设置了州县，从东到西达九千五百里，从南到北达一万零九百一十八里。

臣范祖禹认为，魏徵的建议，其中利害关系说得并不是不清楚，以唐太宗的聪明才智，又怎么会不明白呢？只是因为他好大喜功，想显耀自己的功绩，求取名声，而不能以道义来约束自己。所以，他没有听从魏徵的忠言，而是想以此证明前代的帝王都不如自己。

十一月，礼官奏请加高祖父母服齐衰[①]五月，嫡子妇服期，嫂、叔、弟妻、夫兄、舅皆服小功[②]。从之。

臣祖禹曰：人莫不有本，自高祖以上，推而至于无穷，苟或知之，何可忘其所从来也？既远矣，则服有时而绝。先王之意，岂以服尽而亲绝乎？而后世不达于礼者，或益之，或损之，出于私意，不足以为法也。嫂叔之无服，古之人岂于其嫂独无恩乎？《传》曰："其夫属乎父道者，妻皆母道也。其夫属乎子道者，妻皆妇道也。"至于嫂不可以为母，则无属乎妻道者也。故推而远之，以明人伦。加之而无义，不若不加之为愈。凡丧服，从先王之礼则正矣。

【注释】①齐衰：也作"齐缞（zī cuī）"，旧时的丧服名，"五服"中列位二等，次于斩衰。②小功：旧时丧服名，"五服"的第四等，重于缌麻轻于大功。其服用较细的熟麻布做成，服期为5个月。

【译文】贞观十四年（640）十一月，礼部官员奏请，将高祖父母死后的服丧期改为五个月；嫡长子妻死后服丧期一周年；嫂、叔、弟妻、夫兄、舅都按小功来服丧。唐太宗采纳了这个建议。

臣范祖禹认为，人都有自己的血统宗族。从高祖以上，可以一直往上推算到无穷，如果可以推算出来，那又怎么能够忘记自己的祖先是谁呢？如果已经隔离很远了，那么丧服穿一段时间便可以不穿了。先王们的意思，又怎么能因为不穿丧服了而就断绝了血缘关系呢？后世那些不懂得丧礼的，有的强调了与先辈的血缘关系，有的弱化了这种血缘关系，这些都是出于他们个人的意见，不值得大家效法。嫂嫂与小叔子不可以相互穿丧服，古代的人难道单单对于嫂嫂就没有恩情吗？《礼记·大传》上说："假如她的丈夫属于父辈，那他的妻子就属于母辈。假如她的丈夫属于儿子一辈，那他的妻子就属于儿媳一辈。"至于嫂嫂死后，不能以母辈给她服丧，她和自己的妻族也没关系，因此在礼仪关系上推远，不给她服丧，是考虑到其他更亲的亲属关系而这样做的。如果增加服丧的时间不符合义礼，还不如不增加的好。凡是有关穿丧服的规矩，按照先王的规定来办，那便是最符合标准的了。

十二月，魏徵上疏，以为委大臣以大体，责小臣以小事，为治之道也。今委之以职，则重大臣而轻小臣，至于有事，则信小臣而疑大臣。信其所轻，疑其所重，将以致治，其可得乎？帝纳之。

臣祖禹曰：昔卫献公[①]舍大臣而与小臣谋，故失国出奔。且大臣之所任者大，小臣之所任者小，而以小谋大，以远谋近，此人君偏听之蔽，鲜有不败事者也。

【注释】①卫献公：卫衎（？-前544），姬姓卫氏，卫定公之子，卫殇公（一说卫献公叔父）之兄，春秋时期卫国第二十五任国君。执政听小人之谄言，最后被逐出国奔齐，失掉君位。

【译文】贞观十四年（640）十二月，魏徵上疏，认为应当将大事交给大臣处理，小任务交给小臣处理，这是治国的正确方式。现在朝廷给官员们委任官职，重大臣而轻小臣，但是到了办事之时，却又听信小臣而怀疑大臣。相信不受重视不加重任的小官，而怀疑受重视的高职大官，用这种做法想把国家治理好，能够实现吗？唐太宗采纳了他的这个意见。

臣范祖禹认为，过去卫献公舍弃大臣不用而与小臣谋划，所以丢失了政权而被迫逃亡。况且大臣虽职高权大，但他们的责任也大；小臣的官职卑微，但任务也小。而与小臣来谋划大事，疏远贤臣来处理紧急大事，这是国君偏听偏信的毛病。这样做很少有不失败的。

帝谓侍臣曰："朕虽平定天下，其守之甚难。"魏徵曰："臣闻战胜易，守胜难。陛下之言及此，宗庙社稷之福也！"

臣祖禹曰：《书》曰："后克艰厥后，臣克艰厥臣。"又曰："无轻民事，惟难。"孔子曰："为君难夫？知所难而后可以有为也。"传曰："君以为易则其难也将至矣，君以为难则其易也将至焉。"太宗知守之之难，所以能有终也。

【译文】唐太宗对侍臣们说："我虽然平定了天下，但是要守护好这个国家却很难啊。"魏徵说："我听说打天下容易，守天下却难。陛下能够说到这件事，这是国家宗庙社稷的福祉啊！”

臣范祖禹认为，《尚书》上说“为君的能够懂得为君的艰难，做臣的能够知道为臣的难处”，又说“不要忽视国计民生，要体会到其中的艰难”。孔子也说：“为君难吗？只有明白了为君之难，而后才能有所作为。”《国语》上说：“君王如果把事情看得太过容易，那么困难就会降临；如果把事情看得困难一些，那么解决问题也就会容易起来。”唐太宗明白守护天下的艰难，所以他可以获得一个好的结果。

言事者多请帝亲览表奏，以防壅蔽。帝以问魏徵，对曰：“斯人不知大体，必使陛下一一亲之。岂唯朝堂？州县之事亦当亲之矣。”

臣祖禹曰：人主之职在于任贤，得贤则万事治，何忧乎壅蔽而防之哉？苟知其非贤而姑用之，既用而复疑之。以一人之聪明，而欲周天下之务，则君愈劳而臣愈惰，此治功所以不成也。且君臣日与相处，而眄眄然[①]防其欺蔽之不暇，则是左右前后皆不可信也，然则谁与为治乎？

【注释】①眄（miǎn）眄然：斜视的样子。

【译文】上朝的大臣中不少人请求唐太宗亲自审阅表章奏疏，以防止视听壅蔽，不了解国情。唐太宗对此征询魏徵的看法，魏徵回答说：“这些人不懂得大体，必定请求陛下亲自过问国家的大小事情。又何止是朝廷上的大事呢，便是州县里的小事，他们也想让陛下亲自过问处理。”

臣范祖禹认为，为人君王的职责，在于选才用贤，如果得到了贤才，那么什么事都可以治理好，还愁有什么国情会不了解而提心吊胆呢？如果知道了对方并非贤才却姑且任用了，既然用了他却又怀疑他。想凭借一个人的聪明才智，而把天下的所有事情都处理好，那么君王将会变得越来越劳累，而大臣们将会变得越来越懒惰，这便是国家管不好的原因。况且君臣每天都在一起，相互之间都斜视对方，时刻防着对方，怕受骗上当。如此一来，左右前后的人都变得不可信任了。既然这样，那么谁还能为你治理天下呢？

十五年，帝遣职方郎中陈大德使高丽，八月自高丽还。大德初入其境，欲知其山川风俗，所至城邑，以绫绮遗其守者，曰：“吾雅好山川，此有胜处，吾欲观之。”守者喜，导之游历，无所不至，往往见中国人，自云：“家在某郡，隋末从军，没于高丽，高丽妻以游女①，与高丽错居，殆相半也。”因问亲戚存没，大德绐②之曰：“皆无恙。”咸涕泣相告。数日后，隋人望之而哭者，遍于郊野。大德言于帝曰：“其国闻高昌亡，大惧，馆候之勤，加于常数。”帝曰：“高丽本四郡地耳，吾发卒数万攻辽东，彼必倾国救之，别遣舟师出东莱，自海道趋平壤，水陆合势，取之不难。但山东州县凋瘵③未复，不欲劳之耳！”

臣祖禹曰：大德出使绝域，当布宣德泽，以怀远人，使声教所及，无思不服，此其职也。而以赂遗觇④其险阻，诡诈诱其民人，以为奇能。藉口归报，启人主征伐之志，罪之大者也。且天子之使，四夷之所想望，而为谍于外国，失使之职，岂不辱乎？

【注释】①游女：日本幕府时代开始的日本妓女的统称，因从业人员在同一个地方待的时间很短而得名。②绐（dài）：欺哄；欺骗之意。③凋瘵（diāo zhài）：衰败，困乏的意思。④觇（chān）：窥视，观测之意。

【译文】贞观十五年（641），唐太宗派遣职方郎中陈大德出使高丽国。八月时，陈大德从高丽国返回。陈大德刚到高丽国时，想要了解高丽国的山川风貌及习风民俗。所以，凡是他到过的城邑，他都会送些绫罗绸缎给当地的官员，并说："我非常喜欢山川风景，你们这里的风景很好，我想去看看。"当地的官员很高兴，便带着他四处游览，无所不至。游历时，他经常会遇到中国人，他们对他说："我的家原来在某郡，隋朝末年时跟随大军攻打高丽，战败被俘而留了下来，高丽人将游女嫁给我们做妻子，与当地人错居杂处，差不多占半数。"他们向陈大德探问原来家中亲戚的存没情况，陈大德欺骗他们说："都很好，没什么事。"他们听后都哭泣着相互转告。几天后，隋朝时被留下来见了陈大德而哭的中国人挤满了郊野。陈大德后来向唐太宗汇报说："高丽国人听说高昌国被灭后，很是恐慌。馆候对我们的招待，比平时好多了。"唐太宗说："高丽本来就属四郡之地，我如果派出几万士兵攻打辽东，他们必定会聚集全国之力前去救援；如果再派一支海军从东莱（今山东烟台、威海一带）出发，从海上前往攻打平壤，如此水陆两军夹击，攻下高丽不难。只是现在山东各州县因战乱而衰败不堪，仍旧没有恢复，我不想再增加他们的负担。”

臣范祖禹认为，陈大德出使高丽这种偏远的地方，应当宣扬唐朝的恩德，以此招抚他们，使唐朝的教化所及，没有不想着要归顺的，这是他的职责所在。但是他却用贿赂的办法侦察高丽国的地势险阻等情报，采用欺骗的手段诱骗他们的百姓，并将这当作他的本领。他因此回国向唐太宗报告，引起唐太宗讨伐高丽的念头，这真是他的大罪过啊！况且作为天子的使者，是周边夷国所期盼和欢迎的，而他却以使臣的身份暗中从事间谍活动，而失去了使臣的职责，这不是有辱国家的威望吗？

帝谓侍臣曰：“朕有二喜一惧。比年丰稔，长安斗粟直三四钱，一喜也；北虏久服，边鄙无虞，二喜也。治安则骄侈易生，骄侈则危亡立至，此一惧也。”

臣祖禹曰：太宗乐而不忘忧，喜而不忘惧，可谓能持盈守成矣。夫惟忧于未然，惧于无形，故卒乎无忧惧也。

【译文】唐太宗对身边的大臣们说：“我有两件高兴的事和一件害怕的事。近来连年丰收，在长安城一斗粟只值三四钱，这是第一件让我高兴的事；北边的少数民族已归顺很久了，边境上没有让人担心的事，这是第二件让我高兴的事。社会安定，便容易使人产生骄纵奢侈的习气，而骄纵奢侈的习气，很快便会导致国家的危急和衰亡，这是让我感到害怕的事。”

臣范祖禹认为，唐太宗乐而不忘忧，喜而不忘惧，可以说是能够在太平盛世中守护好天下了。只有在危难还没有发生时便先防范，在危亡还没有出现便先预防，最终才不会出现让人忧愁和恐慌的事。

帝尝临朝谓侍臣曰：“朕为天子，常兼将相之事。”给事中张行成[①]退而上书，以为：“禹不矜伐而天下莫与之争。陛下拨乱反正，群臣诚不足望清光[②]；然不必临朝言之。以万乘之尊，乃与群臣校功争能，臣窃为陛下不取。”帝甚善之。

臣祖禹曰：人主不患有过，患不能改过也。太宗一言之失，而其臣已救正之。惟能亲贤以自辅，听谏以自防，所以为美也。虽过，庸何伤乎？

【注释】①张行成（587–653）：字德立，定州义丰人。隋末时以察举入仕，授为员外郎，后为郑国度支尚书，降唐后历任谷熟尉、陈仓尉、富平主簿、殿中侍御史、给事中、刑部侍郎、尚书左丞等职。高宗年间官至宰相，担任侍中，兼刑部尚书，封北平县公，后升任尚书右仆射。②清光：清亮的光辉。

【译文】唐太宗曾经有一次在上朝时对大臣们说：“我作为天子，却经常要兼做将相们应该做的事。”给事中张行成退朝后上了一份奏章，认为：“禹从不夸耀自己的功劳，但是天下却没有人能与他争功。陛下拨乱反正，大臣们确实不能与您争辉，但是您不必要在上朝时与大家说。作为一国之主，却与大臣们争能论功，臣私下以为陛下这样做不可取。”唐太宗很是认同他的说法。

臣范祖禹认为，为人君王者不必害怕犯有过错，应该担忧的是犯了过错而不能改。唐太宗只要说了不恰当的话，他的臣民们便能谏言纠正。只有亲近贤人让他们辅佐自己，听取大臣的谏言来警惕自己，这样才能称得上好。这样，即使有过错，又有什么害怕的呢！

十六年四月，帝谓谏议大夫褚遂良[1]曰："卿犹知《起居注》[2]所书，可得观乎？"对曰："史官书人君言动，备记善恶，庶几人君不敢为非，未闻自取而观之也！"帝曰："朕有不善，卿亦记之邪？"对曰："臣职当载笔，不敢不记。"黄门侍郎刘洎[3]曰："借使遂良不记，天下亦皆记之。"帝曰："诚然。"

臣祖禹曰：人君善行被于天下，炳若日月，众皆睹之。其得失何可私也？欲其可传于后世，莫若自修而已矣，何畏乎史官之记而必自观之邪？刘洎以为天下亦皆记之，斯言足以儆其君心，而全其臣职矣。

【注释】①褚遂良（596—658或659）：字登善，杭州钱塘（今浙江杭州）人，祖籍阳翟（今河南禹州），唐朝政治家、书法家。②《起居注》：记录了皇帝平日里一言一行，一举一动的日志。③刘洎（？—646）：字思道，唐江陵人，贞观中为尚书右丞，累加银青光禄大夫，以直谏著称。

【译文】贞观十六年（642）四月，唐太宗对谏议大夫褚遂良说："你记载了朕每天起居的详细活动，可以给朕看看吗？"褚遂良回答说："史官记录君王的所有言行，详细地记载君王言行的善恶，是希望君王不要做错事情不犯错误，没听说过君王看自己的《起居注》的。”唐太宗说：“我有做得不好的地方，你也记下来了吗？”褚遂良回答说：“这是我的职责所在，不敢不记录呀。”黄门侍郎刘洎说：“即使褚遂良不记录，天下人也都会记得。”唐太宗说：“确实是这样。”

臣范祖禹认为，人君的善行可以让天下人受益，其光明就如日月，百姓们都能看得到。其中对与不对，又怎么能隐瞒起来呢？要想使君王的言行流传于后世，最好的办法便是加强自我修养，又何必害怕史官的记载而一定要自己观看呢？刘洎认为就算史官不记录，天下人也都会知道，这话足以让君王警诫，因而尽到他为人臣子的职责！

八月，帝曰：“当今国家何事最急？”褚遂良曰：“今四方无虞，唯太子、诸王宜有定分最急。”帝曰：“此言是也。”时太子承乾[①]失德，魏王泰[②]有宠，群臣日有疑议。帝闻而恶之，谓侍臣曰：“方今群臣，忠直无逾魏徵，我遣傅太子，用绝天下之疑。”九月，以徵为太子太师。时徵有疾小愈，诣朝堂表辞，帝手诏谕以：“周幽、晋献废嫡立庶[③]，危国亡家，汉高祖几废太子，赖四皓[④]然后安，我今赖公，即其义也。知公疾病，可卧护之。”徵乃受诏。

臣祖禹曰：魏徵之于太宗，知无有不言，言无有不尽。君臣之际，人莫得而间也。当是时，太子、魏王方争，群臣有党，徵不知之，是不明也，知而不言，是隐情也。且君使之为太子师，倚其正直以重太子也。外不闻告其君以嫡庶之别，内不闻训太子以祸败之戒，受君之托而无所补救，处父子兄弟疑危之际，依违而已。岂其疾而耄乎？卒之身没而见疑，谗人得以间之，惜哉！

【注释】①承乾：即李承乾（619–645），字高明，唐太宗李世民长子。贞观十六年，试图刺杀魏王李泰失败。次年意欲图谋不轨，事情败露，被废为庶民，流放于黔州。②魏王泰：即太宗第四子李泰（620–652），字惠褒，小字青雀。唐太宗宠爱李泰，阴欲立之，大臣谏遂止。后降为东莱王。③周幽、晋献废嫡立庶：西周幽王（前781–前771年在位）昏庸残酷压迫百姓，因宠爱褒姒，废太子宜臼，又废太子母申后，后申侯联合犬戎等攻周，被杀于骊山下。晋献公（？–前651）宠爱骊姬，因此想废原太子申生，另立骊姬之子为太子，引起内哄，公子重耳出逃，后归国执政，是为晋文公。④四皓：指秦末隐居商山的东园公、甪里先生（甪，一作角）、绮里季、夏黄公。四人须眉皆白，故称商山四皓。汉初刘邦欲废太子，吕后让太子请四皓为傅，遂不废。

【译文】贞观十六年（642）八月，唐太宗问众大臣："现在国家什么事情是最急着要处理的？"褚遂良回答说："如今天下太平，只有太子与诸位王子，应当明确他们各自的职分之事最急。"唐太宗说："你这话说得对啊。"当时太子李承乾有失德行，而魏王李泰很受太宗宠爱，大臣们对此有疑虑，议论纷纷。唐太宗听到后很是反感，于是对大臣们说："当今的大臣中，忠贞耿直没有一个能超过魏徵的。我将让太子拜他为师，由他教导，以杜绝天下人们的疑虑和议论。”这年九月，封魏徵为太子太师。当时魏徵有病，稍稍有所好转便上书辞让。唐太宗亲自批示下令说：“周幽王、晋献公废掉长子，另立庶子继承王位，最后导致国破家亡；汉高祖刘邦差点废掉太子，全赖东园公、角里先生、绮里季、夏黄公四位老先生辅佐，太子才得以保住太子之位。我如今依赖你，也就是这个原因。我知道你有病，可以在家好好休养护理。”魏徵于是接受了诏令。

臣范祖禹认为，魏徵对于唐太宗来说，可以说已经做到了知无不言，言无不尽。他们君臣之间的关系，是别人没法离间的。那时，太子与魏王争权，群臣们各自结党营私。魏徵如果不知道这事，这是不英明的表现；如果知道了却不说，这就是隐瞒实情。况且唐太宗让他当太子的师傅，这是借重他的正直来加强太子的地位。对外没有听说他向皇上讲明嫡庶的区别，向内没有听他提醒太子要接受祸败的教训；接受了君王的委托，却没有尽到责任；当父子兄弟相互怀疑、关系紧张的时候，他却只是犹豫应付而已。这哪里是因为他有病和年纪大了呢？最终直到死后还被人家怀疑，使得谗人得以有机会挑拨离间，真是可惜啊！

初，高昌既平，岁发兵千余人戍其地。褚遂良上疏曰：“陛下兴兵取高昌，数郡萧然，累年不复；岁调千余人屯戍，远去乡里，破产办装。又谪徙罪人，皆无赖子弟，适足骚扰边鄙，岂能有益行陈！所遣多复逃亡，徒烦追捕。加以道途所经，沙碛千里，冬风如割，夏风如焚，行人往来，遇之多死。设使张掖、酒泉有烽燧之警，陛下岂得高昌一夫斗粟之用？终当发陇右诸州兵食以赴之耳。然则河西者，中国之腹心；高昌者，他人之手足，奈何縻敝本根以事无用之土乎！且陛下得突厥、吐谷浑[①]皆不有其地，为之立君长以抚之，高昌独不得与为比乎！叛而执之，服而封之，刑莫威焉！德莫厚焉！愿更择高昌子弟可立者，使君其国，子子孙孙负荷大恩，永为唐臣，内安外宁，不亦善乎！”帝弗听。及西突厥入寇，帝悔之曰：“魏徵、褚遂良劝我复立高昌，吾不用其言，今方自咎耳。”

臣祖禹曰：有国者丧师之祸小，而或以霸，秦穆公[②]、越王勾践[③]是也；得地之祸大，而或以亡，楚灵王[④]、齐湣王[⑤]是也。是故广地不若广德，强兵不若强民。先王患德之不足而不患地之不广，患民之不安而不患兵之不强。封域之外声教所不及者，不以烦中国也。太宗不从忠谏，卒自咎悔，况不若太宗之强盛，而可为乎？

【注释】①吐谷浑（313–663）：亦称吐浑，慕容氏，西北游牧民族慕容吐谷浑所建国名。内蒙鲜卑慕容部的一支。②秦穆公（？–前621）：又作秦缪公，春秋时期秦国国君（前659–前621年在位），春秋五霸之一。③越王勾践：春秋末年时越国的国君鸠浅（约前520–前465），姒姓，本名鸠浅，古时越国与中原各国语言不同，音译为勾践。勾践又名菼执，夏禹后裔。曾被吴打败屈服求和，入臣于吴。回国后，卧薪尝胆，任用范蠡、文种等人，使越国国力渐渐恢复起来。后灭吴，成为一代霸主。④楚灵王（？–前529）：芈姓，熊氏，初名围，楚共王的次子，杀其侄儿楚郏敖自立为王，春秋时楚国的诸侯。⑤齐湣王（前323-前284）：妫姓，田氏，名地，战国时期齐国第六任君主，齐宣王之子。在位时欲并周室为天子，诸侯恐，合谋伐齐，出亡国外，后被杀。

【译文】当初，唐军攻下高昌国后，朝廷每年都调派一千多士兵前去戍守其地。褚遂良因此上疏说："陛下兴兵攻占了高昌，导致好几个郡都变得冷落和萧条，几年都没能恢复过来。现在每年都调拨千余士兵前去屯戍，不仅他们离乡背井，国家还得耗费资财置办武器、装备。另外又发配犯人前去屯垦，而他们大多是无赖子弟，这足以扰乱边邻，便利其秩序更加混乱，又怎么能有益于巡行军阵呢？而所调遣征派的士兵多半又在途中逃亡，只会增加追捕的烦恼。再加上途中所经的地方，黄沙千里，冬天的寒风吹在身上有如刀割，夏天的热风吹在身上就像火烧，来来往往的行旅过客，遇上了多数会死亡。假使张掖、酒泉等地传来了战事警报，陛下难道能够从高昌获得一个人或一斗粟的帮助吗？最后还是得从陇右（今陇山以西至新疆东部一带）各州郡调遣兵马及提供给养。再说河西走廊是中国的心腹之地，而高昌则是别人的手足，为什么要耗费自己的资财，用于戍守一个没用的地方呢！况且陛下打败了突厥、吐谷浑后，都没有占据他们的地方，而是帮助他们册立了君长来管辖其地，只有高昌独独不能这样吗？反叛的就征服他，顺服的就封任他，这样可以突显国家刑律的威严、恩德的敦厚。希望陛下能挑选可以封立的高昌国王的后代子孙，让他统领其国，子子孙孙接受我朝的恩德，永世为我朝的大臣，这样一来内外安宁，不是很好吗？"唐太宗没有听取他的建议。当西突厥入侵时，唐太宗才后悔说："魏徵、褚遂良劝我复立高昌国，我没有听信他们的意见，现正才知道自己错了啊！”

臣范祖禹认为，对于拥有天下的人来说，损失了军队的祸患不大，甚至有的可能因此而称霸一方，如秦穆公、越王勾践就是这样；但是得人之地的祸患会很大，甚至有的可能会因此而亡国，如楚灵王、齐湣王就是如此。所以，拓张领土不如广施恩德，强大军队不如使百姓富足。先王担忧的是自己的德行不够，而不是担心国土不广，忧虑的是百姓不能安定，而不是担忧国家的军队不强大。在国家的疆域之外，声望教化所影响不到的地方，不能成为中国的负担。唐太宗没有听从忠谏，最终自己感到内疚后悔。何况是不如唐太宗这样强大的人，他们可以去做吗？

帝尝指殿下树，爱之，殿中监宇文士及从而誉之不已，帝正色曰：“魏徵尝劝我远佞人，我不知佞人为谁，意疑是汝，今果不谬！”士及叩头谢。

臣祖禹曰：大禹曰：“何畏乎巧言令色孔壬。”孔子曰：“佞人殆。”佞人者，止于谀悦顺从而已，近之必至于殆，何也？彼佞人者，不知义之所在，而惟利之从故也。利在君父则从君父，利在权臣则附权臣，利在敌国则交敌国，利在戎狄则亲戎狄；利之所在则从之，利之所去则违之，于君父何有哉？忠臣则不然，从义而不从君，从道而不从父，使君不陷于非义，父不入于非道。故虽有所不从，其命将以处君父于安也。君有不义不从也，而况于权臣乎！父有不义不从也，而况于他人乎！古之佞者，其始莫不巧言令色，未必有悖逆之心，及其患失，则无所不至，终于弑君亡国者，皆始之谀悦顺从者也。是故尧、舜畏之，以比驩兜[①]有苗[②]，而孔子以为殆，人君可不远之乎?

【注释】①驩兜：中国古代传说中的三苗部落首领，传说因为与共工、鲧一起作乱，而被舜流放至崇山。②有苗：即三苗，是古代一个部落。

【译文】唐太宗曾经指着大殿下的一棵树赞叹不已，很是喜欢。担任殿中监的宇文士及见后随声附和，连声称赞大树之好。唐太宗严肃地说："魏徵曾经劝我要远离奸佞小人，我不知道谁是奸佞小人，便心中猜想着是不是你。现在看来，果然没错。"宇文士及连忙叩头谢罪。

臣范祖禹认为，大禹曾说："可怕啊，那些巧言令色的大奸之人！"孔子也说："奸佞小人危险啊。"奸佞小人只会阿谀奉承，随声附和而已，接近他们必定会让自己处于危险境地。这是为什么呢？这是因为那些谄谀献媚的奸佞小人，不知道为人处事应当仁义当先，而只知唯利是图的缘故。如果利在君父，他们便随从君父；如果利在大臣，他们便随从大臣；如果利在敌国，他们便随从敌国；如果利在戎狄，他们便亲近戎狄。总之，只要利在哪里，他们便服从哪里；如果没有了利，他们便背离而去。这种人对君父有什么用呢？忠臣便不会这样，他们处事讲求仁义，而不会唯君命是从；他们遵从道义，而不会屈从父亲，他们不会使君王陷于非义，不会使父亲陷于非道。所以，虽然有时候没有听从君、父之命，但这样能使君、父平安。即便是君王，如果做的事有不合乎义的，也不会随从，何况是对于大臣呢？即使是父亲，如果有不合道义的行为，也不会随声附和，而何况是其他人呢？过去的奸佞小人，一开始没有不是巧言令色的，但是未必就是有意要违逆君王，当他害怕失去自己的地位和利益时，那他便会什么事都做得出来。那些最终杀害君王而导致亡国的，都是从谄谀献媚开始的，都是非常顺从的人。所以，尧、舜害怕这种人，将这种人比作驩兜、有苗氏，而孔子认为这样的人很危险，为人君王者可以不远离他们吗？

十七年二月，帝问褚遂良曰："舜造漆器，谏者十余人。此何足谏？"对曰："奢侈者，危亡之本；漆器不已，将以金玉为之。忠臣爱君，必防其渐。若祸乱已成，无所复谏矣。"帝曰："然。朕有过，卿亦当谏其渐。朕见前世帝王拒谏者，多云'业已为之'，或云'业已许之'，终不为改。如此，欲无危亡，得乎！"

臣祖禹曰：所贵乎贤者，为其能止乱于未然，闲邪于未形也。若其已然，则众人之所能知也，何赖于贤乎？危亡之言，惟明主能信，而暗主忽焉，是以自古无事之时，常患乎谏之难入也。今有人康强而无疾，或告之以多言之损气，多食之致死。彼爱其身者，闻之必惕焉，兢兢而不忘，则疾疢何自而生矣？彼恃其强者，闻之不惟不信，而又訑然[①]。是人也，不病则已，病则忽焉而死，虽欲救之，无及矣。从谏之与拒谏者，何以异于是？故圣主能从谏于未然，贤主能改过于已然，谏而不听者斯为下矣。忠臣之事上君也，亦谏其未然；事中君也，多谏其已然；事暗君也，救其横流[2]，故有以谏杀身者矣。唐虞之时，群圣聚于朝，无过举矣。忧其所当忧，戒其所当戒而已。故常有儆惧之言，其虑患豫也。至于后世令主，其贤臣多谏其已然，而防其未然。太宗求谏于群臣，其有意于防未然者乎？

【注释】①艴（fú）然：生气的样子。②横流：河水冲决堤岸而漫流。比喻放纵，任意，不可收拾。

【译文】贞观十七年（643）二月，唐太宗问褚遂良说："舜想要制造一件漆器，为此谏言的人就多达十几个。请问这有什么可谏诤的呢？"褚遂良回答说："奢侈，是导致一个国家灭亡的根本原因。如果不断制造漆器，随之而来的便将会变成不停制造金玉之器。忠贞的大臣敬爱君王，必然会防止其君王慢慢变得奢侈，如果是祸乱因此已经出现，那就是再谏诤也没有用了。"唐太宗听后说："你说的对啊。如果我有过错，你也应当在开始时就劝谏。我看到前世的帝王在拒绝谏言时，大多会说'我已经这么做了'，或者是说'我已经答应他们了'，最终也没有听取谏言改正过来。这样，想要使得国家不灭亡，可能吗？"

臣范祖禹认为，贤者之所以可贵，主要是他们能在祸乱还没发生时就采取措施阻止其发生，在坏事还未出现之前就加以约束限制。如果已经发生了，那么结果大家都可以知晓了，还要依靠贤人干什么呢？那些说国家会危亡的话，只有英明的君王才会听取，而昏庸的君王是不会重视的。所以，自古以来，当天下平安无事时，大家担心的往往是君王听不进谏言。如今有的人健康强壮而没有病，有人告诉他说话多会伤他的元气，贪吃会导致他死亡。那些爱护自己身体的人，听后必定会时刻警醒，战战兢兢地不敢忘却，那么疾病会从哪里产生呢？那些自以为身体强壮的人，听了后不但不信，反而还会生气。这样的人，不生病还好，一旦生病，突然就会死亡，即使想救也来不及了。听取谏言与拒绝纳谏的人，与这相比有什么不一样的呢？所以，圣明之主能在事情还没发生时便接纳谏言；贤能之主能在犯了过错之后加以改正；那些听了谏言却听不进去的，便是最差的君王了。忠臣侍奉贤能的君王，也会在事情没有发生时谏言；侍奉中等的君王，大多在事情发生后才进谏；遇上昏庸的君王，只有在事情发展到不可收拾的地步时才会进谏，所以才会有因为进谏而遭遇杀身之祸的人。尧舜之时，一群圣贤之士聚集在朝中，因此没有过错发生，大家担忧所当担忧的，戒除应当戒除的，所以经常能听到让人警诫的谏言，这是他们把忧患的事预想到了。至于后世那些好的君主，他们的贤臣大多是在事情发生后才谏言，来防止后来事情的发生。唐太宗向群臣求谏，他这是想防患于未然吗？

帝曰："人主惟有一心，而攻之者甚众。或以勇力，或以辩口，或以谄谀，或以奸诈，或以嗜欲，辐辏[1]攻之，各求自售，以取宠禄。人主少懈，而受其一，则危亡随之，此其所以难也。"

臣祖禹曰：人主不可以有偏好。偏好者，奸邪之所趋而谗贼之所入也。《书》曰："惟精惟一，允执厥中[2]。"夫如是，则众莫得而攻之矣。

【注释】①辐辏：车轮中凑集于中心毂上的直木。形容人或者事物集聚在一起。②允执厥中：出自《尚书·大禹谟》：“人心惟危，道心惟微，惟精惟一，允执厥中。”意思是指言行不偏不倚，符合中正之道。

【译文】唐太宗说：“君王只有一颗心啊，但是攻心的人却很多。有的以勇武力量，有的凭借巧辩之才，有的凭借谗言，有的采用奸诈手段，有的以嗜好欲望，各类人凑在一起，各自兜售自己的一套，以求取恩宠和俸禄。君主如果稍有松懈，接受了其中的一类人，那么危亡也就会随之而来。这便是君主行事之难呐！”

臣范祖禹认为，作为君王，不可以有所偏好。那些有偏好的君王，往往是奸邪之人包围接近的对象，而那些献媚进谗的人往往便会得逞。《尚书》中说：“自己只有一心一意、精诚恳切地秉行中正之道，才能治理好国家。”这样，便没有人能接近并攻击你。

太常丞[①]邓素使高丽还，请于怀远镇增戍兵以逼高丽。帝曰：“远人不服，则修文德以来之。未闻一二百戍兵，能威绝域者也。”

臣祖禹曰：太宗以增戍兵不若修文德，其言岂不美哉。然非能行之，直以辩折其臣下而已。其始不欲增戍而卒亲征之，不为其小而为其大，岂大者足以胜德乎。《书》曰：“非知之艰，行之惟艰。”太宗之谓矣。

【注释】①太常丞：是指官廷主管内部事务的官员。汉制各主官之下皆有丞，即为主官之佐贰，亦为内部事务官性质。

【译文】太常寺丞邓素出使高丽回来后，请求在怀远镇增加守护边境的军力，以威慑高丽。唐太宗说："孔子说如果偏远地方的人不愿服从，那就应当勤修文德来招抚他们。我没有听说过增加一二百戍兵，就能威慑远方之人的。"

臣范祖禹认为，唐太宗认为增加戍兵不如勤修文德，这话说得真好啊！但是他没有这样去做，只是以此来说服臣下而已。他最开始不想增加戍兵，但最后却亲自率军出征高丽。他没有做增加戍兵这种小事，却做了率军亲征高丽的这种大事。难道他亲征高丽要比勤修文德好吗？《尚书》中说道："不是懂得道理有多难，而是做起来就难了。"唐太宗就属这种情况了。

扫一扫 听导读

唐鉴卷之六

太宗四

初，帝谓监修国史房玄龄曰："前世史官所记，皆不令人主见之，何也？"对曰："史官不虚美，不隐恶，若人主见之，必怒，故不敢献也。"帝曰："朕之为心，异于前世帝王。欲自观国史，知前日之恶，为后来之戒。公可撰次以闻。"谏议大夫朱子奢[①]上疏谏，帝不从。玄龄乃与给事中许敬宗[②]等，删定为高祖、今上《实录》。书成，上之。帝见书杀建成、元吉事，多微隐，谓玄龄曰："昔周公诛管、蔡以安周，季友鸩叔牙[③]以存鲁。朕之所为，亦类是耳。史官何讳焉！"命削去浮词，直书其事。

臣祖禹曰：古者官守其职，史书善恶，君相不与焉。故齐太史兄弟三人死于崔杼[④]而卒不没其罪，此奸臣贼子所以惧也。后世人君得以观史，而宰相监修，欲其直笔，不亦难乎？司马迁有言曰："文史星历，近乎卜祝之间。"盖止于执简记事直书其实而已，非如《春秋》有褒贬赏罚之文[5]也。后之为史者，务褒贬而忘事实，失其职矣。人君任臣以职，而宰相不与史事，则善恶庶乎其可信也。

【注释】①朱子奢（?-641）：字不详，苏州吴人。生年不详，卒于唐太宗贞观十五年。善文辞，通春秋。隋大业中，为直秘书学士。武德四年（621）随杜伏威入唐，授国子助教。贞观时，累官谏议大夫、弘文馆学士。②许敬宗（592-672）：字延族，杭州新城（今浙江杭州市富阳区）人。唐朝宰相。时任给事中。③季友鸩叔牙：春秋时鲁庄公有三个弟弟，长者庆父，次者叔牙，再次季友。庄公打算让儿子继位，叔牙却说应让庆父嗣位，季友奉庄公之命，让人用毒酒杀死了叔牙。④崔杼（？-前546）：姜姓，崔氏，名杼，谥武，又称崔子、崔武子，春秋时期齐国大夫。《史记》中记载：崔杼杀齐君庄公，太史简书曰："崔杼弑庄公。"崔杼杀之；其弟复书，崔杼乃舍之。⑤《春秋》有褒贬赏罚之文：《春秋》，孔子所写鲁国历史，对人事多所褒贬以别善恶，以儆后世乱臣贼子。

【译文】当初，唐太宗对时任监修国史的房玄龄说："前朝史官所记的史事，都不能让君王看见，这是为什么？"房玄龄回答说："史官不虚饰美化，也不隐匿罪过，如果让皇上看见必然会动怒，所以不敢进献给君王观看。"唐太宗说："朕的志向，不同于前代君主。现在朕想亲自翻阅当朝国史，知道先前的过失，以作为以后的借鉴，希望你撰写完成后上呈给朕看看。"谏议大夫朱子奢为此上疏劝谏，唐太宗没有听。房玄龄便与给事中许敬宗等人把所记史事删改成唐高祖的《实录》和当时皇帝（即太宗）的《实录》。书改写完成后，上呈给了唐太宗。唐太宗见书中写到击杀太子建成、弟弟元吉这件事时，用词多隐讳曲折，便对房玄龄说："过去周公诛灭管叔、蔡叔以安定周朝，季友毒死叔牙以保存鲁国。朕当年的所作所为，也与此类似。史官们有什么可隐讳的！"于是命令立即删削掉浮华之词，秉笔直书杀李建成、李元吉的事。

臣范祖禹认为，过去为官者各司其职，史官记录君王的善与恶，君王、将相都不得参与。所以，虽然齐太史兄弟三人都被崔杼杀死了，但是崔杼终究也没能掩盖其杀害齐庄公的罪过，这就是史官令奸臣贼子害怕的地方。后世的君王可以亲自观看史官所记，而宰相监修《国史》，想要实事求是地直书其史，不就太困难了吗？司马迁说过："记录文献史籍、天文历法等事，就像占卜者占卜、祭祀主持赞礼一样。"他们只能是拿着简册记事，直接书写其事而已，不像《春秋》一书那样有评论人事、褒贬赏罚的文字。后代写史的人，总是想着怎么评论史事，褒贬人物是非，而忘了真实记录史事，这是他们的失职。君王任命臣子职务，而宰相不参与史事的记录，那么史官所记善恶应该是可以让人相信的。

十八年正月，帝欲伐高丽。褚遂良谏。李世勣追咎魏徵谏讨薛延陀[①]。帝欲自征高丽，遂良上疏："以为天下譬犹一身，两京心腹也，州县四肢也，四夷身外之物也。高丽罪大，诚当致讨，但命猛将将四五万众，仗陛下威灵，取之如反掌耳。今太子新立，年尚幼稚，自余藩屏，陛下所知，一旦弃金汤[②]之全，逾辽海之险，以天下之君，轻行远举，皆愚臣之所甚忧也。"帝不听。

臣祖禹曰：高丽臣属于唐，而其主为贼臣所弑，为大国者不可不讨。然高丽之大未如突厥，其险远不过于高昌、吐谷浑，此三国者皆命将帅以偏师取之，遂墟其国。何独至于高丽而欲自征之乎？太宗若从遂良之言，虽伐而不克亦未失也。

【注释】①薛延陀：中国古代的部落，属铁勒部，由薛、延陀两部组成。唐贞观三年受封，建牙郁督军山，四年助唐灭突厥。②金汤：金城汤池的省略语，守卫坚固的城池。

【译文】贞观十八年（644）正月，唐太宗想要攻打高丽国。褚遂良为此劝谏，而李世勣也因此追究魏徵劝谏征讨薛延陀的事。唐太宗想要亲自征讨高丽，褚遂良因此上疏："臣认为天下就好比一个人的身体，而两京城便是其心腹，州县则是其四肢，周边的少数民族则是其身外之物。高丽国犯有大罪，确实应该讨伐，只要任命一员猛将率领四五万军士，凭借陛下的威灵，攻取高丽国易如反掌。现在太子刚刚册立，年龄还小，其他的屏藩情况，陛下是知道的。一旦放弃了固守的城池，跨过危险的辽海去征伐高丽，作为天下的君王，轻易冒险亲自出征远行，这都是我们所忧虑的。"唐太宗没有听取他的意见。

臣范祖禹认为，高丽臣属于唐朝，而他们的国王却被奸贼所杀，唐朝作为一个大国，不可不出兵前往讨伐。但是高丽国不像突厥那样强大，其危险程度也远远比不上高昌、吐谷浑。这三个国家，都是派遣将领率兵前去征讨的，以偏师就把他们征服了。为什么唯独到了高丽国，陛下就想要亲征呢？唐太宗如果是听从了褚遂良的谏言，就算是征伐没有获胜，也不会有多大的损失！

八月，帝谓司徒无忌等曰："人苦不自知其过，卿可为朕明言之。"对曰："陛下武功文德，臣等顺之不暇，又何过乎可言？"帝曰："朕问公以己过，公等乃曲相谀悦。朕欲面举公等得失以相戒而改之，何如？"皆拜谢。帝曰："长孙无忌善避嫌疑，应物敏速，决断事理，而总兵攻战，非其所长。高士廉[①]涉猎古今，心术明达，临难不改节，当官无朋党；所乏者，骨鲠[②]规谏耳。唐俭[③]言辞辩捷，善和解人；事朕三十年，遂无言及于献替。杨师道[④]性行纯和，自无愆失，而情实怯懦，缓急不可得力。岑文本[⑤]性质敦厚，文章华赡，而持论常据经远，自当不负于物。刘洎性最坚贞，有利益；然其意尚然诺，私于朋友。马周见事敏速，其性贞正，论量人物，直道而言，朕比任使，多能称意。褚遂良学问稍长，性亦坚正，每写忠诚，亲附于朕，譬如飞鸟依人，人自怜之。"

臣祖禹曰：君臣以道相与，以义相正者也。故先王以群臣为友，有朋友之义，非徒以上下之分相使而已。太宗欲闻过于无忌，而无忌纳谄以悦之，君好直而臣不忠，其罪大矣。而太宗论群臣之得失，其言皆中于理哉。褚遂良直道事君，犯颜谏争，尽忠无隐，王、魏之比也；而譬之飞鸟依人，轻侮其臣，不恭孰甚焉！

【注释】①高士廉（575-647）：本名高俭，字士廉，敏捷有度量，观书一见成诵。武德中为右庶子，益州大都督府长史，后为吏部尚书，封许国公。②骨鲠：比喻刚直，刚劲。③唐俭（579-656）：字茂约，晋阳人。唐朝大臣，北齐左仆射唐邕之孙，隋朝戎州刺史唐鉴（彻）之子。后佐太宗定天下，为天策府长史，封莒国公。④杨师道（？-647）：字景猷，弘农华阴（今陕西省华阴市）人。唐朝时期宰相，隋朝观德王杨雄幼子、中书令杨恭仁之弟。尚桂阳公主，封吏部侍郎，改太常，封安德郡公。⑤岑文本（595-645）：字景仁，邓州棘阳县（今河南省新野县）人。唐朝宰相、文学家。性沉敏，善文词，贞观初，封秘书郎，兼中书省。后随太宗伐高丽，死于幽州。

【译文】贞观十八年（644）八月，唐太宗对司徒长孙无忌等众大臣说："人最难的是自己不知道自己的过错。我有过错，你们可以给我明讲。"众大臣回答说："陛下武功文德，我等顺服还来不及，又有什么过错可说的呢！"唐太宗说："朕问你们朕的过错，你们却变着法来取悦朕。朕想要当面举例说说你们的得失过错，以便你们能相互警惕改正，怎么样？"大臣们纷纷拜谢。唐太宗说道："长孙无忌善于避开嫌疑，遇到事情反应敏捷迅速，能够决断处理，但是统帅士兵，行军打仗，却不是他的长处。高士廉涉猎古今，心思明亮通达，遇到困难不会变节，在朝廷为官也不结党营私；不足的是，他没能做到直言极谏。唐俭言辞敏捷善辩，善于调解人际之间的矛盾冲突；侍奉朕已三十年，却从来没有对朕说过劝善归过，提出兴革的话。杨师道性情行为都纯正平和，自己从来没有犯过错误，而实情却是胆小怕事，遇到要紧之事他处理得不够得力。岑文本则性情质朴敦厚，文章写得很华美，然而持论经常依着远大规划，自以为不输于其他人。刘洎性格最坚贞，有利益观；但是他过于信守承诺，容易偏袒朋友。马周遇到问题反应敏捷，其性格品行坚贞端正；品评人物，敢于直言，我交代给他的事情，大多都能办好。褚遂良的学问比较丰富，性情也坚强正直；每次表达忠诚时都能顺从朕意，对我既忠诚又亲近，就好像小鸟依人，让人看了自然会怜惜。”

臣范祖禹认为，君臣之间应当凭着道相互支持，凭借义来相互纠正。所以，先王们把群臣当作朋友，相互之间有着朋友的情分，并不是只以上下级的关系来使唤。唐太宗想从长孙无忌那里听到自己的过失，但长孙无忌却进谄献媚来讨好他，唐太宗直爽而长孙无忌却不忠，他的罪过真是大啊。而唐太宗评论其他大臣的长短得失时，说的话都能切中要害且有理。褚遂良对唐太宗忠直相待，敢于犯颜谏诤，其忠直之心，没有任何保留，就像王珪、魏徵等人一样。而唐太宗却把他比作小鸟依人，这是对褚遂良等良臣的轻慢和侮辱，还有比这更不尊重人的吗？

十九年，帝亲伐高丽。六月，车驾至安市城，进兵攻之。高丽北部耨萨[①]延寿、惠真帅高丽、靺鞨[②]兵十五万救安市。帝谓侍臣曰：“今为延寿策，有三：引兵直前，连安市城为垒，据高山之险，食城中之粟，纵靺鞨掠吾牛马，攻之不可猝下，欲归则泥潦为阻，坐困吾军，上策也；拔城中之众，与之宵遁，中策也；不度智能，来与吾战，下策也。卿曹观之，彼必出下策，成擒在吾目中矣！”高丽有对卢，年老习事，谓延寿曰：“秦王内芟群雄，外服戎狄，独立为帝，此命世之材。今举海内之众而来，不可敌也。为吾计者，莫若顿兵不战，旷日持久，分遣奇兵断其运道；粮食既尽，求战不得，欲归无路，乃可胜也。”延寿不从，引军进战，大败，遂来降。

臣祖禹曰：《传》曰：“国无小，不可易也。”盖虽小国，必有智者为之谋，勇者致其死，则虽以天下之大，百万之众，未可恃以为必胜也。高丽对卢之谋，正合于太宗所谓上策。使延寿而能听用，唐师岂不殆哉！

【注释】①耨（nòu）萨：高丽的部落酋长。②靺鞨（mò hé）：古代族名，源于肃慎，唐时称靺鞨，在松花江、牡丹江流域居住，后来演变为女真。

【译文】贞观十九年（645），唐太宗亲自率军攻打高丽。这年六月，唐太宗的车驾抵达安市城（今辽宁省大石桥市汤池镇北汤池村），准备进军攻城。高丽北部的耨萨高延寿、高惠真等人，统率了高丽、靺鞨兵共计十五万人前来援救安市城。唐太宗对身边的侍臣们说：“如果现在我是延寿，有三种计策可用：一是率军直接前进，将安市城连接起来作为营垒，占据高山险要之地，以城中的储粮为军粮，让靺鞨兵前来抢掠我们的牛马，这样我们将无法快速攻下安市城，想退却又道路泥泞，难以后退，使我军陷入被困之境，这是上策；二是将安市城中的军民全部集中起来，撤退转移，这是中策；三是不自量力，直接率军与我们交战，这是下策。你们且看着吧！他们一定会采用下策，被我军俘获可以预见。”高丽有个名叫对卢的谋士，年纪很大了，但经验丰富。他对延寿说：“秦王李世民在国内芟除群雄，对外又征服了戎狄，独自称帝，这是个命世之材。现在他统率全国大军前来讨伐我们，难以抵挡啊。我有个主意，不如我们屯兵不战，与他们打持久战，再另外派出奇兵截断他们的粮道。当他们军粮用完时，想与我军交战却不能，想退兵回去却又被我们截断了归路，这样我们便会胜利了。”延寿没有听从他的谋略，率军前来交战，被唐军大败，于是只得率军来降。

臣范祖禹认为，《左传》中说：“国家无所谓弱小，不可轻视。”虽然是小国，但一定也会有聪明的人为之出谋划策，有勇敢的人为之卖命。这样，即使是拥有天下之大，有百万之众，也不能自恃，以为一定会胜利。高丽国对卢的谋略，正与唐太宗所说的上策符合，假使延寿能够听从并采用他的计谋，那么唐军岂不是很危险了吗？

高丽既败，举国大骇。后黄城、银城，皆自拔遁去，数百里无复人烟。帝驿书报太子，仍与高士廉等书曰：“朕为将如此，何如？”

臣祖禹曰：太宗之伐高丽，非独恃其四海之富，兵力之强也。本其少时，奋于布衣，志气英果，百战百胜，以取天下，治安既久，不能深居高拱，犹思所以逞志，扼腕踊跃，喜于用兵，如冯妇搏虎[①]，不能自止。非有理义以养其志，中和以养其气；始于勇敢，终于勇敢而已矣。《记》曰：“所贵于勇敢强有力者，贵其敢行礼义也。天下无事，则用之于礼义；天下有事，则用之于战胜。用之于战胜，则无敌；用之于礼义，则顺治。”太宗于天下无事，不知用之于礼义，而惟以战胜为美也。是故以天子之尊，而较胜于远夷，一战而克，自以为功，矜其智能，夸示臣下，其器不亦小哉？

【注释】①冯妇搏虎：典出《孟子·尽心》，讲的是冯妇原来善于搏虎，后从事儒业，成为读书人的师表。一次有人追逐老虎，遇到老虎靠着山角反抗，冯妇便再次捋袖下车，与虎相战。于是后人便用“冯妇”来称呼勇猛或凶狠的人；用“搏虎”来指敢与凶猛的敌人拼搏。

【译文】高丽国被打败后，全国上下震惊。随后，黄城（今辽宁省辽阳市）、银城（今辽宁省铁岭）等地的人都撤走逃离了，数百里之内空无人烟。唐太宗通过驿站将此传书通报给太子，又写信问高士廉等人说：“朕作为将领，这样率军作战，你们觉得怎么样？”

臣范祖禹认为，唐太宗率军攻打高丽，并非只是依仗拥有天下的财富，以及强大的兵力，主要是凭借其年轻时，带领百姓奋起反抗，志气英武果敢，百战百胜，以此取得天下。如此时间一久，他做不到深处朝廷垂拱而治，还想着要展现自己的才能，对此仍旧很是振奋踊跃，喜欢用兵，就好比冯妇搏虎，不能控制自己。他并不是以理义来修养意志，以中和来修养其气，仅仅是以勇敢开始，又终于勇敢罢了。《礼记》上说：“人们之所以看重勇敢强有力，是看重了他敢于实行礼义。在天下无事之时，就把他的勇敢坚强有力用到实行礼义的方面；在天下有事之时，就把他的勇敢坚强有力用到克敌制胜的方面。用到克敌制胜方面，就会所向无敌；用到实行礼义方面，就会无为而治。”唐太宗在天下太平之时，不知道去实行礼义，而只知道以战胜为能。所以，他凭借天子之尊，却去与周边的外族打仗争胜，一仗而胜，自认为有功绩，以自己的智能为傲，并向大臣们自我夸耀，他的胸怀器量不也是很小吗？

凡征高丽，拔玄菟等十城，徙辽、盖、岩三州户口入中国者七万人。新城、建安、驻跸三大战，斩首四万余级，战士死者几三千人，战马死者什七八。帝以不能成功，深悔之，叹曰："魏徵若在，不使我有是行也！"命驰驿祀徵以少牢[1]，复立所制碑，召其妻子诣行在，劳赐之。

臣祖禹曰：太宗北擒颉利，西灭高昌，兵威无所不加，四夷震慑，而玩武不已。亲击高丽，以天下之众困于小夷，无功而还，意折气沮。亲见炀帝以勤远亡国，而袭其所为。臣以为太宗之征高丽，无异于炀帝，但不至于乱亡耳。惟不能慎终如始，日新其德，而欲功过五帝，地广三王，是以失之。然见危而思直臣，知过而能自悔，此所以为贤也。

【注释】①少牢：旧时祭礼的牺牲，牛、羊、豕俱用叫太牢，只用羊、豕二牲叫少牢。

【译文】唐太宗自征讨高丽以来，连续攻下了玄菟（今朝鲜境内咸静道）等十座城池，迁移辽东、盖牟、白岩三地的人口到中原地区达七万多人。在新城、建安、驻跸三大战役中，共斩杀敌军四万多人，自己军队则有三千多人战死，战马损失了十分之七八。唐太宗认为这次战役没有打好，深深感到懊悔，他叹息说："如果魏徵还活着，他是不会同意我出兵伐高丽的！"于是他下令驾乘驿马疾行，传书以少牢之礼祭祀魏徵，又立了亲手写的碑，召魏徵的妻儿来到自己的行宫，慰劳赏赐。

臣范祖禹认为，唐太宗在北边擒获了颉利可汗，向西灭掉了高昌国，军威无所不在，周边的少数民族国家都因此被震慑，但他自己仍旧征战不停。他亲自率军征伐高丽，统率了全国兵力出征却被小国所困，没有取得功绩而还，意志遭受挫折而士气低落。他亲自见证过隋炀帝因远征高丽而亡国，自己却又走了他的老路。臣认为唐太宗远征高丽，与隋炀帝远征高丽没有什么区别，不过他远征高丽不至于亡国罢了。只是他不能始终如一，每天加强自己的修养德行，却还想着功绩要超过五帝，土地面积要广过三王，所以说这是他的过失。然而当遇到了危害时，他想到了直臣，知道自己犯了过失而能够自我反省，这也是他贤能的一面了。

二十年六月，诏江夏王道宗[①]等击薛延陀，又遣李世勣图其诸部。帝手诏："自诣灵州招抚敕勒[②]。"八月，道宗击延陀，破之。敕勒诸部皆请入朝。车驾至浮阳，回纥各遣使入贡，帝大喜，诏以："戎、狄与天地俱生，上皇并列，流殃构祸，乃自运初。朕聊命偏师，遂擒颉利；始弘庙略，已灭延陀。铁勒百万余户，散处北溟，远遣使人，委身内属，请同编列，并为州郡；混元以降，殊未前闻，宜备礼告庙，仍颁示溥天[③]。"九月，帝至灵州。敕勒诸部俟斤[④]遣使相继诣灵州者数千人。帝为诗序其事曰："雪耻酬百王，除凶报千古。"明年正月，诏以回纥等诸部为府及州，各以其酋长为都督及刺史。诸酋长请于回纥以南、突厥以北开一道，谓之参天可汗道，置六十八驿，各有马及酒肉以供过使，岁贡貂皮以充租赋，帝许之。于是北荒悉平，然吐迷度[5]已私自称可汗，官号皆如突厥故事。

臣祖禹曰：昔武王克商，通道于九夷、八蛮，西旅献獒[6]，太保作训曰："不矜细行，终累大德，为山九仞，功亏一篑。"因事而戒，恐其骄也。太宗不得志于东夷，欲收功于北荒，因延陀破亡，以兵临之，如疾风之振槁，左衽之民[7]，解辫内附，自以为开辟以来，未之有也。昔之有天下者，莫不以冠带四夷为盛德大业，何哉？故尝试论之曰：中国之有夷狄，如昼之有夜，阳之有阴，君子之有小人也。中国失政，则四夷交侵，先王所以御之者，亦可得而略闻矣。舜曰："而难任人，蛮夷率服。"又曰："无怠无荒，四夷来王。"然则欲其率服，莫若难任人；欲其来王，莫若无怠荒。柔远能迩，治内安外，而殊俗之民，向风慕义，不以利诱，不以威胁，而自至矣。欲附者则抚之，不欲者不强致也，故不劳民，不费财。至于后世之君，或仇疾而欲殄灭之，或爱悦而欲招来之，是二者，皆非也。何则？彼虽夷狄，亦犹中国之民也。趋利避害，欲生恶死，岂有异于人乎？王者，于天地之间无不养也，鸟兽草木犹当爱之，况人类而欲残之乎？残之固不可，况不能胜而自残其民乎？仁人之所不为也。为之者，秦始皇是也。山川之所限，风气之所移，言语不通，嗜欲不同，得其地不可居，得其民不可使也；列为州县，是崇虚名而受实弊也。且得之既以为功，则失之必以为耻，其失不在于己则在于子孙，故有征讨之劳，馈饷之烦，民不堪命，而继之以亡，隋炀帝是也。且中国地非不广也，民非不众也，曷若无得无失，修其礼、乐、政、刑，以惠养吾民，使男有余粟，女有余布，兵革不试，以致太平，不亦帝王之盛美乎？故有求于外，如彼其难也，无求于外，如此其易也。然而人君常舍所易而行所难，何哉？忽近而喜远，厌故而谋新，不入于秦则入于隋，虽不至于亡，而常与之同事，其累德岂细哉？太宗矜其功能，好大无穷，华夷中外欲其为一，非所以遗后嗣安中国之道。此当以为戒而不可慕也！

【注释】①江夏王道宗：江夏，唐称鄂州，即今湖北武汉一带。李道宗是唐宗室封江夏王。②敕勒：古族名。汉称丁零。后音变为狄历、敕勒、铁勒等。因用车轮高大，又称高车。贞观末，于东部铁勒分设都督府、州、隶燕然都护府。③溥天：溥，普遍。溥天，即全天下。④俟斤：唐代回纥的官名。⑤吐迷度：回纥首领吐迷度。公元646年（贞观二十年）联合仆固、同罗等部配合唐军灭薛延陀，尽收其地，自称可汗，同时率铁勒十三部，遣使入唐请设置官吏，统兵北方。唐太宗接受回纥归附，在其驻地设六府七州，府置都督，州置刺史。在回纥部设瀚海都督府，拜吐迷度为怀化大将军，兼瀚海都督。⑥西旅献獒：獒，犬。西旅献獒，语出《尚书》，指武王灭商以后，各地贡物，西旅（西戎）献了一种大犬。⑦左衽之民：少数民族衣襟向左，古代称为左衽之民。

【译文】贞观二十年（646）六月，唐太宗下令给江夏（今湖北武汉一带）王李道宗等人，让他们率兵攻打薛延陀，又派遣李世勣征讨薛延陀的其他部落。唐太宗亲自下诏说："朕要亲自前往灵州（今宁夏中卫，中宁以北地区），招抚铁勒。"这年八月，李道宗打败了薛延陀，铁勒的其他部落因此都请求归附唐朝。当唐太宗的车驾到达浮阳(今河北省沧县)时,回纥各部落都派出了使者,前往唐朝进贡。唐太宗非常高兴,下诏说:“戎、狄等少数民族也是与天地同生的,与上皇并列。他们构乱造成祸害,是自从我大唐兴运之初的。我随意派出偏师前往征伐,最终擒获了颉利可汗;才开始施展朝廷的谋略,便已攻灭了薛延陀。铁勒部落的一百多万户人,分散在漠北草原,他们边远之地派出使臣,愿意委身内附,服从管理,并要求像内地居民一样编列户籍,划为州郡。自从开天辟地以来,这种事还从来没有听说过,朕当备礼祭告祖宗,并诏示天下。”这年九月,唐太宗到了灵州。敕勒各部的首领俟斤派出使臣,陆陆续续前来灵州朝见的,有几千人。唐太宗为此作诗描述这件事,写道:“雪耻酬百王,除凶报千古。”第二年正月,唐太宗下诏将回纥等众多部落改为府、州,任命他们各自的酋长为都督或刺史。这些酋长们请求在回纥以南、突厥以北的地方修一条大道,叫“参天可汗道”,设置六十八个驿站,各站备有马匹以及酒肉供应路过的使者,他们每年向唐进贡貂皮来充当赋税,唐太宗采纳了这个建议。这样整个北部边荒都被平定,然而回纥的吐迷度却又私自称可汗,他们的官吏称号与过去的突厥官号一样。

臣范祖禹认为,过去武王攻灭商以后,修建的道路通向了周边的九夷、八蛮各个部族,西边的戎族献上了獒犬。太保官因此训示说:“不注意细节,最终将会影响德政;修筑九仞高的土山,最后会因为差一筐土而失败。”因为某事而警戒,主要是为了防止自我骄傲。唐太宗征讨高丽没能全功而返,因此想通过开拓北部边疆来夸功。因薛延陀已败亡,所以这时唐太宗派出军队攻击他,就好比大风时摇动枯木一样简单;前襟左掩的外族,散开了扎着的辫子，向唐朝臣服，唐太宗因此认为，这是自开天辟地以来从没有过的盛况。过去那些拥有天下的帝王们，没有不是以统治四夷为盛德大业的。为什么呢？我曾在议论这个问题时说过，国家周边有外族，就好比有白天就会有黑夜，有阳就会有阴，有君子就会有小人一样。国家政治昏乱，那么周边的外族就会内侵。古代的君王是如何来驾驭统领他们的，也是可以听到一些的。舜曾讲过："采取怀柔政策，信任善良人士，拒绝奸邪小人，周边外族便都会归附了。"他又说："只要思想不怠惰，政事不荒废，周边的外族都会拥戴你为王。"然而要想人家都来归附你，不如驳斥巧言献媚的坏人；要想让人家尊你为王，最好是不要怠惰，不要荒废政事。怀柔边远之地的外族使之归附，治理好国家内部，安定好边疆，那么那些风俗习惯各异的民族，都会向往和羡慕你的风俗和道义，不必以利相诱，不必以武相胁，他们便会自动归附于你。安抚好那些自愿归附的人，不要强制那些不想归附你的人，因此既不会劳民，也不会费财。至于后世的君王，有的视他们为仇敌，因此想要消灭他们；有的喜爱他们，因此想要收服他们。这两种做法，都是不对的。为什么呢？因为他们虽然是夷狄是外族，但也像是国家的百姓一样。趋利避害，贪生怕死，与别人没有两样。身为君王，对于天下的百姓没有不爱护不养育的，就算是鸟兽草木还应当去爱护，何况是人，怎能去残害他们？残害他们本就不应当了，何况出兵征伐不胜却让自己的百姓耗费财力，残害了他们呢？这是仁德之君所不会做的事情。这样做了的，只有秦始皇。被山川阻隔，两者相距万里，民风习俗各不相同，言语不通，爱好各异，攻占了他们的地盘却不能居住，得到了他们的百姓也无法管理；将他们编列入州县，这只是贪慕虚名，而实际上却将遭受祸害。况且，得到以后，自夸有功绩，那么失掉后必定会认为这是耻辱。失去的时间不在自己这一代，便必定会出现在子孙后代身上。所以，这样前去征讨不仅劳民，还会耗费大量钱财，老百姓不堪重负，而国家也因此灭亡，隋炀帝就是这样的例子。且国家的面积不是不广大，百姓也不是不多，为什么不自己治理好国家，加强礼乐教化，以及政务、刑罚管理，向百姓施以恩惠，使男子耕种收获的粮食有余，女子织的布帛有剩；不兴兵动众，以致天下太平，这不也是帝王的盛大美德吗？所以，有求于外时，是那样的艰难，无求于外时，是这样的容易。可是国君经常舍弃容易的而去做困难的，为什么呢？这是因为忽视了身边的而喜欢远地的，厌烦了旧的而想着占有新的。因此，结果不是像秦朝一样就是像隋朝一样，虽然不会一时灭亡，但经常做这样的事，自己所遭损害的德行又怎么会小呢？唐太宗夸大自己的功绩，好大喜功，外夷中原之地都想着要统一，这不是留给后代让国家太平安定的方法。我们应当以此为戒，而不应当效法羡慕啊！

二十一年二月，帝将复伐高丽，朝议以为："高丽依山为城，攻之不可猝拔。前大驾亲征，国人不得耕种，所克之城，悉收其谷，继以旱灾，民太半乏食。今若数遣偏师，更迭扰其疆场，使彼疲于奔命，释耒入堡。数年之间，千里萧条，则人心自离，鸭绿之北，可不战而取矣。"帝从之。三月，以牛进达①、李世勣为大总管，伐高丽。

臣祖禹曰：太宗以盖苏文②弑其君，故举问罪之师，当诛其贼臣，吊其国人，置君，而后去之，则德刑举矣。而唐师入境，贪其土地，虏其民人，使其父兄子弟流为饿殍，且弑君者盖苏文也，彼高丽之民何罪？岂王者之师乎？伐而不克，益发忿兵，乃更欲扰其疆场，害其耕稼，则是利于为寇，非御寇也。

【注释】①牛进达：即牛秀（595–651），字进达，陇西狄道（今甘肃省临洮县）人。太宗时大将，官左武卫将军，伐高丽，任青丘道行军大总管。②盖苏文：高丽人，号盖金，姓泉氏，杀高丽王高建武，立其侄高藏为王，自为莫离支。

【译文】贞观二十一年（647）二月，唐太宗准备再次征讨高丽。朝廷大臣们认为："高丽国依山为城，如果进攻，将不可能快速攻下。上一次皇上亲自帅军征讨，他们的老百姓没有办法耕种，所攻占的城池，粮食也都我们拿走了，接着他们又遭遇了旱灾，多数的老百姓没有粮食吃。现在如果频繁派遣小股军队，轮番扰乱他们的疆域，使他们疲于奔命，被迫放下农具进入城中。几年之后，必然会使他们千里萧条，那么将让他们人心自离，鸭绿江以北的地方，便可以不战而取了。"唐太宗采纳了这个建议。这年三月，唐太宗派牛进达、李世勣为大总管，帅军征伐高丽。

臣范祖禹认为，唐太宗因为盖苏文杀了自己的国王，所以出兵高丽兴师问罪。应当斩杀盖苏文，以慰问高丽百姓，扶立新的君王，而后便应收兵而回，这样做恩泽与刑罚便都具备了。但唐军侵入高丽境内后，贪占他们的土地，掳掠他们的百姓，使得他们父兄子弟到处逃亡，以致饿死冻死。况且杀害他们君王的是盖苏文，高丽的老百姓又有什么罪呢？这难道还是王者之师吗？征讨没能取胜，便增派更多的军队，更是去扰乱他们的村镇，破坏他们的生产，这样做是有利于做盗寇，而不是抵御盗寇了。

八月，立皇子明为曹王[①]，明母杨氏[②]，巢剌王之妃也，有宠于帝。文德皇后之崩也，欲立以为后，魏徵谏曰："陛下方比德唐虞，奈何以辰嬴[③]自累！"乃止。寻以明继元吉后。

臣祖禹曰：太宗手杀兄弟，曾不愧耻，而复纳元吉之妃，恶莫大焉。苟非用魏徵之言，过而遂立以为后，何以视天下之人乎？以明继元吉后，是章其母之为弟妇也，其渎人伦，亦甚哉。

【注释】①曹王：即李明（？-682），字为公。唐太宗李世民第十四子，母为李元吉妃子杨氏。贞观二十一年（647）封曹王，后被杀。②杨氏：李元吉的妃子，后被唐太宗纳为嫔妃。长孙皇后去世后，太宗曾欲立其为后，魏徵等大臣极谏乃止。③辰嬴：晋怀公在秦国时娶的妻子，秦穆公的女儿。后来晋文公重耳到秦国，秦穆公又将她嫁给了晋文公。

【译文】贞观二十一年（647）八月，唐太宗立皇子李明为曹王。李明的母亲杨氏，乃是巢剌王李元吉的妃子。她很受唐太宗的宠爱。在文德皇后长孙氏死后，唐太宗想立她为后，魏徵劝谏说："陛下正与尧舜比德，为什么要让一个嫁过叔侄两个人的女人（即辰嬴）拖累自己的名声！"唐太宗听后才停止了纳杨氏为后的事。不久，便让李明继承了李元吉的嗣位。

臣范祖禹认为，唐太宗亲手杀死了自己的弟弟李元吉，自己不为此感到惭愧、羞耻，反而又纳元吉的妃子为嫔妃，没有比这更坏的事了。如果不是听了魏徵的意见，坚持错误而立杨氏为后，那么将怎么去面对天下的百姓呢？让李明去继承元吉的统系，这是明白告诉人们杨氏是唐太宗弟弟李元吉的妻子啊。唐太宗这样亵渎人伦，也真是太过分了！

二十二年六月，帝以高丽困弊，议明年发三十万众，一举灭之。或以为大军东征，须备经岁之粮，非畜乘所能载，宜具舟舰为水运。隋末剑南[①]独无寇盗，属者辽东之役，剑南复不预及，其百姓富庶，宜使之造舟舰。帝从之。七月，遣右领左右府长史强伟于剑南伐木造舟舰，大者或长百尺，其广半之。别遣使行水道，自巫峡抵江、扬[②]，趋莱州。伟等发民造船，役及山獠[③]，雅、邛、眉三州獠反。九月，遣张士贵、梁建方[④]发陇右、峡中兵二万余人以击之。蜀人苦造船之役，或乞输直雇潭人造船，帝许之。州县督迫严急，民至卖田宅，鬻子女不能供，谷价踊贵，剑外骚然。帝闻之，遣长孙知人[⑤]驰驿往视之。知人奏称："蜀人脆弱，不耐劳剧，大船一艘，庸绢二千二百三十六匹。山谷已伐之木，挽曳未毕，复征庸绢，二事并集，民不能堪，宜加存养。"帝乃敕潭州[⑥]船庸皆从官给。

臣祖禹曰：昔舜命禹征有苗，三旬，苗民逆命，乃班师振旅。夫以舜禹征伐犹无功，故用兵非美事也。老子曰："佳兵者，不祥之器，不得已而用之。"太宗之伐高丽，其得已而不已者乎。圣人有不能服，则反求诸已。故舜舞干羽而格有苗，未闻以苗民逆命为忿也。太宗不能反己，而耻其无功，欲倾天下之力，逞志于远夷，何其迷而不复也。夫天下如人之一身，四方犹四支也；师役，四支之病也。以高丽之役不及于蜀，而必欲疲之，是一支病而使别支皆被其痛也。此岂爱身之道乎？

【注释】①剑南：即剑南道，在今四川剑阁以南至云贵高原。②江扬：江陵、扬州。③山獠：即当时的山獠人，主要生活在川蜀、云南一带。④张士贵、梁建方：唐贞观年间的武将，贞观二十二年（648）九月，率兵镇压四川雅、邛、眉三州山獠。⑤长孙知人：唐河南人。太宗贞观二十年，官尚药奉御。二十二年，官司农少卿。高宗显庆元年，为司农卿。⑥潭州：唐潭州在今湖南长沙一带。

【译文】贞观二十二年（648）六月，唐太宗认为高丽国已经变得困顿疲惫，因此在朝议时决定第二年发兵三十万，一举灭掉它。有的人认为大军东征，必须要准备好一年多供用的粮食，这不是牲畜大车所能运送的，应当准备好舰船从水上运输。隋朝末年，只有剑南道（今四川地区一带）没有发生农民造反为寇为盗的事，征讨辽东时剑南道人也没有参加，那里的百姓富庶，适合让他们建造舰船。唐太宗听取了这个意见。这年七月，唐太宗派遣右领左右府长史强伟前往剑南伐树督促造船，要求大船船身长百尺，宽五十尺。另外他派人从水道航行，从巫峡出发，先后经过江陵、扬州，最后到达莱州。强伟等征发民众造船，被征调的人包括了山獠人。雅安、邛崃、眉州三地的山獠造反了。这年九月，唐太宗派遣张士贵、梁建方等人率陇右、峡中的两万兵力前往镇压雅、邛、眉州三地的反民。蜀地之人深陷造船徭役的苦难，因此有的人请求出钱雇用潭州人来造船，唐太宗同意了。当地的州、县官吏监督时逼迫得又严又急，老百姓为此不得不变卖田宅，卖掉子女，但还是无法满足供奉，粮食价格却猛涨，剑南以外的百姓因此发生了骚乱。唐太宗听说后，派遣长孙知人急忙前往察看。长孙知人奏报称："蜀地之人身体脆弱，承受不了剧烈的劳动。买一艘大船，需要花费二千二百三十六匹绢。山上已经砍伐的木材，还没有运完，又开始征收庸绢布。这两项加在一起，老百姓无法承受，应当对他们加以抚恤，让他们休养生息。"唐太宗于是下令，潭州造船的费用全部由官府支付。

臣范祖禹认为，古代舜命令禹征讨有苗氏，三十天后，苗民叛乱，于是禹只得班师回朝。以舜和禹等圣王征伐苗民都无功而返，所以出兵征战并不是好事。老子曾说："好的兵器，是不祥的事物，只有在迫不得已的情况下才用。"而唐太宗征讨高丽，他是在不必前往征伐的情况下去征伐的！圣人如果碰到了有人不服自己，那他便会反省自己。所以舜只是手持舞蹈用的干盾、羽扇就征服了有苗族人，而没有听说过因苗民违令而生气。唐太宗不能自我反省，而以征伐无功为耻，因此想调用天下之力，征伐高丽来实现自己的想法，这真是糊涂得不能再糊涂了！天下就好比一个人的身体，周边四方就好比四肢。出兵征伐，这是四肢害病；由于征伐高丽的战争没有涉及蜀地，就一定要让蜀地之民疲敝，这是一肢害病却让其他的肢体也跟着受到伤痛。难道这就是爱护自己身体的办法吗？

二十三年四月，帝谓太子曰："李世勣[①]才智有余，然汝与之无恩，恐不能怀服。我今黜之，若其即行，俟我死，汝于后用为仆射，亲任之；若徘徊顾望，当杀之耳。”五月，以同中书门下三品李世勣为叠州都督；世勣受诏，不至家而去。

臣祖禹曰：太宗以李世勣为何如人哉？以为愚也，则不可以托幼孤而寄天下矣。以为贤也，当任而勿疑，何乃忧后嗣之不能怀服，先黜之而后用之邪？是以犬马畜之也。夫欲夺其心而折之以威，欲得其力而怀之以恩，此汉祖所以驭黥彭之徒[②]。狙诈之术也！五伯[③]之所不为也！岂尧舜亲贤之道乎？苟以是心而待其臣，则利禄之士可得而使也，贤者不可得而致也。若夫禄之以天下而不顾，系马千驷而不视者，太宗岂得而用之哉？

【注释】①李世勣：即李勣（594—669），原名徐世勣、李世勣，字懋功，曹州离狐（今山东省菏泽市东明县）人。唐朝初年名将，与卫国公李靖并称。②黥彭之徒：秦末起兵反秦的黥布、彭越的简称。他们有勇无谋，出尔反尔，后被刘邦擒杀。③五伯：指春秋时的齐桓公、晋文公、秦穆公、宋襄公、楚庄王，史称五霸。伯，此处读作bà。

【译文】贞观二十三年（649）四月，唐太宗对太子李治说：“李世勣此人才智有余，但是你对他没有恩情，恐怕以后很难让他怀服。现在我就罢黜他，如果他接受并且立刻出行，那么等我去世以后，你就征召他为仆射，亲自重用他；如果他徘徊观望，就立刻处死他。”这年五月，唐太宗任命同中书门下三品官李世勣为叠州都督。李世勣接到诏书后，没有回家便立刻上任去了。

臣范祖禹认为，唐太宗这是把李世勣当成什么样的人来看待呢？如果是认为他愚钝，那么就不能将太子托付给他，让他辅佐管理天下。如果是认为他贤能，那么就应当放心任用而不应有疑。为什么会因忧虑太子不能怀服便先把他罢免，而后又再任用呢？这是把李世勣当作犬马一样看待啊。要想让一个人心服，便以威严来折服他；要想让一个人尽心服侍，就用恩惠收买他，这是汉高祖刘邦用来驾驭黥布、彭越之徒的权诈手段，是春秋五霸所不会干的事！哪里是尧、舜的亲贤之道了？如果是用这种心术来对待自己的大臣，那么对于那些追求利禄的人是可以的，但是对于贤者来说是不行的。如果是一个即使把天下的财富作为俸禄都给他，他也不屑一顾，即使将一千辆马车给他，他也不看一眼的人，唐太宗又怎么可能得到并为他所用呢？

右太宗在位二十四年崩，年五十三。

臣祖禹曰：太宗以武拨乱，以仁胜残，其材略优于汉高①，而规模不及也。恭俭不若孝文②，而功烈过之矣。迹其性本强悍，勇不顾亲，而能畏义而好贤，屈己以从谏，刻厉矫揉，力于为善，此所以致贞观之治也。夫贤君不世出，自周武成康③历八百余年，而后有汉，汉历八百余年而后有太宗。其所成就如此，岂不难得哉？人主之所行，其善恶是非在后世，当其时不可得而辨也。故凡太宗之行事，其善与不善，臣皆举其大略矣。老子曰："善人者不善人之师，不善人者善人之资。"

人君择其善者而从之，足以得师；其不善者而戒之，足以为资矣。

【注释】①汉高：指汉高祖刘邦。②孝文：即汉文帝刘恒（前203–前157），西汉第五位皇帝。崇尚黄老，与民休养生息，天下大治，史称“文景之治”。③周武成康：武指西周的建立者周武王。成指周成王，周武王之子。周武王死后，其子周成王继位，年仅12岁，由周公摄政。周公辅政七年，巩固了周王朝的统治，制定了周朝的典章制度。周成王满20岁时，周公还政于成王。康即周康王，周成王之子。成康之际，天下安宁，史家称当时“刑错四十余年不用”，故称“成康之治”。

【译文】上面讲的是唐太宗在位二十四年的事，死时享年五十三岁。

臣范祖禹认为，唐太宗以武力拨正了隋朝的混乱，用仁义战胜了残暴。他的才能谋略要胜过汉高祖刘邦，而建国的规模与气度却不如汉高祖；在恭俭方面他比不上孝文帝，但取得的功勋成就却胜过了孝文帝。探求他的性格本来非常强悍，为人勇敢而不顾兄弟亲情，但能畏惧道义而喜好贤能；能委屈自己以听从劝谏，能严格克制，努力为善，这就是他所以能成就“贞观之治”的原因。贤明的国君不是每个时代都出现的，自从周武王、成王、康王之后过了八百余年出现了汉朝；汉朝之后八百多年才有了唐太宗的出现。他取得的成就如此之大，难道不是很难得吗？君王做的事，其善恶是非都留给后人评论，在他当时是很难分辨清楚的。所以凡是太宗做的事，其中有善的也有不善的，我在上面各条评论中都只列举了大致的情况。老子在《道德经》中说："善人，是不善之人的老师，不善之人，善人把他当作借鉴。"国君选择其中的善处而学习，从中便足以得到良师；其中的不善之处则引为借鉴，也足以作为参考了。

唐鉴卷之七

高 宗

永徽[1]元年正月，太宗女衡山公主[2]应适长孙氏，有司以为服既公除[3]，欲以今秋成昏[4]。于志宁[5]上言："汉文立制，本为天下百姓。公主服本斩衰，纵使服随例除，岂可情随例改？请俟三年丧毕成昏。"帝从之。

臣祖禹曰："君丧三年，自古以来未之有改也。汉文率情变礼，虽欲自损以便人，而不知使人入于夷狄也。自是以后，民不知戴君之义，而嗣君遂亦不为三年之服。唐之人主，鲜能谨于礼者，故有公除而议昏，亮阴[6]而举乐，忘父子之亲，固不可矣。然如汉文之制，志宁之议，是亦有父子而无君臣也。内无父子，外无君臣，而欲教化行礼俗成，难矣。夫君者，父道也；臣者，子道也。无君，是无父也。况人君而可以无父乎？若君服于内，臣除于外，是有父子无君臣也。为国家者，必务革汉文之薄制，遵三代之隆礼，教天下以方，丧三年，则众著于君臣之义矣。

【注释】①永徽：是唐高宗李治的第一个年号（650年正月-655年十二月），共计使用六年。②衡山公主：即新城公主（634-663），唐太宗和长孙皇后最小的女儿。贞观十六年（642）八月二十日封衡山郡公主，永徽三年（652）五月二十三日改封新城郡长公主。③公除：过去帝王身负国事之重、因公权宜礼制、而除丧服。④昏：通“婚”。⑤于志宁：唐朝宰相（588-665）。本姓万忸于氏，字仲谧，雍州高陵（今陕西省高陵县）人，鲜卑族，北周太师于谨曾孙，中书舍人于宣道次子。⑥亮阴：指帝王居丧。

【译文】永徽元年（650）正月，唐太宗的小女儿衡山公主应当嫁给长孙家的长孙诠，有关部门认为公主的丧服可以因公脱去，便想让公主在这年的秋天结婚。于志宁上书反对说：“汉文帝虽然改守孝三年为三天，本来是为了天下百姓节俭。公主穿的是斩衰丧服（粗麻布做的丧服，为三年丧服），纵然按照汉朝旧例脱了，但思念的情怀怎么可以随旧例马上就改变呢！请等到三年丧期满了以后，再批准公主完婚。”唐高宗同意了。

臣范祖禹认为，为国君服丧三年的规矩，从古至今从未改变过。汉文帝遵从人情而改变礼制，虽然是想要通过损降自己而方便百姓，却不知道正因这样而让百姓进入了夷族狄族一样未开化的行列。从此以后，百姓不知道感恩君王的道义，而继任的君王也就不会实行三年服丧的礼制。唐朝历代国君，很少有在礼制方面谨慎的，所以会有人因公除服后便谈论婚嫁，国君在居丧期间会奏乐享乐，忘掉了父子间的亲情，这当然是不应该发生的。然而仿照汉文帝修改的制度，于志宁的议论，也只是有父子之情而没有君臣之义。如果对内不讲父子之情，对外没有君臣之义，那么要想施行政教风化、实施礼制习俗就难了。君王，犹如父道；臣民，是子道。不敬国君便如目中无父。何况作为一国之君，可以不遵父道吗？如果国君在内服丧三年，臣民在外不服丧，那就是只知父子之礼，而不知君臣之礼。作为一国之君，一定要变革汉文帝的菲薄礼制，必须遵从夏、商、周三代所定的隆重礼法，用以教化天下，需服丧三年，这样人们便会重视君臣之义了。

三年正月，梁建方[①]大破处月[②]朱邪孤注[③]。御史劾奏建方逗留不进，高德逸[④]敕令市马，自取骏者。帝以建方等有功，释不问。大理卿李道裕奏言："德逸所取之马，筋力异常，请实中厩[⑤]。"帝谓侍臣曰："道裕法官，进马非其本职，妄希我意，岂朕行事不为臣下所信邪！朕方自咎，故不欲黜道裕耳。"二月，甲寅，帝御安福门楼，观百戏[⑥]。乙卯，谓侍臣曰："昨登楼，欲以观人情及风俗奢俭，非为声乐。朕闻胡人善为击鞠之戏，尝一观之。昨初升楼，即有群胡击鞠，意谓朕笃好之也。帝王所为，岂宜容易。朕已焚此鞠，冀杜胡人窥望之情，亦因以自诫。"

臣祖禹曰：高宗即位之初，日引刺史问民疾苦，尊礼辅相，恭己以听，故永徽之政，有贞观之风。察道裕希旨，而自责行己之不足取信；睹胡人进戏，而知所好之不可不慎。率是道也，岂不足为贤君哉？不数年，而悖谬昏惑，忠臣不可谏，骨肉不相保，虽享国之日久，卒成武氏[7]之篡，何哉？初亲贤后用佞也。《书》曰："孺子其朋[8]，孺子其朋，其往。"周公所以戒成王也。况高宗乎！

【注释】①梁建方：初唐名将，活跃于唐高祖武德元年（618）间至唐高宗显庆四年（659）间。曾任右武候将军、右卫将军、候卫大将军、左武卫大将军、弓月道总管（弓月道临时最高指挥官），封雁门郡公。②处月：外族部落名。③朱邪孤注：处月部落沙陀族的首领。④高德逸：初唐名将，官至右骁卫将军。⑤中厩：国君的养马房。⑥百戏：指各种杂技。⑦武氏：指武则天。⑧朋：同类。

【译文】永徽三年（652）正月，梁建方率军大破处月部朱邪孤注。御史上本弹劾梁建方逗留不进军，而高德逸奉命采购马匹，却自己占有了那些好马。唐高宗因为梁建方等人有功劳，因而对此放下没有过问。大理寺卿李道裕启奏说："高德逸所购进的马匹，筋骨气力不同寻常，请将其充实皇上的马房。"唐高宗对陪侍官员说："李道裕是法官，进言马匹的事不是他的职责。他胡乱揣度我的心意。难道我做事就不能让臣下相信吗？我正在反省自己，所以不想黜免李道裕罢了。"二月甲寅这一天，唐高宗驾临安福门楼观看了杂技。第二天乙卯日，唐高宗对陪侍官员说："昨天我登上安福门楼看杂技，是想借此观察风俗人情和百姓生活的奢俭情况，并不是为了享受声色乐舞。我听说胡人擅长击打鞠球，以前曾经观看过一次。昨天刚刚登楼，便有一群胡人在打鞠球，意思就是肯定我也喜欢打鞠球。君王的所作所为，又怎会被这般轻视？我已经烧掉了这些鞠球，希望能杜绝胡人窥视的想法，也是借此来警诫自己。”

臣范祖禹认为，唐高宗刚刚即位的时候，每天都召见刺史询问民间的疾苦，尊敬礼遇辅政的大臣宰相，自己谦恭地听取他们的意见，所以永徽年间的政治，具有唐太宗贞观之治的风范。高宗察觉到李道裕在揣度自己的心意，因而责备自己的行为不能让臣民信服；观看了胡人献演的鞠球，因而警醒对自己所爱好的事物不可不慎。如果能遵循这种做法，又怎么会不能成为一代贤君呢？没过几年，高宗竟然变得荒谬昏庸且糊涂惑乱，忠臣不能进谏，骨肉不能保全，虽然在位时间长久，最终却被武则天篡位。这是什么缘故呢？是他前期亲近贤臣而后来却任用奸佞的缘故。《尚书》中写道：“你这小孩啊，今后和群臣要像朋友一样融洽相处。”这是周公用来告诫周成王的话。何况是唐高宗呢！

五年九月，帝谓五品以上曰：“顷在先帝左右，见五品以上论事，或仗[①]下面陈，或退上封事，终日不绝，岂今日独无事邪？何公等皆不言也？”

臣祖禹曰：太宗嘉纳直言，导群臣以谏争，是以论阙失者日相继也。后嗣承其余烈，以高宗之暗，而求言于臣下如此，由其祖宗为之法也。《诗》曰：“诒厥孙谋，以燕翼子[②]。”太宗之谓矣。

【注释】①仗：君臣朝会时的仪仗护卫。②诒厥孙谋，以燕翼子：诒，通“贻”，留下。孙，音义同“逊”，顺。燕，安定。翼，帮助。

子，指周武王之子成王。

【译文】永徽五年（654）九月，唐高宗对当朝五品以上的官员们说："之前我在先帝身边时，常见有五品以上的官员议事，有的当着朝廷仪仗护卫的面直接陈述，有的在退朝后上呈密奏，整日不断。难道独独现在就没有事情了吗？为什么你们都不进言了呢？"

臣范祖禹认为，唐太宗奖励并采纳诚挚与直率的言论，引导众臣直言进谏，因此每天都有向皇上进言其缺失漏误的人。他的子孙继承了他的江山。像唐高宗这样糊涂的国君，都知道要求大臣们要直言进谏，这是因为他的先祖为他做出了榜样。《诗经》上说："留下治国安民的好谋略，以帮助后代子孙安定基业。"这说的就是唐太宗这样的人了。

帝欲废王皇后立武昭仪[①]，畏大臣不从，乃与昭仪幸[②]太尉长孙无忌第，酣饮极欢。席上拜无忌宠姬子三人皆为朝散大夫，仍载金宝缯锦十车以赐无忌。帝因从容言皇后无子以讽无忌，无忌对以它语，竟不顺旨，帝及昭仪皆不悦而罢。昭仪又令母杨氏诣无忌第，屡有祈请，无忌终不许。卫尉卿许敬宗亦数劝无忌，无忌厉色折之。

臣祖禹曰：高宗欲废后而立妾，故官无忌妾子，又重赂以悦之，诱之以利，非德赏也。而无忌受其官与赐，岂未之思乎？夫大臣欲以义正君，而先没于利，则不足以为重矣。无忌苟辞其官，反其赐而不受，使其君知大臣之不可诱以利，亦足以格其非心，而益见惮矣。无忌不知出此，卒使武后怨其受赐而不助己，奸臣得以入其谋。高宗无足讥焉，惜乎，无忌之不学也。

【注释】①武昭仪：即武则天。“昭仪”是妃嫔名号。②幸：封建帝王到某地。

【译文】唐高宗想要废掉王皇后，另立昭仪武则天为皇后。他担心大臣们不同意，于是便带着武则天一起来到太尉长孙无忌的府里，大家一起畅饮，极为欢乐。宴席上，高宗任命长孙无忌爱姬所生的三个儿子为朝散大夫，还运了黄金宝物、丝绸锦缎等十车赏赐长孙无忌。高宗乘机从容地说皇后没有儿子，借以暗示长孙无忌自己想要另立皇后。长孙无忌却用别的话回应，最终也没有顺从高宗的意旨，高宗和武则天都只得不高兴地作罢了。后来武则天又让母亲杨氏到长孙无忌的府上多次请求，长孙无忌始终没有答应。卫尉卿许敬宗也多次劝说长孙无忌，长孙无忌都神色严厉地拒绝了他。

臣范祖禹认为，唐高宗想要废除王皇后而另立武则天，所以封长孙无忌姬妾的儿子为官，又用重礼来贿赂取悦他，拿利益来引诱他，并不是因为他的德行而赏赐他。而长孙无忌接受了高宗封给儿子的官职和赏赐的财物，难道就没有想过这个问题吗？大臣们如果想以道义来规劝君王，但自己却先被私利诱惑，那么就不值得重用了。长孙无忌如果拒绝了高宗给儿子的封职，退回了那些赏赐不受，使他的君主知道大臣们不可以用私利来引诱，也就足以阻止高宗不正当的想法，并使高宗对此更加忌惮了。长孙无忌不知道这样做，最终使得武则天怨恨他接受了赏赐却不帮助自己，奸臣们也因此得以奸计得逞。唐高宗没什么值得责备的，可惜的是长孙无忌没有见识啊！

六年九月，帝召大臣，欲废皇后立武昭仪。李勣称疾不入，褚遂良以死争。帝大怒，长孙无忌曰："遂良受先朝顾命①，有罪不可加刑。"韩瑗②涕泣极谏，又上疏谏，来济③上表谏，帝皆不纳。他日李勣独入见帝，问之曰："朕欲立武昭仪为后，遂良固执以为不可。遂良既顾命大臣，事当且已乎？"对曰："此陛下家事，何必更问外人！"帝意遂决。

臣祖禹曰：高宗欲废立，而犹难于顾命大臣，取决于李勣之一言。勣若以为不可，则武氏必不立矣。勣非惟不谏，又劝成之。孽后之立，无忌、遂良之死，唐室中绝，皆勣之由，其祸岂不博哉！太宗以勣为忠，托以幼孤，而其大节如此。《书》曰："知人则哲，惟帝④其难之。"信矣。

【注释】①顾命：帝王临死前的遗命。②韩瑗（606–659）：字伯玉，京兆三原（今陕西三原）人，唐朝宰相，刑部尚书韩仲良之子。③来济（610–662）：字号不详，南阳新野（今河南新野县）人。唐朝宰相，东汉中郎将来歙十九世孙，隋朝左翊卫大将军来护儿之子。④帝：指尧帝。

【译文】永徽六年（655）九月，唐高宗召集众大臣，想要废除王皇后而另立武则天为后。大臣李勣推说有病没有上朝，而褚遂良则以死相劝。为此唐高宗大为恼怒。长孙无忌进言说："褚遂良受先朝皇帝的遗命，即使有罪也不可对他施以刑罚。"韩瑗流着眼泪极力劝说，又上呈奏章劝谏，来济也上表进谏，唐高宗都没有采纳。后来有一天，李勣独自进宫拜见高宗时，高宗问他："朕想要立武则天为皇后，褚遂良固执地认为这样不行。褚遂良既然是受先帝遗命的大臣，那么这事应当暂且作罢吗？"李勣回答说："这是陛下自己的家事，又何必再征求外人的意见呢？"唐高宗听后便做出了决定。

臣范祖禹认为，唐高宗想要废旧立新，仍然因为顾命大臣的意见而觉得难办，最后却因李勣的一句话而做出了决定。如果李勣认为不能换后的话，那么武则天便一定不会被立为皇后了。李勣不但没有规劝高宗，反而是鼓励促成了这件事。罪恶的武则天被立为后，长孙无忌与褚遂良的去世，唐朝李氏基业由此中断，都是因为李勣的缘故，他的罪过难道不大吗？唐太宗认为李勣忠心，所以将年幼的孤儿托付给他，而他的大节却如此不堪。《尚书》中说："了解他人便是智慧，连尧帝都难以做到。"确实是这样啊！

麟德[①]二年二月，帝语及隋炀帝，谓侍臣曰："炀帝拒谏而亡，朕常以为戒，虚心求谏，而竟无谏者，何也？"李勣对曰："陛下所为尽善，群臣无得而谏。"

臣祖禹曰：甚矣！李勣之佞也。陷君于恶，又谄以悦之，君有求谏之心，而臣无纳忠之志，其罪大矣。勣本群盗，不学无识，可为将，而不可为相，以辅少主，居伊周[②]之地，非其任矣。

【注释】①麟德：唐高宗的年号，共使用两年，即从公元664年至665年。②伊周：指伊尹、周公。伊尹（前1649—前1550），姒姓，伊氏，名挚，商朝开国元勋，杰出的政治家、思想家，中华厨祖。周公（生卒年不详），周代初期著名大臣，辅佐少主成王。

【译文】麟德二年（665）二月，唐高宗谈到了隋炀帝，对陪侍官员说："隋炀帝因拒绝纳谏而导致亡国，对此我常引以为戒，虚心征求大家意见。但是却没有人进谏，这是为什么呢？"李勣回答道："这是因为陛下的所作所为已经很完美，所以百官没有什么可以进谏的。"

臣范祖禹认为，李勣真的太会献媚了！他让高宗陷入了恶境，却又用花言巧语来取悦高宗。高宗想向大家征求谏言，但群臣却没有进谏忠言的意志，这罪过太大了。李勣本来是强盗，没有学问见识，可以出任将领之职，却不可以做辅佐少主的丞相，位居伊尹、周公一样的地位，这就不是他能够胜任的了。

总章[①]元年四月，彗星见于五车[②]。帝避正殿，减常膳，撤乐。许敬宗等奏请复常，曰："彗星见东北，高丽将灭之兆也。"帝曰："朕之不德，谪见于天，岂可归咎小夷？且高丽百姓，犹朕之百姓也。"不许。戊辰，彗星灭。

臣祖禹曰：天垂象，圣人则之，三辰[③]之眚[④]，天所以警戒人君也。昔齐景公欲禳[⑤]彗星，晏子曰："彗所以除秽也。君无秽德，又何禳焉？若德之秽，禳之何损？"而许敬宗谄谀人主，归咎高丽，岂不矫诬上天乎！高宗庸昏而犹能出人君之言，其至诚足以动天矣。然则自古失道之君，未必其身亲为不善也。奸佞之臣纳之于恶者，盖多矣，亦可以为戒哉！

【注释】①总章：唐高宗的年号（668年二月—670年二月），共计使用两年多。②五车：星名，属毕宿。③三辰：指日、月、星。④眚（shěng）：灾异。⑤禳：祈祷消除灾祸。

【译文】总章元年（668）四月，彗星出现在了五车星的旁边。唐高宗上朝时因此避开了正殿，减少了平时膳食的开支，撤掉了乐舞。许敬宗等人上奏请求恢复正常的状态，并说："彗星出现在东北方向，是高丽国即将灭亡的征兆。"高宗说："因为我的德行不够，所以天上出现了天谴的迹象，怎么可以归罪给外邦小国呢？况且高丽国的子民，就像我的子民一样啊。"不同意恢复。戊辰这一天，彗星消失了。

臣范祖禹认为，天上显现物象，圣人效法它们；如果日月星辰出现了异象，那是上天在以此来警戒人间君王啊。过去齐景公因为彗星出现想祭祀消弭灾祸，晏子对他说："彗星是用来扫除污秽的。国君没有污秽的德行，又何必祭祷它呢？如果君上德行污秽，祭祷它又怎么能减轻损害呢？"但许敬宗却谄媚奉承皇上，将彗星出现的异象归罪于高丽，难道不是捏造并诬陷上天吗？唐高宗平庸糊涂却仍然能够说出国君应该说的话，他的至诚之心足以感动上天了。如此看来，自古以来失去道义的君王，未必就是他自己做了不好的事情，奸佞之臣使君王陷于不善的情况，也是很多的了。这也不得不让人警戒啊！

二年八月，诏以十月幸凉州。时陇右虚耗，议者多以为未宜游幸。帝闻之，御延福殿，召五品以上，谓曰："自古帝王莫不巡守，故朕欲巡视远俗。若果以为不可，何不面陈，而退有后言，何也？"自宰相以下莫敢对。详刑大夫来公敏独进曰："巡守虽帝王常事，然今高丽新平，余寇尚多，西边经略，亦未息兵。陇右户口雕弊，銮舆所至，供亿[①]百端，诚为未易。外间实有窃议，但明制[②]已行，故群臣不敢陈论耳。"帝善其言，为之罢西巡。未几，擢公敏为黄门侍郎。

臣祖禹曰：自褚遂良、韩瑗、来济之逐，长孙无忌之死，天下以言为讳久矣。而高宗责群臣之不言，若贤主之所为，何哉？盖亲见太宗孜孜求谏，听受直言，于心不忘，而欲慕其名，是以时亦为之。及其溺于所爱，不顾礼义，则虽以元舅[③]之亲，顾命之臣，以先帝遗言争之，确乎其不可入也。凉州之不行，得非武后之意乎？何其从谏之易也？且不从其大而从其细，虽曰能听谏，而谨其细行，亦不免陷于大恶也。

【注释】①供亿：指需要供应的东西。②明制：指诏令。③元舅：大舅父。长孙无忌是唐高宗的大舅父。

【译文】总章二年（669）八月，唐高宗下诏说十月份时将前往凉州（今甘肃省武威市）。当时陇右地区（唐设陇右道，辖今陇山以西至新疆东部一带）财力空虚，损耗严重，谈论此事的人大多认为皇上这时不适合前去巡游。高宗听说后，驾临延福殿，召集五品以上的官员商议。高宗对他们说："自古以来的帝王没有不外出视察巡狩的，所以我想要去巡视边远地方的人情风俗。如果你们认为这样不行，为什么不当面陈述，而在退朝后却有人乱说，这是为什么？”对此，宰相以下的官员没有敢答话的。这时详刑大夫来公敏独自上前说道：“外出巡狩虽然是帝王日常应当做的事，但是现在高丽国刚刚平定，残留的贼寇还有很多；国家西部边境的治理，军事行动也还没有停息；陇右地区的人口大减，民力衰竭，陛下銮驾车马所到之地，需要供应的东西各种各样，实在是太不容易了。外面确实有人在偷偷议论，但是陛下的诏令已经颁布，所以官员们都不敢进言了。”唐高宗认为来公敏说得有道理，为此停止了西巡计划。不久，提升来公敏为黄门侍郎。

臣范祖禹认为，自从褚遂良、韩瑗、来济等人被贬、长孙无忌去世之后，天下之人便认为进言是一种让人忌讳的事。而唐高宗责备大臣们不再进言，看起来像是贤明君主的作为，为什么呢？大概是他亲自见到唐太宗总是勤勉认真地征求大臣们的意见，听取耿直之言，因此他记在心里，也想追慕太宗的名声，所以有时也效仿一下。等到他沉溺于所爱之物时，便不顾礼义，即便是大舅父这样的亲情、受先帝遗命的大臣，以先帝的遗言来劝谏，他确实也已经听不进去了。凉州之行没有成功，该不会是武后的意思吧？为什么他这么容易听从武后的劝谏呢？而且他没有听从那些重大意见却听从了那些小建议，虽然说这也是能听取意见，然而在细枝末节上谨慎用心，也不免让他陷入了大恶之中呀。

十一月，李勣寝疾，谓弟弼曰：“我见房、杜[①]平生勤苦，仅能立门户，遭不肖子荡覆无余。吾有子孙，今悉付汝，我死，谨察视之。其有志气不伦、交游非类[②]者，皆先挞[③]杀，然后以闻。”自是不复更言。

臣祖禹曰，《易》曰：“积善之家，必有余庆；积不善之家，必有余殃。”君子如欲泽及其子孙，世守其门户，则莫若积善以遗之而已矣。房、杜事君以忠，其子孙不肖，覆宗绝祀，出于不幸，非其积不善也。李勣一言而废母后④，立孽女⑤，杀忠臣，罪不容诛，得死牖下，幸矣。至于其孙⑥，率群⑦不逞以起兵，以兴复为辞，而希觊非望之福，戮及父祖剖棺暴尸，岂非余殃哉！而勣之将死，乃以房、杜为戒，可谓不能省己者矣。古者父子之间不责善，骨肉之亲无绝也。而有志气不伦交游非类者，遽使杀之，残忍无亲，何异于夷、貊乎？非所以为训也。

【注释】①房、杜：指唐太宗时贤相房玄龄、杜如晦。②非类：行为不正的人。③挞：打。④废母后：指唐高宗废除王皇后。⑤孽女：指武则天。⑥孙：指李敬业。⑦率群：指李敬业起兵反对武则天。

【译文】这年十一月，李勣卧病在床，对弟弟李弼说：“我见到房玄龄、杜如晦等勤苦了一生，却仅能建立门户，遇上了不肖子孙而使得家道倾覆，荡然无存。我的子孙后人，现在全部托付给你，在我死后，请你认真观察他们。如果他们中有人志气不伦不类、与行为不正的人交往，都先给我打死，然后再上报。”此后他便没有再说话。

臣范祖禹认为，《易经》中说：“修善积德的个人和家庭，必然会有更多的吉庆；积累恶行的人家，必定会有更多的祸殃。”君子如果想要恩泽施及自己的子孙，世代保住自己的家道，那么没有比将积善行德的吉庆遗留给他们更好的做法了。房玄龄、杜如晦等侍奉君主忠心耿耿，但他们的子孙不肖，导致宗族覆灭，祭祀断绝。这是不幸的缘故，而不是因为他们积累了恶行。李勣的一句话便让高宗废掉了王皇后，立武则天为后，杀害忠臣良将，其行为罪不容诛，最终却得以死在家中，这真的是太幸运了。至于他的孙子，率领部众起兵造反乱来，打着振兴恢复唐朝李氏基业的旗号，而企图获得不应当的福分，结果灾祸殃及到了父亲、祖父，导致他们被剖棺暴尸，这难道不是李勣恶行遗留的祸殃吗？然而李勣将死之时，却以房玄龄、杜如晦家道没落作为警戒，可以说是不懂得自我反省的人了。古时候父子之间不会责求善行，是为了让骨肉亲情不至于断绝。而李勣让弟弟发现有志气不伦不类、与行为不正之人交往的子孙，便马上将他们打死，这样残忍没有亲情的行为，与那些未开化的夷族、貊族有什么区别呢？这不能够用来作为遗训啊。

上元[①]二年四月，太子弘[②]薨。五月，下诏：“朕方欲禅位太子，而疾遽不起，宜申往命，加以尊名，可谥为孝敬皇帝。”

臣祖禹曰：皇帝者，有天下之号，苟无其位，非所以为赠谥也。父没而后子立，今父在而追尊其子，岂礼也哉？李泌以为武后欲谋篡国，酖太子弘。盖高宗不之知，而后复加之尊名以掩其迹。是时政出于后，高宗尸位而已。其后明皇[③]追谥宁王宪[④]，代宗[⑤]追谥建宁王倓[⑥]，以此为故事[⑦]。皆不正之礼，不可为后世法也。

【注释】①上元：唐高宗李治的年号，从公元674年至公元676年。②太子弘：即李弘（653–675），唐高宗第五子，武则天的长子，是唐朝第一位死后追封皇帝的太子。③明皇：即唐玄宗李隆基（685–762），唐高宗李治与武则天之孙。④宁王宪：即李宪（679–742），本名李成器，唐睿宗李旦嫡长子，唐玄宗李隆基长兄。开元二十九年去世，享年六十三，追封皇帝，谥号为让。⑤代宗：李豫（727–779），初名李俶，唐朝第八位皇帝，唐肃宗李亨长子，母为章敬皇后吴氏。⑥建宁王倓：即李倓（？–757），唐肃宗李亨第三子。至德二年，受诬赐死。唐代宗李豫即位后追赠齐王。大历三年（768），追谥承天皇帝。⑦故事：以前的典章制度，先例。

【译文】上元二年（675）四月，太子李弘去世。五月，唐高宗颁布诏令："我刚想着要将帝位禅让给太子，没想到他却突然身患重病，再也没能起来。我们应当重申以前的旨意，给予他尊贵的名号，可以定谥号为孝敬皇帝。"

臣范祖禹认为，皇帝是对拥有天下者的称号，如果没有做过皇帝，那就不应该以皇帝这个称号来做谥号。父亲去世后由儿子即位，现在父亲还在位，却给自己的儿子追加皇帝的尊号，难道这合乎礼制吗？李泌认为是皇后武则天想要谋篡皇位，因此用毒酒害死了太子李弘。大概唐高宗不知道这情况，然后武后又劝说给太子追加尊号来掩盖其迹象。当时的政事由武后决断，唐高宗只是身居皇位而不理事。后来唐玄宗给宁王李宪追加让皇帝谥号，唐代宗给建宁王李倓追加承天皇帝称号，都以此为先例。这些都是不合礼制的礼仪，不能拿来作为后人效法的范例。

弘道[①]元年二月，右庶子、同中书门下三品李义琰[②]改葬父母，使其舅氏迁旧墓。帝闻之怒曰："义琰倚势，乃陵其舅家，不可复知[③]政事。"义琰闻之，不自安，以足疾乞骸骨[④]。庚子，以义琰为银青光禄大夫致仕。

臣祖禹曰：高宗责义琰为宰相而陵其母家，不可以率天下，斯言当矣。然已以谗杀元舅，而不自知其恶，何以责臣下之薄于母党乎？由此观之，高宗内牵嬖宠，外劫谗言。以无忌之亲，一旦诛斥，祚移后家，哀哉！

右高宗在位三十三年崩，年五十六。

【注释】①弘道：唐高宗的年号，公元683年。②李义琰：生年不详，688年卒，唐魏州昌乐（今南乐县）人。父玄德，瘿陶令。他虽位及宰相，却因以前反对过武后，害怕致祸，固辞不拜。③知：主持。④乞骸骨：古代官吏因年老请求退职，也称作"乞骸"。

【译文】弘道元年（683）二月，右庶子、同中书门下三品李义琰将父母改葬，让其舅父家将旧坟迁走。唐高宗听说这件事后大怒，说："李义琰倚仗权势，竟然欺凌自己的舅父家，不可以再让他主持政事。"李义琰听说后，内心很是不安，便以脚有病为借口请求退职回家养老。庚子这一天，高宗任命李义琰为银青光禄大夫，准许他辞官回乡。

臣范祖禹认为，唐高宗责备李义琰身为宰相却欺凌自己的舅父家，因此认为他不可再主持天下政事，这话说得很恰当。然而高宗自己因听信谗言才杀了舅父，却不知道自己做错了，又凭什么责备臣子对自己的母亲娘家人薄情呢？由此看来，唐高宗内受宠妃牵制，外又被谎言劫持。以长孙无忌与他之间那样的亲情关系，却被一下子贬杀，导致帝位被武后夺取，真是悲哀啊！

上述唐高宗在位三十三年去世，终年五十六岁。

中　宗

嗣圣[①]元年，春正月，甲辰朔，改元，赦天下。帝[②]欲以皇后父韦玄贞[③]为侍中，宰相裴炎[④]固争，帝怒曰："我以天下与玄贞何不可！而惜侍中邪！"炎白太后[⑤]。二月，戊午，废帝为庐陵王，幽之。立豫王旦[⑥]为皇帝。政事皆决于太后，豫王居别殿，不得有所预。立永平王成器[⑦]为皇太子，赦天下，改元文明。秋九月，甲寅，赦天下，改元光宅。己巳，追尊武氏祖考，皆为王，妣皆为妃。冬十月，柳州司马李敬业举兵于扬州，以匡复为辞，太后遣李孝逸、李知本率兵三十万讨之，复敬业姓徐氏[⑧]。十一月，敬业为其党王那相所杀。

【注释】①嗣圣：是唐中宗李显第一次在位时所改的唯一的年号（684年1月23日–684年2月26日），使用时间共计1个多月。②帝：此指唐中宗李显（656–710），原名李哲。唐朝第四位皇帝，唐高宗李治第七子，武则天第三子。683年至684年、705年至710年两度在位。③韦玄贞（？–684）：京兆杜陵（今陕西省西安市）人，唐朝外戚大臣，唐中宗第二任皇后韦皇后之父，曹王府典军韦弘表之子。④裴炎（?–684）：字子隆，绛州闻喜（今山西省闻喜县）人。唐朝宰相，折冲都尉裴大同之子。⑤太后：指武则天。⑥豫王旦：即唐睿宗李旦（662–716），初名李旭轮、李轮、武轮。唐朝第五位皇帝，唐高宗李治第八子，武则天第四子，唐中宗李显同母弟。⑦永平王成器：即李宪（679–742），本名李成器，唐睿宗李旦嫡长子，唐玄宗李隆基长兄，母为肃明皇后刘氏。其拒绝成为皇太子，让位于平王李隆基。⑧复敬业姓徐氏：李敬业祖父李勣原姓徐，降唐后赐姓李。恢复敬业原来的徐姓，也就是说要收回赐姓。

【译文】嗣圣元年（684）春季的正月，甲辰日初一这一天，唐中宗启用新年号并大赦天下。唐中宗准备任命韦皇后的父亲韦玄贞担任侍中，但宰相裴炎对此坚决反对。唐中宗为此大怒道："我就算是将天下交给韦玄贞又有什么不可以的！难道还会舍不得侍中一职吗？"裴炎将这话报告给了武太后。二月戊午这一天，武太后废除了唐中宗，将他贬为庐陵王，并软禁了起来。武太后又立豫王李旦为皇帝，所有政事都由她来决断。她让豫王住在别殿中，不得干预任何政事。武太后又立永平王李成器为皇太子，并大赦天下，改年号为文明。这年秋天九月甲寅这一天，武太后又大赦天下，改年号为光宅。己巳这一天，武太后追封自己的祖父及父亲为王，祖母则都封为王妃。这年冬天十月，柳州司马李敬业在扬州起兵，打出了匡复唐朝的旗号。武太后派李孝逸、李知本率军三十万前往讨伐李敬业，并收回李敬业皇室所赐"李"姓。这年十一月，李敬业被自己的同伙王那相所杀。

二年[①]春正月，太后赦天下，改元垂拱[②]。三月，丙辰，迁帝于房州。三年，春正月，帝在房州。冬十月，有山出于新丰县，太后改新丰为庆山。

四年，秋九月，虢州人杨初成自称郎将，募人迎帝于房州，太后杀之。

五年春正月，帝在房州。太后毁乾元殿，作明堂[③]。夏五月，太后加号曰圣母神皇。秋八月，琅邪王冲举兵于博州，太后遣丘神勣[④]率兵拒之，冲为其下所杀。越王贞举兵于豫州。九月，太后遣麴崇裕、岑长倩率兵拒之，削贞、冲属籍，改其姓为虺氏。贞自杀。冬十二月，太后杀霍王元轨、江都王绪，大杀唐宗室，流其幼者于岭南，改明堂为万象神宫。

【注释】①二年：公元685年，唐中宗改元嗣圣，只在位两个月，被武后废囚，以后一连二十年，使用的都是武后所定的年号，所以事实上只有嗣圣元年，没有嗣圣二年、三年……。但《唐鉴》作者从正统思想出发，不用武后的年号，仍以嗣圣编年。②垂拱：唐睿宗李旦的年号（685年正月—688年十二月），但实际上是武则天操纵朝政，睿宗毫无实权，所以一般算作武则天的年号。③明堂：古代帝王宣明政教举行仪礼的殿堂。④丘神勣：河南洛阳人。唐朝武则天时期酷吏，谭国公丘和之孙，右武侯大将军丘行恭之子。

【译文】嗣圣二年春天正月，太后武则天大赦天下，改用新年号“垂拱”。三月丙辰这一天，将中宗皇帝迁居房州（今湖北竹山县）。三年春天正月，皇帝到了房州。这年冬天十月，新丰县新冒出了一座山，太后武则天因此将新丰县改叫庆山县。

四年秋天九月，虢州人（今河南灵宝市）杨初成自封为郎将，并招募了人马前往房州迎接中宗皇帝，被太后武则天诛杀。

五年春天正月，中宗皇帝在房州。太后武则天毁掉了乾元殿，将其改为明堂。这年夏天五月，太后武则天自封称号“圣母神皇”。这年秋天八月，琅邪王李冲在博州（今山东省聊城市）起兵，太后武则天派遣丘神勣领兵前往镇压，李冲被他的部下所杀。越王李贞在豫州（今河南省地区）起兵，九月时太后武则天派麴崇裕、岑长倩领兵前往抵御，并将李贞、李冲的名字从家族名册上删除，把他们的姓氏改为虺氏。李贞自杀。这年冬天十二月，太后武则天杀害了霍王李元轨及其儿子江都王李绪，大肆杀戮唐朝皇族李氏之人，并将其中年幼者流放到岭南，将明堂改为万象神宫。

六年，春正月，帝在房州。太后享[①]于万象神宫，赦天下，改元永昌，追尊考曰皇，妣曰后。夏四月，杀汝南王炜、鄱阳公諲等宗室十二人。秋七月，流纪王慎于巴州，改其姓为虺氏。冬十月，杀嗣郑王璥等六人，流嗣滕王循琦等六人于岭南。十一月，太后大赦，改元载初，以十一月为元年正月，十二月为腊月，来岁正月为一月，除唐宗室属籍。

【注释】①享：设宴招待人。

【译文】六年春天正月，中宗皇帝在房州。太后武则天在万象神宫设宴，大赦天下犯人，改年号为“永昌”，追尊已故父亲为皇帝，已故母亲为皇后。这年夏天四月，太后武则天杀掉了汝南王李炜、鄱阳公李諲等皇族十二人。这年秋天七月，将纪王李慎流放到了巴州，并把他的姓氏改为虺。这年冬天十月，又杀掉了嗣郑王李璥等六个人，将嗣滕王李循琦等六个人流放到了岭南。这年十一月，太后武则天大赦天下，改年号为载初，将十一月作为元年正月，十二月为腊月，第二年的正月为一月，将李氏皇族的名字从家族名册上删除。

七年，春正月，帝在房州。夏五月，太后杀梁郡公孝逸。秋七月，流舒王元名于和州，杀豫章郡王亶、泽王上金、许王素节。八月，杀南安郡王颖等宗室十二人。九月，壬午，太后改国号曰周，大赦，改元天授，加尊号曰圣神皇帝。以豫王为皇嗣，赐姓武氏，永平王为皇孙，立武氏七庙[①]，追尊祖考皆曰皇帝，妣皆曰皇后，武氏亲属皆为王，女皆为公主。冬十月，杀许王素节之子瑛等八人。十一月，改置社稷[②]，纳武氏主[③]于太庙，改唐太庙为享德庙。乙酉，日南至，祀昊天上帝于明堂，以武氏祖配[④]。

【注释】①七庙：古代天子建七庙，供奉七代祖先。②社稷：指祭祀土地神和五谷神的坛台。③主：供奉死人的牌位，又称神主。④配：配享，附祭。

【译文】七年春季正月，中宗皇帝在房州。夏季的五月，太后武则天杀掉了梁郡公李孝逸。秋季的七月，武则天将舒王李元名流放到了和州（今邢台市南和县），杀掉了豫章郡王李亶、泽王李上金、许王李素节等人。八月，又杀掉了南安郡王李颖等皇族十二人。

九月壬午这一天，太后武则天改国号为“周”，大赦天下；改年号为“天授”，并自封尊号为“圣神皇帝”；将豫王李旦立为皇位继承人，赐他武姓，立永平王为皇孙；建造了武家七庙，分别追封祖父、父亲为皇帝，祖母、母亲为皇后；将武氏家族的近亲男都封为王，女的都尊为公主。冬季十月，太后武则天杀掉了许王李素节的儿子李瑛等八人。十一月，改建社稷坛，将武家的祖宗牌位供奉于太庙，将李氏唐朝的太庙改为享德庙。这年的乙酉这天，太阳从南方升起。太后武则天在明堂祭祀昊天上帝，以武氏祖先附祭。

八年，春正月，帝在房州。

九年，春正月，帝在房州。夏四月，太后赦天下，改元如意。秋九月，赦天下，改元长寿，更以九月为社。冬十二月，杀豫王妃刘氏、德妃窦氏。

十年，春正月，帝在房州。

十一年，春正月，帝在房州。夏五月，太后赦天下，改元延载。十一月，赦天下，改元证圣。万象神宫火。

十二年，春正月，帝在房州。秋九月，太后合祭天地于南郊，赦天下，改元天册万岁。十二月，封于神岳[①]，赦天下，改元万岁登封，禅于少室[②]。

十三年，春正月，帝在房州。三月，太后复作明堂，改曰通天宫。赦天下，改元万岁通天。冬十一月，享于通天宫，族刘思礼等三十六家，流其亲属千余人。

【注释】①神岳：指泰山。②少室：山名，在今河南省登封市北。

【译文】八年春季正月，中宗皇帝在房州。

九年春季正月，中宗皇帝在房州。夏季四月，太后武则天大赦天下，改年号为“如意”。秋季九月，大赦天下，改年号为“长寿”，并将祭祀土地神改在九月。冬季十二月，太后武则天杀掉了豫王的王妃刘氏和德妃窦氏。

十年春季正月，中宗皇帝在房州。

十一年春季正月，中宗皇帝在房州。夏季五月时太后武则天大赦天下，改年号为“延载”。十一月，大赦天下，改年号为“证圣”。万象神宫发生火灾。

十二年春季正月，中宗皇帝在房州。秋季九月，太后武则天在南郊同时祭祀天、地，大赦天下，改年号为“天册万岁”。十二月，太后武则天到泰山祭天，大赦天下，改年号为“万岁登封”，又到少室山祭地。

十三年春季正月，中宗皇帝在房州。三月，太后重新建造明堂，改称“通天宫”；大赦天下，改年号为“万岁通天”。冬季十一月，太后武则天在通天宫设宴招待群臣；将刘思礼等三十六家灭族，流放他们的亲属一千多人。

十四年，春正月，帝在房州。夏四月，太后作九鼎[①]。秋九月，享于通天宫。赦天下，改元神功。冬十一月，甲子，享于通天宫，赦天下，改元圣历。

十五年，春正月，戊午，帝至自房州。冬十一月，太后以豫王旦为相王[②]。

十六年，春正月，帝在东宫。

十七年，春正月，帝在东宫。冬十月，太后复以正月为十一月，十月为正月，赦天下。

十八年，春正月，帝在东宫。太后改元大足。冬十月，太后如京师，赦天下，改元长安。

十九年，春正月，帝在东宫。冬十一月，太后祀南郊，赦天下。

二十年，春正月，帝在东宫。冬十一月，太后如东都[③]。

二十一年，春正月，帝在东宫。

【注释】①九鼎：古代象征国家政权的重器。相传夏禹铸九鼎，象征九州（全国）。②相王：宰相兼封王，或王兼宰相。③东都：当时唐朝以洛阳为东都。

【译文】十四年春季正月，中宗皇帝在房州。夏季四月，太后武则天铸造了九鼎。秋季九月，在通天宫大摆宴席，大赦天下，改年号为“神功”。冬季十一月的甲子这一天，再次在通天宫设宴，大赦天下，改年号为“圣历”。

十五年春季正月的戊午这一天，中宗皇帝从房州回到京城。冬季十一月，太后武则天任命豫王李旦为相王。

十六年春季正月，中宗皇帝在东宫。

十七年春季正月，中宗皇帝在东宫。冬季十月，太后武则天再次以正月为十一月，十月为正月，大赦天下。

十八年春季正月，中宗皇帝在东宫。太后武则天改年号为“大足”。冬季十月，太后武则天前往京城，大赦天下，改年号为“长安”。

十九年春季正月，中宗皇帝在东宫。冬季十一月，太后武则天在南郊举行祭祀大礼，大赦天下。

二十年春季正月，中宗皇帝在东宫。冬季十一月，太后武则天前往东都洛阳。

二十一年春季正月，中宗皇帝在东宫。

神龙[①]元年春正月，癸卯，张柬之、崔玄暐、敬晖、桓彦范、袁恕己、李湛、薛思行、赵承恩、杨元琰、李多祚、崔泰之、朱敬则、冀仲甫、翟世言、王同皎率左右羽林兵，迎帝于东宫，诛张易之、张昌宗、张同休、张昌仪、张景雄。甲辰，大赦，改元。丙午，帝复于位，徙太后于上阳宫。二月，甲寅，复国号曰唐。

臣祖禹曰：昔季氏[②]出其君，鲁无君者八年，《春秋》每岁必书公之所在。及其居乾侯也，正月必书曰：“公在乾侯。”不与季氏之专国也。自司马迁作《吕后本纪》，后世为史者因之，故唐史[③]亦列武后于本纪，其于记事之体则实矣，春秋之法，则未用也。或曰：“武后母也，中宗子也。母虽不慈，子不可以不孝。中宗欲以天下与韦元贞，不得为无罪；武后实有天下，不得不列于本纪，不没其实，所以著其恶也。”臣以为不然。中宗之有天下，受之于高宗也。武后以无罪而废其子，是绝先君之世也，况其革命乎？中宗曰："我以天下与韦元贞，何不可！"此乃一时拒谏之忿辞，非实欲行之也。若以为罪，则汉哀帝之欲禅位董贤，其臣亦可废立也。《春秋》吴楚之君不称王④，所以存周室也。天下者唐之天下也，武氏岂得而间之？故臣复系嗣圣之年，黜武氏之号，以为母后祸乱之戒。窃取《春秋》之义，虽获罪于君子而不辞也。

【注释】①神龙：唐中宗年号，自公元705年至707年。②季氏：春秋时期鲁国当权的贵族。③唐史：指《旧唐书》与《新唐书》。④《春秋》吴楚之君不称王：春秋时代吴国、楚国的国君自称王，但《春秋》中不称他们为王。

【译文】神龙元年（705）春季正月的癸卯这一天，张柬之、崔玄暐、敬晖、桓彦范、袁恕己、李湛、薛思行、赵承恩、杨元琰、李多祚、崔泰之、朱敬则、冀仲甫、翟世言、王同皎等率领左右羽林军前往东宫迎接唐中宗，诛杀了张易之、张昌宗，张同休、张昌仪、张景雄等人。甲辰这一天，大赦天下，并改用新年号。丙午这一天，唐中宗恢复帝位，将太后武则天迁移到上阳宫。二月甲寅这一天，唐中宗恢复国号为唐。

臣范祖禹认为，过去季氏逼走了自己的国君，导致鲁国八年没有君主，但《春秋》在记史时每年都会记录鲁国国君的所在地。当鲁国国君住在乾侯的时候，每年正月一定会写道："国君在乾侯。"这是因为不认可季氏专断鲁国国政。自从司马迁写了《吕后本纪》，后世之人写史书时便沿袭了这种做法，所以《唐史》也将武后列在了本纪中。这样做对于记述史实的体例来说是最真实的了，但是

《春秋》的写作笔法，没有使用了。有人说："武后是母亲，中宗是儿子。母亲虽然不慈爱，儿子却不可不孝顺。唐中宗想要将天下交给韦元贞，不能说是没有罪；武后实际上掌政天下，也不能不列在本纪中，为了不湮没她实际掌权的情况，也因此显露了她的恶行。"我认为不是这样的。唐中宗拥有天下，是从唐高宗那里继承而来，武后在他没有罪过的情况下废掉自己的儿子，这是断绝了先皇大业的传承，何况她还改变了天命呢！唐中宗说："我把天下交给韦元贞，有什么不可以的？"这只是一时拒绝谏言的激愤之辞，并不是真的想要这样做。如果认为这是他的罪过，那么当初汉哀帝说想要让位给董贤，他的臣子也可以将他废掉了。《春秋》中对吴国和楚国的国君不称为王，这就保存了周王室为君的地位。天下是唐朝的天下，太后武则天又怎么能加以干涉呢？所以臣仍然使用"嗣圣"的年号，黜免了武后的年号，以此作为母后祸乱国家的警戒。这里私自沿用了《春秋》的用意，即便是得罪了君子也在所不辞。

二年四月，处士[①]韦月将上书，告武三思潜通宫掖[②]，必为逆乱。帝大怒，命斩之。黄门侍郎宋璟固执不奉诏，苏珦等皆以为方夏，行戮有违时令。帝乃命与杖，流岭南。过秋分一日，平晓，广州都督周仁轨斩之。

臣祖禹曰：自古杀谏臣，未有不亡国者。中宗愚暗，足以取亡。而高祖太宗德泽未远，人心天命未厌唐也，故祸及其身而已矣。

【注释】①处士：没有做官的士人。②宫掖：皇宫。此指后宫韦皇后。

【译文】神龙二年（706）四月，处士韦月将上书，告发武三思与后宫韦皇后暗通，他必定会叛逆作乱。中宗皇帝看后大怒，下令杀了韦月将。黄门侍郎宋璟坚决不肯执行诏令，苏珦等人都认为当时正是夏季，杀人有违季节时令。中宗皇帝于是下令将韦月将杖打之后流放到岭南。秋分过后的一天拂晓，广州都督周仁轨杀掉了韦月将。

臣范祖禹认为，自古以来，凡是杀害进谏官员的，没有不亡国的。唐中宗愚钝糊涂，足以自取灭亡。然而因为唐高祖、唐太宗的恩德还在，人心与天命还没有厌弃唐朝，所以灾祸只是降临到了他自己身上而已。

景龙①四年四月，定州人郎岌上言："韦后、宗楚客②将为逆乱。"韦后白帝杖杀之。五月，许州司兵参军燕钦融复上言："皇后淫乱，干预国政，宗族强盛；安乐公主、武廷秀、宗楚客图危宗社。"帝召钦融，面诘之。钦融顿首抗言，神色不挠。帝默然。宗楚客矫制，令飞骑扑杀之，投于殿庭石上，折颈而死。楚客大呼称快，帝虽不穷问，意颇怏怏不悦。由是韦后及其党始忧惧。

臣祖禹曰：《易》姤之初六③曰："系于金柅④，贞吉，有攸⑤往，见凶，羸⑥豕孚⑦蹢躅。"姤之初六，阴柔之始也。以刚德制之，则得贞吉；纵之以往，则无所不凶，若羸豕之孚，无时而自止也。夫女子小人，放而不制，其恶必至于滔天，弑父与君而后已，是以圣人戒之。中宗一怏怏不悦，而其身已不保，虽欲制之，其可得乎？

右中宗即位之明年，为武后所废，凡二十二年而复位。复位六年，为韦后及安乐公主、马秦客、杨均所毒而崩，年五十五。

【注释】①景龙：唐中宗的年号，自公元707年至710年，共计4年。②宗楚客：唐朝宰相、诗人，母为武则天同族姐妹。③姤之初六：姤，姤卦。初，下爻（组成卦的符号）。六，阴爻的名称。④金柅：制动车轮的木块。⑤攸：所。⑥羸：通“累”，束缚，被束缚。⑦孚：通“浮”，浮躁。

【译文】景龙四年（710）四月，定州人郎岌上奏说：“韦后与宗楚客等人准备发动叛乱。”韦后告诉中宗皇帝将郎岌用棍杖打死了。五月，许州司兵参军燕钦融又上书说：“皇后淫乱，干预国家政事，而且她的家族宗室强盛，安乐公主、武廷秀、宗楚客等人企图危害国家的宗庙社稷。”中宗召见燕钦融，并当面追问此事。燕钦融磕头大声陈奏，神色没有丝毫变化。皇帝听后沉默无语。宗楚客假传圣旨，命人骑马立刻前往击杀燕钦融，将他扔到宫殿庭院的石头上，折断了脖子而死。见此宗楚客大声叫好，很是高兴。中宗虽然没有再追究责问，但他的神情却很是不高兴。从此之后，韦后和她的同党开始感到忧虑害怕起来。

臣范祖禹认为，《易经》中姤卦的“初六”爻辞显示：“细柔之线牵附于黄铜柅子之上。这是吉利的贞兆。假如贸然行动，必然会出现危险，就像猪被捆绑而竭力挣扎一样。”姤卦的爻辞“初六”，是阴柔的起始，如果以刚强来牵制，就会守正道吉利；如果任由它行动，就会处处凶险，就像是被捆绑的猪，没有自己停止挣扎的时候。那些女人和小人，如果放纵他们而不加管束，他们的罪恶一定会发展到无法控制，直到杀死自己父亲和君主以后才会停下来。因此，圣人对此都会戒备。唐中宗感到不满意不高兴了，他自身就已经无法保全了，即便是想要管束他们，又怎么能做到呢？

以上，唐中宗在即位的第二年，便被武后废掉了，共计二十二年后才恢复帝位。恢复帝位六年后，被韦后和安乐公主、马秦客、杨均等毒害而去世，终年五十五岁。

唐鉴卷之八

睿　宗[1]

景云[2]元年十二月，帝以二女西城、隆昌公主为女官，以资天皇天后[3]之福。

臣祖禹曰，孔子曰："生，事之以礼；死，葬之以礼，祭之以礼，可谓孝矣。"未闻以女子为女官，而可以资福于其亲者也。天子之女，天下之所取则也。不从先王之礼，而从方士之言，袭非法之服，奉不享之祠，以是为孝，非所以率天下也。夫古之人岂不欲舍其子，而厚其亲，若其可为，则先王为之矣，不待后世而始能行也。至于明皇亦以女追福于睿宗，皆废人伦，蔑典礼，不可为后世法也。

【注释】①睿宗：李旦（662年6月–716年7月），初名李旭轮、李轮、武轮。唐朝第五位皇帝（不算唐少帝和武则天），唐高宗李治第八子，武则天第四子，唐中宗李显同母弟。②景云：唐睿宗李旦的年号，710年七月至712年正月，共计3年。③天皇天后：指唐高宗和武后。

【译文】景云元年（710）十二月，唐睿宗让两个女儿西城公主、隆昌公主担任女道士，以此来增添天皇、天后的福德。

臣范祖禹认为，孔子说："父母在世时，如果能依照礼制来奉养他们；父母过世之后，如果能按照礼制来安葬他们，按照礼制来祭奠他们，便可以说是孝顺了。"没听说过让女儿当担任女道士，而能够给父母增添福德的。天子之女，是天下人以之为榜样效法的对象。睿宗不遵从先王的礼制、却听信方士之言，穿着不合礼法的服饰，供奉不该享祭的神灵，用这样的办法来尽孝，并不是表率天下的做法。古代的人们难道不想舍弃自己的子女来厚待父母吗？如果可以那样做，那么先王早就做了，也不会要等到了后世了才能做。到了唐明皇时，也让女儿担任女道士给唐睿宗来追添福德，这都是废弃人伦，无视典章礼制的做法，不可以作为后世效仿的做法。

二年正月，追立妃刘氏曰肃明皇后[①]，陵曰惠陵；德妃窦氏曰昭成皇后[②]，陵曰靖陵，皆招魂葬于东都城南，立庙京师，号仪坤庙。

臣祖禹曰：人之死也，魂气归于天，形魄归于地，葬所以藏体魄也，若魂气则无不之也。苟无体魄则立庙以祀之而已，魂气不可得而葬也。夫棺椁所以掩形也，墓所以藏棺椁也，其形气既无有矣，而必为之陵墓，不亦虚乎？

右睿宗在位四年，传位于玄宗。开元四年崩，年五十五。

【注释】①肃明皇后：刘氏（？-693），徐州彭城（今江苏徐州）人。唐睿宗李旦的原配皇后，刑部尚书刘德威孙女。②昭成皇后：窦氏（？-693），扶风平陵（今陕西咸阳市）人。唐睿宗李旦妃嫔，莘国公窦诞的孙女。

【译文】景云二年（711）正月，唐睿宗追立皇妃刘氏为肃明皇后，陵墓称为惠陵；追立德妃窦氏为昭成皇后，陵墓称为靖陵；都为她们招了魂，埋葬在东都洛阳城南，另在京城建立了庙堂，称为仪坤庙。

臣范祖禹认为，人死之后，魂气会回归到天空，形魄则回归于大地。埋葬便是收藏形魄的方式，至于魂气则无所不至。如果没有形体，便建立庙堂来祭祀就行了，魂气却是无法埋葬的。棺椁是用来掩盖形体的，坟墓是用来埋藏棺椁的。如果人已经没有了形体和气息，却一定要为他建立陵墓，这不也是虚的吗？

唐睿宗在位四年，便传位给了唐玄宗，开元四年时去世，享年五十五岁。

玄宗上

开元[①]元年七月，以高力士为右监门将军，知内侍省事。初，太宗定制，内侍省不置三品官，黄衣廪食[②]，守门传命而已。天后[③]虽女主，宦官亦不用事。中宗时，嬖幸猥多，宦官七品以上至千余人，然衣绯[④]者尚寡。帝在藩邸，力士倾心奉之，及为太子，奏为内给事，至是以诛萧岑功赏之。是后宦官稍增至三千余人，除三品将军者寖多，衣绯紫[⑤]者千余人，宦官之盛自此始。

臣祖禹曰：自古国家之败，未有不由子孙更变祖宗之旧也。创业之君，其得之也难，故其防患也深；其虑之也远，故其立法也密。后世虽有聪明才智之君，高出群臣之表，然未若祖宗更事之多也。夫中人[⑥]不可假以威权，盖近而易以为奸也。明皇不戒履霜之渐[⑦]，而轻变太宗之制，崇宠宦官，增多其员。自是以来，寖干国政。其原一启，末流不可复塞，唐室之祸，基于开元。《书》曰："监于先王成宪，其永无愆。"为人后嗣，可不念之哉！

【注释】①开元：唐玄宗李隆基的年号，公元713年12月至741年12月，共计29年。②廪食：官府供给饮食。③天后：指武则天。④衣绯：指穿红色官服。唐朝制度，四品和五品官穿红色官服。⑤紫：指紫色官服。唐制，三品以上官员穿紫色官服。⑥中人：宦官。⑦履霜之渐：《易经·坤卦》："履霜坚冰至。"意思是行走在霜上而知严寒冰冻将至。比喻防微杜渐，及早警惕。

【译文】开元元年（713）七月，唐玄宗任命高力士为右监门将军，主持内侍省事务。当初，唐太宗定下制度，内侍省不设置三品官职，只是可穿着黄色衣服，由官府供应饮食，负责把守门户与传达命令。天后武则天虽然是女君主，但当时宦官不掌权。唐中宗时，受宠的宦官众多，七品以上的宦官多达一千余人，然而穿红色官服的四、五品官员都还不多。唐玄宗还在藩王府邸时，高力士便一心一意侍奉他，当他当了太子之后，便奏请让高力士做了内给事。这时，又以诛杀萧岑的功劳而赏赐了他。从这之后，宦官逐渐增加到了三千多人，被任命为三品将军的逐渐多了起来，穿红色、紫色官服的达到了一千多人。宦官的兴盛从此开始。

臣范祖禹认为，自古以来国家的衰败，没有不是因为子孙变更了祖宗的旧制造成的。国家大业的开创者，因为他们取得天下很难，所以他们防范祸患的措施也很健全；他们谋虑深远，所以建立的法律制度也很详细。后世虽然也有聪明有才智的君主，高出于群臣之外，但是没有祖宗那般经历的世事多。宦官不能够给他们威权，因为他们更接近于皇上且更容易做坏事。唐明皇没有及早警惕，防微杜渐，而轻易变更了唐太宗定下的制度，提高了宦官的地位，宠信宦官，增加了宦官人数。从这之后，宦官渐渐开始干预国政。这种源头一开，末流也就再也无法堵住了。唐朝的祸乱，根源便从开元年间开始了。《尚书》中说："根据先王的旨意制定典章法度，将永远没有过错。"作为君王的后代，能够不想着这句话吗？

十月，姚崇为相，尝奏请序进郎[①]吏，帝仰视殿屋，崇再三言之，终不应。崇惧，趋出。高力士谏曰："陛下新总万机，宰相奏事，当面加可否，奈何一不省察？"帝曰："朕任崇以庶政[②]，大事当奏闻共议之。郎吏卑秩，乃一一烦朕邪？"会力士宣事至省[③]中，为崇道帝语，崇乃喜。闻者皆服帝识人君之体。

臣祖禹曰，人君劳于求贤，逸于任人。古者畴咨佥谐[④]，然后用之。苟得其人，则任而勿疑，乃可以责成功。明皇既相姚崇，而委任之如此，其能致开元之治，不亦宜哉！

【注释】①郎：官名，唐时中央机关中、上层官员。②庶政：各种政务。典出《易·贲》。③省：中央官署名。④畴咨佥谐：畴咨，也作“畴谘”，为访问、访求之意。畴，通“筹”，筹划。咨，问。佥谐，指共同认定，一致认可。佥，都。谐，谐和。

【译文】十月，姚崇担任宰相。他曾经奏请依照顺序提拔任用郎吏，唐玄宗却只是盯着宫殿的屋顶不作声，姚崇几次重复，唐玄宗始终没有应声。姚崇感到十分恐惧，便急忙退出。对此高力士劝谏唐玄宗说：“陛下刚刚总理国家大事，宰相奏请事情，就应当面表明您自己的态度，为什么您对姚崇的建议不闻不问，不加理睬呢？”唐玄宗道：“朕将朝廷各种政务交给姚崇处理，遇有军政大事可以当面奏闻，大家共同商议；郎吏乃是小官，这样的事也要一一来烦朕吗？”适逢高力士奉旨到省中宣谕诏命，便将唐玄宗的话转达给了姚崇，姚崇这才转忧为喜。听说了这件事情的人都叹服玄宗深明为君之道。

臣范祖禹认为，国君想要寻获贤能之才往往会很辛劳，但在任用人才时往往却又比较随意。过去君王寻求人才，只有大家共同认可的人，然后才会任用。如果获得了这样的人才，便会加以重用且会毫不怀疑，如此才能要求他做好事情。玄宗既然以姚崇为相，而且能够如此信任和重用他，所以玄宗能够实现开元盛世这样的大治，不也是应该的吗？

二年正月，并州长史薛讷[①]奏请击契丹，帝亦以冷陉之役[②]，欲讨之，群臣、姚崇等多谏。甲申，以讷同紫微黄门三品[③]，将兵击契丹，群臣乃不敢言。

臣祖禹曰：姚崇等以其君讨契丹为是邪？当成之！为非邪？当争之，不可微谏而止也。明皇既不听谏，又益甚之，遂相薛讷，而使之将兵，崇等乃不敢言。则是人君可以威胁群臣，而遂其非也。然则君有大过，将何以止之？夫人臣谏而不听，则当去位；苟不能强谏，而视其君之过举，至于天下咸怨，其臣则曰："非我不谏，君不能用我也。"始则择利以处其身，终则引谤以归于君，此不忠之大者也。使君骄其臣，而轻于用武，天下不胜其弊，崇之罪也。

【注释】①薛讷(649–720)：字慎言，绛州万泉(今山西省新绛县)人。唐朝名将，右威卫大将军薛仁贵长子。不善言笑，但沉着勇悍。②冷陉之役：唐朝与奚和契丹联军之间的战役。唐睿宗延和元年(712)，左羽林大将军、检校幽州都督孙佺率军进攻奚与契丹，在冷陉地区(今内蒙古巴林右旗西北坝后)遭遇败绩的战役。③同紫微黄门三品：宰相职衔，即同中书门下三品。唐玄宗于开元元年(713)改中书省为紫微省，门下省为黄门省，同中书门下平章事改称同紫微黄门三品。五年(717)复旧称。

【译文】开元二年(714)正月，并州(今山西太原)长史薛讷上奏请求出兵攻打契丹，唐玄宗也因过去冷陉战役的失败，想要讨伐契丹，大臣们和宰相姚崇等大多数人对此进谏劝阻。甲申这一天，唐玄宗任命薛讷为同紫微黄门三品，率军攻打契丹，大臣们于是不敢再谏言。

臣范祖禹认为，姚崇等人认为唐玄宗讨伐契丹对吗？如果是，那就应当努力促成！不对吗？那就应当极力谏诤，不能稍加劝阻便不再劝谏了。唐玄宗既没听取谏言，更是变本加厉，最终以薛讷为相，而让他率军出征，姚崇等人竟不敢再进言。这便是君王可以威胁群臣，进而实现自己错误想法的例子。然而当国君犯了重大过错，将帅们应当如何制止呢？作为大臣，如果劝谏了而皇上不听，那么自己便应当去职离位。如果不能极力劝阻，而眼看着国君有了错误之举，以至于招致天下人都怨恨，他的臣子却说："不是我没有劝谏皇上，而是皇上没有听取我的建议。"他们从一开始便选择有利于自己的立场来保全自己，最后则将过错归罪于君王，这是最大的不忠。让君王在自己的臣子面前骄横，而又轻易地使用武力，最终导致天下无法承受因此带来的弊害，这都是姚崇的过错啊。

帝素友爱，近世帝王莫能及。初即位，为长枕大被[①]，与兄弟同寝。听朝罢，多从诸王游在禁中，拜跪如家人礼，饮食起居，相与同之；于殿中设五幄，与诸王更处其中，谓之五王帐。宋王成器尤恭慎，未尝议及时政，与人交结；帝愈信重之，故谗间之言无自而入。

臣祖禹曰：文王孝于王季，故友于兄弟，睦于太姒[②]，故慈于子孙以及其家邦，至于鸟兽草木无不被泽者，推其心而已矣。先王未有孝而不友，友而不慈者也。至于后世帝王，或能于此，则不能于彼，何哉？非其才不足以为圣贤，不能举斯心加诸彼而已。明皇以藩王[3]有功，成器居嫡长而能辞位以授之。故明皇之心笃于兄弟，盖成器之行，有以养其友爱之心也。是以能全其天性，而谗间之言无自入焉。呜呼！苟能充是心，则仁不可胜用也。至于为人父则以谗杀其子，为人夫则以嬖黜其妻，为人君则以非罪殄戮其臣下，是皆不能充其类也。苟不能充其类，则其为善岂不出于利心哉！

【注释】①长枕大被：成语，意思是长形的枕头，宽大的被褥。比喻兄弟友爱。典出汉蔡邕的《协初赋》："长枕横施，大被竟床。"②太姒：周文王的妻子，与文王的祖母太姜、母亲太妊合称周朝三太。③藩王：指唐玄宗最初被封为楚王。

【译文】唐玄宗为人向来友好仁爱，近代的帝王没有能超过他的。刚刚即位，唐玄宗便让人制备了长枕头大被子，和兄弟们同寝；上朝处理完国事后，他大多时间都在皇宫里与各位王爷一起游玩；行拜跪之礼时都如家里人一样，饮食起居，互相都在一起；唐玄宗在殿堂上设置五座帐幕，与各位王爷轮流住在里面，因此被称为五王帐。其中宋王李成器尤其谦恭谨慎，从未谈论时政，也不与外人交往，唐玄宗因此更加信任与重视他，所以谗言离间也因此没有地方可入。

臣范祖禹认为，周文王对父亲王季很孝顺，所以对兄弟也友爱，与妻子太姒也和睦，所以对子孙后人及其家族、国家都很慈祥，甚至于鸟兽、草木也都得到了他的恩德，这只是因为他对人保持着自己的这种仁心而已。过去的帝王没有孝顺却不友爱、友爱却不慈祥的。至于后世的帝王，有的能够做到这样却做不到那样，有的能够那样却做不到这样，为什么呢？并不是他们的才能不足以成为圣贤，只是他们做不到把这种情意施加给别人而已。唐玄宗在当楚王时立下了功劳，李成器居嫡长子之位却能够辞让，将帝位授予给了他。所以唐玄宗的心中能够对兄弟都厚道，大概就是因为李成器的行为，培养了他的友爱之心吧。也因此得以保全了他的天性，而谗言闲语也因此没有地方可入。唉！如果能够一直保持这种仁心，那么仁德也就可用之不尽了。至于那些做父亲的因为听信谗言而杀掉了自己的儿子，做丈夫的因为宠爱他人而黜弃自己的妻子，为人君王的没有罪过却诛杀了自己的臣子，这些都是因为无法保持类似的这种善心。如果无法保持类似的这种善心，那么他所做的好事，又怎么会不从自利的角度考虑呢？

三年十二月，或上言："按察使徒烦扰公私，请精选刺史、县令，停按察使。"帝命召尚书省官议之。姚崇以为："今止择十使，犹患未尽得人，况天下三百余州，县多数倍，安得刺史、县令皆称其职乎！"乃止。

臣祖禹曰：姚崇之辩，虽能折议者之言，然亦未为得也。夫天子者，择一相而任之；一相者，择十使而使之；十使者，择刺史、县令而置之；贤者举之，不肖者去之，则君不劳而天下治矣。故有一相则有十使矣！有十使则有刺史、县令矣！何患乎不得其人哉？任相者，天子之事也；选使者，相之职也；察吏者，使之责也。郡县之广，守令之众，焉得人人而择之？苟相得其人，则委之择大吏而已矣；吏非其人，则是相之不才也，退之而已矣。崇不论此，乃以为刺史、县令不可遍择，岂宰相之体乎！

【译文】 开元三年（715）十二月，有人上奏说："按察使一职只会给官府和百姓增加麻烦和困扰，请求陛下精心挑选刺史、县令，停撤按察使。"唐玄宗下令召集尚书省的官员对此进行讨论。姚崇认为："现在只不过是选派了十道按察使，尚且担心未必都能找到合适的人选，何况全国共有三百多个州，至于县的数量则又超过好几倍，每一位刺史县令怎么能都称职呢！"唐玄宗于是将此事压了下来。

臣范祖禹认为，姚崇的辩解，虽然能够反驳提议人的说法，但是也不能说他说的就是对的。天子应当选择一人来担任宰相，一个宰相便应当选择十人来行使按察使的职责，十个按察使则应当选择出刺史、县令的人选。有贤良的人便把他们推举上去，不好的人则将他们剔除，这样君王不用辛劳而天下便可大治了。

所以只要有了一个宰相就会有十个按察使，有了十个按察使便会有刺史和县令，还担心什么得不到称职的人才呢？任命宰相，是天子的事；选拔按察使是宰相的职责，考察官员是按察使的责任。州县繁多，刺史、县令众多，怎么能一个个地精选呢？如果得到了称职的宰相，那么委托他选拔高层官员就行了。如果选出的高层官员不称职，这就说明宰相缺乏才能，只要把他免职就行了。姚崇没能说出这个理，却认为刺史、县令无法精心选择，难道这尽到了宰相的职责吗？

四年，姚崇荐广州都督宋璟[①]自代。十二月，帝将幸东都，以璟为刑部尚书、西京留守，遣内侍将军杨思勖迎之。璟在途竟不与思勖交言。思勖素贵幸，归，诉于帝。帝嗟叹良久，益重璟。

臣祖禹曰：昔申枨[②]以欲不得为刚，宋璟所以能刚，其唯无欲乎？明皇以此重之，可谓能知贤矣。

【注释】①宋璟（663–737）：字广平，邢州南和（今河北省邢台市南和区）人。唐朝名相。先后历仕武后、唐中宗、唐殇帝、唐睿宗、唐玄宗五朝，一生为振兴大唐励精图治，与姚崇同心协力，辅佐唐玄宗开创“开元盛世”，与房玄龄、杜如晦、姚崇并称唐朝四大贤相。②申枨：字周，春秋时鲁国人，精通六艺，孔子七十二贤之一。

【译文】开元四年（716），姚崇举荐广州都督宋璟替代自己为相。十二月，唐玄宗准备前往东都洛阳，行前任命宋璟为刑部尚书、西京留守，派遣内侍将军杨思勖前去迎接他。宋璟在路上始终没有与杨思勖说过一句话。杨思勖自认为向来受玄宗宠爱，回去后便告到玄宗这里。唐玄宗对此感叹了很长时间，对宋璟越发尊重。

臣范祖禹认为，过去申枨认为人因为有私欲故而算不上是刚直。宋璟之所以能做到刚直，仅仅是因为他没有私欲吧？唐玄宗因此而更加器重他，可以说是知道如何任用贤才了。

宋璟为相。突厥默啜[①]自则天世为中国患，朝廷旰食[②]，倾天下之力不能克。郝灵荃得其首，自谓不世之功。璟以天子好武功，恐好事者竞生心侥幸，痛抑其赏，逾年始授郎将，灵荃恸哭而死。

臣祖禹曰：宋璟可谓贤相矣。见其始而知其终，沮其胜而忧其败，惩人主之好武，为天下患之深也。其后明皇卒以黩武至于大乱，何其智之明欤！其可谓贤相矣。

【注释】①默啜：当时突厥的首领。②旰食：很晚才吃饭。

【译文】宋璟担任宰相。突厥可汗默啜自武则天时期开始，就对唐朝构成了极大威胁，朝廷为此废寝忘食，用尽了全国的人力物力也无法制服他。后来小将郝灵荃得到了默啜的首级，自认为立下了盖世奇功。宋璟认为天子喜好武功，担心好事之人会存侥幸心理刻意邀功，因此极力阻抑对郝灵荃的封赏，过了一年后才授予他郎将的职衔。郝灵荃因此极度伤心，痛哭而死。

臣范祖禹认为，宋璟可以说是贤相了。他能从事情的开始而预知事情发展的结果，他能失意于玄宗的胜利而又担忧他的失败，他对人主爱好武事能保持警戒，为天下之事深为担忧。后来唐玄宗终因随意发动战争而导致了天下大乱。这是多么高明的智慧啊！他真的算得上是个贤良之相了。

姚、宋相继为相，二人每进见，帝辄为之起，去则临轩[①]送之。及李林甫为相，虽宠任过于姚、宋，然礼遇殊卑薄矣。

臣祖禹曰：三公坐而论道，天子所与共天位[②]，治天职[③]者也。故其礼不可不尊，其任不可不重。自尧、舜至于三代，尊礼辅相，诗书著矣。汉承秦敝，崇君卑臣，然犹宰相进见天子，御坐为起，在舆为下。所以体貌[④]大臣，而风厉其节也。开元之初，明皇励精政治，优礼故老，姚、宋是师；天宝[⑤]以后，宴安骄侈，倦求贤俊，委政群下；彼小人者唯利是就，不顾国体，巧言令色，以求亲昵；人主甘之，薄于礼，厚于情，是以林甫得容其奸。故人君不体貌大臣，则贤者日退，而小人日进矣。

【注释】①临轩：指皇上不坐正殿而来到殿前。②天位：指官位。③天职：指国家政事。④体貌：礼遇，以礼相待。⑤天宝：唐玄宗年号，公元742年至756年。

【译文】姚崇、宋璟相继为相。两人每次进朝拜见时，唐玄宗都会为了他们而起身，他们离开时则会走到殿前相送。当李林甫担任宰相后，虽然玄宗对他的宠爱信任超过了姚崇、宋璟，但是对他的礼遇就卑薄多了。

臣范祖禹认为，与三公坐在一起讨论治国之道，这是天子和他们共同执掌官位并履行治理国政职责的行为，所以对他们的礼节不能不尊敬，他们的职责不能不重大。从尧帝、舜帝到夏、商、周三代的君王，都尊敬、礼遇辅佐天子的丞相，《诗经》《书经》中都有详细的记载。汉朝时承袭了秦朝的弊端，崇敬君王，却轻视臣子，但当丞相进见天子，天子坐着时还是会为了他而起身，在车子里时仍会为了他而下车，这是为了礼遇大臣并且激励他们秉持节操。开元之初，唐玄宗振奋精神治理政事，以优厚的礼遇对待过去的元老，以姚崇、宋璟为老师；天宝年间后，玄宗变得安逸享乐，骄横奢侈，倦怠于寻求贤才俊杰，将国家政事交给一群德才恶劣低下的人处理。那些小人唯利是图，不顾国家利益；他们巧言令色，希望以此求得玄宗的亲近。玄宗觉得他们很好，虽然在礼遇方面比较微薄，但在情感方面却很深厚，因此李林甫他们得以肆意为恶。所以为人君王者如果不礼遇大臣，贤良之人便会一天天隐退，而小人则会一天天增多。

十年四月，以兵部尚书同中书门下三品张说①兼朔方军节度使。

臣祖禹曰：宰相之职，无不总统，而兼节制一道，此开元之乱制也。孔子曰："必也正名乎。"夫宰相百官之首也，名且不正，则何以正百官矣？自古官制之紊，未有如开元者也。然则后世何所法乎？

【注释】①张说（667–730）：字道济，一字说之，范阳方城（今河北省固安县）人。唐朝宰相，政治家、军事家，文学家。曾三拜宰相，执掌文坛三十年，成为开元前期一代文宗，与许国公苏颋齐名，号称"燕许大手笔"。

【译文】开元十年（722）四月，唐玄宗任命兵部尚书同中书门下三品张说兼任朔方军节度使。

臣范祖禹认为，宰相一职，从来都是总管全国事务的。而让宰相同时兼职节制一个道，这是开元年间的乱制啊。孔子说："名分一定要正啊！”宰相乃是百官的首领，名分尚且不正，那么又凭什么来正百官呢！自古以来官员制度的紊乱，从来没有像开元年间这么乱的。这样，后人又有什么能效法的呢？

六月，制[①]增太庙为九室。

臣祖禹曰：《书》曰：“七世之庙，可以观德。”荀卿曰：“有天下者，事七世天子。”七庙，自古以来未之有改也。其祖宗有功德而其庙不毁，则无世数。商之三宗[②]，周之文、武是也。然则三昭三穆[③]之外，犹足以祖有功而宗有德矣。明皇始为九庙，过其制矣。夫礼不可多也，不可寡也。三代之礼，所以为后世之法者，尽矣。唐制何所取乎！

【注释】①制：诏命。②商之三宗：指商代中宗、高宗、太甲三代君王。③三昭三穆：周代规定天子设置七庙祭祀祖先。太祖的庙设在当中。二世、四世、六世的庙设在左边，叫作“昭”。三世、五世、七世的庙设在右边，叫作“穆”。

【译文】六月，唐玄宗下诏将太庙增加到九座庙堂。

臣范祖禹认为，《尚书》中说：“通过七代祖先的宗庙，可以看到他们的德行。”荀子说：“拥有天下的人，奉祭七代祖先。”天子设七座宗庙，这是自古以来从没有改变过的礼制。他们的祖宗有功德，他们的宗庙就不会毁，这没有世代的限制。商代的三宗与周朝的文王、武王就是如此。这样看来，除了三昭三穆之外，仍然还可以奉祭有功的或者是有德行的祖先。唐玄宗开始将太庙增设到九室，超过了过去的礼制。礼制不可以多，也不可以少。夏、商、周三代的礼制，之所以成为后世的典范，是因为它已经尽善尽美了。唐代的礼制，有什么可取的呢？

初，诸卫府兵自成丁从军①，六十而免，其家又不免杂徭，浸以贫弱，逃亡略尽，百姓苦之。张说建议，请召募壮士充宿卫②，不问色役，优为之制，逋逃者必争出应募。帝从之。旬日，得精兵十三万，分隶诸卫，更番上下。兵农之分，自此始矣。

臣祖禹曰：唐制诸卫府有为兵之利，而无养兵之害，田不井③而兵犹藏于民，后世最为近古有便于国者也。开元之时，其法寖隳。非其法不善，盖人失之也。张说不究其所以而轻变之，兵农既分，其后卒不能复古，则说之为也。夫三代之法，出于圣人，及其末流亦未尝无弊，救之者举其偏以补其弊而已，若并其法废之，而以私意为一切苟简之制，则先王之法其存者几何！天下之务，常患于议臣之好改旧章，此所以多乱也。

【注释】①成丁：可服赋役的成年男子。唐代天宝三年以男子二十三岁以上为成丁。②宿卫：在宫禁中值宿的警卫。③不井：不使用井田制，这里是不荒废的意思。

【译文】起初，各卫的府兵，他们都是自从成年后便开始从军，直到六十岁后才能解除兵役，但他们家中还要承担各种杂役，长期如此导致家境渐渐贫弱，所以各卫的士兵也差不多都逃亡了。

张说因此上书建议，请求招募壮丁来充任禁兵，他们不须负担各种劳役，再为他们制定一些优待的条规，这样逃避兵役的人一定会争相出来应募。唐玄宗听从了他的意见。十天之内，便募得了精兵十三万，分别隶属于各卫，并且轮番值班。唐代兵、农的分离，便是从这时候开始的。

臣范祖禹认为，唐朝各卫的府兵制度，对用兵很有好处，又没有养兵带来的坏处；田地不会荒废，而兵士也仍旧潜藏在民众中，这是后世中最为接近古代且对国家有利的办法。开元年间，这种做法慢慢地被破坏了。并不是这种办法不好，而是人为放弃了它。张说没有去探求制定这种制度的原因，却轻率地就改变了它。兵士与农民分开后，最终再也不能恢复过去的办法，这就是张说造成的。过去夏、商、周三代的法制，是由圣人制定的，到了后期时也未尝不会出现弊病，补救这种弊端的人，只需要举出法制的偏差以弥补其弊端而已。如果是连圣人的法制一并废除，只凭自己的意思来制定一切苟且、简单的制度，那么古代先王制定的法律，又有多少能够保存下来呢？天下的事情，让人常担心的便是那些议论政事的大臣喜欢去改变旧有的制度，这是容易发生祸乱的原因。

唐鉴卷之九

玄宗中

开元十三年。初，隋国马皆为盗贼及戎狄所掠，唐初才得牝牡三千匹于赤岸泽，徙之陇右，命太仆张万岁掌之。万岁善于其职，自贞观至麟德[①]，马蕃息及七十万匹，分为八坊、四十八监，各置使以领之。是时天下以一缣[②]易一马。垂拱以后，马潜耗太半。帝初即位，牧马有二十四万匹，以太仆卿王毛仲[③]为内外闲厩使，少卿张景顺副之。至是有马四十三万匹，牛羊称是。帝之东封，以牧马数万匹从，色别为群，望之如云锦。帝嘉毛仲之功，加开府仪同三司。

臣祖禹曰：《诗》美卫文公曰："秉心塞[④]渊，騋[⑤]牝三千。"夫塞故能诚，渊故能通，诚于己而通于人，所以致物之多也。唐之国马，惟得一能臣而掌之，不数十年，而其多过于二百倍，由其任职之专也。《传》曰："冀之北土，马之所生。"夫马必生于边隅，而养于苦寒之地，稍迁之中国则莫能壮也。三代诸侯之国，虽皆有马，以春秋之时考之，未若晋之强也。郑之小驷，出于河南，故不可乘。唐养马于陇右，非独就其水草之美，盖置之西戎之地，以求其健也。凡欲制事，得其人而善其法，岂有不胜者乎？

【注释】①麟德：唐高宗李治的年号，从664年正月至665年十二月，使用共计2年。②缣：用双丝织成的细绢。③王毛仲（？—731）：高句丽人，唐朝禁卫军将领。开始是临淄王李隆基的家奴，李隆基继位唐玄宗，授为大将军，因为诛杀萧至忠等有功，升为辅国大将军。④塞：实在，厚道。⑤騋：七尺身高的马。

【译文】开元十三年（725）。当初，隋朝的马匹都被盗贼以及戎狄等外族所掠走，唐朝初年时才从赤岸泽（今陕西大荔县西南）得到母马公马共三千匹，并将它们迁移到了陇右地区（今陇山以西至新疆东部一带），命令由太仆张万岁来管理。张万岁很擅长养马，从唐太宗贞观年间到唐高宗麟德年间，马匹便繁殖到了七十万匹，被分为八坊、四十八监，各自安排了使官来管理。当时天下的一匹细绢可交换一匹马。武则天垂拱年间后，马匹暗中损耗了一大半。唐玄宗刚即位时，牧马有二十四万匹。唐玄宗任命太仆寺卿王毛仲为内外闲厩使，派太仆寺少卿张景顺为副职。这时共有马匹四十三万，牛、羊数量也与马差不多。唐玄宗前往东方封禅时，带着几万匹牧马随行，并按毛色分成不同的群，看上去就好像云彩编成的织锦似的。唐玄宗因此嘉奖了王毛仲的功劳，并加封他为开府仪同三司。

臣范祖禹认为，《诗经》中赞美卫文公说：“用心厚道深远，牧养大马、母马三千匹。”因为厚道，所以能诚实；因为深远，所以能通达；能够自己诚实，并通过自己推及他人，所以能够得到很多的东西。唐朝国家的马匹，只是因得到了一个有才能的官员来管理，不过几十年，便比原来增多了超过二百倍，这是因为有人专职管理的缘故。《左传》中记载：“冀州的北方，是马生长的地方。”马一定是生长在边远地区，而牧养于严寒之地，只要稍稍迁移到中原地带便无法健壮成长了。夏、商、周时各诸侯国，虽然都有马，根据春秋时期的情况考证，都没有像晋国那样强盛的。郑国的小马，生于黄河以南，所以不能用来骑用。唐朝将马牧养在陇右地区，并不只是因为那里水草肥美，也是想将它们放养到西戎地区，来求得它们长得健壮。凡是想要做事，只要得到了合适的人才，又能掌握适当的方法，哪有不成功的呢？

十四年四月，岐王范①薨，赠谥惠文太子。

臣祖禹曰：太子，君之贰，将以付畀②宗庙社稷之重，非官爵也。而以为赠，何哉？虽亲爱其弟，欲以厚之，然不正之礼，不足为后世法也。

【注释】①岐王范：即李范（686—726），本名李隆范，唐朝宗室大臣，唐睿宗李旦第四子。初封郑王，改封卫王。后支持唐睿宗复位，进为岐王。开元十四年去世，册赠惠文太子，陪葬于桥陵。②付畀：托付，委托。

【译文】开元十四年（726）四月，岐王李范去世，唐玄宗册赠其谥号惠文太子。

臣范祖禹认为，太子是国君的副手，是宗庙社稷这个重任将要交付的对象，并不是官职爵位。唐玄宗册赠岐王李范谥号惠文太子，是什么原因呢？虽然亲爱自己的弟弟，想要以此来厚待他，但这不是正确的礼仪，不值得后人效法。

十七年八月，帝以生日宴百官于花萼楼下。源乾曜[①]、张说帅百官上表，请以每岁八月五日为千秋节[②]，布于天下，咸令宴乐。寻又移社[③]就千秋节。

臣祖禹曰：太宗不以生日宴乐，以为父母劬劳之日也。乾曜等乃以人主生日为节，又移社以就之。夫节者，阴阳气至之候，不可为也。社者，国之大祀，不可移也。明皇享国既久，骄心寖生，乾曜、说不能以义正君，每为谄首以逢迎之。后世犹谓说等为名臣，不亦异乎？

【注释】①源乾曜（？-731）：相州临漳（今河北临漳）人。进士出身，716年（开元四年），拜黄门侍郎、同平章事，成为宰相。不久被免官，改任京兆尹，四年后复任宰相，不久升任侍中，后又因与时任宰相张说发生矛盾被夺去实权。729年（开元十七年），被罢去侍中之职，后任太子少傅，封安阳郡公，两年后病逝于长安，追赠幽州大都督。②千秋节：旧时皇帝的诞辰。始自唐玄宗。③社：指社日，祭祀社神的日子。这里指秋社。

【译文】开元十七年（729）八月，唐玄宗因为生日，在花萼楼下面设宴款待文武百官。源乾曜、张说率领百官上奏表章，请求将每年的八月五日这一天定为千秋节，并公布于天下，让天下人都设宴欢乐。不久又把秋社移到千秋节这一天。

臣范祖禹认为，唐太宗没有在生日这天举行宴会玩乐，是因为他认为这是父母为生他而劳累的日子。源乾曜等人却将国君的生日设为节日，并且变更了社日举行的时间来迁就它。节气，是阴阳之气到来的象征，可按时举行却不可人为改变；社日，是国家重大祭祀活动的时间，不可以改变。唐玄宗在位已经很久，骄傲之心也便渐渐滋生；源乾曜、张说等人不能以义理来纠正国君的行为，反而经常以奉承和认同来逢迎讨好玄宗。后世之人却还认为张说等人是名臣，不是很奇怪吗？

十九年正月，王毛仲赐死。自是宦官势益盛，高力士尤为帝所宠信。尝曰："力士上直[①]，吾寝则安。"故力士多留禁中，稀至外第。四方表奏，皆先呈力士，然后奏御；事小，力士即决之，势倾内外。

臣祖禹曰：明皇不监石显[②]之事，而宠任力士，至使省决章奏，以万机之重委之阍寺[③]，失君道甚矣。其后李林甫、杨国忠皆因力士以进。迹其祸乱，所从来者渐矣。《传》[④]曰："存亡在所任。"人君可不慎其细哉！

【注释】①直：值班，值勤。②石显（？－前32）：西汉济南（今山东省章丘市）人，字君房，汉宣帝、元帝时宦官，专断朝政，势倾朝野。③阍寺：阍人和寺人，都指宦官。④《传》：指《汉书·刘向传》，文中有言："治乱荣辱之端，在所信任。"

【译文】开元十九年（731）正月，王毛仲被唐玄宗赐死。从此之后，宦官的权势日益强盛，其中高力士尤其受唐玄宗宠信。唐玄宗曾说："高力士前来值勤时，我睡觉便会安稳。"所以高力士大多数时候都留在皇宫中，很少回到外面的府宅。全国各地的表章奏本，都是先呈送给高力士，然而才呈奏给玄宗；事情小的，便由高力士直接决断，他的权势一时倾倒朝廷内外。

臣范祖禹认为，唐玄宗不以西汉权宦石显专权的事为借鉴，而宠信重用高力士，甚至让他省察、决断表章奏本，把国家的各种重要政务交托给宦官，导致君道丧失太过严重了。后来，李林甫、杨国忠都凭借着高力士的帮助进入了朝廷。追究唐朝后来祸乱之事，其迹象早就已经出现了。《汉书·刘向传》中说："国家存亡取决于所任用的人。"为人君王能够不慎重对待那些细小之事吗？

二十四年，武惠妃[①]谮太子瑛、鄂王瑶、光王琚。帝大怒，以语宰相，欲皆废之。张九龄谏曰："陛下践阼垂三十年，太子诸王不离深宫，日受圣训，天下之人皆庆陛下享国久长，子孙蕃昌。今三子皆已成人，不闻大过，陛下奈何一旦以无根之语，喜怒之际，尽废之乎！且太子天下本，不可轻摇。昔晋献公听骊姬之谗杀申生，三世大乱；汉武帝信江充之诬，罪戾太子，京城流血；晋惠帝用贾后之谮，废愍怀太子，中原涂炭；隋文帝纳独孤后之言，黜太子勇，立炀帝，遂失天下。由此观之，不可不慎。陛下必欲为此，臣不敢奉诏。"帝不悦。李林甫初无所言，退而私谓宦官之贵幸者曰："此主上家事，何必问外人！"帝犹豫未决。惠妃密使官奴牛贵儿谓九龄曰："有废必有兴，公为之援，宰相可长处。”九龄叱之，以其语白帝，帝为之动色，故终九龄罢相，太子得无动。明年，将废太子，帝召宰相谋之。林甫对曰：“此陛下家事，非臣等宜预。”帝意乃决。

臣祖禹曰：明皇三子之废，系于李林甫之一言，其得未废，系于张九龄之未罢。相贤则父子得以相保，相佞则天性灭为仇雠。置相可不慎哉！

【注释】①武惠妃：即贞顺皇后，武氏，名字不详，并州文水（今山西省文水县）人。唐玄宗李隆基宠妃，武则天的侄孙女。

【译文】开元二十四年（736），武惠妃在玄宗面前诋毁太子李瑛、鄂王李瑶、光王李琚。唐玄宗大怒，将这件事告知宰相，想要把他们全部罢免。张九龄劝谏道：“陛下您登基将近三十年了，太子和诸王从来没有离开过皇宫，每天接受您的教诲，天下都在为您国祚长久、儿孙满堂而庆祝。如今您的三个孩子已经长大成人，我也没听说他们犯了什么大错。您怎么能突然因为这些风言风语、因为自己一时的喜怒，就把他们的爵位废除了呢？况且太子是国家的根本，不可以轻易动摇。当初晋献公听信骊姬的谗言，杀死了太子申生，晋国因此大乱了三世；汉武帝听信了江充的谎言，怪罪于太子，结果引得京城死伤无数；晋惠帝听信贾南风的谗言，废黜了愍怀太子，中原因此生灵涂炭；隋文帝采纳了独孤皇后的建议，罢黜了太子杨勇，册立隋炀帝为太子，因此才丢掉了天下。如此看来，太子的册立、罢黜，不能不慎重啊！您如果一定要这样做，我不敢遵命而行。”唐玄宗听罢，很不高兴。李林甫一开始一语不发，退朝后却悄悄和被宠幸的宦官说道："这是陛下的家事，为什么要问外人？"唐玄宗还犹豫不决。武惠妃私下里派官奴牛贵儿对张九龄说："有被废黜的，就必然有被抬举的。如果您帮助武惠妃，那么您的宰相之位一定会长久。"张九龄将他斥退，把他的话告诉了唐玄宗；唐玄宗为此十分感动。因此直到张九龄的宰相之位被罢免，太子的位子都没有动摇。张九龄被罢免后的第二年，唐玄宗召来宰相计划此事。李林甫回答道："这是陛下的家事，不是我们这些臣子应该插手的。"于是唐玄宗才把此事决定下来。

臣范祖禹认为，唐玄宗的三个儿子被废黜，在于李林甫的一席话语；他们没有被废黜，则是因为张九龄还没有被罢免。宰相贤能，那么父子的情谊还能互相保全；宰相如果奸佞，那么就会泯灭父子之情而变为仇人。设置宰相怎么能不慎重呢！

二十五年四月，监察御史周子谅弹牛仙客[①]非才，引谶书为证。帝怒甚，命左右搸[②]于殿庭，绝而复苏，仍杖之朝堂，流瀼州，至蓝田而死。李林甫言："子谅，张九龄所荐也。"贬九龄荆州长史。

臣祖禹曰：古之杀谏臣者，必亡其国。明皇亲为之，其大乱之兆乎？开元之初，谏者受赏，及其末也而杀之。非独于此而异也，始诛韦氏、抑外戚、焚珠玉锦绣、诋神仙、禁言祥瑞，岂不正哉？其终也，惑女宠、极奢侈、求长生、悦禨[③]祥，以一人之身而前后相反如此，由有所陷溺其心故也。可不戒哉！

【注释】①牛仙客，字仙客，泾州鹑觚（今甘肃省平凉市灵台县)人。唐朝时期宰相。凡事依从宰相李林甫,遇事不敢裁决。天宝元年(742),病逝,追赠左相,谥号贞简。②搒:击打。③禨(jī):迷信鬼神。

【译文】开元二十五年(737)四月,监察御史周子谅弹劾牛仙客,认为他没有才能,并拿谶书当作证据。唐玄宗十分气愤,便命令身边侍卫在朝廷上把周子谅打死,之后周子谅又苏醒过来;唐玄宗便又在朝廷上杖击周子谅,还把他流放到瀼州,走到蓝田就去世了。李林甫对唐玄宗说:"周子谅是张九龄推荐的。"唐玄宗便把张九龄贬为荆州长史。

臣范祖禹认为,古代处死谏官的君主,一定会让他的国家灭亡。唐玄宗亲自杀死谏官,大概就是天下大乱的预兆了吧!开元初年,劝谏的人全都受到了奖赏;等到开元的末年,却要杀了劝谏的人。不只这个方面不同:一开始除掉韦氏、抑制外戚的势力、焚烧那些珠宝和锦缎、不听信所谓神仙的告谕、禁止天下人说什么祥瑞,难道称不上正直吗?到了后来,却被宠妃迷惑、极尽奢侈之能事、求取长生不老之路、为人们迷信的神仙鬼怪而喜悦。对于一个人来说,出尔反尔到了这种地步,是因为他的心思沉溺到了某些事物之中。怎么能不小心呢!

废太子瑛、鄂王瑶、光王琚,皆为庶人,寻赐死。七月,大理卿徐峤奏:"今岁天下断死刑五十八,大理狱院由来相传杀气大盛,鸟雀不栖,今有鹊巢其树。"于是百官以几致刑措,上表称贺。帝归功宰辅,赐李林甫爵晋国公,牛仙客豳国公。

臣祖禹曰:明皇一日杀三子,而李林甫以刑措受赏,谗谄得志，天理灭矣，安得久而不乱乎！

【译文】唐玄宗把太子李瑛、鄂王李瑶和光王李琚废黜为庶民，随即将他们赐死。当年七月，大理卿徐峤上奏道：“今年天下有五十八人被判死刑，大理寺的监狱相传由来杀气太盛，连鸟雀都不肯在大理寺旁栖息。如今已然有喜鹊在树上安家了。”于是百官认为国家基本达到了没有犯人的程度，便上表庆贺。唐玄宗归功于宰相，赐给李林甫晋国公的爵位，赐给牛仙客豳国公的爵位。

臣范祖禹认为，唐玄宗一天杀死了三个儿子，而李林甫却因为刑措被赏赐。奸臣在朝中得志，从此以后天理便灭绝了，怎么能保持长期不乱呢？

二十七年二月，群臣上尊号曰：“开元圣文神武皇帝。”

臣祖禹曰：三皇称皇，五帝称帝，三王称王，岂其德不足欤？名号一而已矣。及兼皇、帝之号，固已僭矣。后世因而不改，以为法后王也。汉哀惑于妖谶，始有陈圣刘太平之号。周宣骄恣，自称天元。高宗称天皇，武后称天后，尊号之兴盖本于此。开元之际，主骄臣谀，遂著以为故事，使其臣子生而加谥于君父，岂不悖哉！

【译文】开元二十七年（739）二月，百官给唐玄宗奉上尊号，称为开元圣文神武皇帝。

臣范祖禹认为，当初三皇号称为“皇”，五帝号称为“帝”，夏商周三代的王称为“王”，难道是他们的功德不够吗？不过是为了追求名号专一罢了。等到秦始皇兼用“皇帝”的名号，固然已经僭越名号了。后世的君主承袭秦制不肯改动，以此作为后代所学习的范式。汉哀帝被谶纬的妖言所迷惑，才有“陈圣刘太平皇帝”的名号。北周宣帝骄傲、恣肆，自己给自己冠以“天元”的名号。唐高帝自称天皇，武则天又自称天后，这大概就是尊号兴起的开端。开元年间，君主骄傲、臣下谄谀，于是便变本加厉地遵从旧例，让臣子在君父还在的时候给君父追谥，难道不是太荒谬了吗！

二十九年正月，帝梦玄元皇帝告云[①]：“吾有像在京城西南百余里，汝遣人求之，吾当与汝兴庆宫相见。”帝遣使求，得于盩厔楼观山间。闰四月，迎置兴庆宫。五月，命画玄元真容，分置诸州开元观。

臣祖禹曰：《中庸》曰：“诚则形，形则著。”扬雄曰：“人心其神矣乎。”人之有梦也，盖亦诚之形，而心之神也。今夫入无人之室，而其心惴焉，则或闻肃肃之声，见罔象之形也[②]，何心之动也，梦亦如是矣。昔高宗恭默思道，诚心求贤，故梦帝赉之良弼，果求而得之。此其心之神也。开元之末，明皇怠于庶政，志求神仙，惑方士之言，自以老子其祖也。故感而见梦，亦其诚之形也。自是以后，言祥瑞者众，而迂怪之语日闻，谄谀成风，奸宄得志，而天下之理乱矣。人君心术可不慎哉！

【注释】①玄元皇帝：指老子。唐高宗追封老子为太上玄元皇帝。②罔象：传说中的水怪。此指奇形怪状。

【译文】开元二十九年（741）正月，唐玄宗梦见玄元皇帝对他说："我在京城西南一百多里的地方有一座像，你派人前去寻找，我将会在兴庆宫和你相见。"唐玄宗派人前去寻求，在盩厔县楼观山里面找到了像。当年闰四月，唐玄宗前去迎接玄元皇帝像，将其放在兴庆宫。五月，又命人画出玄元皇帝的真容，分别放置于各个州的开元观中。

臣范祖禹认为，《中庸》说："如果心诚，那么动作里也会流露出来；如果动作能流露出诚心，那诚心也就很明显了。"扬雄也曾经说过："人心实在是太神秘了！"人之所以做梦，大概是诚心的一种表现，是内心的神秘所致。就像进入了一间没有人的房子，心里自然会害怕，那么就会听到一些窸窸窣窣的声音，或者见到一些奇异的现象。为什么内心会产生这种反应呢？梦也是如此。当初殷高宗恭敬地思索治国之道，一心求取贤才，因此才会梦见上帝赐给他贤良的辅弼之臣，果然求得了贤才。这就是内心的神秘了。开元末年，唐玄宗对各种政务十分懈怠，一心想要求仙问道，被方士的花言巧语所迷惑，自认老子为祖先，因此心有所感，在梦中见到了老子，也是他心诚所得到的结果。从此之后，陈说祥瑞的人越来越多，每天都有人上告那些迂腐荒诞的传闻，使得谗臣、奸党得志于朝廷，而天下却越来越乱。人君的心术怎么能不慎重呢！

天宝[①]元年。时天下声教所被之州三百三十一，羁縻之州八百，置十节度、经略使以备边。凡镇兵四十九万人，马八万余匹，开元之前，每岁供边兵衣粮，费不过二百万；天宝之后，边将奏益兵寖多，每岁用衣千二十万匹，粮百九十万斛，公私劳费，民始困苦矣。

臣祖禹曰：海内之地非不广也，生民之财非不多也，人君苟能清心以治之，恭俭以守之，岂有不足之患哉？守成之君，不能无为以持太平，于其安也而劳之，于其富也而刻之。是以天下之祸，常基于太平之时，至于乱已成，而人主犹不悟也。岂非好大多欲、任失其人之咎欤！

【注释】①天宝：唐玄宗年号，公元742年至756年。

【译文】天宝元年（742）。当时天子的声威教化流布天下，计三百三十一州，八百羁縻州，又设置了十个节度使、经略使以备边疆的战事。镇守边疆的军士有四十九万人，备八万多匹马。开元之前，每年供给边疆将士兵粮的花费不超过二百万，到了天宝之后，边关的将士上奏的军士人数逐渐增多，每年用一千零二十万匹衣料，一百九十万斛军粮，于公于私劳苦、多耗，百姓由此开始变得穷苦。

臣范祖禹认为，唐朝的疆域并非不广，百姓的钱财也并非不多，如果人君可以清心寡欲地治理国家和百姓，恭敬而廉洁地守卫他们，怎么会出现贫穷的问题？作为一个守护国家的君主，没能用无为之道保持国家的太平，在安乐的时候肆意驱使百姓，在富裕的时候刻薄地对待人民，因此国家的祸患，经常起于太平的时候。等到祸乱已经成形，而人主却仍然没有醒悟。难道不是这些君主好大喜功、欲望过剩、任用的臣子不合其位的缘故吗！

陈王府法曹参军田同秀上言："见玄元皇帝于丹凤门外之空中，告以：'我藏灵符在尹喜故宅。'"帝遣使于故函谷关求得之。群臣上表，以："函谷宝符，潜应年号；请于尊号加天宝字。"从之。二月，帝享玄元皇帝于新庙。甲午，享太庙。丙申，合祀天地于南郊。改桃林县曰灵宝，田同秀除朝散大夫。

臣祖禹曰：孟子曰："上之所好，下必有甚者矣。"明皇崇老喜仙，故其大臣谀小臣欺，盖度其可为而为之也。不惟信而惑之，又赏以劝之，则小人孰不欲为奸罔哉？昔汉文一为新垣平所诈，而终身不复言神仙之事，可谓能补过矣。

【译文】陈王府的法曹参军田同秀上书道："我在丹凤门外的天空上方看见了玄元皇帝，玄元皇帝说：'我把灵符藏在了尹喜以前的宅子里。'"唐玄宗派使者到函谷关旧址求得了灵符。群臣上表，认为："函谷关所得到的灵符，暗中与年号相合；请在尊号上加'天宝'二字。"唐玄宗听从了群臣的建议。当年二月，唐玄宗在新庙祭祀玄元皇帝。甲午日，又在太庙祭祀玄元皇帝。丙申日，又在南郊合祭天地，把桃林县改名为灵宝。田同秀被升职为朝散大夫。

臣范祖禹认为，孟子说过："处于上位的人如果有所喜好，那么他的下属一定更热衷于此。"唐玄宗崇尚道教，喜好求仙问道，因此他的手下都用仙道来欺骗他、奉承他，大概也是揣度了唐玄宗的爱好才去讨好唐玄宗。唐玄宗不仅相信这些征兆、被这些征兆迷惑，还赏赐用这些仙道之术迷惑他的人以激励下属，那么小人又怎么会不做奸臣、怎么会不蒙蔽唐玄宗？当初汉文帝一被新垣平欺骗，就终身不再谈及神仙之事，可以称得上是能反省错误了。

二年三月，追尊玄元皇帝父周上御大夫为先天太皇，又尊皋繇为德明皇帝。

臣祖禹曰：孔子曰："非其鬼而祭之，谄也。"《传》曰："神不歆非类，民不祀非族。"唐祖老子茫昧荒忽矣。老子之父，书传无见焉。取方士附会之说，而追尊加谥，不亦诬乎？皋陶作士，而作史者以为大理，既不经矣，又以为李氏所出而尊之，尤非其族类也。唐之先祖出于陇西狄道，非有世次可考。而必托之上古以耀于民，非礼之礼，适所以为后世笑也。

【译文】天宝二年（743）三月，尊奉玄元皇帝老子的父亲周朝上御大夫为先天太皇，又追尊皋繇为德明皇帝。

臣范祖禹认为，孔子说："不该自己祭祀的鬼而去祭祀，这是谄媚。"《左传》上说："神不接受异族人的朝奉，民众也不朝奉异族的神灵。"唐室以老子为祖先，这是模糊又荒诞的。古书中从未提及老子的父亲，却用那些方士牵强附会的说法给他加以谥号，不正是蒙蔽自己吗？《尚书》记载"皋陶作士"，而后来撰写史书的人认为就是负责刑狱的官员，这已经很不符合常理了；唐玄宗却又认为皋陶是李氏诞生的源头去尊奉他，最为荒谬不伦。唐宗室的先祖出自陇西的狄道，并不能考证其宗族世系，而唐玄宗却一定要追溯到上古，以此证明自己高于百姓一等，这种不符合礼制的礼节，只足以沦为后世的笑柄罢了。

三载三月，以平卢节度使安禄山兼范阳节度使，范阳节度使裴宽为户部尚书。礼部尚书席建侯为河北黜陟使，称禄山公直；李林甫、裴宽皆顺旨称其美。三人皆帝所信任，由是禄山之宠益固不摇矣。

臣祖禹曰：明皇宠信安禄山，故群臣争誉其美，以封殖之王心益固，虽太子不能间也。三人者岂必交利于一蕃将，而不忠于唐之社稷哉？不过谀悦人主，以保宠位而已，其后安禄山卒大乱天下，人臣阿意顺旨，其长祸岂细哉？

【译文】三载三月，任命平卢节度使安禄山兼任范阳地区的节度使，任命范阳节度使裴宽作为户部尚书。礼部尚书席建侯作为河北黜陟使，并且称赞安禄山为人公平正直；李林甫、裴宽都听从了唐玄宗的旨意去赞美安禄山。这三个人都是唐玄宗十分信任的人，于是唐玄宗对安禄山的宠信更加稳定并且不会动摇。

臣范祖禹认为，唐明皇宠信安禄山，因此群臣都争相赞誉，皇帝对他进行培养扶植的心更加坚定，即使是太子也不能动摇。这三人难道非要和安禄山这样的蕃将谋利，而不忠于唐朝社稷吗？不过是想阿谀皇帝，以此来保有他们的宠位罢了。之后，安禄山最终发动叛乱，大乱天下，作为臣子曲意逢迎，顺从君主的意图，这样导致的祸乱难道会小吗？

四载正月，帝谓宰相曰："朕比以甲子日于宫中为坛，为百姓祈福，朕自草黄素置案上，俄飞升，天空中语云：'圣寿延长。'又朕于嵩山炼药成，以置坛上。及夜，左右欲收之，又闻空中语云：'药未须收，此自守护。'达旦乃收之。"太子诸王、宰相皆上表贺。

臣祖禹曰：明皇假于怪神，以罔天下，言之不怍，而居之不疑，何以使其臣下不为欺乎？是率天下而欺己也。昔汉武封太室[①]，而从官谄谀，言有呼万岁者。明皇乃自为诈，又甚于汉武矣。

【译文】天宝四年（745）正月，唐玄宗对宰相说道："我最近在甲子日那天在宫中筑坛，以此为百姓祈福，我亲自在黄布上草拟祭文，放在桌子上，不久却飞上天，空中说了'圣寿延长'四个字。另外，我又在嵩山炼成了丹药，放在了祭坛上，到了夜晚，左右要将丹药收起来，却又听到空中有声音说道：'你们不需要把药收起来，它自己可以保护自己。'于是到了早上才把丹药收起来。"太子、诸王、宰相都上表庆贺。

臣范祖禹认为，唐明皇想向神怪借取力量，以此欺骗天下，谈及仙道的时候并不惭愧，居于其中的时候并不怀疑，他的臣下又怎会不欺骗他呢？这是率领天下人来蒙蔽自己啊！当初汉武帝到太室山祭天，跟随的官员都去奉承汉武帝，说有人高呼万岁。而唐明皇竟然自己欺骗自己，比汉武帝还要糊涂。

初，武惠妃薨，帝悼念不已，后宫数千，无当意者。或言寿王妃杨氏[①]之美，绝世无双。帝见而悦之，乃令妃自以其意乞为女官，号太真；更为寿王娶左卫郎将韦昭训女。潜内太真宫中。不期岁，宠遇如惠妃。七月，册昭训女为寿王妃。八月，册太真为贵妃。

臣祖禹曰：卫宣公纳伋之妻，国人恶之。明皇杀三子，又纳子妇于宫中，用李林甫为相，使族灭无罪。父子、夫妇、君臣，人之所以立也，三纲绝矣，其何以为天下乎！

【注释】①杨氏，即杨贵妃，名玉环，号太真。

【译文】当初，武惠妃去世，唐玄宗一直不停地悼念，后宫有数千妃嫔，没有一位合唐玄宗的意。有人说寿王的妃子杨氏的美貌绝世无双，唐玄宗一见杨氏，便喜不自胜，便下令让杨氏凭自己的意思请求担任女官，道号太真；又重为寿王娶了左卫郎将韦昭训的女儿，背地里却把杨氏收入宫中，不到一年，杨氏的恩宠就已经达到了武惠妃的地步。当年七月，册命韦昭训的女儿为寿王妃。当年八月，册命太真为贵妃。

臣范祖禹认为，当初卫宣公强娶了儿子卫伋的妻子，全国上下都唾弃他。唐玄宗杀了三个儿子，又把儿子的妻子纳入后宫，任用李林甫为宰相，让他族灭那些无辜的人。父子、夫妇、君臣，这是人立足的根本，三纲断绝了，又拿什么治理天下呢？

六载十月，帝欲使王忠嗣[①]攻吐蕃石堡城，忠嗣上言：“石堡险固，吐蕃举国守之，今顿兵其下，非杀数万人不能克；臣恐所得不如所亡，不如且厉兵秣马，俟其有衅，然后取之。”帝意不快。将军董延光自请将兵取石堡城，帝命忠嗣分兵助之。忠嗣不得已奉诏，而不尽副延光所欲。延光怨之，李光弼[2]言于忠嗣曰："大夫以爱士卒之故，不欲成延光之功，虽迫于制书，实夺其谋也。何以知之？今以数万众授之而不立重赏，士卒安肯为之尽力乎？然此天子意也，彼无功，必归罪于大夫，大夫军府充牣，何爱数万段帛，不以杜其谗口乎？"忠嗣曰："今以数万之众争一城，得之未足制敌，不得亦无害于国，故忠嗣不欲为之。今受责天子，不过以金吾、羽林一将军归宿卫，其次不过黔中上佐；忠嗣岂以数万人命易一官乎！"延光过期不克，言忠嗣沮挠军计。帝怒，李林甫因使人诬告忠嗣，敕征入朝，贬汉阳太守。八载，帝使哥舒翰攻石堡城，拔之。唐士卒死者数万，果如忠嗣之言。

臣祖禹曰：王忠嗣可谓贤将矣，不为无益害有益，不以所得易所亡，不顾一身之危，而惜士卒之命，其可谓贤将矣。然忠嗣知石堡之不可取，莫若固守前议，而勿分兵以助延光，均之得罪，不亦宜乎！既黾勉奉诏，予之兵，而复挠其谋，使谗人得以藉口，岂忠嗣思之未至邪？

【注释】①王忠嗣（706–749）：华州郑县（今陕西省渭南市华州区华州街道）人。唐朝名将。开元二十六年（738），北伐契丹，三战三捷。天宝初年，大败突厥。参加青海湖会战，大破吐蕃。后受宰相李林甫嫉恨，诬陷王忠嗣"欲奉太子"李亨为帝。贬为汉阳太守，迁汉东太守。天宝八年（749），去世，终年四十五岁。②李光弼（708–764）：营州柳城（今辽宁省朝阳市）人，契丹族。唐朝中期名将。他在常山、嘉山大破叛军，成功守卫太原，遏止其攻势。乾元元年（758），奉命讨伐安庆绪，初战获捷。同年指挥河阳之战，挫败史思明。又镇压浙东袁晁起义。晚年为宦官所谗，拥兵不朝，愧恨成疾，在徐州病逝，享年五十七岁。

【译文】天宝六年（747）十月，唐玄宗想要派王忠嗣攻打吐蕃的石堡城。王忠嗣上奏道："石堡城十分坚固，吐蕃倾全国之力守卫石堡城，如今如果在石堡城下安营扎寨，除非死掉数万士兵，否则无法攻克；我恐怕打下石堡城所得还不如失去的多，不如暂且厉兵秣马，等到吐蕃内部出了问题，再前去攻打石堡城。"唐玄宗不是很高兴。将军董延光请求带兵攻取石堡城，唐玄宗命令王忠嗣分出军队帮助董延光。王忠嗣不得已，只能按照诏令分兵，却不完全服从董延光的想法，董延光因此怨恨王忠嗣。李光弼对王忠嗣说："您是因为爱惜士兵，才不肯帮助董延光成功，虽然是迫于诏书的命令，但实际上却会破坏他的计划。如何能看得出来呢？如今您将数万士兵给他，却不设重赏，军士们又怎会为董延光尽力呢？然而这是天子的意思，如果董延光没能成功，一定会归罪于您，您的军库十分充实，又为什么吝惜数万锦缎布匹却不让董延光的嘴闭上呢？"王忠嗣说："如今带领数万的兵马去争夺一个城池，得到石堡城后不足以牵制吐蕃，没有得到石堡城也对我国造不成什么危害，因此我才不想攻打石堡城。如果如今我受到天子的责怪，不过是担当执金吾、羽林郎这种将军职衔在皇宫里守卫罢了，再严重也不过做个州郡的小官。我怎么能用数万人的生命换来一个官职呢！"董延光的任务超过了时限，没能成功，就上表陈说王忠嗣阻挠打仗的计划。唐玄宗大怒，李林甫趁机派人诬告王忠嗣，唐玄宗下诏征王忠嗣入朝，把他贬为汉阳太守。天宝八年，唐玄宗派哥舒翰攻占了石堡城，唐营军士死伤数万，果然和王忠嗣所说一样。

臣范祖禹认为，王忠嗣可以称得上是贤良的将军了。不因为没有益处的事损害有益处的事，不用得到的事物换取失去的事物，不顾虑一己的危难，爱惜士卒的性命，可以说得上是良将了吧！然而王忠嗣既然知道石堡城无法攻占，就不如坚持之前的意见，不要分兵帮助董延光，反正两种做法都要领罪，这样做不也很合适吗？既然勉强奉诏，把军队分给了董延光，然而又破坏董延光的计划，让谄谀之人得到借口，难道是王忠嗣没有想到这一点吗？

十二月，以高仙芝[①]为安西四镇节度使。自唐兴以来，边帅皆用忠厚名臣，不久任，不遥领，不兼统，功名著者往往入为宰相。其四夷之将，虽才略如阿史那社尔、契苾何力，犹不专大将之任，皆以大臣为使以制之。及开元中，天子有吞四夷之志，为边将者十余年不易，始久任矣；皇子则庆、忠诸王[②]，宰相则萧嵩[③]、牛仙客，始遥领矣；盖嘉运、王忠嗣专制数道，始兼统矣。李林甫欲杜边帅入相之路，以胡人不知书，乃奏言："文臣为将，怯当矢石，不若用寒族胡人；胡人勇决习战，寒族则孤立无党，陛下诚以恩洽其心，彼必能为朝廷尽死。"帝悦其言，始用安禄山。至是诸道节度使尽用胡人，精兵咸戍北边，天下之势偏重，卒使禄山倾覆天下，皆出于林甫专宠固位之谋也。

臣祖禹曰：李林甫巧言似忠，明皇故信而不疑，然以胡人为制将，则不必聪明圣智之主而后能知其非也。明皇蔽于吞灭四夷，欲求一切之功，是以林甫得行其计，以中其欲。人君苟不能以义制欲，迷而不复，何所不至哉！

【注释】①高仙芝（？-756）：唐朝中期名将，高句丽人。天宝六年（747），命高仙芝为行营节度使，智取小勃律。天宝九载，进攻石国，先约和，后突袭，生俘其国王和部众。天宝十四年（756），安禄山叛乱时，高仙芝以副统帅之职出征讨叛逆，前线失利，退守潼关，为监军宦官边令诚诬陷杀害。②庆、忠诸王：指庆王李琮、忠王李亨。③萧嵩（？-749）：字乔甫，号体竣，南兰陵郡人。唐朝宰相。出为河西节度使，用反间计除掉吐蕃大将悉诺逻恭禄，又曾任用名将张守珪等人。后入朝为相。天宝八年（749）病逝家中。

【译文】当年十二月，任命高仙芝为安西四镇的节度使。自从唐朝兴起以来，戍边军队的元帅都是忠厚的名臣，不长期任职戍边，不在远地领导边军，只统制一个军队。这些名臣中功勋卓然的，往往能入朝担任宰相。即使是像阿史那社尔、契苾何力这样有谋略的外族将领，做了大将军也不可专断，皇帝也会派大臣做使者以牵制他们。到了开元年间，唐玄宗有了吞并四夷的想法，戍守边疆的将领十几年也不更换，这才开始长期任职。皇子则有庆王李琮、忠王李亨这些皇族，宰相则是萧嵩、牛仙客等人在京城领受兵权，到了盖嘉运、王忠嗣，才开始统制几支军队。李林甫想要堵死戍边军队元帅晋升为丞相的这条升迁之路，认为胡人不懂文化，于是上奏道："让文臣担任将领，就会对战争畏首畏尾。不如任用身世贫寒的胡人。胡人骁勇善战，寒族出身便孤立没有党派。如果陛下能用诚心让他心怀感恩，那么这些寒族的胡人一定会为朝廷尽死力。”唐玄宗采纳了他的建议，这才任用了安禄山。此时各路节度使都开始任命胡人，精兵全都在北方的边疆防守，国家的军势都向一方偏移，最后让安禄山颠覆了唐朝的统治，都是出于李林甫想要独据恩宠、永居高位的计策。

臣范祖禹认为，李林甫巧舌如簧，看似忠诚，因此唐玄宗才深信不疑。然而让胡人做节度使，就是不圣明的君主也知道是错误的谎言了。唐玄宗被吞灭四夷的欲望所蒙蔽，想要建立不世之功，因此李林甫才能施行他的计谋，满足唐玄宗的私欲。人君如果不能用大义来牵制自己的欲望，就会被欲望迷惑而无法返回，什么荒唐事都能做出来！

八载二月，引百官观左藏，赐物有差。帝以国用丰衍，故视金帛如粪壤，赏赐贵宠之家，无有限极。

臣祖禹曰：财者天地之所生，而出于民之膏血，先王知稼穑之艰难，杼柚之勤劳，故取之有制，而用之有节。明皇暴敛而横费之，其不爱惜如此，安得无祸乎！

【译文】天宝八年（749）二月，唐玄宗带领百官参观国库左藏，各按官爵得到不同的赏赐。唐玄宗认为国库还十分充盈，把金钱看作粪土，毫无限度地赏赐那些尊贵的、受宠的大臣。

臣范祖禹认为，钱财是天地所造，是用民脂民膏换来的。先代的帝王知道耕种、纺织的艰难，因此有限度地征收、有规律地使用财物。而唐玄宗却大肆征收、肆无忌惮地耗费钱财。如此不爱惜钱财，一定会招来祸患。

帝以符瑞相继，皆祖宗休烈，六月，上圣祖号曰大道玄元皇帝，上高祖谥曰神尧大圣皇帝，太宗谥曰文武大圣皇帝，高宗谥曰天皇大圣皇帝，中宗谥曰孝和大圣皇帝，睿宗谥曰玄真大圣皇帝，窦太后以下，皆加谥曰顺圣皇后。十三载二月，朝献太清宫，又上圣祖尊号曰大圣祖高上大道金阙玄元太皇大帝。享太庙，上高祖谥曰神尧大圣大光孝皇帝，太宗谥曰文武大圣大广孝皇帝，高宗谥曰天皇大圣大弘孝皇帝，中宗谥曰孝和大圣大昭孝皇帝，睿宗谥曰玄真大圣大兴孝皇帝，以汉家诸帝皆谥孝故也。

臣祖禹曰：自尧舜禹汤文武之君，谥号惟一而已，既称天以诔之，则子孙不可得而改也。高宗不师古昔，始改祖宗旧谥，天宝以后，增加复重，至繁而不可纪。夫祖宗苟有高世之功德，则曰文曰武足矣；若其无功德，而子孙妄加之则是诬之；而使天下后世以为讥玩也。故夫孝子慈孙之欲显其亲，莫若使名副其实而不浮，则天下心服之矣。未闻以谥号繁多为贵也。唐之典礼不经亦甚哉。

【译文】唐玄宗认为吉祥的征兆出现，都是因为祖辈宏伟的大业，当年六月，追尊圣祖老子为大道玄元皇帝，追尊唐高祖谥号为神尧大圣皇帝，追尊太宗谥号为文武大圣皇帝，追尊高宗谥号为天皇大圣皇帝，追尊中宗谥号为孝和大圣皇帝，追尊睿宗谥号为玄真大圣皇帝。自窦太后以下的皇后，全都增加顺圣皇后的谥号。天宝十三年二月，前去朝见献祭太清宫，又追尊圣祖老子为大圣祖高上大道金阙玄元太皇大帝。又献祭太庙，追尊唐高祖谥号为神尧大圣大光孝皇帝，太宗谥号为文武大圣大广孝皇帝，高宗谥号为天皇大圣大弘孝皇帝，中宗谥号为孝和大圣大昭孝皇帝，睿宗谥号为玄真大圣大兴孝皇帝。这出于汉代的各个皇帝谥号都有“孝”的原因。

臣范祖禹认为，从尧、舜、禹、商汤、周文王、周武王以来，谥号只有一个字。既然对着上天读了哀悼死者的诔文，那子孙就不能随便改动他们的谥号了。唐高宗不顾旧例，第一个改动祖宗以前的谥号；天宝以后，增加的谥号越来越多，繁杂到别人无法记住的程度。如果祖宗真的有高于一般君王的功德，那么“文”“武”这种谥号就足够了。如果没有这种功德，那么子孙妄加谥号的行为又何异于歪曲祖宗，反而让天下人、后世的人当作笑柄。因此，如果子孙孝顺，真的想让自己的祖宗在历史上显名，那就不如让他们名副其实，不要过分夸大祖宗的功业，那么天下人就会心服口服了。从来没有听说过认为谥号多的人尊贵的。唐朝的礼仪实在是太不庄重了啊！

九载十月，太白山人王玄翼上言：见玄元皇帝，言宝仙洞有妙宝真符。命刑部尚书张均等往求，得之。时帝尊道教，慕长生，故所在争言符瑞，君臣表贺无虚月。李林甫等皆请舍宅为观以祝圣寿，帝悦。

臣祖禹曰：昔秦始皇削平六国，汉武帝驱攘四夷，皆雄才之主也，及其为方士之所欺玩，无异于婴儿。人君唯恭俭寡欲清虚以居上，则邪谄无自而入矣，其心一有所蔽，鲜不为惑也。明皇不正其心，故小人争为幻以惑之，其神明精爽既夺矣，此所以养成大乱也。

【译文】天宝九年（750）十月，太白山人王玄翼上奏，说他见到玄元皇帝说宝仙洞有奇妙的宝物、真传的符命。命令刑部尚书张均等人前往寻求，在洞中找到了宝物和符命。当时唐玄宗尊崇道教，慕求长生，因此处处都在争先恐后地报告祥瑞的出现，群臣没有一个月不上表称贺的。李林甫等人全都请求把自己的宅子空出，改成道观，以此来祷告唐玄宗长命百岁。唐玄宗十分高兴。

臣范祖禹认为，当初秦始皇平定东方六国，汉武帝将四方蛮夷赶走，这两位君王都身怀雄才大略。等到他们被方士欺骗的时候，却和那些孩童没有什么区别。人君应该让恭敬、节俭、寡欲无求这些美好的品德居于上风，那么旁门左道就没有办法入侵了。一旦心灵被欲望所蒙蔽，很难做到不被迷惑。唐玄宗不能把自己的思想摆正，因此小人争相故弄玄虚去迷惑唐玄宗，这就是酿成大祸的根本原因。

唐鉴卷之十

扫一扫　听导读

玄宗下

十载，帝命有司为安禄山起第于亲仁坊，敕令但穷壮丽，不限财力。既成，具幄帟器皿，充牣其中，虽禁中服御之物，殆不及也。禄山生日，帝及贵妃赐衣服宝器酒馔甚厚。后三日，召禄山入禁中，贵妃以锦绣为大襁褓裹禄山，使宫人以彩舆舁之。帝观之喜，赐贵妃洗儿金银钱，复厚赐禄山，尽欢而罢。自是禄山出入宫掖不禁，或与贵妃对食，或通宵不出，颇有丑声闻于外，帝亦不之疑也。

臣祖禹曰：昔辛有适伊川，见被发而祭者，知其将为戎，明皇不信其子，而宠胡人以为戏，至使出入宫禁而不疑，亵慢神器，亦极矣。岂天夺其明，将启戎狄以乱华欤！何其惑之甚也。

【译文】天宝十年（751），唐玄宗命令相关人员为安禄山在亲仁坊设立宅邸，命令工匠只求穷尽壮丽，不用考虑花钱的问题。建成之后，又设置了各种帷幔、器具，摆满了宅邸，即使是宫中所用的器物也无法比拟。安禄山生日这天，唐玄宗和杨贵妃又赐给安禄山无数衣服、宝物、美酒、美食。三天之后，又把安禄山叫到宫中，杨贵妃用锦绣制作了一个大襁褓裹住安禄山，让宫人用彩色的轿子抬着他。唐玄宗看了之后大喜，赏赐给杨贵妃洗儿金银钱，又重赏安禄山，尽情游乐之后才各自散去。从此安禄山出入宫门也不被禁止，有的时候和贵妃对坐进食，有的时候通宵在宫中不出，丑闻已经传到外面，唐玄宗却一点也不怀疑他。

臣范祖禹认为，当初辛有曾经来到伊川，看到一个披头散发正在祭祀的人，就知道伊川将要成为戎人的领地了。唐玄宗不相信自己的儿子，却宠爱胡人，当成游戏，甚至让他出入宫门也不怀疑他，让安禄山亵渎皇权的威严，已经无法更严重了。难道是上天要剥夺他英明的一面，以帮助外族祸乱中原吗？唐玄宗怎么能这么糊涂呢！

十一载，户部侍郎王鉷[①]聚敛刻剥，岁贡额外钱帛百亿万，贮于内库，以供宫中宴赐，曰："此皆不出于租、庸、调。"中外嗟怨。帝以鉷为能富国，益厚遇之。权宠日盛，领二十余使。宅旁为使院，文案盈积，吏求署一字，累日不得前；中使赐赍不绝于门，虽李林甫亦畏避之。鉷弟户部郎中焊，凶险不法，召术士任海川，问："我有王者之相否？"海川惧，亡匿。鉷恐事泄，捕得杀之。王府司马韦会，定安公主之子也，话之私庭。鉷又杀之。焊所善邢縡，与右龙武万骑谋杀龙武将军，以其兵作乱，杀李林甫、陈希烈[②]、杨国忠。有告之者，帝使鉷捕之，鉷意焊在縡所，先遣人召之，乃捕縡。縡格斗且走，禁军击斩之。国忠言："鉷必预谋。"敕陈希烈与国忠鞫之，于是任海川韦会等事皆发，鉷赐自尽，焊杖死于朝堂，鉷子准、偁流岭南，寻杀之。籍其第舍，数日不能遍。

臣祖禹曰：昔荣夷公好专利，厉王悦之。召穆公（一本作芮良夫）知王室之将卑，以为"王人者，将导利而布之上下者也。而或专之，其害多矣"。夫利，百物之所生，而天地之所以养，人也专之，必壅，壅则所害者多，故凡有利必有害，利于己必害于人，君子不尽利以遗民，所以均天地之施也。圣王宁损己以益人，不损人而益己。《记》曰："与其有聚敛之臣，宁有盗臣。"是以兴利之臣，鲜不祸败。自桑弘羊以来，未有令终者也。唐世言利，始于宇文融，融既流死，而韦坚、杨慎矜、王鉷继起，又益甚之，极于杨国忠，皆身首异处，宗族涂地。其故何哉？壅利而所害者众也，天下之怨归之，故其恶必复，其祸必酷，而唐室几亡。其后，以刘晏之能犹不免，况其非道者乎！必若公刘之厚民，管仲之富国，李悝之平籴，耿寿昌之常平，不为掊克，上下皆济，则身享其荣，后嗣蒙其庆矣。吉凶祸福之效如此，可不戒哉！

【注释】①王鉷（？–752）：字号不详，并州祁人。唐朝时期大臣。天宝九年（750），拜御史大夫、京兆尹，加知总监、栽接使，权倾朝野。天宝十一年（752），受累于弟弟户部郎中王焊和邢縡谋反，坐罪赐死。②陈希烈(？—758)：字子明，宋州商丘人。唐朝宰相。天宝五年(746)，担任宰相。任职期间，依附权臣李林甫。杨国忠继任宰相后，参与清算李林甫身后事，进封许国公。安史之乱爆发后，被叛军俘虏投降，伪授宰相。至德二年(758)，朝廷下诏将陈希烈赐死。

【译文】天宝十一年(752)。户部侍郎王𫟹横征暴敛，搜刮钱财，每年上供额外的钱财、布匹价值上百亿万之多。唐玄宗将其收藏在国库中，以供在宫中赏赐大臣，说："这些都不是从租、庸、调的税款里来的。"内外都为此嗟叹、怨恨。唐玄宗认为王𫟹能让国家富起来，于是更加优厚地对待他。王𫟹的势力因此越来越大，兼任了二十多个职务；他的宅子旁边就是使院，案子上的文件都堆满了。手下的小吏想要上前签字，好几天也不能到他跟前，宫中使者带来的赏赐一直不停，即使是李林甫也要让他三分。他的弟弟户部郎中王焊，十分凶恶，不守法规。王焊曾经招来术士任海川，问道："我有当帝王的面相吗？"任海川十分畏惧，便逃走躲了起来。王焊害怕事情败露，便抓到任海川杀了他。王府的司马韦会，是定安公主的儿子。韦会在家里发牢骚对王𫟹不满，又杀了韦会。和王焊友善的邢縡和右龙武万骑谋杀了龙武将军，带兵作乱，要刺杀李林甫、陈希烈、杨国忠。有人向唐玄宗告发，唐玄宗命人前去逮捕邢縡，猜到王焊在邢縡家中，因此先把王焊招来，之后才前去逮捕邢縡。邢縡边格斗边逃跑，被禁军击杀。杨国忠说道："王𫟹一定参与了这场叛乱。"唐玄宗下诏让陈希烈、杨国忠审问王𫟹，于是任海川、韦会的案子都被暴露出来。唐玄宗赐王𫟹自尽，王焊在朝堂被杖毙，儿子王准、王偁被流放到岭南，不久又杀了他们。又抄了王鉷的家，抄了好几天都没有抄完。

臣范祖禹认为，当初荣夷公实行专利，周厉王很喜欢他。召穆公（一本作芮良夫）知道王室将要衰落，是认为“能够统治别人的人，是要疏通利益，把财物分给上下各级的。如果有人独占财物，那么就会有灾祸。”利益是万事万物所产生、创造的，是用来养育天地万物的。如果一个人专擅钱财，那么分发钱财的道路就会堵塞。一旦堵塞，那么就会有无穷的祸患。因此凡是有利的事物一定会有害；对自己有利就会对别人有害。君子不会独占财物，而是会把他们的财物分发给百姓，以此来均衡天地所赐予的恩惠。圣贤的君主宁愿损害自己、给别人带来利益，也绝不会损害别人给自己谋利。《礼记》说：“与其有搜刮财物的大臣，不如有偷盗财物的大臣。”因此大肆搜刮财物的人，很少能得到好结局。自从汉朝的桑弘羊以来，还没有能够善终的臣子。唐代一开始独据财物的是宇文融，被流放而死；随后韦坚、杨慎矜、王鉷相继而起，比宇文融还要过分，到杨国忠掌权则达到了极点，全都身首异处，自己的家族也无不七零八落。为什么会到这种地步？堵住利益的道路，妨碍到的人太多了，天下人都怨恨他，因此这个仇一定会报，这些人的祸患一定会十分惨烈，而唐朝几乎因此灭亡。在此之后，刘晏的才能来讲，还是不能从祸患中脱身，又何况那些不合道义的人呢！一定要做到像公刘那样厚待百姓，像管仲一样让国家富起来，像李悝创立平籴法，耿寿昌建立常平仓那样，不去搜刮百姓的财物，那么上下就都会过得很幸福，而自身又能享受到荣誉，后嗣也因为他的人望而受到帮助。吉凶祸福效用如此，怎么能够不仔细考量呢！

十三载正月，帝欲加安禄山同平章事，已令张垍草制，杨国忠谏而止。时垍为太常卿翰林院供奉。唐初，诏敕皆中书、门下官有文者为之。乾封以后，始召文士元万顷、范履冰等草诸文词，常于北门候进止，谓之北门学士。中宗之世，上官昭容专其事。帝即位，始置翰林院，密迩禁廷，文章之士，下至僧、道、书、画、琴、棋、数术之工皆处之，谓之待诏。

臣祖禹曰：中书、门下，出纳王命之司也，故诏敕行焉。明皇始置翰林，而其职始分。既发号令、预谋议，则自宰相以下，进退轻重系之矣，岂特取其词艺而已哉！释老之徒、方外之士、书画琴棋数术执技以事上，不与士齿者也，而使与文学之臣杂处，非所以育材养贤也。上失其制，下怀其利，为之者，不亦可羞哉？

【译文】 天宝十三年（754）正月，唐玄宗想要给安禄山加以同平章事的名号，已经让张垍前去起草诏书了，是杨国忠劝谏才没有施行。当时张垍担任太常卿和翰林院供奉的职位。唐朝初年，诏书、敕命都是中书、门下省中有文采的官员所作；到了乾封之后，才开始命令文人元万顷、范履冰等人起草各种文辞，经常在北门待命。人们把他们称为北门学士。唐中宗时，上官昭容专门负责此事。唐玄宗即位后，才开始设置翰林院。翰林院紧邻宫门，上则延请一些写文章的文人，下至于僧人、道士、书法家、画家、琴师、棋手、擅长术数的工匠，都在翰林院中，称他们为待诏。

臣范祖禹认为，中书省、门下省，是接受、发出诏命的机构，因此可以签发诏书、敕命。唐玄宗时代才开始设置翰林院，这一职能也才被独立出来。既然是管理发号施令、谋划大事的机构，那么宰相以下的人员的进退、轻重都与诏书息息相关，怎么能只因为他们的文采而取用他们？那些僧人、道士等不在红尘之中的人、那些用琴棋书画和术数一技之长取悦上位的人，怎么能和国家官员并列呢？让他们和有文采的文士杂居，这哪里是养育贤才的好办法！上司丧失了国家制度的威严，而让下属私下牟利。想出这种建议的人，难道不会感到羞耻吗？

先是，剑南节度使鲜于仲通讨南诏蛮，大败于泸南，士卒死者六万人，仲通仅以身免。杨国忠掩其败状，仍叙其战功。六月，剑南留后李宓，又将兵七万击南诏。阁罗凤诱之深入，卒罹瘴疫饥死什七八，乃引还，蛮追击之，宓被擒，全军皆没。国忠隐其败，更以捷闻，益发中国兵讨之，前后死者二十万人。

臣祖禹曰：《管子》有言曰："堂上远于百里，堂下远于千里，君门远于万里。"言壅蔽之为害深也。明皇信一杨国忠，丧师二十万而不得知，以败为胜，其不亡岂不幸哉！国忠欺蔽如此，而举朝亦无一人敢以实告君者，盖在位者皆小人，无一贤也。当是时，明皇享国四十余年，自以为太平，有万世之安，而不知祸乱将发于朝莫，由置相非其人也。可不戒哉！

【译文】之前，剑南节度使鲜于仲通前去讨伐南诏的蛮族，在泸南大败，损失了六万士卒，只有鲜于仲通自身得以免难。杨国忠掩盖了鲜于仲通的败战战报，仍然上叙他的战功。六月，剑南留后李宓又带七万兵马攻击南诏。阁罗凤诱敌深入，李宓的士卒有十分之七八都因受到瘴气、瘟疫、饥饿而死。于是李宓带兵撤退，南诏前来追击，李宓被捕，全军覆没。杨国忠掩盖战败一事，反而告诉唐玄宗取得大捷，又发动中原的军队前往讨伐，前后有二十万人因此而死。

臣范祖禹认为，《管子》曾经说过："殿堂之上比百里还远，殿堂之下比千里还远，国君门前比万里还远。"这就是陈述蒙蔽的危害太大。唐玄宗相信一个杨国忠，损失了二十万兵力都不知道，听信杨国忠把败仗说成胜仗，唐朝却没有灭亡，难道不是太幸运了吗！杨国忠如此欺骗唐玄宗，全朝上下却也没有一个人敢把实话告诉唐玄宗，大概是因为在位的人全都是小人，没有一个贤能的人。这时，唐玄宗已经在位四十多年了，自认为天下太平，能延续到千秋万代，却不知道祸乱马上就要发生了，就是因为他所选的丞相并不能承担起职责。怎么能不小心呢！

帝尝谓高力士曰："朕今老矣，朝事付之宰相，边事付之诸将，夫复何忧！"力士对曰："臣闻云南数丧师，又边将拥兵太盛，陛下何以制之？臣恐一旦祸发，不可复救，何谓无忧？"帝曰："卿勿言，朕徐思之。"自去秋水旱相继，关中大饥。杨国忠恶京兆尹李岘不附己，以灾沴归咎于岘，九月，贬岘长沙太守。帝忧雨伤稼，国忠取禾之善者献之，曰："雨虽多，不害稼也。"帝以为然。扶风太守房琯[①]言所部水灾，国忠使御史推之。是岁，天下无敢言灾者。高力士侍侧，帝曰：“淫雨不已，卿可尽言。”对曰：“自陛下以权假宰相，赏罚无章，阴阳失度，臣何敢言！”帝默然。

臣祖禹曰：明皇之言未为失也，其失者，任非其人也。诚使朝事付之相如姚宋，边事付之将如王忠嗣，夫复何忧哉！而以奸宄为贤能，巨猾为忠良，是以祸乱成而不自知也。自李林甫之时，言路塞绝，以妄言为实，以实言为妖。杨国忠知其君之可欺也，而欺之，公卿大夫、百执事之人宴安宠禄，谀佞成风，大乱将作。凡民且能知之，而无一人敢言者，盖其君子皆去，其立于朝者皆小人也。高力士帷幄之臣，非有深谋远虑，心知其事而不忍噤默，此非其忠义过人，盖朝廷无贤，百官失职，而至于宦者言天下之事。明皇亦可以悟矣，而曾不之省，以及于乱，不亦宜哉！

【注释】①房琯（697—763）：字次律，河南缑氏人。唐朝宰相。安史之乱爆发后，护送唐玄宗进入蜀郡。唐肃宗即位后，奉命前往辅佐，深受器重，委以平叛重任，因不通兵事，在陈涛斜大败而回。后又参与收复长安。唐广德元年（763），授刑部尚书，病逝于入朝途中。

【译文】唐玄宗曾经对高力士说：“我如今已经老了，就把朝中的事情交给了宰相，把边关的事情交给了众将领。我还有什么忧愁呢！”高力士说道：“我听说云南屡次兵败，而且边关的将领所率领的军队人数太多，陛下您怎么牵制得了呢？我害怕一旦祸发，就没办法挽回局面了。怎么能叫作无忧呢？”唐玄宗说道：“你不用说了。我回去慢慢思考一下。”自从去年秋天旱灾、涝灾相继而发，关中地区发生了非常严重的饥荒。杨国忠厌恶京兆尹李岘不依附自己，因此把灾难的责任归咎于李岘。九月，把李岘贬为长沙太守。唐玄宗担心大雨会影响收成，杨国忠便把粮食里好的献给唐玄宗，说道：“虽然下了很大的雨，但是并不会损伤庄稼。”唐玄宗相信了杨国忠的谎言。扶风太守房琯上言所管辖的地区有涝灾发生，杨国忠让御史追究他的责任。这一年，天下没有人敢上报灾情。高力士在一旁侍立，唐玄宗说道：“连续几天都是阴雨天气，你尽管说你想说的。”高力士回答道：“自从您把权力借给宰相，赏罚没有章法，阴阳失去平衡，我哪里敢说话呢！”唐玄宗默然不语。

臣范祖禹认为，唐玄宗的话并没有什么错误，他的错误在于用错了人。如果能把朝廷的事务托付给像姚崇、宋璟一样的丞相，把边关的事务托付给像王忠嗣一样的将领，那还有什么好担心呢！而唐玄宗却把奸佞当作贤能之人，把老奸巨猾的人当作忠良，因此祸乱已经酿成自己却不知道。从李林甫掌权的时候起，劝谏的道路都被阻断了，唐玄宗把那些虚妄的话当作真的，却把那些真实的情况当作谎言。杨国忠知道唐玄宗可以欺骗，因此就去欺骗他，公卿大夫、朝廷百官安于恩宠、利禄，阿谀奉承已经形成风气，大祸已经就在眼前了。平凡百姓尚且已经看出兆头，却没有一个人敢上奏，大概是君子全都离去，在朝中留下的就只有小人了。高力士作为帷幄之臣，并不是怀有深谋远虑，心里知道这件事，不忍心缄口不言，这不是说高力士忠义超过别人，而是朝廷中没有贤才，百官失职，到了宦官参与天下大事的地步了，唐玄宗也应该醒悟了。然而唐明皇却不反省原因，最后酿成大祸，不也是咎由自取吗！

十五载二月，以吴王祇为灵昌太守。河南都知兵马使贾贲前至雍丘，有众二千。先是谯郡太守杨万石以郡降安禄山，逼真源令张巡，使为长史，西迎贼。巡至真源，率吏民哭于玄元皇帝庙，起兵讨贼，吏民乐从者数千人，巡选精兵千人，西至雍丘，与贾贲合。

臣祖禹曰：明皇之末，朝廷无忠贤，左右无正人。一旦贼兵起幽蓟，中原瓦解，而颜杲卿首谋于常山，真卿唱义于平原，张介然、崔无诐死其城郭，李憕、卢奕、蒋清死其官守，贾贲以一尉讨贼，张巡以县令起兵，郭子仪鹰扬于朔方，李光弼电击于河北，孰谓天下无人乎？盖有之而不用也。其后兴复唐室，卒赖之于忠贤。夫国有人则存，无人则亡，古者万乘之国有一臣则不可得而亡，况忠贤如此其多乎！唐之不亡，断可知矣。《诗》云："无竞维人，四方其训之。"苟得其人则何危乱之有！

【译文】天宝十五年二月，任命吴王祇为灵昌太守。河南都知兵马使贾贲前往雍丘，有两千军士。之前，谯郡太守杨万石带着谯郡投降安禄山，逼迫真源县县令张巡，让他担任长史，向西迎接贼人。张巡到了真源县，带领众官吏百姓在玄元皇帝的庙中大哭，带领军队讨伐贼人，有好几千官民都乐意跟从张巡，张巡挑选了精兵一千人，便向西行到雍丘，和贾贲会师。

臣范祖禹认为，唐玄宗末年，朝廷没有忠良之臣，皇帝身边没有正直之士。一旦幽州作乱，中原顿时瓦解，然而颜杲卿在常山起兵，颜真卿在平原起义，张介然、崔无詖为了守护城池而死，李憕、卢奕、蒋清死在了自己的官位上，贾贲凭借一个县尉的身份讨伐贼人，张巡身为一个县令而起兵，郭子仪在北方像鹰一样驰骋，李光弼在河北像闪电一样迅猛，谁说天下没有人才呢？只不过是有人才但却不被任用。之后兴复唐室，都倚仗这些贤能的人。国家有人才就会保存下来，没有人才就会灭亡。古代的那些万乘之国，有一个贤才就不会灭亡，况且现在有如此多的忠良之士呢！唐朝不会灭亡，由此断然可知。《诗经》说过："没有比得上他的人，那么四方的人就都会驯服。"如果真能得到这样的臣子，那么还有什么危险呢？

哥舒翰[①]军于潼关。或说杨国忠曰："今朝廷重兵尽在翰手，翰若援旗西指，于公岂不危哉！"国忠大惧，乃奏："潼关大军虽盛，而无后继，万一失利，京师可忧，请选监牧小儿三千，于苑中训练。"使李福德领之。又募万人屯灞上，令杜乾运将之，名为御贼，实备翰也。翰亦恐为国忠所图，乃表灞上军隶潼关；六月，召乾运诣关，因事斩之。国忠益惧。帝遣使趣翰进兵复陕洛。翰奏以为未可，国忠疑翰谋己，言翰逗留，将失机会。帝续遣中使趣之，项背相望。翰不得已，抚膺恸哭；引兵出关。与贼将崔乾祐战于灵宝西原，翰大败，乾祐进克潼关。蕃将火拔归仁等执翰以降贼。

臣祖禹曰：杨国忠既激安禄山使之速反，以信其言；又促哥舒翰出兵潼关，恐其为己不利；动为身计，不顾社稷之患。然所以求全者，适足以自族也。夫就利避害，小人之常也，利于己而不利于人，则为之，害于国而不害于家，则为之，自以为得计矣，而不知害于国则亦害于家，不利于人则亦不利于己，是以自古小人之败，必至于家国俱亡。此先王所以戒小人之不可用也。明皇以天下安危寄之一相，而其人如此，安得不倾覆乎！

【注释】①哥舒翰（704—757）：安西龟兹（今新疆库车）人。唐朝名将。深得王忠嗣赏识，屡次打败吐蕃。天宝八载（749），发动石堡城之战，取得大捷。安史之乱爆发后，在宰相杨国忠催促下，仓促出战，在灵宝之战中兵败被俘，被囚洛阳，至德二载（757），为安庆绪所害。

【译文】哥舒翰在潼关驻军。有人游说杨国忠道：“如今朝廷的重兵都在哥舒翰的手里，哥舒翰如果拿起旗帜向西进军，那您岂不是危险了吗？”杨国忠十分恐惧，于是上奏道：“潼关的军队虽然声势浩大，却没有后援，一旦失利，那京城就危险了。请您选择三千个监守放牧的杂役，在苑中训练他们。”唐玄宗便派李福德带领他们。又招募一万人到灞上，命令杜乾运带领他们，名为抵抗贼人，实际上是防备哥舒翰。哥舒翰也担心被杨国忠算计，于是上表让灞上的军队隶属潼关。当年六月，又把杜乾运叫到潼关，借口某事把他杀了。杨国忠越来越害怕。唐玄宗派使者敦促哥舒翰进兵收复陕洛之地。哥舒翰上奏，认为无法进兵。杨国忠怀疑哥舒翰想要算计自己，就上言说哥舒翰在潼关逗留，将会失去收复陕洛的时机。唐玄宗接连派使者催促哥舒翰，前后接连相望。哥舒翰不得已，捶胸大哭，便带兵出了潼关，和贼将崔乾祐在灵宝西的平原大战，哥舒翰大败，崔乾祐进兵攻克了潼关。吐蕃的将领火拔归仁等人抓住哥舒翰，投降了贼人。

臣范祖禹认为，杨国忠既激怒了安禄山，导致他提前叛乱，以证实自己的言论；又催促哥舒翰从潼关出兵，担心哥舒翰损害自己的利益。每次都是为了利益而动，根本不顾及社稷的祸患。然而他那些求取保全自身的把戏，只足以让他自取灭亡。趋利避害，是小人的常性，对自己有利却对别人不利的事，他们一定会做；对国家有损却对自己家庭有利，他们一定会做，自认为计谋得逞了，却不知道对国家有害就是对自己家中有害，对人不利就是对自己不利，因此自古小人之所以取败，一定会导致家国全都灭亡。这是先王戒备小人不能用的原因。唐玄宗把天下安危交给一个宰相，而交给的宰相是这样的人，国家如何不倾覆呢！

杨国忠首倡幸蜀之策，帝然之。甲午，移仗北内。既夕，命陈玄礼[①]整比六军，厚赐钱帛，选闲厩马九百余匹，外人皆莫之知。乙未，黎明，帝独与贵妃姊妹、皇子、妃、主、皇孙、杨国忠、韦见素、魏方进、陈玄礼及亲近宦官、宫人出延秋门，妃、主、皇孙之在外者，皆委之而去。

臣祖禹曰：《传》曰："社稷之主，不可以轻，轻则失众。"况为天下之主乎！古者天子巡守，必载庙主而行，明皇既不能率其民人城守，以待勤王之师，必不得已而避寇出奔，犹当告于宗庙，谕众而行，为备而动，则不至于颠沛矣。乃以天子之尊，独与其所爱脱身而逃，委其子孙皆碎贼手，明皇自取之也。自是以后天下有变，则京师不守，人主先为出计。自明皇始，其可丑也夫！

【注释】①陈玄礼：唐朝名将。随玄宗起兵诛杀韦后及安乐公主。安史之乱时，率军护卫玄宗逃亡四川，行至马嵬驿，发动兵变，逼死杨国忠及杨氏姐妹。安史之乱平息后，随玄宗回到长安。后辞官，旋即病死。

【译文】杨国忠首先提倡让唐玄宗驾临蜀地的策略，唐玄宗同意了。甲午日，把仪仗迁移到皇宫北面。到了晚上，唐玄宗命令陈玄礼整顿六军，用钱财、丝绢重赏军士，选了九百多匹在马厩中备用的马，外人完全不知道他们的计划。乙未日的黎明，唐玄宗单独和杨贵妃姐妹、皇子、妃嫔、公主、皇孙以及杨国忠、韦见素、魏方进、陈玄礼，还有亲近的宦官、宫人从延秋门出皇宫。把宫外的嫔妃、公主、皇孙抛弃了就离去了。

臣范祖禹认为，《左传》曾经说过："社稷的主人不可以轻率，如果太轻率了就会失去民心。"何况天下之主呢？以前天子在外巡狩，一定要带着宗庙的神主前行。唐玄宗既不能带着他的百姓守城，等待前来勤王的军队，不得已为了躲避贼寇出逃，也应该告诉祖庙，让百姓知晓之后再出逃，使百姓有准备而行动，也不至于到颠沛流离的程度。唐玄宗身居天子如此尊贵的身份，竟然只和自己宠爱的后妃、臣子出逃，却让自己的子孙落在贼人的手里。这是唐玄宗咎由自取。自此以后，天下一旦发生变故，京城就会被攻占，而皇帝们也都先谋划怎么出逃。从唐玄宗开始，难道不令人羞愧吗！

帝遣宦者王洛卿前行，告谕郡县置顿。食时，至咸阳望贤宫，洛卿与县令俱逃，中使征召吏民，莫有应者。日向中，帝犹未食，杨国忠自市胡饼以献。于是民争献粝饭，杂以麦豆，皇孙辈争以手掬食之，须臾而尽，犹未能饱。帝皆酬其直，慰劳之。众皆哭，帝亦掩泣。

臣祖禹曰：臣民之位，上下之等，以势相扶而已矣。天子者，以一身而寄天下之上，所恃者众心之所戴也。合而从之则为人君，离而去之则为匹夫，天下常治则能保其人君之尊，乱则众散，众散则与匹夫何异哉？《书》曰："予临兆民，懔乎若朽索之御六马。"先王不敢自恃如此，故其国家可保也。明皇享国几五十年，一旦失国出奔，自长安至咸阳不四十里，而已无食。天子之贵，四海之富，其可恃乎？

【译文】唐玄宗派宦官王洛卿前去告诉各个郡县布置、安顿行程。到吃饭的时候，唐玄宗一行到达咸阳的望贤宫，王洛卿和县令全都跑了。唐玄宗派宫中使者前去征召官吏、百姓，没有一个人相应。到了中午，唐玄宗还没吃饭，杨国忠自己买来胡饼献给唐玄宗吃。于是百姓争相献上糙米饭，里面还夹杂着麦子、豆子，皇孙们争抢着，用手捧着粮食吃，马上就吃没了，还没能吃饱。唐玄宗付了钱，又慰劳这些百姓们。众人全都哭了，唐玄宗也跟着哭。

臣范祖禹认为，所谓那些君臣百姓的地位、上下的等级，不过是彼此互相扶助罢了。天子凭借一身居于天下人之上，不过是倚靠自己被所有人爱戴而已。如果众人合力遵从他，那他就是人君；如果众人离开、抛弃他，那他就是一介匹夫。天下如果常能太平，那么就能保住君主尊贵的地位；天下一旦大乱，追随君主的人们就会作鸟兽散，人们离开他了，那他还和普通人有什么区别呢？《尚书》曾经说过："我身处万万人之上，十分惊恐，就好像用老化的绳子去驾驭六匹快马一样。"先代的君王不敢如此骄傲，因此才能保住国家长治久安。唐玄宗当了将近五十年的皇上，一旦丢弃国家出逃，从长安到咸阳不到四十里而已，就已经没有食物了。他还能倚仗天子尊贵的身份和天下的富有吗？

有老父郭从谨进言曰："禄山包藏祸心，固非一日，亦有诣阙告其谋者，陛下往往诛之，使得逞其奸逆，致陛下播越。是以先王务延忠良以广聪明，盖为此也。臣犹记宋璟为相，数进直言，天下赖以安平。自顷以来，在廷之臣以言为讳，惟阿谀取容，是以阙门之外，陛下皆不得知。草野之臣，必知有今日久矣。但九重严邃，区区之心，无路上达。事不至此，臣何由得睹陛下之面而诉之乎！"帝曰："此朕之不明，悔无所及。"慰谕而遣之。

臣祖禹曰：天宝之乱，田夫野人皆能知之，而其君不得闻，岂不哀哉？夫壅蔽之祸，至白刃流矢交于前，六亲不能相保而始觉，不亦晚乎？

右玄宗在位四十六年，传位于肃宗。宝应元年崩，年七十八。

【译文】有一个叫郭从谨的老者进言道："安禄山包藏祸心，已经不是一天了，也有很多到朝廷上告发安禄山的人，但是往往被您所杀，这才让安禄山能够得逞，让您流落到今天颠沛流离的地步。因此先代的贤王致力于招揽忠良之臣和人才，大概就是为了这个。我还记得当初宋璟担任相国的时候，屡次上前进谏直言，天下依靠宋璟的劝谏得以太平。自从最近，朝廷里的大臣以进言为忌讳，只知道阿谀奉承，讨取您的欢欣，因此宫门以外的事，您一点儿也不知道。而那些在外奉行差事的人，早就知道一定会有今天；但是宫门守卫森严而深邃，因此他们的诚心无法传达给您。如果事情没有发展到这种地步，我又怎么能看见您的面亲口跟您诉说呢！"唐玄宗说道："这是我失察，后悔也已经来不及了。"于是便安慰、晓谕郭从谨让他离开了。

臣范祖禹认为，天宝年间的变故，住在郊外的百姓都能察觉，而唐玄宗却没有察觉到，难道不悲哀吗？这些被蒙蔽而导致的灾祸，到了刀已经架到脖子上、亲戚都不能互相保全的时候才发觉，不是太晚了吗？

以上，唐玄宗在位共四十六年，传位给唐肃宗。宝应元年驾崩，享年七十八岁。

唐鉴卷之十一

肃　宗

至德[1]元载，七月甲子，帝即位于灵武城南楼，尊玄宗曰上皇天帝，赦天下，改元。

臣祖禹曰：哥舒翰守潼关，王思礼请回兵诛杨国忠，翰曰："此乃翰反，非禄山也。"翰偾军降虏，固无足道，然其言可为后法。肃宗以皇太子讨贼，至灵武，遂自称帝，此乃太子叛父，何以讨禄山也？唐有天下，几三百年，由汉以来，享国最为长久。然三纲不立，无父子君臣之义，见利而动，不顾其亲，是以上无教化，下无廉耻。古之王者，必正身齐家，以率天下。其身不正，未有能正人者也。唐之父子不正，而欲以正万事，难矣。其享国长久，亦曰幸哉！

【注释】①至德：唐肃宗年号，从公元756年至758年。

【译文】至德元年（756），七月甲子日，唐肃宗在灵武城南楼登基，遥尊唐玄宗为上皇天帝，大赦天下，改了年号。

臣范祖禹认为，哥舒翰防守潼关，王思礼请求回调军队诛杀杨国忠。哥舒翰说：“这就是我哥舒翰造反，而不是安禄山造反了。”哥舒翰兵败投降，固然不足以评论，但是他的言论可以被后世当作榜样。唐肃宗以皇太子的身份讨伐贼人，到了灵武，于是就自立为帝，这是太子造父皇的反，拿什么名义去讨伐安禄山？唐朝掌管天下将近三百年，从汉朝以来，是最为长久的国家。然而三纲不能确立，没有父子、君臣之间的道义，看到利益就去行动，不去管自己的亲人。因此在上的人没有教化，在下的人不知廉耻。古代的君王，一定要先纠正自身、和睦家庭，以率领天下的人民如此做。从来没有不能正己却能正人的人。唐朝的君王父子不正己，却想匡正天下万事，太难了！唐朝能延续这么久，可以说是太幸运了。

帝在灵武，文武官不满三十人，披草莱立朝廷。制度草创，武人骄慢。大将管崇嗣在朝堂背阙而坐，言笑自若，监察御史李勉[①]奏弹之，系于有司。帝特原之，叹曰：“吾有李勉，朝廷始尊。”

臣祖禹曰：昔赵襄子有晋阳之难，群臣皆懈，惟高共不敢失礼，及襄子行赏，以共为先。肃宗之在朔方，唐室危如缀旒，李勉不以王路夷险易其心，不以君父在草莽而废其职，事君若此，可谓忠正之士矣！

【注释】①李勉（717—788）：字玄卿，陇西成纪人。唐朝宰相。辅佐唐肃宗光复，拜太常少卿。受到李辅国排挤，出任汾州刺史。唐代宗即位，拜京兆尹、御史大夫，受宦官鱼朝恩排斥，出任岭南节度使。建中四年（783），淮西叛臣李希烈攻克汴州，入为检校司徒、同平章事，表请辞官。贞元四年（788），病逝。

【译文】唐肃宗在灵武，文武官员不满三十个人，拨开杂草创立朝廷。当时朝廷制度才开始建立，武将骄傲、轻慢。大将管崇嗣在朝廷上背着唐肃宗而坐，言笑自若，监察御史李勉上奏弹劾管崇嗣，把管崇嗣拘留在相关部门。唐肃宗特赦了他，感叹道："我有李勉，朝廷才开始有尊严。"

臣范祖禹认为，当初赵襄子在晋阳遇到危险，群臣都对他不像旧时一般恭敬，只有高共不敢怠慢他。等到赵襄子论功行赏的时候，最先赏的就是高共。唐肃宗身处朔方，唐王室就好像帝王礼帽上悬垂的珠子要落下来一样危险，李勉不因为忠于君王的道路危险改变他的本心，不因为君主在草莽之中而荒废职务。像这样服侍君王，可以称得上是忠正的臣子了。

文部侍郎同平章事房琯喜宾客，好谈论，多引拔知名之士，而轻鄙庸俗，人多怨之。贺兰进明与琯有隙，言琯专为迂阔大言以立虚名，所引用皆浮华之党，真王衍之比也。帝由是疏之。琯上疏请将兵复两京，帝许之，加持节招讨西京兼防御蒲潼两关兵马节度使。琯请自选参佐，悉以戎务委李揖、刘秩，二人皆书生，不闲军旅。琯谓人曰："贼曳落河①虽多，安能敌我刘秩！"琯分为三军，以中军、北军为前锋，十月，二军遇贼将安守忠于咸阳之陈涛斜。琯效古法，用车战，以牛车二千乘，马步夹之。贼顺风鼓噪，牛皆震骇。贼纵火焚之，人畜大乱，官军死伤者四万余人，存者数千而已。琯自以南军战，又败，帝闻琯败，大怒。李泌[2]为之营救，帝乃宥之，待琯如初。琯性高简，时国家多难，而琯多称病不朝谒，不以职事为意，日与刘秩、李揖高谈释老，或听门客董庭兰鼓琴，庭兰以是大招权利。明年，罢琯为太子太师。

臣祖禹曰：房琯有高志虚名，而无实才。肃宗既疏之，而犹以为将帅，以其能成克复之功，是不知其臣也。琯以谗见疏而犹以讨贼为己任，是不量其君也。君不知其臣，臣不量其君，而欲成天下之务，未之闻也。且肃宗任琯，而琯任刘秩，君臣不知人如此，夫安得不败乎！

【注释】①曳落河：契丹语，意为壮士、战士。②李泌（722-789）：字长源，祖籍辽东郡襄平县。唐朝中期政治家、谋臣、学者。遭宰相杨国忠忌恨，归隐名山。安史之乱时，唐肃宗召李泌参谋军事，宠遇有加。不久又被李辅国诬陷，再次隐居。唐代宗即位后，接连受宰相元载、常衮排挤，被外放至地方任职。唐德宗时入朝拜相，达成“贞元之盟”。封邺县侯，世称“李邺侯”。贞元五年（789），李泌病逝。

【译文】文部侍郎同平章事房琯喜欢招揽宾客，爱好高谈阔论，多提拔那些在社会上知名的士人，轻视那些庸俗的人，因此有很多人怨恨他。贺兰进明和房琯有嫌隙，上奏说房琯专门说那些迂腐的高谈阔论，以此树立威名；所取用的都是一些轻浮、华而不实的人，简直就是王衍一类的人。唐肃宗因此疏远房琯。房琯上疏请求带兵收复二京，唐肃宗同意了他的提案，任命为持节招讨西京兼防御蒲潼两关兵马节度使。房琯请求自己选择辅佐的人，把军中事务全都托付给李揖、刘秩。李揖、刘秩两个人都是书生，对军中诸事并不娴熟。房琯对别人说："贼人的兵马虽然声势浩大，如何能敌得过我们刘秩呢？"房琯将军队分为三部分，以中军、北军为先锋。当年十月，中军、北军在咸阳的陈涛斜遇到了贼将安守忠。房琯效仿古人作战的方法，用战车打仗，带着两千牛车，用骑兵、步兵辅助。贼人顺着风大呼大叫，牛都十分害怕。贼人又趁机放火焚烧房琯的军队，房琯军的人、牲畜顿时方寸大乱，官军死伤有四万多人，只剩下几千人而已。房琯又亲自带领南军前去打仗，再次战败。唐肃宗听说房琯战败，大怒，李泌帮房琯回护，唐肃宗才肯赦免他，对待房琯像一开始那样。房琯性情高傲、尚简，当时国家正值灾难，而房琯却屡次称病不肯朝谒，不把自己的职务挂在心上，每天和刘秩、李揖谈论佛道之学，有时听门客董庭兰鼓琴。董庭兰因此得到了很多权势、利益。第二年，唐肃宗把房琯贬为太子太师。

臣范祖禹认为，房琯志向远大，却名不副实，没有真才实学。唐肃宗既然疏远了他，却还要任命他为将帅，认为他能够成就收复的功业，这是唐肃宗不了解他的臣子；房琯因为谗言而被疏远，却还把讨伐敌人当作自己的志向，这是房琯不了解他的主公。主公、臣子彼此不相了解，却想成就收复天下的功名，这我还从来没有听说过。况且唐肃宗任命房琯，房琯又任命刘秩，君臣二人像这样不能了解别人，怎么会不失败呢？

帝在彭原，廨舍隘狭，帝与张良娣博，打子声闻于外。李泌言，诸军奏报停壅。帝乃潜令刻干树鸡为子，不欲有声。良娣以是怨泌。

臣祖禹曰：明皇播迁于蜀，肃宗越在草莽，宗庙焚毁，社稷丘墟，此痛心尝胆之时也。而于军旅之中，与妇人嬉戏，岂非以位为乐乎？肃宗之志，不及远矣，享国不永，此其兆欤。

【译文】唐肃宗身处彭原，所住的房子十分狭窄，唐肃宗和张良娣一起玩象棋，外面也能听到敲棋子的声音。李泌上奏，说各军队上奏的报告已经积压很多了。唐肃宗于是暗暗下令把干树皮刻成棋子，不想让外面听到玩棋的声音。张良娣因此怨恨李泌。

臣范祖禹认为，唐玄宗流落到蜀地，而唐肃宗身处草莽，宗庙被贼人烧毁，社稷变成了废墟，这是人主痛心疾首、卧薪尝胆的时候。可唐肃宗却在军队中和妇人嬉戏，难道不是把即位当成了很快乐的事儿吗？唐肃宗的志向不如玄宗久远。这就是唐肃宗不能长久治国的征兆吧！

二载四月，帝在凤翔。是时府库无蓄积，专以官爵赏功，诸将出征，皆给空名告身，自开府、特进、列卿、大将军，下至中郎、郎将，听临事注名。其后又听以信牒授人官爵，有至异姓王者。诸有官者，但以职任相统摄，不复计官爵高下。大将军告身一通，才易一醉。凡应募入军者，一切衣金紫，至有朝士僮仆衣金紫，而身执贱役者。名器之滥，至是而极焉。

臣祖禹曰：《传》曰："不轨不物，谓之乱政。"官爵者，人君所以驭天下，不可以虚名而轻用也。君以为贵，则人贵之，君以为贱，则人贱之，难得而加于君子则贵矣，易得而施之小人则贱矣，肃宗欲以苟简成功，而滥假名器，轻于粪土，此乱政之极也。唐室之不竞，不亦宜乎！

【译文】至德二年（757）四月，唐肃宗来到凤翔。当时国库并没有积蓄，就只好用官爵赏赐功臣。诸将领带兵打仗，就发给他们没有名字的任命官职的帖子，从开府、特进、列卿、大将军开始，下到中郎、郎将，都在有事情的时候临时写上名字。之后又用信牒授予别人官爵，官爵最高可以做到异姓王。做官的人，只按照职务成为上下级关系，不再统计官爵的高低。一张大将军的告身（委任状），才换一顿酒钱。只要是响应招募进入军队的人，全都佩金袋、穿紫衣，以至有朝廷大臣的仆人身穿着官服却干着低贱的职务的现象。滥用名器的现象自此达到了巅峰。

臣范祖禹认为，《左传》有言："不符合礼仪，不重视尊卑，这就是'乱政'。"官爵，是人君用来驾驭天下的礼制，不能因为浮名轻易地任命。如果君主重视他，那么别人也会重视；如果君主轻视他，那么别人也会轻视。如果官爵难得，而君主把它们交给君子，那么官爵就会贵重；如果官爵易得，而君主又把它们交予小人，那么官爵就会低廉。唐肃宗想要轻易成功，就随意把官爵赐予别人，使官爵轻如尘土，这已经是乱政的极点了。唐王室不能强盛，不也是应该的吗？

九月，广平王俶[①]、郭子仪[②]等大军收西京。初，帝欲速得京师，与回纥约曰："克城之日，土地士庶归唐，金帛子女皆归回纥。"至是，叶护欲如约。俶拜于叶护马前曰："今始得西京，若遽俘掠，则东京之人皆为贼固守，不可复取矣，愿至东京乃如约。"叶护许之。十月，收东京。回纥及西域诸胡纵兵大掠三日，军士为之乡导，府库及士民之室皆空。回纥意犹未厌，俶患之。父老请率罗锦万匹以赂回纥，回纥乃止。

臣祖禹曰：肃宗欲克复唐室，苟求天下之贤，而与之共天下之功，因民之心以讨暴逆，何患乎贼之不灭？而唐之人主好结戎狄，以求其援。肃宗姑务欲速，不为远谋，至使诸胡纵掠与贼无异，其失民也，不亦甚乎！昔武王伐商，亦有微、卢、彭、濮；春秋之时，姜、戎常佐晋征讨，皆以中国之师制之，使为掎角之助而已。至于后世则倚戎狄以成功，与之共事，未有不为患者也！

【注释】①广平王俶：即唐代宗李豫。②郭子仪（697–781）：字子仪，华州郑县人。唐代中兴名将、政治家、军事家。安史之乱爆发后，率军勤王，收复河北、河东。至德二年（757），收复两京有功，加司徒，封代国公。宝应元年（762），平定河中兵变有功，进封汾阳郡王。广德元年（763），郭子仪被启用，再次收复长安。永泰元年（765），郭子仪在泾阳单骑说退回纥，并击溃吐蕃，稳住关中。

大历十四年（779），唐德宗即位后，尊为“尚父”。建中二年（781）病逝。

【译文】当年九月，广平王李俶、郭子仪等带着大军收复了西京。一开始，唐肃宗想要快速收复京师，就和回纥约定道：“等到攻克城池那天，土地和士人、庶人归唐朝，金钱、丝帛、奴隶都归回纥。”到了这时，叶护想要按约定执行。李俶在叶护马前下拜，道：“如今我们刚收复西京，如果立刻烧杀抢掠，那么东京的众人就会为贼人固守城池，就无法再收复东京了。希望您到了东京之后再按约定执行。”叶护答应了李俶。当年十月，李俶等又收复了东京。回纥和西域各胡人在长安放纵军士大肆掳掠了三天，李俶的军队做了他们的向导，国库、士人和百姓的家室全都被抢空了，而回纥意犹未尽。李俶十分担心。百姓请求拿出一万匹绫罗锦缎贿赂回纥，回纥才停止掳掠。

臣范祖禹认为，唐肃宗想要恢复唐宗室，如果寻求天下的贤才，和他们一起建立功勋，顺着民意讨伐残暴的反贼，又哪里需要担心贼人不会被消灭呢？而唐朝的人主却喜欢与戎狄勾结，向他们求援。唐肃宗只知道追求速度，不能把眼光放得长远，以致让百姓被各个胡人像叛贼一样掳掠，这难道不会大失民心吗？当初武王讨伐商朝，也有微、卢、彭、濮；春秋时期，姜、戎也经常帮助晋国四处讨伐。而二者都用中原的军队牵制这些戎族，让他们形成掎角之势罢了。至于后世却依靠戎族成功，和他们一起谋划，怎么会不酿成后患呢！

十二月，上皇至咸阳，帝备法驾迎于望贤宫。上皇在宫南楼，帝释黄袍，着紫袍，望楼下马，趋进，拜舞于楼下。上皇降楼，抚帝而泣，帝捧上皇足，呜咽不自胜。上皇索黄袍，自为帝着之，帝伏地顿首固辞。上皇曰："天数人心皆归于汝，使朕得保余齿，汝之孝也！"帝不得已，受之。上皇不肯居正殿，曰："此天子之位也。"帝固请，自扶上皇登殿。尚食进食，帝品尝而荐之。将发行宫，帝亲为上皇习马而进之。上皇上马，帝亲执鞚。行数步，上皇止之。帝乘马前引，不敢当驰道。上皇谓左右曰："吾为天子五十年，未为贵；今为天子父乃贵耳！"

臣祖禹曰：肃宗以皇太子讨贼，遂自立于灵武，不由君父之命，而有天下，是以不孝令也。及其迎上皇于望贤宫，百姓皆注耳目，则辞帝服，避驰道，屑屑焉为末礼以眩耀于众，岂其诚乎！况其终也，用妇言而保奸谋，迁其父于西宫，卒以愤郁而殒。事亲若此，罪莫大焉！且临危则取大利，居安则谨小节，以是为孝，亦已悖矣！孟子曰："不能三年之丧，而缌小功之察，放饭流歠，而问无齿决。"其肃宗之谓乎！

【译文】当年十二月，太上皇到了咸阳，唐肃宗准备了皇帝用的车驾，在望贤宫迎接太上皇。太上皇在宫南的楼落脚，唐肃宗解开黄袍，身穿紫袍，看见了楼就下了马，小步快步前进，在楼下拜舞。太上皇下楼，抚摸着唐肃宗的头而哭泣，唐肃宗捧着太上皇的脚，哭得停不下来。太上皇要来黄袍，亲自给唐肃宗穿上，唐肃宗趴在地上磕头，坚决推辞皇位。太上皇说道："天数和人心都已经归附于你，能让我颐养天年，就是你的孝顺了！”唐肃宗不得已，只好接受。太上皇不肯在正殿居住，说道：“这是天子的位子。”唐肃宗一再请求太上皇，亲自扶着太上皇登上正殿。尚食进献食物，唐肃宗亲自品尝，然后向太上皇进献。将要前往行宫，唐肃宗亲自为太上皇训练好马匹，进献给太上皇；太上皇上了马，唐肃宗亲自为太上皇拉着马笼头，走了几步，太上皇阻止了唐肃宗。唐肃宗乘着马在前引路，不敢自处正道。太上皇对身边的人说：“我做了五十年天子，都没觉得有多显贵；如今做了天子的父亲，才知道地位的显贵。”

臣范祖禹认为，唐肃宗以太子的身份讨伐贼人，却在灵武自立，并不是因为唐玄宗的命令就掌管了天下，这是用不孝号令天下。等到他在望贤宫迎接太上皇，百姓全都竖起耳朵、睁大眼睛。唐肃宗才推辞皇帝的衣服，不在皇帝的马道行马，做这些细枝末节的繁文缛节在百姓面前炫耀，这怎么会是真的？况且等到最后，唐肃宗听从妇人的话谋划一些不忠之策，把他的父亲挪到西宫，最后因为愤怒忧郁而去世。像这样服侍父母，还有比这还大的罪行吗！在灾难面前去寻求更大的利益，到了安全的时候就拘束这些小礼节，把这种行为称作孝顺，简直是荒谬至极。孟子说：“（如果有人）不实行三年的丧礼，却讲究缌麻、小功这类（三五个月的）丧礼；（在尊长面前用餐，）大吃大喝，却讲究不用牙齿咬断干肉（这类小礼节），这就叫不懂轻重缓急。”这说的就是肃宗吧！

乾元[①]元年六月，史思明既降。李光弼以思明终当叛乱，而乌承恩为思明所信，阴使图之。又劝帝以承恩为范阳节度副使，赐阿史那承庆铁券，令共图思明，帝从之。会承恩入京师，帝使内侍李思敬与之俱至范阳宣慰。承恩谋泄，思明责之。承恩谢曰：“此皆李光弼之谋也。”思明乃集将佐民吏，西向大哭，曰：“臣以十三州十万众降朝廷，何负陛下，而欲杀臣！”遂杀承恩，连坐死者二百余人。囚思敬，表上其状。帝遣中使慰谕思明曰：“此非朝廷与李光弼之意，皆承恩所为，杀之甚善。”

臣祖禹曰：王者所以威服海内，惟其有信与义而已。匹夫一为不信，犹不可自立于乡党，况人主而为不信，天下其谁从之？肃宗既纳史思明之降，加以爵命，于时未有逆乱之节也。李光弼为国元帅，职在御侮，知其有不臣之志，终为背叛，言于君而备之可也，待其发而诛之可也，乃使传诏之臣阴与其党为盗贼之计，不亦辱王命乎！若事之捷，则反侧之人谁不怀惧？事之不捷，适足以长乱，非所以弭乱也。既失信于已降之虏，又归罪于死事之臣，欲以服天下奸雄之心，岂不难哉！

【注释】①乾元：唐肃宗的年号，使用时间从公元758年二月至公元760年闰四月，共计使用了三年。

【译文】乾元元年（758）六月，史思明已经投降。李光弼认为史思明最后依旧会叛变，而乌承恩被史思明信任，就让乌承恩暗地里图谋史思明。李光弼又劝唐肃宗任命乌承恩为范阳节度副使，赐予阿史那承庆铁券，让他们一起图谋史思明，唐肃宗听从了李光弼的建议。恰逢乌承恩进入京城，唐肃宗派内侍李思敬和乌承恩一起去范阳宣诏抚慰。乌承恩的计划泄露，史思明责备乌承恩，乌承恩谢罪道："这都是李光弼的计策。"史思明便召集将领和各个小吏、百姓，向西大哭道："我带着十三州十万多人投降朝廷，我哪里辜负了陛下，陛下竟然想杀了我！"于是便杀了乌承恩，被株连而死的有二百多人，又将李思敬囚禁起来，上奏了乌承恩的情况。唐肃宗派宫中使者安慰、告谕史思明道："这不是朝廷和李光弼的意思，都是乌承恩自己做的。把乌承恩杀了实在是太对了。"

臣范祖禹认为，王者之所以能够让海内服气，不过是因为他有信义。一介平民一旦做出没有诚信的事，尚且无法在乡里、朋友间立身，何况人主做出这种没有诚信的行为，天下还有谁会追随他呢？唐肃宗既然接纳了史思明的投诚，还赐给他爵位、敕命，当时并没有叛乱的情况发生。李光弼作为一国的元帅，他的职责在于防御敌人，知道史思明有不臣的想法，最后将会背叛，那么就跟君主说，然后防备一下他就可以了，等到他叛变的时候再杀了他也可以，却竟然派传达诏命的人和他的党羽做这些见不得光的事情，难道不辱没唐肃宗的期待吗！如果事情成功，那么已向朝廷投降的逆党，谁会不心怀畏惧呢？如果没有成功，那只会助长叛乱的风气。这种行为怎么能根治叛乱呢？已经对投降的贼人失信了，却又把罪责归咎于死节的臣子，还想要让天下的奸雄心服，这难道不是太难了吗！

九月，命郭子仪等九节度讨安庆绪[①]。帝以子仪、光弼皆元勋，难相统属，故不置元帅，但以宦官鱼朝恩[②]为观军容宣慰处置使。观军容之名自此始。明年三月，九节度之师六十万溃于相州。

臣祖禹曰：夙沙卫殿齐师，殖绰、郭最曰："子殿国师，齐之辱也。"夫以诸侯之师，使阉人殿之，犹以为辱，况天子之师而使宦者为之主帅乎！是辱天下之众也。"且庆绪穷虏，郭、李不世出之将也，使朝恩节制之，犹不免于败，则庸人可知矣。肃宗初复两京，举六十万之众而弃之，其不亡亦幸哉。

【注释】①安庆绪（？-759）：字仁执，营州柳城人，粟特族。唐朝时期叛臣。天宝十四年（755），参与安史之乱，攻破东都洛阳。至德二年（757），弑安禄山自立，年号载初。乾元二年（759），为部将史思明所杀。②鱼朝恩（722-770）：泸州泸川（今四川泸县）人。唐朝宦官。安史之乱发生后，护送唐玄宗出逃，侍奉唐肃宗李亨，颇得信用。永泰年间，封为郑国公，权倾朝野。大历五年坐罪赐死。

【译文】当年九月，唐肃宗命令郭子仪等九个节度使讨伐安庆绪。唐肃宗觉得郭子仪、李光弼全都是复国元勋，难以互相统制、管理，因此并不设置元帅，只任命鱼朝恩为观军容宣慰处置使。观军容的名义自此开始。第二年三月，这九位节度使的六十万军队在相州大败。

臣范祖禹认为，夙沙卫曾经给齐国的军队殿后，殖绰、郭最说道："你给国家的军队殿后，是我们齐国的侮辱。"诸侯的军队让阉人给军队殿后尚且会被当作耻辱，又何况让阉人成为天子军队的主帅呢！这是在侮辱天下的人。况且安庆绪不过是一个走投无路的贼人，而郭子仪、李光弼都是不世出的将领。唐肃宗派鱼朝恩前去节制他们，尚且不免于败绩，那么若是庸人做将领，就更不用说了。唐肃宗刚收复两京，就抛弃了六十万人的生命，唐朝没有灭

亡，也是很幸运的了。

上元[①]元年十一月，淮西节度使王仲升恶宋州刺史刘展，使监军邢延恩入奏："展倔强不受命，名应谣谶，请除之。"延恩因说帝曰："展与李铣一体之人，今铣诛，展不自安，不去之，恐为乱。然展方握强兵，请除展江淮都统，代李峘，俟其释兵赴镇，中道执之，此一夫力耳。"帝从之，以展为江淮都统三道节度使；密敕李峘、邓景山图之。延恩授展制书，展疑之，延恩乃驰诣广陵，与峘谋，解印节以授展。展举宋州兵七千趋广陵。延恩知展已得其情，还奔广陵，与李峘、邓景山发兵拒之，移檄州县，言展反。展亦移檄言峘反，使其将击景山，景山众溃，与延恩奔寿州，展引兵入广陵。峘悉锐兵守京口，闻展将至，军自溃，峘奔宣城。展陷润州、升州。十二月，陷苏州、常州、湖州、泗州、宣州、濠、楚、舒、和、滁、庐等州。初，帝命平卢兵马使田神功[②]将所部精兵三千屯任城；邓景山既败，与邢延恩奏乞敕神功救淮南，未报。景山遣人趋之，且许以淮南金帛子女为赂，神功讨展，展败，神功入广陵及楚州大掠，杀商胡以千数，城中地穿掘略遍。明年，击展，斩之，平卢军大掠十余日。安、史之乱，兵不及江、淮，至是，其民始罹荼毒矣。

臣祖禹曰：邢延恩一言，而朝廷失信，藩臣背叛，江淮数千里罹涂炭之患。甚矣，小人之交乱四国也。肃宗不明，有以来谗慝之口，岂特一延恩之罪哉！

【注释】①上元：唐肃宗李亨年号（760–761）。凡二年。②田神功（？–774）：字神功，冀州南宫人。唐朝将领。曾参与平定安史之乱，解宋州之围，击败安史叛军。又平定刘展之乱。广德元年（763），吐蕃占领长安，第一个起兵保卫唐代宗。晚年建议唐代宗谨慎行事，放弃收复河湟之地。大历九年（774）病死。

【译文】上元元年（760）十一月，淮西节度使王仲升厌恶宋州刺史刘展，于是派遣监军邢延恩入朝上奏："刘展倔强，不肯接受诏命调遣，他的名字正好和谶言相对应，请您把他除掉。"邢延恩便对唐肃宗说："刘展和李铣关系密切，如今李铣被杀，刘展觉得不安全。如果不除掉刘展，恐怕他会犯上作乱。然而刘展现在手里正握着强大的军队，请您任命刘展为江淮都统，代替李峘，等到他放弃兵权前赴江淮时，再在半途将他擒住，这是一个人就能做到的事情。"唐肃宗听从了邢延恩的建议，便任命刘展为江淮都统三道节度使，又秘密敕令李峘、邓景山图谋刘展。邢延恩把诏书交给刘展，刘展怀疑邢延恩，邢延恩便飞速赶往广陵，和李峘同谋，把印信解下来交给刘展。刘展便带着宋州七千军队前往广陵。邢延恩得知刘展已经了解自己的图谋了，便跑回广陵，和李峘、邓景山派兵一起抵挡刘展，给各个州县发布檄文，说刘展造反；刘展也给各个州县发送檄文，说李峘造反，派他的将领攻击邓景山。邓景山的军队溃败，和邢延恩逃奔寿州，刘展则带兵进入广陵。李峘把所有精兵都派了出来，以把守京口，听说刘展快要到了，军队自己就溃败了，李峘于是逃奔宣城。刘展攻陷了润州、升州。当年十二月，又攻陷了苏州、常州、湖州、泗州、宣州、濠州、楚州、舒州、和州、滁州、庐州等各州。一开始，唐肃宗命令平卢兵马使田神功带领所管辖的三千精兵在任城屯兵。邓景山战败后，便和邢延恩上奏，请求唐肃宗发下敕令让田神功救援淮南，唐肃宗还没有回复。邓景山派人前去催促，并且答应把淮南的金钱、丝帛和子女当作礼物。田神功于是讨伐刘展，刘展战败，田神功便进入了广陵、楚州抢掠，杀了数千商人、胡人，城中的土地基本都被挖得面目全非。第二年，又攻击刘展势力，将刘展处斩，平卢军又在刘展的地盘烧杀抢掠了十多天。安史之乱并没有波及江淮，到此，江淮的百姓才受到战争的荼毒。

臣范祖禹认为，邢延恩一席话，朝廷便失去了威信；一镇诸侯发生叛乱，江淮之地数千里的百姓都遭受了涂炭的命运。太过分了！小人之交搅动四边的祸乱。唐肃宗并不英明，因此才招来那些谗臣，难道只是一个邢延恩的问题吗！

二年五月，初，李辅国[①]与张后同谋，迁上皇于西内。是日端午，山人李唐见帝，帝方抱幼女，谓唐曰："朕念之，卿勿怪也。"唐曰："太上皇思见陛下，计亦如陛下之念公主也。"帝泫然泣下，然畏张后，尚不敢诣西内。

臣祖禹曰：阳失其所以为阳，则制于阴，刚失其所以为刚，则困于柔。肃宗不君，故制于小人女子，不能雠疾，而反畏之，欲见其父而且不敢，其况能保四海乎！

【注释】①李辅国（704—762）：本名静忠，博陆郡人。唐朝中期权宦。因尽心侍奉太子李亨成为其心腹。天宝十四年（755），安史之乱爆发，李辅国逐渐开始掌握军权，冷待晚年的唐玄宗，谋害建宁王李倓，诛杀张皇后和越王李系。不久后，唐肃宗李亨驾崩，李辅国因拥戴之功更加嚣张跋扈，唐代宗李豫加封李辅国为司空兼中书令，晋爵博陆郡王，又尊其为尚父，暗中却将其兵权架空，不久后派遣刺客将李辅国暗杀。

【译文】上元二年（761）五月，先前，李辅国和张皇后合谋，把太上皇搬到西宫。这天是端午节，山人李唐前来面见唐肃宗。唐肃宗刚抱上女儿，对李唐说道："我顾念女儿，失礼了，你不要怪罪我啊。"李唐说道："太上皇想念您，想必也和您挂念公主一样。"唐肃宗汪然出涕，但是由于害怕张皇后，还是不敢前往西宫谒见太上皇。

臣范祖禹认为，阳如果没有了阳的本性，那么就会被阴所牵制；刚如果失去了刚的特质，那么就会被柔所困。唐肃宗没有做皇帝的威仪，因此被小人、女子所牵制，不能痛恨恶人，却反而害怕，想要看自己的父亲尚且不敢，又如何能保住四海呢！

九月，制去尊号，但称皇帝；去年号，但称元年；以建子月为岁首，月皆以所建为数；因赦天下。

臣祖禹曰：肃宗信禨祈之小数，以为更制、改号可以致福而弭祸。夫畏鬼神听巫觋者，匹妇之愚也，以天下之君为之，不亦异哉！

【译文】当年九月，唐肃宗下制令去除尊号，只称皇帝；取消年号，只有元年称年号，把建子月（今阴历十一月）设为每一年的正月，每个月以月建称数。趁此大赦天下。

臣范祖禹认为，唐肃宗相信那些祈福、禳灾的小伎俩，认为更改历法和年号可以招来福分、消除灾祸。畏惧鬼神、一味地听从巫师，这是一般女性所做的愚蠢的事情。身居君位却相信这些，不是太奇怪了吗？

宝应[1]元年建巳月，楚州刺史崔侁表称："有尼真如，恍惚登天，见上帝，赐以宝玉十三枚，云：'中国有灾，以此镇之。'"群臣表贺。甲寅，上皇崩，帝疾转剧，乃命太子监国。甲子，制改元；复以建寅月为正月，月数皆如其旧；赦天下。丁卯，帝崩。

臣祖禹曰：昔尧命重黎绝地天通，盖恶神人杂揉，巫觋矫妄，而诬天罔民也。后世主昏于上，民迷于下，黩乱天地，无所不有。肃宗父子不相信妖由人兴，故奸伪得以惑之，获宝不一月而二帝崩，吉凶之验，亦可睹矣。

【注释】①宝应：唐代宗年号，公元762年。

【译文】宝应元年（762）四月，楚州刺史崔侁上表："有一个叫真如的尼姑好像登上了天，见到了上帝。上帝赐给真如十三枚宝玉，说道：'中原如果有灾祸，就用这十三枚宝玉来镇压灾祸。'"群臣都上表称贺。甲寅日，太上皇驾崩，而唐肃宗的病也转而加剧，于是命太子代理国家。甲子日，下诏制更换国号，重新把建寅月（即今农历一月）当作正月，月数和旧制一样，并且大赦天下。丁卯日，唐肃宗驾崩。

臣范祖禹认为，当初尧命令重、黎将天上与天下分归神与人，大概是因为厌恶神、人混杂，而巫师们用虚假的信息欺瞒上天、人民。后代的君主、百姓被这些东西蒙蔽，天地昏乱，妖魔鬼怪无所不有。唐肃宗父子不相信乱象是由人所致，因此那些奸邪之辈才得以蒙骗他们。获得宝物还没有一个月，两个皇帝接连驾崩，到底是吉还是凶，也是大家有目共睹的。

帝疾笃，张皇后与太子谋诛李辅国，太子不可，后乃召越王系，谕之，授甲于长生殿。程元振知其谋，密告辅国。以兵送太子于飞龙厩，辅国、元振夜勒兵三殿，收捕越王系及宦官等百余人，迁后于别殿。帝在长生殿，使者逼后下殿，并左右数十人幽于后宫，宦官宫人皆惊骇逃散。帝寻崩，辅国等杀后并系及兖王僩。

臣祖禹曰：李辅国本飞龙马家皂隶之流，肃宗尊宠而任之，委之以政，授之以兵。明皇以忧崩，己以骇没，张后、二王以戮死，上不保其父，中不保其身，下不保其妻子。此近小人之祸也。可不戒哉？可不戒哉！

【译文】唐肃宗病重，张皇后想要和太子合谋杀死李辅国，太子没有同意，于是张皇后召来越王李系，把这件事告诉他，在长生殿授以兵权。程元振得知此事，暗中通告李辅国。李辅国用军队把太子送到飞龙厩，李辅国、程元振夤夜在三殿中搜捕，收捕了越王李系和一百多个宦官，把张皇后迁置到别殿。唐肃宗当时在长生殿，使者逼迫张皇后下殿，把她和她身边几十个人幽禁于后宫，宦官、宫人四处奔逃。唐肃宗不久便驾崩了，李辅国便杀了张皇后、李系以及兖王李琎。

臣范祖禹认为，李辅国本来不过是皇帝马厩中的奴役而已，唐肃宗宠爱他、任用他，把政事托给了他，把兵权交给了他。结果唐玄宗因为伤心而过世，自己以为害怕而殒命，张后和两个王爷被诛杀。上不能保全自己的父亲，中不能保全自身，下又不能保全自己的妻子、儿女，这就是亲近小人的下场。怎么能不戒备呢！怎么能一点儿也不戒备呢！

初，帝召山南东道节度使来瑱赴京师；瑱讽将吏上表留之，行及郑州，复令还镇。荆南吕諲、淮西王仲升及中使往来者言："瑱曲收众心，恐久难制。"帝乃割商、金、均、房，别置观察使，令瑱止领六州。行军司马裴莪谋夺瑱位，密表瑱倔强难制，请以兵袭取之，帝以为然。乃以瑱为淮西、河南十六州节度，外示宠任，实欲图之，密敕以莪代瑱为襄、邓等州防御使。瑱闻徙镇，大惧，又讽将吏留已，代宗欲姑息无事，复以瑱为山南东道节度使。裴莪既得密敕，即率麾下二千趣襄阳；瑱以兵逆之，问所以来，对曰："尚书不受朝命，故来。若受代，谨当释兵。"瑱曰："吾已蒙恩，复留镇此。"因取敕及告身示之，莪惊惑。瑱与薛南阳纵兵夹击，大破之，追擒莪于申口，送京师，赐死。

臣祖禹曰：肃宗信谗，黜陟不明，以藩镇为饵，欲诱反侧之臣；故刘展叛于前，来瑱乱于后，皆朝廷易置不以其道故也。且瑱未失臣节，而行裴茙篡夺之谋。使茙克瑱而代其位，不若瑱跋扈之为愈也。夫藩臣倔强阻兵，得一贤相足以制之，肃宗谋及宦者，得无乱乎！

右肃宗在位七年崩，年五十二。

【译文】当初，唐肃宗召见山南东道节度使来瑱前往京城，来瑱暗示属下上表挽留自己。来瑱刚到郑州，诏书又命令来瑱回到所辖的地区。荆南吕諲、淮西王仲升和来往的宫中使者说道："来瑱暗中收买部下，时间长了，恐怕再难以控制。"唐肃宗便割出商州、金州、均州、房州，在这四州重新设置观察使，只让来瑱管辖六个州。行军司马裴茙想要夺走来瑱的位子，暗自上表朝廷，说来瑱此人倔强，难以管控，请求您调兵偷袭来瑱。唐肃宗同意了裴茙的计划，于是便任命来瑱为淮西、河南十六州的节度使，表面上给外人看自己宠信来瑱，实际上是想取缔来瑱。暗中敕令用裴茙代替来瑱为襄州、邓州等州的防御使。来瑱听说要把自己迁走，十分害怕，又暗示部下挽留自己。代宗想姑息来瑱以求无事，于是又任命来瑱为山南东道节度使。裴茙得到了秘密诏书后，便率领两千部下来到襄阳。来瑱带兵前迎，问裴茙前来的理由。裴茙说道："您不受朝廷的命令，因此前来。如果您同意把印信交给我，那么我也不兵戎相见。"来瑱说道："我已经受到朝廷的恩惠，又把我留在这镇守了。"于是取出诏书和告身给裴茙看，裴茙大吃一惊，十分疑惑。来瑱和薛南阳派兵夹击裴茙，大破裴茙，在申口追上了他，将他抓住，之后把裴茙送到京城，被赐死。

臣范祖禹认为，唐肃宗听信谗言，赏罚不明，想要用藩镇为饵食，以此诱惑镇将的臣子叛变，而向朝廷投诚。因此刘展、来瑱前后作乱，这都是朝廷改易、设置将领不用正道招致的灾祸。况且来瑱并未失去作为臣子的气节，唐肃宗就听从了裴茙这些篡夺名位的计划。与其让裴茙打败来瑱，代替他的职位，那就还不如让来瑱飞扬跋扈更好。藩镇之臣倔强，拥兵自重，有一个贤能的宰相就足以牵制住；唐肃宗却和宦官谋划此事，怎么会不发生祸患呢？

以上，唐肃宗在位七年驾崩，享年五十三岁。

扫一扫 听导读

唐鉴卷之十二

代 宗

广德[1]元年闰正月，以史朝义降将薛嵩为相、卫、邢、洺、贝、磁六州节度使，田承嗣为魏、博、德、沧、瀛五州都防御使，李怀仙仍故地为幽州、卢龙节都使。时河北诸州皆已降，嵩等迎仆固怀恩[2]，拜于马首，乞行间自效；怀恩亦恐贼平宠衰，故奏留嵩等及李宝臣分帅河北，自为党援。朝廷亦厌苦兵革，苟冀无事，因而授之。

臣祖禹曰：仆固怀恩既平河北，而除恶不绝其本，复留贼党以邀后功。亦由任蕃夷为制将故也。唐失河北，实自此始。使郭李为将，其肯遗国患乎！

【注释】①广德：唐代宗李豫的年号，763年七月至764年十二月，共计2年。②仆固怀恩：字怀恩，金微都督府人。唐朝名将。安史之乱爆发，跟随名将郭子仪入关作战，屡立战功。为交好回纥，出嫁二女和亲回纥，推动回纥借兵以平安史之乱。唐代宗永泰元年，遭到宦官骆奉先陷害，举兵反抗，为太尉郭子仪所败，病死于鸣沙城。

【译文】唐代宗广德元年闰正月，任命史朝义部下降将薛嵩为相州、卫州、邢州、洺州、贝州、磁州六州的节度使，任命田承嗣为魏州、博州、德州、沧州、瀛州五州都防御使，让李怀仙仍在以前的幽州、卢龙做节度使。当时河北各个州都已经投降，薛嵩等迎接仆固怀恩，在马前下拜，请求在军中效命；仆固怀恩也害怕贼人被平定，自己的恩宠就会消失，因此上奏留住薛嵩和李宝臣治理河北，以此作为自己的同盟。朝廷也因为对战争深深厌恶，希望能够没有战事，因此把兵权授予他们。

臣范祖禹认为，仆固怀恩平定河北之后，去除祸患却不绝其根本，留下贼人以求后续的功绩，也是因为任用外族作为藩镇将领才造成的。唐朝丢失河北，其实是从这儿开始。如果让郭子仪、李光弼为将，怎么会给国家留下祸患呢？

六月，礼部侍郎杨绾[①]上疏，论进士明经之弊："请令县察孝廉，取行著乡闾，学知经术者，荐之于州。刺史考试，升之于省。任各占一经，朝廷择儒学之士，问经义二十条，对策三道，上第即注官，中第得出身，下第罢归。"左丞贾至议，以为："自东晋以来，人多侨寓，士居乡土，百无一二；请兼广学校，保桑梓者乡里举焉，在流寓者庠序推焉。"敕礼部具条目以闻。七月，绾上贡举条目：秀才问经义二十条，对策五道；国子监举人，令博士荐于祭酒，试通者升之于省，如乡贡。明法，委刑部考试。或以为明经、进士，行之已久，不可遽改。事虽不行，识者是之。

臣祖禹曰：自三代以后，取士之法，不本于乡里、学校，至唐而其弊极矣。惟杨绾贡举之议，最为近古可行，而卒为庸人沮止。况先王所以致治之具，欲举而措之天下，不亦难乎？

【注释】①杨绾（718–777）：字公权，华州华阴人。唐朝名相。安史之乱爆发之后，杨绾前往唐肃宗所在的灵武，随后历任起居舍人、职方郎中、中书舍人、礼部侍郎等职。代宗李豫铲除元载一党之后，杨绾出任中书侍郎、同平章事。大历十二年（777），病逝。

【译文】当年六月，礼部侍郎杨绾上疏讨论进士、明经的弊端，请求命令各个县推举孝顺、正直的人，在乡里取用德行卓著的人，取用学习、了解经术的人，向州中推荐他们，然后再由刺史考试，把他们升级到省。之后让他们各选一本经书，在朝廷选择一些擅长儒学的士人，考察他们二十条经文的义理以及三道对策。上等的授予官职，中等的得到“出身”，下等的罢黜回家。左丞贾至讨论，认为从东晋以来，很多士族都因为战乱迁移到他乡，在家乡居住的士人百中无一，请求把推荐人才的范围扩大到学校，让那些居住于家乡的人从乡里推举出来；原本不是本乡的士人则用学校推举。唐代宗敕令礼部整理出具体方案呈上来。七月，杨绾上奏贡举人才的题目：秀才要问二十条经义、五道对策；国子监选举人才，让博士向祭酒推荐。通过考试的人升到省上，一如乡贡。明法一科则交给刑部考试。有人认为明经、进士制度已经施行太久，无法立刻更改。虽然杨绾的意见没有施行，但是有识之人都肯定他的做法。

臣范祖禹认为，自从三代以后，就不再从乡里、学校取士了。到了唐代，这个弊端已经到达了极点。只有杨绾贡举这一提议和古代相近、可行，但最终还是被那些庸人阻止。更不用说先代圣王明智的法度，如果想要拿来在天下施行，不也是太难了吗？

二年二月，仆固怀恩叛。其子玚为其众所杀。传首诣阙，群臣入贺，帝惨然不悦，曰："朕信不及人，致勋臣颠越，深用为愧，又何贺焉！"命辇怀恩母至长安，给待优厚，月余，以寿终，以礼葬之，功臣皆感叹。帝之幸陕也，李光弼竟迁延不至；帝恐遂成嫌隙，其母在河中，数遣中使存问之。吐蕃退，除光弼东都留守以察其去就，光弼辞以就江淮粮运，引兵归徐州。帝迎其母至长安，厚加供给，使其弟光进掌禁兵，遇之加厚。

臣祖禹曰：《传》曰："禹、汤罪己，其兴也勃焉。"代宗之责己也厚，其待人也恕，而诚不能感物，何哉？赏罚无章，而善善恶恶不明，上下之情不通，谗巧得行于其间故也。是以有功者不自保，无罪者恐见诛，以恩加人而人不亲，以信示人而人益疑，纪纲坏乱，恩威不立，为唐世姑息之主，由不得其道也。

【译文】广德二年（764）二月，仆固怀恩叛乱，他的儿子仆固玚被他的部下杀死。他的部下把仆固玚的头传到宫中，群臣都来入朝祝贺，而唐代宗却十分不高兴，说道："我的威信无法让别人信服，以致我的功臣都背叛我，我深深以此为愧，又哪里有什么祝贺的呢。"于是命令用辇舆抬仆固怀恩的母亲回到长安，十分优厚地善待他的母亲。一个月左右，仆固怀恩的母亲因为寿数到了而去世，用礼节厚葬了她，功臣纷纷感叹。（763年吐蕃攻入长安，）唐代宗前去陕州，李光弼推迟不到，唐代宗恐怕因此和李光弼产生嫌隙，他的母亲在河中府，唐代宗便多次派宫中的使节前去问候。吐蕃退兵后，又提拔李光弼为东都留守，以此观察李光弼的去留。李光弼用要到江淮运粮为由推辞了，引军回到了徐州。唐代宗把他的母亲迎接到了长安，十分优待，又让他的弟弟李光进掌管禁军，更优厚地对待他。

臣范祖禹认为，《左传》说过："夏禹、商汤把罪过归于自己，他们的势力很快就兴盛了。"唐代宗很认真地责备自己，而宽恕地对待别人，但是他的真诚不能感化外物，这是为什么？这是因为唐代宗赏罚没有章法，不能惩恶扬善，上下之间没有交流，谗臣在中间左右逢源的缘故。因此，有功劳的人无法自保，没有罪的人害怕自己被杀，用恩德对待别人而别人不亲附，用真诚给别人看，而别人越来越怀疑，纲纪崩坏，恩德、威信无法树立，成为唐朝没有能力的君主，是因为不懂"罪己"的根本。

大历[①]五年十一月，元载[②]以李泌有宠于帝，忌之，与其党攻之不已，会江西观察使魏少游求参佐，帝谓泌曰："元载不容卿，朕今匿卿于魏少游所，俟朕决意除载，当有信报卿，可束装来也。"乃以泌为江西判官，且属少游使善待之。

臣祖禹曰：代宗以万乘之主，不能庇一臣，而匿之于远藩。既相元载，知其不可，则退之而已矣，乃欲稔其恶而诛之。且载方见任，而与泌密约除载，然则人臣谁敢自保？皆非人君之道。此天下所以多乱也。

【注释】①大历：唐代宗年号，公元766年至779年。②元载（713–777）：本姓景，字公辅，凤翔府岐山县人。唐朝宰相。唐代宗即位，交好权宦李辅国，成为宰相。协助铲除李辅国和鱼朝恩两个权宦，深得宠信，独揽朝政，排除异己，专权跋扈。专营私产，大兴土木，逐渐引起唐代宗的厌恶。大历十二年（777），受到左金吾大将军吴凑逮捕，坐罪赐死。

【译文】大历五年（770）十一月，因为李泌被唐代宗宠信，元载十分嫉妒他，便和自己的党羽不停地攻击李泌。恰逢当时江西观察使魏少游请求获得参佐，唐代宗便对李泌说："元载无法容得下你，我如今把你藏到魏少游那，等到我决定除掉元载之后，我会把消息通知你的。那时你就可以收束行装回来了。"于是任命李泌为江西判官，并且嘱咐魏少游善待李泌。

臣范祖禹认为，唐代宗作为万乘之国的君主，却无法庇护一个臣子，只能把他藏在遥远的藩镇。既然以元载为丞相，知道他不足以当丞相，那贬他的官就罢了，竟然想要让他的恶行酿成再除掉他。况且元载才被任用，唐代宗就和李泌暗中约定除掉元载，那么人臣谁敢自己保证自己呢？这些都不是人君应该做的。这就是天下大乱的原因。

六年八月，帝益厌元载所为，思得士大夫之不阿附者为腹心，渐收载权。内出制书，以浙西观察使李栖筠为御史大夫，宰相不知，载由是稍绌。

臣祖禹曰：代宗知元载之恶，欲罢其相位，一言而已可也，谁敢不从？且载所以方命专政者，挟君以为重也，君去之，则失其所恃，何恶之能为？乃立党自助以倾其相，视之如敌国，主势不已卑乎！

【译文】大历六年（771）八月，唐代宗越来越讨厌元载的所作所为，想要得到那些不肯依附元载的士人为大臣，逐渐剥夺元载的权力。宫中写出了诏制，任命浙西观察使李栖筠为御史大夫，宰相不知道，元载因此逐渐被逐出权力中心。

臣范祖禹认为，唐代宗知道元载的恶行，想要罢免他的宰相之位，一句话就足够了，又有谁敢不听从呢？况且元载之所以敢违背命令、专断独行，不过是倚仗君主的位高权重罢了。唐代宗想要贬他的官，元载就失去他所依靠的东西了，他又能做些什么呢？唐代宗竟然要建立党派，帮助自己倾轧自己的宰相，把元载当作敌国一样对待，唐代宗的势力不是太卑微了吗！

九年三月，以皇女永乐公主许妻魏博节度使田承嗣之子华。帝意欲固结其心，而承嗣益骄慢。

臣祖禹曰：齐景公涕出而女于吴，以为既不能令，又不受命，是绝物也。齐与吴皆列国也，后世且犹羞之。代宗德不足以柔服，刑不足以御奸，以天子之尊，而以女许嫁叛臣之子，苟欲姑息而反以纳侮，君道卑替亦已甚矣。此公卿大臣之耻也。

【译文】大历九年（774）三月，唐代宗把皇女许配给魏博节度使田承嗣的儿子田华。唐代宗心想稳固住田承嗣的心，结果田承嗣却越来越恃宠而骄。

臣范祖禹认为，齐景公当初哭着把女儿嫁给吴国，认为既然不能命令别人，又不肯被别人命令，以后的关系就会断绝了。齐国、吴国都是当时的诸侯，后世尚且为齐景公蒙羞。唐代宗的德行不足以怀柔藩镇，刑罚又不足以驾驭奸臣，身居天子之尊，却把女儿嫁给叛臣的儿子。本来想要和好，结果却反被侮辱，唐代宗的地位也已经落到了低谷。这是满朝文武的耻辱。

十年十月，诸镇讨田承嗣，帝嘉李宝臣之功，遣中使马承倩赍诏劳之；将还，宝臣自诣其馆，遗之百缣，承倩诟詈，掷出道中，宝臣惭。其左右兵马使王武俊说宝臣曰："今公在军中新立功，竖子尚尔，况寇平之后，以一幅诏书召归阙下，一匹夫耳，不如释承嗣以为己资。"宝臣遂有玩寇之志。

臣祖禹曰：齐寺人貂漏师于多鱼，夙沙卫杀马以塞道，而殖绰郭最见获，皆以宦寺败国丧师。承倩一怒宝臣，而诸镇解体，巨猾逋诛。终唐之世不能取魏，其为害也，过于寺人貂、夙沙卫远矣。

【译文】大历十年（775）十月，各路镇将讨伐田承嗣。唐代宗认为李宝臣劳苦功高，便派宫中使者马承倩持诏慰劳他。马承倩将要返程，李宝臣亲自来到马承倩居住的馆驿，送给他百匹丝绢。马承倩严厉地责骂了李宝臣一顿，把丝绢扔在地上李宝臣十分惭愧。李宝臣身边的兵马使王武俊劝说李宝臣道："如今您在军中新建功劳，此人还敢如此，更何况田承嗣被平定之后呢？一旦皇帝用一封诏书把您召回朝廷，您不过就是一普通人而已。不如把田承嗣放了，作为自己立功的资本。"李宝臣因此才有放纵田承嗣的想法。

臣范祖禹认为，当初齐国的宦官竖貂在多鱼泄露军情，夙沙卫杀死马匹堵住前行的道路，而殖绰和郭最被俘虏，都是因为这些宦官才兵败将亡。马承倩一对李宝臣发怒，各路镇将纷纷解体，老奸巨猾的田承嗣也因此躲过一劫，到了唐末也没能收复魏州。可见马承倩导致的结果，比竖貂、夙沙卫还严重得多。

十二年，元载伏诛。杨绾为相，绾性清简俭素，制下之日，朝野相贺。郭子仪方晏客，闻之，减坐中声乐五分之四。京兆尹黎干，驺从甚盛，即日省之，止存十骑。中丞崔宽，第舍宏侈，亟毁撤之。

臣祖禹曰：上之化下，如风之靡草也。杨绾以清名俭德为相，而天下从之如此，况人君能正己以先，海内其有不率者乎？是以先王必正其心，修其身，而天下自治。孟子曰："君仁莫不仁，君义莫不义，君正莫不正。一正君而国定矣。"此之谓也。

【译文】大历十二年（777），元载被杀，由杨绾担任丞相。杨绾秉性清廉、俭朴，诏令降下那一天，天下人都在庆贺。郭子仪当时正在宴请宾客，听说此事，把宴会上的音乐减少了五分之四。京兆尹黎干平常出行时的随从特别多，当天便减少了许多，只剩下十个随从。中丞崔宽的宅邸十分奢侈，听说杨绾当了丞相，便立即毁掉、撤去了很多设施。

臣范祖禹认为，上位者感化下位者，就像风把野草吹倒一样。杨绾因为清正廉明而担任宰相，天下人便如此效仿杨绾，更何况如果有能够匡正自己的行为，为天下表率的君主，哪里会有不跟随的呢？因此先代的贤主一定会匡正自己的想法，修治自己的行为，那么天下自然会一片太平景象。孟子说过："如果君主仁慈，那么没有人会不仁慈；如果君主有义，那么没有人会没有义；如果君主正直，那么没有人会不正直。有一个正直的国君，那么国家就自然会安定了。"说的就是这个道理。

是秋霖雨，河中府池盐多败。户部侍郎判度支韩滉[①]恐盐户减税，奏雨虽多，不害盐，仍有瑞盐生。帝疑其不然，遣谏议大夫蒋镇往视之。京兆尹黎干奏秋霖损稼，滉奏干不实；帝命御史按视，奏："所损凡三万余顷。"渭南令刘澡阿附度支，称县境苗独不损；御史赵计奏与澡同。帝曰："霖雨溥博，岂得渭南独无？"更命御史朱敖视之，损三千余顷。帝叹息久之，曰："县令，字人之官，不损犹应言损，乃不仁如是乎！"贬溧南浦尉，计洋州司户，而不问滉。蒋镇还，奏瑞盐实如滉所言。仍上表贺，请宣付史臣，并置神祠，锡以嘉名。帝从之，赐号宝应灵庆池。时人丑之。

臣祖禹曰：代宗责县令职在字人，无恤隐之心而阿党权势，黜之当矣。韩滉，掌邦计之臣，敢为面欺，乃置而不问，是刑罚止行于卑贱，而不行于贵近也。蒋镇以谏官受委，覆实而共为奸罔，人主卒受其欺，廷臣亦无敢言。此二臣者岂非以其君虽欲恤民，而卒归于好利、受佞，可以蒙蔽，故敢行诈，而无所忌惮也。是以虽有仁心，而民不被其泽，天下愈受其弊，由赏罚不平，听任不明故也。且在县令与御史，则始疑而终察之；在户部与谏官，则始疑而终信之。其为欺一也，明于疏远，而眩于贵近，是朝廷无公道也。《书》曰："无偏无党，王道荡荡。"若代宗者，其何责焉！

【注释】①韩滉（723-787）：字太冲，京兆长安人。唐朝中期政治家、画家。泾原兵变时，韩滉训练士卒，保全东南地区；又转输江南粟帛，供给朝廷，深受唐德宗倚信。贞元二年（786），入朝加同平章事，正式拜相，不久后去世，年六十五。

【译文】当年秋天一直下雨，河中府池子中晒的盐很多都被冲走了。户部侍郎判度支韩滉担心晒盐的百姓要求减税，因此上奏，说今年虽然下了很多雨，但是并不会对盐产量造成损害，仍然长出瑞盐（天然盐）。唐代宗怀疑韩滉上奏的情况有问题，便派谏议大夫蒋镇前往视察。京兆尹黎干上奏这场秋雨对庄稼十分不利，韩滉上奏说黎干所言不实。唐代宗命令御史前去视察，御史上奏道："损伤了一共三万多顷庄稼。"渭南县令刘藻阿附韩滉，上奏称渭南县内一点也没有损伤；御史赵计上奏的情况和刘藻相同。唐代宗说道："今年的秋雨普遍很大，怎么能只有渭南不是这样呢？"于是又重新命令御史朱敖前去视察，上奏损失三千多顷。唐代宗因此叹息道："县令是百姓的父母官，即使没有损失，还应该说有损失；刘藻竟然这么不仁吗！"于是贬谪刘藻为南浦县尉，贬谪赵计为沣州司户，却不治韩滉的罪。蒋镇调查了盐池回来，上奏，确实发现了瑞盐，和韩滉所说一样，仍然上表称贺，请求宣诏让史臣记录下来，并且为此设置神祠，赐给神祠一个非常吉祥的名字。唐代宗听从了他的建议，赐给神祠"宝应灵庆池"的名字。当时的人以此为笑谈。

臣范祖禹认为，唐代宗批评县令的职责在于养育别人，没有体恤百姓之心，却只知道阿附有权势之人，因此贬黜这些人是十分得当的。韩滉作为掌管国家统计的臣子，敢当着皇帝的面造假，唐代宗竟然放在一边不闻不问，这是因为唐代宗只对卑贱之人施行刑罚，而不对亲近、显贵的臣子严肃处理。蒋镇身为谏官，接受任务，不上报真实情况，跟奸人一起造假，人主最终被他们所蒙蔽，朝廷的大臣也没人敢进谏。韩滉、蒋镇难道不是认为他们的陛下虽然体恤百姓，但是最终还是被利益所吸引、喜欢花言巧语，可以蒙蔽，因此才肆无忌惮地在唐代宗前行诈。因此唐代宗虽然有仁心，但是百姓却没有受到他恩泽的庇护，天下的弊端越来越严重，这是因为他赏罚不公平，听取建议、任用官员不明智的原因。况且听了县令和御史的话，一开始怀疑，最后发现了破绽；听了户部和谏官的话，一开始怀疑，最后却相信了他们的说辞。都是欺骗唐代宗，对于疏远的臣子可以看得很清楚，对于亲近的人就会被迷惑，这是朝廷没有公道的体现。《尚书》有言："没有偏袒、没有结党营私，那么王道就会浩浩荡荡。"像唐代宗这样的君主，对他又有什么好责备的呢？

十四年五月，德宗即位，在亮阴中，动遵礼法。闰月，诏罢省四方贡献之不急者，罢梨园使及乐工三百余人，又诏天下无奏祥瑞，及献珍禽、奇兽、怪草、异木。内庄宅使上言诸州有官租万四千余斛，帝令分给所在充军储。放诸国所献驯象于荆山之阳，凡四十有二，及豹、貀、斗鸡、猎犬之类悉纵之；又出宫女数百人。于是中外皆悦，淄青军士，至投兵相顾曰："明主出矣，吾属犹反乎！"

臣祖禹曰：德宗即位之初，思致太平，知天下厌代宗之政，涤其烦秽，决其底滞，四海之内闻风震悚，以为不世出之主也。不数年而致大乱，何哉？烛理不明，而所任非人，求欲速之功，役其独智，而不本于人情故也。孟子曰："其进锐者，其退速。"其德宗之谓乎！

【译文】大历十四年（779）五月，唐德宗即位。唐德宗在居丧期间，行动遵守礼法。当年闰月，下诏各地方省去贡献不急需的贡品，又罢免三百多梨园使和乐工，又下诏让天下不要上奏祥瑞、不要奉献珍稀的禽兽、草木。内庄宅使上奏说，各个州有一万四千余斛官租。唐德宗下令将它们分给正在编制的军队补充军储。又将各个国家献上的四十二只驯象在荆山的南面放生，其余如豹子、貀、斗鸡、猎狗等动物全都被放生；又放出几百个宫女。因此朝廷内外同庆，淄州、青州的军士甚至把兵器扔掉，互相说道：“明主出世了，我们还要造反吗？”

臣范祖禹认为，唐德宗刚刚即位的时候，想要实现太平景象，知道天下人都厌恶唐代宗执政时期，因此把之前政令中烦琐、污秽的部分洗净，把那些积压的问题全都决断处理，四海之内听到唐德宗雷厉风行的为政之风，都十分震惊、畏惧，认为他是不世出的明主。结果唐德宗没到几年，就导致天下大乱。为什么呢？不能明白道理，任用的不是应该任用的人，却想要急功近利，只使用自己一个人的智慧，不从人情角度考察世事，才导致这个局面的形成。孟子说：“前进太迅猛，就会马上撤退。”这说的就是唐德宗吧！

代宗优宠宦官，奉使者，不禁其求取。尝遣中使赐妃族，还问所得，颇少，代宗不悦，以为轻我命；妃惧，遽以私物偿之。由是中使公求赂遗，无所忌惮。宰相常贮钱于阁中。每赐一物，宣一旨，无徒还者；出使所历州县，移文取货，与赋税同，皆重载而归。德宗素知其弊。及即位，遣中使邵光超赐李希烈[①]旌节；希烈赠之仆、马及缣七百匹，黄茗二百斤。帝闻之，怒，杖光超六十而流之。于是中使之未归者，皆潜弃所得于山谷，虽与之，莫敢受。

臣祖禹曰：代宗宠宦者而纵之受赂，虽为蠹政，其害未大也。德宗矫其失而深惩之，岂不明哉！然其终也，举不信群臣，惟宦者之从，至委以禁兵，持天下之柄而授之。其后人主废置出于其手，则其为害又甚于代宗。何其明于知父之失，而闇于知己之非乎？昔者，明王欲改其先君之过者，殆不然。故夫德宗即位之初，凡深矫代宗之政者，愚人以为喜，而哲人以为忧，盖出于一时之锐，而无忠信诚悫之心以守之，未有不甚之者也。

右代宗在位十八年崩，年五十三。

【注释】①李希烈（约750–786），燕州辽西县人。唐朝藩镇将领。少时参加平卢军，颇有战功，李忠臣以为光禄卿。建中二年（781），梁崇义勾结河北三镇起兵反叛，李希烈奉诏讨伐，歼灭梁崇义部众。建中三年（782），李希烈联合王武俊、李纳、田悦、朱滔各自称王。贞元二年（786），被部将陈仙奇毒死。

【译文】唐代宗十分优待宦官、宠幸他们，不禁止他们的索取。唐代宗曾经派遣宫中使者赏赐后妃的家族，回来问他们的所得，回报说很少。唐代宗不高兴，觉得后妃的家族轻视自己的命令；后妃们十分恐惧，立刻就用自己的东西偿还。从此宫中使者公开求取贿赂，再也没有忌惮。宰相经常在阁中贮存财物。每次唐代宗赏赐一件东西，宣读一次旨意，从来没有使者是空着手回去的；宫中使者出使时所经历的州县，每次发布完文件，都要索取贿赂，基本和赋税一样，每次都满载而归。唐德宗一向知道此事的弊端。等到唐德宗即位，便派遣宫中使者邵光超赏赐李希烈旌、节，李希烈赠给邵光超仆人、马匹和七百匹丝绢、二百斤黄茗。唐德宗听说这件事，大发雷霆，杖责邵光超六十后将他流放。因此那些还没回来的宫中使者都偷偷把所得到的东西扔到山谷中，虽然别人给予贿赂，但是他们再也不敢收受。

臣范祖禹认为，唐代宗宠信宦官，放纵他们收受贿赂，虽然对政治有所伤害，但是危害还不算大。唐德宗把错误矫正，严惩这种现象，实在是太英明了！然而之后的行为却一点也不信任群臣，只听从宦官的建议，后来到了把禁军交给宦官，把政权也交予宦官的地步。后来君主的废立都由宦官决定，可知唐德宗政令的危害比代宗更严重。为什么他非常清晰地知道自己父亲的过错，却未能察觉到自己的问题呢？以前，英明的君主想要改变先代君主的过失，恐怕不是这样做的。因此唐德宗刚刚即位的时候，凡是矫正唐代宗过错的政令，愚人为它们高兴，而智者却为它们担忧：大概是因为唐德宗出于一时年轻气盛，却不能用忠信、真诚日日夜夜去遵守这条道路，没有不错得更严重的。

以上，唐代宗在位十八年驾崩，享年五十三岁。

德宗一

建中[①]元年正月，始用杨炎[②]议，“约百姓丁产，定等级，作两税法。比来新旧征科色目，一切罢之；二税外，辄率一钱者，以枉法论。”

臣祖禹曰：立法者，其始未尝不廉，而终于贪；出令者，其始未尝不戒，而终于废。法令者，人君为之，而与天下共守之者也。苟朝廷自不守其法，则天下其谁守之？德宗之政，名廉而实贪，故其令始戒而终废。其初，禁暴非不严也，而刻剥之令，纷然继出，天下不胜其弊。盖法虽备具，而意常诛求，人君用意出于法外，天下之吏奉朝廷之意，而不奉其法，逆意有罪，奉法无功，是以法虽存，而常为无用之文也。

【注释】①建中：唐德宗年号，公元780年至783年。②杨炎（727–781）：字公南，凤翔府天兴县人。唐代宰相、财政学家，“两税法”的创议者和推行者。唐德宗李适即位后，受宰相崔佑甫举荐重新入朝，官至中书侍郎（后调中书侍郎）、同平章事。后为宰卢杞陷害，调任左仆射，又贬为崖州司马，旋即坐罪赐死，时年五十五岁。

【译文】建中元年（780）正月，开始采用杨炎的建议，“命令黜陟使和观察使、刺史统计百姓人口田产，制定等级，改行两税法。近些年新旧各类名目的税收，一概取消；二税以外如果再征敛一文钱，全都按照枉法论罪。”

臣范祖禹认为，当初制定法律的人，一开始未必不清廉，但是最后却贪赃枉法；发布律令的人，一开始未必不谨慎，但最后却篡改得不能使用。法令是人君制定，让天下人共同遵守的规约。如果连朝廷都不遵守法律，那还有谁去遵守呢？唐德宗时期的政治举措，名为廉洁，实际上却十分贪婪，因此一开始戒守清廉，结果却变得乱暴。刚开始禁止横征暴敛的法令并非不严苛，但是过于严苛的法令相继颁布，百姓们无法忍受这些严苛的法令。法令虽然已经完备，但是人君的心却越过法令索求更多。人君的意愿超过了法律，因此天下的官吏就都只遵奉唐德宗的意愿，却不遵守法律了；违背君意的人有罪，遵守法律的人却没有赏赐，因此虽然有法律，但是不过是徒然无用的几张白纸罢了。

帝初即位，疏斥宦官，亲任朝士，而张涉以儒学入侍，薛邕以文雅登朝，继以赃败。宦官武将得以藉口曰：“南牙文臣赃动至巨万，而谓我曹浊乱天下，岂非欺罔邪！”于是帝心始疑，不知所倚仗矣。

臣祖禹曰：德宗之不明，岂足与有为哉？二臣以赃败，而疑天下之士皆贪，何其信小人之深，而待君子之浅也！舜不以朝有四凶而不举元凯；周不以家有管蔡而不封懿亲。夫以失于一人，而不取于众，是以噎而废食也。已则不明，不能求贤，卒委宦者以为腹心，乃疑朝士皆不可倚仗，不自知其蔽也。

【译文】唐德宗刚即位的时候，疏远、排斥宦官，亲近、信任朝中的大臣。然而因儒学入侍皇帝的张涉和凭借文雅入朝的薛邕相继因为贪赃而被贬，宦官、武将便以此为借口，说道：“那些南牙（即南衙）的文臣所贪污的赃款动辄百万，却说是我们搅乱了天下，难道不是在欺骗您吗！”因此唐德宗心中产生疑惑，不知道应该倚仗谁。

臣范祖禹认为，唐德宗不能明察秋毫，怎么能够成为有为的君主呢？张涉、薛邕相继因为贪污而得罪，就怀疑天下的士人都贪赃枉法。唐德宗为什么如此深信这些小人，对待君子却十分刻薄？舜不因为朝中有四凶就不举用元凯（高辛氏有才子八人，称为八元，高阳氏有才子八人，称为八恺），周不因为家中出现了管叔、蔡叔这样的人就不分封亲族。因为一人之失，就对团体中的所有人产生怀疑，这是因噎废食了。自己不能明察，不能求取贤才，最后却把天下交给宦官，认为宦官是自己的心腹之臣，竟然怀疑朝廷的大臣不能依靠，不知道自己被蒙蔽了。

二年二月，以御史大夫卢杞①为门下侍郎、同平章事，杞阴狡，欲起势立威，小不附己者，必欲置之死地。引太常博士裴延龄②为集贤直学士，亲任之。

臣祖禹曰：君子与小人，莫不引其类而聚于朝。人君得一贤者而相之，为相者举其类而进之，后之进者亦举其类，继之者，莫非贤也，其国未尝无人焉。则是得一贤而百姓被其德泽者，数十年而未已也。其任小人也，岂特一时之患哉？亦举其类而进之，后之进者亦举其类，继之者，莫非小人也。是以任一不肖而天下被其灾害者，亦数十年而未已焉。德宗既相卢杞，而杞复引延龄以自助，则其国政可知矣。卢杞相于建中之初，而延龄用于正元③之后，是始终之以小人也。故德宗之时，贤人君子常阨穷，而道不得行，由小人汇进而不已也。人君置相，可不慎哉？

【注释】①卢杞（？-785）：字子良，滑州灵昌人（今河南滑县西南），唐朝宰相。唐建中二年任宰相，唐建中四年被贬。唐贞元元年（785），卢杞死于澧州。②裴延龄（728-796）：字寿，河中河东（今山西永济市）人。唐朝中期奸臣。唐德宗即位，被宰相卢杞推荐。贞元八年（792），入为户部侍郎。在位期间，滥行弊政，扰乱国家经济；事上谄媚，屡出妄言，打击异已，权倾朝野。深为唐德宗所信任。贞元十二年（796）去世。③正元：即贞元，唐德宗年号，公元785年至805年。

【译文】建中二年（781）二月，唐德宗任命御史大夫卢杞为门下侍郎、同平章事。卢杞阴险狡诈，想要让自己的势力崛起，树立威信，因此一定要把那些稍微不依附自己的人都置于死地。卢杞又引荐太常博士裴延龄为集贤院的直学士，使他成为亲信。

臣范祖禹认为，无论是君子还是小人，都会把自己相近的人推荐到朝廷。人君如果得到一个贤者，把他任命为丞相，那么这些做丞相的就会把自己一类人全都举荐给君主，这些后来被举荐的人又会举荐跟自己相近的人，这些人没有不是贤才的，因此这个国家不会没有能人。那么得到一个贤人，百姓就会受到这些贤者的恩泽庇护，几十年也不会停止。唐德宗亲信小人，哪里是一时的祸害！这些小人也会把和自己一类的人推荐给皇帝，后来被举荐的小人又会把自己一类的人举荐给皇帝，因此接替小人职位的人，也没有不是小人的。因此只要任用了一个小人，那么天下就会受到损害，几十年也不会停止。唐德宗任命卢杞为丞相之后，卢杞又把裴延龄举荐给唐德宗，以此扶助自己，那么朝政的好坏就不用说了。卢杞在建中初年为相，而裴延龄则在贞元之后掌权，唐德宗任命的始终都是小人。因此，唐德宗这一世，仁人君子常常走投无路，无法实行自己的道义，是由于小人聚集在一起，无休止地被推荐给朝廷。由此看来，人君任命丞相，怎么能不小心呢！

三年四月，帝遣中使发河朔三镇兵讨田悦[①]。王武俊不受诏，执使者送朱滔[②]，滔言于众曰：“将士有功者，吾奏求官勋，皆不遂。今欲与诸君共趋魏州，击破马燧，以取温饱，何如？”皆不应。三问，乃曰：“幽州之人，自安史之反，从而南者无一人得还，今其遗人痛入骨髓。况太尉、司徒皆受国宠荣，将士亦各蒙官勋，诚且愿保目前，不敢更有侥觊。”滔默然而罢。乃诛大将数十人，厚抚循其士卒。帝闻之，以力未能制滔，赐滔爵通义郡王，冀以安之。滔反谋益甚，分兵营于赵州。刘怦以书谏止之，滔不从。遣人诱张孝忠，孝忠拒之。滔将兵发深州，至东鹿，将行，士卒忽大乱，喧噪曰：“天子令司徒归幽州，奈何违敕南救田悦！”滔大惧，走匿。蔡雄等矫传滔令，谕士卒曰：“今兹南行，乃为汝曹，非自为也。”众乃共杀敕使，又呼曰：“虽知司徒此行为士卒，终不如且奉诏归镇。”雄复谕之，众然后定。滔即引军还深州，密令访察唱乱者，得二百余人，悉斩之，乃复引兵而南，众莫敢前却。

臣祖禹曰：民皆有常性，饥食渴饮以养其父母妻子，而终其天年，此人情之所欲也，岂乐为叛而沈其族哉？然自古治少而乱多，由上失其道，而民不知所从，故奸雄得以诡其众而用之也。天宝以后，幽蓟为反逆之区，中国视之无异戎狄，然朱滔劫其民如此，不得已而后从之，亦足见其本非好乱也，君人者可以省己而修政矣。《诗》序曰：“小雅尽废，则四夷交侵。”先王不以罪四夷，而以咎中国，反求诸己，自修而已矣。人君苟行仁政，使民亲其长，爱其上，驱之为乱，莫肯从也，奸雄岂得而诈之哉？

【注释】①田悦（751-784）：平州卢龙人，唐朝中期军阀。原为魏博中军兵马使，骁勇善战，田承嗣死后继任节度使。后反叛，后又得到朱滔、王武俊的援助，自立为魏王。唐德宗派兵镇压，田悦削除王号，归顺朝廷。兴元元年（784），田绪趁机发动兵变被杀，时年三十四岁。②朱滔（746—785）：字号不详，幽州昌平（今北京市昌平区）人。唐朝军阀。先后效力幽州节度使李怀仙和朱希彩，拥立朱泚为幽州节度使。大历十年（775），奉命讨伐田承嗣、李惟岳叛乱。建中三年（782），自称大冀王，发动叛乱，史称四镇之乱。次年，四镇联盟破裂，朱滔为王武俊所败，遣使入朝请罪。贞元元年（785）抑郁而死。

【译文】建中三年（782）四月，唐德宗派宫中使者调派河北的三镇兵马讨伐田悦。王武俊不接受诏命，把使者抓住，送给朱滔。朱滔对身边人说道："那些有功劳的将士，我上奏皇帝想为他们求取功勋，皇帝都不肯批准。如今我想和各位一起前往魏州，攻破马燧，求取温饱，怎么样？"然而并没有人回应他。朱滔问了三次，身边的人才说道："幽州的人，从安禄山、史思明造反以来，跟随军队向南作乱的人，没有一个人活着回来。因此剩下的人因为失去亲人痛入骨髓。况且您几位都受到国家的恩宠，将士们也各自建立了自己的功勋，只希望认真地保全现在的境地，不想再有那些虚妄的觊觎。"朱滔默然不语，只好停止。于是杀了数十个大将，厚待他的士卒。唐德宗听说这件事，因为势力还不足以牵制朱滔，便赐予朱滔通义郡王的爵位，希望能以此安抚朱滔。结果朱滔却越来越想造反，分出军队在赵州扎营。刘怦用信劝谏他停止，朱滔不肯听从刘怦的建议，派人诱反张孝忠，张孝忠拒绝了他。朱滔率军从深州出发，到了东鹿，将要行军，士卒忽然叛乱，喧嚷道："天子命令司徒回到幽州，为什么要违背旨意救援田悦？"朱滔十分害怕，便逃走躲了起来。蔡雄等人便假传朱滔的军令，告诉士卒道："如今向南行军，是为了你们着想，不是为了自己。"众人便一起杀了宣读诏命的使者，又高呼道："即使知道司徒这次行军是为了士卒，还是不如暂且奉行诏命回到封地。"蔡雄又告谕他们，众人这样才平定下来。朱滔便立刻带兵返回深州，暗中命令查访那些为首作乱的人，得到了两百个人，把他们全都杀了，才又带兵向南，众人没有敢退却的。

臣范祖禹认为，人们都有自己的本性。饥饿就要吃饭，干渴就要喝水，养家糊口、让自己的家人颐养天年，这都是人们本来就想做到的事，怎么会乐意造反把自己一家都卷入灾祸呢？然而自古以来，天下很少有太平景象，而战乱频仍的情况却数不胜数，不过是因为在上位者不知道如何治理国家，百姓不知道该依附谁，奸雄因此得以骗取群众，把他们化为自己的势力。天宝之后，幽州、蓟州一带就一直是叛乱的地区，中原把他们看作外族，朱滔把他们劫持起来，如此不得已的情况下，才跟随朱滔造反，也可以看出这些民众并非喜好犯上作乱，统治百姓的统治者应该引以为戒反省一下自己，修改修改自己发出的政令了。《诗经》曾说过："小雅完全废止之后，外族人才不断得涌入、侵略。"先代的贤王不归咎于外族，而是归咎于中国，在自己身上寻找原因，自己反省自己罢了。

如果君主能够实行仁政，让百姓亲附他的统治者，即使驱赶他们叛变，他们也不肯追从，奸雄又如何骗得了他们呢？

时两河用兵，月费百余万缗，府库不支数月。太常博士韦都宾、陈京建议，以为："货利所聚，皆在富商，请括富商钱，出万缗者，借其余以供军。计天下不过借一二千商，则数年之用足矣。"帝从之。诏借商人钱，令判度支条上。判度支杜佑大索长安中商贾所有货，意其不实，辄加搒棰，人不胜苦，有缢死者，长安嚣然如被寇盗。计所得才八十余万缗。又括僦柜钱，凡蓄积钱帛粟麦者，皆借四分之一，封其柜窖；百姓为之罢市，相帅遮宰相马自诉，以千万数。卢杞始慰谕之，势不可遏，乃疾驱自他道归。计并借商所得二百万缗，人已竭矣。

臣祖禹曰：人君用天下之力，取天下之财，征伐不庭以一海内，所以保民也。而兵革既起，未尝不自虐其民，暴敛之害甚于寇盗。寇盗害民之命，而暴敛失民之心，害民命者，君得而治之，君失民心，则不可得而复收也。孔子曰："苛政猛于虎也。"借商之事可见矣。议者必曰："不有小害，不得大治；不有小残，不成大功；一劳而久逸，暂费而永宁。"是以人主甘心焉，而卒致大乱，此不可以不戒也。

【**译文**】当时河北、河南两道调用军队，一个月就要花费一百多万缗钱，国库只能支出几个月的军费。太常博士韦都宾、陈京因此建议，认为："钱财都在富商的家中聚敛，请您向富商搜求钱财，超过一万缗的，把他们剩下的钱拿来供给军费。算来天下不过借一两千个商人，那么也够用几年的了。”唐德宗听从了二人的建议，下诏去搜求商人的财款，命令判度支分条上报，判度支杜佑大肆搜求长安中商人的财产，一旦认为商人所报财物不真实，就对其加以击打，人们无法承受带来的痛苦，便有人上吊自杀，长安宛如受到了盗贼洗劫一样，所得到的钱算来也只有八十多万缗。唐德宗又派人前去搜取僦柜的钱，凡有积蓄了钱财、粮食、丝绢的，全都要借走四分之一，查封他们的柜子、窖子。百姓为此罢市，彼此相率堵住宰相前行的路自述苦处，前来诉苦的人有成千上万之多。卢杞刚开始的时候还安慰、告谕他们，后来势头无法阻挡，便急忙从其他的小道回家了。算来总共从商人处搜刮、借得的钱有二百万缗，而已经再也拿不出来了。

臣范祖禹认为，君主借用天下人的力量，收取天下人的财物，征讨那些不来朝见的叛逆，统一海内的势力，是为了保护百姓啊。战争的序幕一旦拉开，未尝不会损伤自己的百姓。而横征暴敛对百姓的伤害，甚至要比贼寇还要严重。贼寇会伤害百姓的性命，而横征暴敛却会丢失百姓的心。伤害百姓的性命的盗贼可以治理，但君主一旦丢失了百姓的心，便无法收回。孔子曾经说过，苛政要比虎更凶恶。从这次向商人借钱的事情，可以看出孔子所说的确实不假了。有些议论的人会说：“没有小的伤害，就不会有大的安宁。没有小的损伤，就不会有大的成功。这一次辛苦，以后就不用再辛苦；这一次麻烦，以后就永远太平了。”这就是人主希望这么做的原因，但最终却导致天下大乱，不能不戒备啊。

帝初即位，崔祐甫为相，务崇宽大，故当时以为有贞观之风，想望太平，及卢杞为相，知帝性多忌，因以疑似离间群臣，劝帝以严刻御下，中外失望。

臣祖禹曰：德宗性本猜克，故小易入，用崔祐甫则治，用卢杞则乱，祐甫辅之以宽大，固益其德矣；杞辅之以严刻，则合其性焉，由其本猜克故也。当其即政之始，励精求治，犹能任贤，一为小人之所指导，而终身不复。使祐甫用于贞元之后，亦岂得行其志哉！

【译文】唐德宗刚即位的时候，崔祐甫担任宰相，一向崇尚宽容大度，因此当时人都觉得唐德宗有贞观之风，以为可以盼得到太平之世。等到卢杞担任宰相的时候，知道唐德宗本性多疑，因此用一些杯弓蛇影的办法离间君臣之间的关系，劝唐德宗对待下属更加严厉苛求，因此朝廷内外大失所望。

臣范祖禹认为，唐德宗本性便多猜疑，因此小人容易趁机潜入。任用崔祐甫为丞相便天下大治，任用卢杞为丞相就天下大乱。崔祐甫用宽大的态度来辅佐唐德宗，便会增加唐德宗的德行；卢杞用苛刻、寡恩来辅佐唐德宗，这就和唐德宗本性相合，因为唐德宗本来就喜好猜忌别人。在唐德宗刚接手政治的时候，励精图治，还能够任用贤才；一旦被小人引诱，便万劫不复了。如果是贞元之后录用崔祐甫，又哪里会任由唐德宗猜忌臣下，施行乱政呢！

淮南节度使陈少游奏，本道税钱每千请增二百。五月，诏他道皆如淮南，又盐每斗价皆增百钱。十一月，加少游同平章事。

臣祖禹曰：少游重敛加赋，以媚上求宠，此民贼也。德宗推其法于天下，而以宰相赏之，以是百吏承风，竞为刻剥，民不胜困，以至大乱。夫以天官而赏民贼，安得无颠覆之祸乎！

【译文】淮南节度使陈少游上奏，将淮南道的税钱增加二成。当年五月，唐德宗下诏，让每道的税款都调整到与淮南道一致；每斗盐的价格也要增加一百钱。当年十一月，赐予陈少游同平章事的职位。

臣范祖禹认为，陈少游增加税款，以此来博得唐德宗的欢心，这是损害百姓的贼人。唐德宗却要把陈少游的税法推行于天下，还要赏赐陈少游宰相的职位；因此各个官吏追随陈少游的风气，争相剥削百姓，百姓们承受不了如此的困扰，才导致天下大乱的局面。将天官冢宰的职权拿来赏赐损害百姓的人，怎么可能不招致倾覆的祸患呢！

唐鉴卷之十三

唐德宗二

建中[①]四年正月，关播荐李元平有将相之器，帝擢元平为汝州别驾。李希烈[②]袭陷汝州，擒之，伪署[③]御史中丞。播闻之，诧曰："元平事济矣。"谓必覆贼而建功也。左右笑之。无何，贼伪署为宰相，有告其贰者，元平断一指自誓。帝患希烈，问计于卢杞。杞恶颜真卿，对曰："真卿为四方所信，使宣慰希烈，可不劳师旅而服。"帝以为然，命真卿宣慰希烈，为希烈所留，真卿叱责之，竟为希烈所杀。

臣祖禹曰：关播荐李元平，卢杞陷颜真卿，宰相之所好恶如此。其事暴于天下，非难见也，而德宗不知，惟其不好直而好佞，所以蔽也，相非其人，欲不乱，其可得乎？

【注释】①建中：唐德宗李适年号（780—783）。②李希烈（约750–786）：燕州辽西县（今北京市顺义区）人。唐朝藩镇将领。建中三年(782),李希烈联合王武俊、李纳、田悦、朱滔各自称王,公然反叛。翌年底占领汴州,自称皇帝,国号楚,后被刘洽击败,败退淮西。贞元二年(786),被部将陈仙奇毒死。③伪署:指给不正当的政权代理官职。

【译文】唐德宗建中四年(783)正月,关播向唐德宗推荐李元平,认为他有做将相的才量。于是唐德宗便提拔李元平为汝州别驾。李希烈偷袭汝州,将汝州攻陷,抓住了李元平,让其代理伪朝的御史中丞。关播听说后,惊讶道:"李元平的事成了!"认为他一定会剿灭叛军立功。身边的人都因此嘲笑关播。不久,李希烈又让李元平代理伪朝的宰相。有人状告李元平有贰心,李元平砍断了一根手指,发誓自己是清白的。唐德宗担心李希烈的势力,便向卢杞寻求计策。卢杞十分憎恶颜真卿,便回答道:"颜真卿被天下人所信任,派他宣诏慰劳李希烈,可以不用动兵就让他归降。"唐德宗采纳了卢杞的建议,就命令颜真卿前往宣诏慰劳李希烈,却被李希烈扣留了。颜真卿因此叱责李希烈,最终被李希烈所杀。

臣范祖禹认为,关播推荐李元平,卢杞陷害颜真卿,宰相个人的爱憎情绪影响朝廷的决断的程度已然到了这个地步。他们的事情暴露于天下,并非难以预见,然而唐德宗却不知道,只是因为他不喜爱正直的人,却喜欢花言巧语的人,所以唐德宗才会被蒙蔽。如果宰相不具备担任宰相的才能,想要国家不乱,做得到吗?

五月,初行税间架[①],除陌钱法。时河东、泽潞、河阳、朔方四军屯魏县,神策、永平、宣武、淮南、浙西、荆南、江西、沔鄂、湖南、黔中、剑南、岭南诸军环淮宁之境。旧制,诸道军出境，则仰给度支。帝优恤将士，每出境，加给酒肉，本道粮仍给其家，一人兼三人之给，故将士利之。各出境，才逾境而止，月费钱百三十余万缗，常赋不能供。判度支赵赞乃奏行二法：所谓税间架者，每屋两架者为间，上屋税钱二千，中税千，下税五百，吏执笔握算[2]，入人室庐计其数。或有宅屋多而无它资者，出钱动数百缗。敢匿一间，杖六十，赏告者钱五十缗。所谓除陌钱者，公私给与及卖买，每缗官留五十钱，给它物及相贸易者，约钱为率。敢隐钱百，杖六十，罚钱二千，赏告者钱十缗，其赏钱皆出坐事之家。于是愁怨之声，闻于远近。

臣祖禹曰：《易·剥》之六四曰："剥床以肤[3]，凶。"夫床者，肤之所依也，剥床不已，必侵于肤。君者，民之所戴也，剥民不已，必害于君。故《象》曰："切近灾也。"德宗有平一海内之志，而求欲速之功，不务养民，而先用武，军食不足，则暴征横敛以继之。民愁兵怨，激而成乱。自古不固邦本而攻战不息者，必有意外之患，此后王之深戒也。

【注释】①税间架：唐代税法名。②握算：手握算筹进行计算。③剥：剥落，浸蚀，剥削。肤，本指床的表面，此为误解。

【译文】建中四年五月，政府开始实行税间架、除陌钱两种税法。当时河东（今山西永济）、泽潞（今山西霍山及河北涉县）、河阳（今河南焦作）、朔方（今陕西靖边）四地的军队驻扎在魏县（今河北邯郸），而神策军以及永平（今广西岑溪）、宣武（今广西来宾）、淮南（今安徽淮南）、浙西（今浙江衢州）、荆南（今湖北荆州、秭归、宜昌)、江西(今江西境内)、沔(今湖北仙桃)、鄂(今湖北鄂州)、湖南(今湖南境内)、黔中(今重庆彭水)、剑南(今四川境内)、岭南(今两广地区及其周边)等地的军队则包围了淮宁(今安徽安庆)。先前的制度规定：各路兵马出境之后，军费都由国家财政提供。皇帝十分优待、体恤将士，因此每次出境，都会额外提供给军队将士很多酒肉，将士所在的道，还要给家属粮食。这样每人就可以得到三人份的补给品，所以将士认为有利，乐意出境。每次各路兵马出境，刚刚越过边境就停止行军，每月就花费一百三十多万缗钱，国家正常赋税无法提供。于是判度支赵赞就给唐德宗上疏，请求实行税间架、除陌钱两种税法。所谓税间架，是说每两架梁算作一间，之后按间收税：上等的房子每间需要缴纳两千税钱，中等的房子每间需要缴纳一千，下等的房子则需缴纳五百。官吏拿着笔、算筹进行计算，进入百姓的家中一一统计数目。有很多人虽然有很多间屋子，却没有其他资产，出钱却动辄好几百缗；胆敢隐瞒一间，就会被杖责六十，并奖赏告发的人五十缗钱。所谓除陌钱，是说无论是公开交易，还是私下交易，无论是给予还是买卖所得，交易额每有一缗(一千文钱)，政府就要扣留五十钱。如果是向某人、某组织提供其他物品，或者是以物换物，就要以所提供、交换的物品规定的价格为准纳税；胆敢隐瞒一百钱，就会被杖责六十，罚款两千钱，并奖赏告发的人十缗。这些赏钱都出自那些犯了税法的人家。于是忧愁怨恨之声，远近都能听到。

臣范祖禹认为，《周易·剥卦》六四说：“床已经剥落到床面，靠近人的皮肤了，这很危险。”床面和皮肤紧靠着，如果床面一直剥落下去，就一定会伤害到皮肤；一国之君是百姓所推举，如果君主一直剥削百姓，就一定会危害到君主。所以《象传》有言：“（这种情况已经）十分接近灾祸了。”唐德宗胸怀统一天下的大志，却太过于追求速度，急功近利，不致力于养育人民，却先动用武力解决问题；军队粮食不足，就用横征暴敛去弥补军粮的空缺，让百姓、士兵怨声载道，因为群情激愤造成叛乱。自古以来，不知道巩固国家根本，却攻战不息、穷兵黩武的人，必然会有意料之外的灾难。这是后世君王应该吸取的深刻教训啊！

八月，翰林学士陆贽以兵穷民困，恐别生内变，乃上奏，其略曰：“将不能使兵，国不能驭将，非止费财玩[①]寇之弊，亦有不戢[②]自焚之灾。”又曰：“无纾目前之虞，或兴意外之患。人者，邦之本；财者，人之心。其心伤则其本伤，其本伤则枝干颠瘁矣。”又曰：“人摇不宁，事变难测，是以兵贵拙速，不尚巧迟。若不靖于本而务救于末，则救之所为，乃祸之所起也。”又论关中形势，略曰：“今关辅之间，兴发已甚，宫苑之内，备卫不全。万一将帅之中，又如朱滔、希烈，或负固边垒，诱致豺狼，或窃发邻畿，惊犯城阙，未审陛下复何以备之？贽请追还神策六军，明敕泾、陇、邠、宁，但令严备封守，仍令更不征发，使知各保安居。又降德音，罢京城及畿县间架等杂税，则冀已输者弭怨，见处者获宁，人心不摇，邦本自固。”帝不能用。

臣祖禹曰：贤者之知国，如良医之知疾，察其形色，视其脉理，而识死生之变，不待其颠仆，而后以为病也。陆贽论用兵之致乱，如蓍龟之先见，何其智哉！夫岂如瞽史之知天道乎？亦观其事而知之也。非独如贽之贤者能知之，意天下之凡民亦必有知之者，惟人君不觉也。天下之患，在于人莫敢言，而君不得知。言之而不听，则末如之何也，必乱而已矣。

【注释】①玩：忽视。②戢：收敛。

【译文】建中四年八月，翰林学士陆贽认为军队、百姓太过贫困，恐怕会引起变乱，于是奏上奏章。奏章的内容大概是说："如果将军不能指挥军队，国家不能驾驭将领，那就不只是花费钱财、消极剿灭贼寇所造成的弊端了，也有因为不知道收敛导致的玩火自焚。"又说："不仅不能缓解眼下的问题，或许还会产生出人意料的祸患。百姓是国家的根本，而经济情况关乎百姓的心声。一旦百姓的心灵受到创伤，国家的根本就也会遭到伤害；国家的根本一旦受到伤害，大树的枝干就会因为生病而倒下了。"又说："当前人心动荡，事情的变化难以预料，因此行军宁可鲁莽而迅速，也不要机智而迟缓。如果不去安定国家的根本，而一味地只针对细枝末节，那么您所做出的救援行动只会引起更多的祸端。"又与唐德宗讨论关中形势，其内容大概是说："如今京城附近调来的人力物力已经过于饱和了，但是宫廷之内的防卫准备却做得十分不足。一旦将帅之中又有像朱滔、李希烈一样的叛贼出现，如果他们倚仗坚固的城池在边防建立基地，引诱边境外族入侵；抑或是暗中在京城起事，突然向京城附近的关隘进军，不知道您怎么防备呢？因此，我请求陛下把神策军等六军召回原处，下令命泾州（今甘肃泾川北）、陇州（今陕西宝鸡）、邠州（今陕西彬州）、宁州（今甘肃宁县）的驻军只需进行健全的准备，守卫他们所管辖的区域；还要下旨让有关人员不要再调配兵丁，使各州县知道各自管理、保护、安抚自己所管辖的百姓。除此之外，还要请求您布施恩惠，免除京城和附近县的架间税等杂税。希望纳过税的人不要再怨恨国家，让受到处置的人能够安下心来。只要民心不动荡，那么国家的根本就自然会稳固了。”唐德宗没能采用他的意见。

臣范祖禹认为，贤者能治理国家，就像良医可以预知病情，观察病人的外貌与脸色，再观察病人的脉理，就可以得知病人到底是生是死，而不是等到病人倒下了才得知他的身体情况。陆贽向唐德宗讲述由于用兵过度导致的灾难，就像通过占卜得到的先见一样，这是多么明智！简直就像瞽史预知天道一样！但这也是观察事物的规律才得知的。不是只有像陆贽一样的贤者才会知道，我料想天下的老百姓也一定有人能够发觉，只是唐德宗没有发觉罢了。天下之所以弊端丛生，是由于没有人敢于发言，君主没办法知晓实情。向君主陈述过情况，建议却不被采纳，那么也没有什么办法了，必然是天下大乱才是终局。

李希烈围襄，城危急。帝发泾原等诸道兵救之。十月，泾原节度使姚令言将兵五千至京师。军士冒雨，寒甚，多携子弟而来，冀得厚赐遗其家，既至，一无所赐。发至浐水，诏京兆尹王翃犒师，唯粝食菜餤[①]。众怒，蹴而覆之，遂作乱。还趋京城。百姓狼狈骇走，贼大呼告之曰：“汝曹勿恐，不夺汝商货僦质矣！不税汝间架陌钱矣！”

臣祖禹曰：昔秦逐匈奴，戍五岭，而陈胜起大泽；隋伐突厥，征高丽，而杨元感[②]乱黎阳。自古攻战不已，倾国以外向者，必召内患，民疲而本摇故也。襄城之危，唐德宗以为至忧，故竭天下之力以救之，而不知大盗之覆都邑。譬之欲除疡疥，而疾溃于腹心，欲救四支，而祸发于头目。兵革既起，天下之变，其可胜虑乎？

【注释】①餤：古同“啖”，吃。②杨元感：即杨玄感。避宋赵玄朗讳而改。

【译文】李希烈包围了襄城（今河南许昌），城池形势十分危急。唐德宗发动泾原等几路兵马前去援救。十月，泾原节度使姚令言带领五千军士到达京城。军士们冒雨而来，十分寒冷，很多都是带着家人一起来的，只是希望能得到丰厚的赏赐以送给自己的家人。结果到了京城之后，唐德宗却什么都没有赏赐，当这支援军走到浐水（今陕西浐水），下诏命令京兆尹王翃犒赏军队。只是让军士吃粗劣的粮食，用菜果腹。众人发怒，便踢翻了食物，造了反，转身向京城进发。百姓十分狼狈，都惊恐地四处逃跑。贼人大声呼告他们说：“你们不要害怕，从此再也没人夺取你们的金柜库财，收你们的间架税、除陌钱了。”

臣范祖禹认为，当初秦朝驱逐匈奴，戍守五岭，而陈胜在大泽乡起兵；隋朝讨伐突厥、高丽，于是杨玄感在黎阳造反。自古以来，一味地行军打仗，倾全国之力而向外扩张，必然会招致内患，因为百姓太过疲劳、国家的根本受到了动摇。唐德宗把襄城的危机当作最大的祸患，因此便想倾尽天下的力量前去援救，却不知道更大的祸患将要降临国都。就好像想要除去表面的疥疮，其实疾病已然危及五脏了；想要治疗四肢，但是疾病已经波及到头和眼睛。战争一旦爆发，天下的变故又哪里能考虑得完呢？

初，神策军使白志贞[①]掌召募禁兵。东征死亡者，志贞皆隐不以闻，但受市井富儿赂而补之，名在军籍受赐，而身居市廛为贩鬻。司农卿段秀实上言：禁兵不精，其数全少，猝有患难，将何以待之！不听。至是，帝召禁兵以御贼，竟无一人至者。帝乃出幸奉天。

臣祖禹曰：周公作《立政》以戒成王。自左右常伯至于缀衣虎贲，皆选忠良，而勿以憸人[②]。是时，齐侯吕伋掌天子之兵，故康王之立，太保命仲桓、南宫毛取二干戈，虎贲百人以逆。周家以为天子心膂爪牙者，太公之子也，其发之也，以宰相之命，二诸侯往焉，慎重如此，王室其可乱乎？晋悼公使弁纠御戎，荀宾为右使，训诸御知义，群驺知礼，故可用也。至汉之时，宿卫者犹以忠力之臣，与公卿之子，盖古之遗法也。夫以天子之尊，必使诸侯与天下之贤者，共扞卫之，训其徒旅，使知礼义，不如是不足以为固也。后世苟简，人君多疑，宁与小人而不与君子，德宗之世，所任尤非其人，至于变起京邑，而无一卒之卫。其后惩前之失，委之宦者，而其祸愈深。夫聚天下不义之人，使执利器，而环天子之居，不以付之忠贤，臣是以知后世人主之不尊，国家之无法也。

【注释】①白志贞（？-787）：本名白琇珪，河东太原（今山西省太原市）人，白部鲜卑族。唐大臣。为人谨慎，被李光弼提拔。唐代宗即位后，拜司农少卿，迁太府卿，开始用权力大肆聚敛财物。唐德宗即位，赐名志贞，与宰相卢杞勾结。建中之乱后，因罪被贬为阆州别驾，迁果州刺史。贞元三年，迁御史大夫、润州刺史、浙西观察使，在任上去世。②憸（xiān）人：小人，奸佞的人。

【译文】当初，神策军使白志贞招募禁卫军。东征死亡人员的名单被白志贞隐瞒，并未上报；白志贞接受了市井上一些有钱年轻人的贿赂，将他们的名字补录进去。这些人的名字在军队的名册上以接受赏赐，而自身却在市场做起买卖。司农卿段秀实上奏章说："禁卫军并不精良，人数太多但实际的士兵却很少，如果一旦发生灾祸，我们该如何应对？"唐德宗不听。贼人进军京都时，唐德宗唤来禁卫军抵抗贼人，竟然没有一个人到场。于是唐德宗便逃奔奉天（今陕西乾县）。

臣范祖禹认为，周公当初作《立政》来劝诫成王，从身边的大臣一直到侍卫，都要选择忠良来担任，而不用那些奸臣贼子。当时，齐侯吕伋掌管天子的军队，因此周康王继位时，太保命令仲桓、南宫毛手持两副干戈，带领一百名勇士前去迎接康王。周朝把姜太公的儿子吕伋作为天子的心腹和得力助手。调遣军队时，从宰相处传令，使两位诸侯亲自前去。行动如此慎重，周王室又怎么会发生灾祸呢？晋悼公让弁纠驾驶战车，又让荀宾担当车右，并用道义教诲驾车的人，让马夫们懂得礼节，这样才肯任用他们驾车。汉朝时，守卫天子的卫士还要选用忠诚、勇敢的官家子弟，这大概是古代留下来的规定。以天子的尊贵，一定要选用诸侯、贤者一同捍卫他的安全，教诲他的军队，然后才懂得礼义。如果不这样，那国家就不足以称得上稳固。可是后世制度粗疏，人君都心怀疑虑，宁可把安全交给小人，也不肯交给君子。唐德宗在位的时候，任用的人最不得当，等到京城发生叛乱的时候，竟然没有一个人保卫他。自此以后，唐德宗反省以前的错误，把权力交给了宦官，可是国家的祸患却愈加严重。德宗召集了天下的不义之人，让他们去执掌兵权、保卫天子的居所，却不肯把权力交给那些忠良。因此我可以得知：唐朝后代君主之所以不被尊重，不过是因为国家没有法度罢了。

翰林学士姜公辅[①]叩马言曰："朱泚[②]尝为泾帅，坐弟滔之故，废处京师，臣尝谓陛下既不能推心待之，则不如杀之，毋贻后患。今乱兵若奉以为主，则难制矣。请召使从行。"帝仓猝不暇用其言，曰："无及矣！"既而姚令言与乱兵谋，果迎泚而立之。帝初至奉天，诏征诸道兵入援。有上言："朱泚为乱兵所立，且来攻城，宜早修守备。"卢杞切齿言曰："朱泚忠贞，群臣莫及，奈何言其从乱，伤大臣心！臣请以百口保其不反。"帝亦以为然。又闻群臣劝泚奉迎，乃诏诸道援兵至者皆营于三十里外。姜公辅谏曰："今宿卫单寡，防虑不可不深，若泚竭忠奉迎，何惮于兵多；如其不然，有备无患。"帝乃悉召援兵入城。卢杞及白志贞言于帝曰："臣观朱泚心迹，必不至为逆，愿择大臣入京城宣慰以察之。"帝以问从臣，皆畏惮，莫敢行。金吾将军吴溆独请行，既至，为泚所杀。凤翔后营将李楚琳尝事朱泚，夜与其党作乱，杀节度使张镒。始帝以奉天迫隘，欲幸凤翔，户部尚书萧复[③]遽请见曰："陛下大误，凤翔将卒皆朱泚故部曲，其中必有与之同恶者。臣尚忧张镒不能久，岂得以銮舆蹈不测之渊乎！"帝曰："吾行计已决，试为卿留一日。"明日，闻凤翔乱，乃止。是月，以复为吏部尚书，公辅为谏议大夫，并同平章事。朱泚自将逼奉天。十一月，灵武留后杜希全等四军入援，将至，上召将相议道所从出。关播、浑瑊[④]曰："漠谷道险狭，恐为贼所邀。不若自乾陵北过，附柏城[⑤]而行，营于城东北鸡子堆，与城中掎角相应，且分贼势。"卢杞曰："漠谷路近，若为贼所邀，则城中应接可也。倘出乾陵，恐惊陵寝。"浑瑊曰："自泚围城，斩乾陵松柏，以夜继昼，其惊多矣。今城中危急，诸道救兵未至，惟希全等来，所系非轻，若得营据要地，则泚可破也。"杞曰："陛下行师，岂比逆贼！若令希全等过，自惊陵寝也。"帝乃命希全等自漠谷进。希全等果为贼所邀，死伤甚众。城中出兵应接，为贼所败。是夕，四军溃，退保邠州。泚攻城益急。

臣祖禹曰：人君如欲知其臣，听其言而以事验之，则忠、邪、贤、不肖，可得而见矣。姜公辅策朱泚必反，萧复言凤翔必乱，见几知变，何其明也！卢杞以百口保泚，请遣大臣宣慰，而吴溆没于贼，又误援军，奉天益危，宰相谋国，乖剌如此，则其人可知也。奉天之守，实公辅与复是赖，唐德宗虽以为相，不旋踵而疏斥之，杞几亡社稷，至死而犹以为贤，自古临祸难而不悟，鲜有如德宗者也。

【注释】①姜公辅（730—805）：字德文，爱州（今越南清化）人，祖籍天水郡冀县（今甘肃省甘谷县）。唐朝时期宰相、“南安四贤”之一。②朱泚（742—784）：幽州昌平（今北京市昌平区）人，唐朝中期将领，蓟州刺史朱怀珪之子。朱泚年少从军，轻财好施，赐爵怀宁郡王，积极改善幽州与中央政府的关系，指派弟弟朱滔领兵入关，之后留居长安，授检校司空、陇右节度使，封遂宁郡王。唐德宗即位，授太子太师、凤翔尹，后迁太尉。建中四年，泾原兵变，被哗变的士兵拥立为帝，国号大秦，年号应天。兴元元年，又改国号为汉国，年号天皇。并率军围攻奉天，意图杀死唐德宗，兵败后仓皇逃亡，途中被部将所杀。③萧复（732—788）：字履初。南兰陵（今江苏省常州市武进区）人。唐朝宰相。以门荫入仕。建中四年泾原兵变，跟随德宗出奔奉天，拜吏部尚书，同平章事。后因请罢宦官监军、弹劾卢杞遭忌，被贬前往宣抚江南。兴元元年，进门下侍郎。贞元三年，因为是郜国公主亲戚被牵连，废居饶州。④浑瑊（736—800）：本名日进，铁勒族浑部皋兰州（今宁夏回族自治区吴忠市青铜峡市南）人。唐朝中期名将。曾先后为李光弼、郭子仪、仆固怀恩的部将。仆固怀恩叛乱时，吐蕃军十万入侵，浑瑊率二百骑兵冲阵，大破吐蕃。泾原兵变时，浑瑊于奉天力战，大破数万叛军，并率军收复咸阳。贞元三年（787），浑瑊奉命主持唐蕃平凉会盟，但疏于防备，被吐蕃劫持归。此后仍镇河中。贞元十六年（800）去世。获赠太师，谥号“忠武”。⑤柏城：君王的陵墓。此指乾陵。

【译文】翰林学士姜公辅在唐德宗马前叩拜道：“朱泚曾经做过泾原军的统帅，由于他弟弟朱滔被罢免而留居京城。我曾经对陛下说过，既然不能推心置腹地对待他，就不如把他杀了，不要留下后患。如果现在乱军把他立为君主，那么就再难以牵制了。请陛下下诏把他召来随从您同行。”唐德宗在仓促之中，没来得及采纳姜公辅的建议，说道：“来不及了！”随后姚令言和乱军一同商议，果然迎接了朱泚，还把他扶立为君主。唐德宗刚到奉天的时候，下诏征调各路军队前来救驾。有人上书道：“朱泚被乱军扶立为君主，马上就要前来攻城了，应该及早修治守城军备。”卢杞咬牙切齿地说道：“朱泚忠诚清正，群臣没有人能比得上他。怎么能说他和乱军同流合污，伤了大臣的心意呢？我请求用我一家一百多人的性命保证他不会造反。”唐德宗采纳卢杞的建议。又听说群臣都劝说朱泚迎接自己，于是下诏命令到达的各路援军都在三十里以外扎营。姜公辅劝谏道：“如今保卫您的卫士很少，因此应该严加防范。如果朱泚真的是忠心奉您为天子，又怎么会忌惮军队太多呢？如果朱泚并不忠诚，那么我们也有备无患。”唐德宗这才把所有的援兵叫入城中。卢杞和白志贞对唐德宗说：“我们观察朱泚的心迹，他一定不至于造反。希望您挑选大臣进京城宣诏慰劳他，以此来观察他是否真的造反了。”唐德宗以此询问身边大臣，大臣们都托词害怕，没有一个敢前去的，只有金吾将军吴溆一人请求前往。吴溆到了京城，就被朱泚杀害了。凤翔（今陕西宝鸡）后营将军李楚琳曾经在朱泚麾下，当天夜里，李楚琳和他的党羽作乱，杀害了节度使张镒。当初，唐德宗认为奉天县比较狭小，因此想巡幸凤翔。户部尚书萧复急忙请求召见，说道：“陛下您想错了。凤翔的兵将都是朱泚以前的部下，其中一定有跟朱泚同流合污的。我连张镒都尚且担心无法依靠，怎么能让您踏入无底深渊呢？”唐德宗说：“我的计划已经决定了，就暂且为你推迟一天吧。”第二天，听说凤翔发生叛乱，才终止了这个计划。同月，任命萧复为吏部尚书，任命姜公辅为谏议大夫，并让他们共同执掌宰相职务。朱泚亲自带兵逼近奉天。十一月，灵武县（今宁夏灵武）留后杜希全等四路军队进入奉天援护。将要到达时，皇上召集文武大臣商议援军进入奉天的路线。关播、浑瑊说："漠谷（今陕西乾县）道路比较狭窄，恐怕会被贼人半路截击，不如从乾陵北经过，依附柏城行军，再令援军驻扎在城东北的鸡子堆，与城中守军犄角相应，还可以分散贼人的兵力。"卢杞道："漠谷路近，如果被贼人半路截击，那么用城里的军队接应他们就可以了。倘若从乾陵行军，恐怕高宗的陵寝会被惊扰。"浑瑊说："自从朱泚围城以来，乾陵的松柏一直被砍断，黑天接着白天，乾陵受到的惊扰还少吗？现在城中危急，各路援军还没有到达，只有杜希全四路兵马前来救援，事关重大，如果能让军队占据要地，那么朱泚叛军就能击败了。"卢杞说："陛下指挥军队，逆贼怎么能相提并论！如果杜希全等军队经过，自然会惊扰高宗的陵寝呀！"于是唐德宗就命令杜希全等从漠谷行军。杜希全等果然被贼人半路截击，死伤惨重。城中出兵前去接应，也被贼人击败。当晚，杜希全等四路兵马彻底被击溃，只得退军保守邠州。朱泚因此更加频繁地攻城。

臣范祖禹认为，君主想要了解他的臣子，那就观察他的言辞、用事实证明他所说的话。那么忠臣、奸佞、贤良、庸才，就会一清二楚了。姜公辅指出朱泚必反，萧复言及凤翔必乱，他们刚观察到征兆，就能悉知事情的变化，多么明智啊！卢杞用一家百余口的性命保全朱泚，还请求派大臣宣诏慰劳，可是吴溆却死在朱泚之手，又提议错误的路线，坑害了援军，让奉天变得更加危险。宰相对国家献策献计，却如此不合情理，那么这种人的贤愚就可想而知了。奉天能守卫下来，实际上是姜公辅和萧复的功劳。唐德宗虽然以他们为社稷重臣，但是不久就开始疏远、排斥他们。卢杞几乎灭国，但唐德宗到死都认为他是贤臣。自古以来面对祸难却还不醒悟的人，也很少比得上唐德宗。

朱泚僭号大秦皇帝，置百官。以樊系为礼部侍郎，系为泚譔[①]册文，既成，仰药而死。

臣祖禹曰：司马迁有言曰："知死必勇。"非死者难也，处死者难。使樊系能拒朱泚，不作册文而死，岂不为忠臣乎？而文成乃死，是亦为逆而已矣。惜哉！其为忠与逆，在于作与不作而已。系之不敢拒泚，不过畏死而怯耳，而卒不免于死，其愚岂不甚哉！能死而不能拒泚，此特臧获婢妾之引决者耳，非能勇也。士有不幸而身处危乱者，其亦视此以为戒哉！

【注释】①譔：与"撰"同，撰写。

【译文】朱泚冒用大秦皇帝的名号，设置百官，任命樊系为礼部侍郎。樊系为朱泚撰写了册封的文书，写成后，服毒而死。

臣范祖禹认为，司马迁曾经说过："理解死亡的人一定很勇敢。"困难的不是死亡，而是如何对待死亡。假使樊系能因为拒绝朱泚不撰写册封文书而死，难道不是忠臣吗？可是他在册文写成后才死，这也只能落得个逆臣罢了。太可惜了！到底是忠臣还是叛臣，不过在于他是否帮助逆贼书写篡权用的文书。樊系不敢拒绝朱泚，不过是因为怕死而胆怯而已，但最终也没能逃脱死亡的结局，这难道不是太愚蠢了吗？能死却不能拒绝朱泚，这不过是奴隶之辈上吊自杀的戏码，并非是勇敢。不幸身处危难的士人，千万要以此为戒！

朱泚攻围奉天经月，城中资粮俱尽。帝尝遣健步出城觇贼，其人恳以苦寒为辞，跪奏乞一襦袴。帝为之寻求不获，竟悯默而遣之。时供御才有粝米二斛，每伺贼休息，夜缒人于城外，采芜菁根而进之。帝召公卿将吏谓曰："朕以不德，自陷危亡，固其宜也。公辈无罪，且早降以救室家。"群臣皆顿首流涕，期尽死力，故将士虽困急而锐气不衰。

臣祖禹曰：唐德宗以饥羸之卒，守一县之地，而当朱泚十万之师，备御俱竭，危不容喘，所恃者人心未去也。卒能克复宗社，不失旧物，而况以天下之大，亿兆之众，守之以道德，用之以仁义，其谁能敌之？故人君苟得民心，则不在地之广狭，兵之众寡，王天下犹反掌也。汤以七十里，文王以百里，岂不信哉！

【译文】朱泚围击奉天县整整一个月，城中的钱粮全已消耗殆尽。唐德宗曾经派遣善于奔走的兵士前去侦察敌情，那人诚恳地说忍受不住严寒，跪着奏请唐德宗赐给他一件短袄、套裤。唐德宗帮他寻找短袄、套裤，但没有找到，最终只好怜悯地打发他走了。当时供奉唐德宗的食粮只有两斛粗米，总要等到贼人休息时，趁机用绳子把人放出城外，采集芜菁根以作唐德宗的粮食。唐德宗召来公卿将吏，对他们说：“我因为不治德行，让自己陷入危险，这本来就是应该的。你们没有什么罪过，快去早早投降，保全你们家人的性命吧。”群臣全都叩头流泪，希望能用尽力气拼死一搏，因此将士们虽然被逼入绝境，但士气却没有衰落。

臣范祖禹认为，唐德宗率领着一群饥饿瘦弱的士兵，守卫一个县城如此狭小的城池，却抵挡了朱泚十万大军。武器、装备都用尽了，危急到了已经不容喘息的地步，所依赖的只是人心还未离去呀！最终能够恢复宗庙社稷，没有让李唐政权灭亡。何况倚仗如此之大的天下、倚仗亿万之数的民众，用道德守护国家，用仁义驱使兵将，又有谁能够抵挡呢？因此，如果人君能得到民心，那么就不在于疆域是大是小，也不在于军队是多是少，称霸天下易如反掌。当年商汤凭借七十里之地建立帝业，周文王倚仗百里之地雄踞一方，难道不是确实如此吗？

朱泚既据府库之富，不爱金帛以悦将士，公卿家属在城者皆给月俸。神策六军从车驾及哥舒曜、李晟者，泚皆给其家粮。加以缮完器械，日费甚广。及长安平，府库尚有余蓄，见者皆追怨有司之暴敛焉。

臣祖禹曰：德宗欲划灭藩镇，故聚天下之财，因师出以为名，而多殖货利，以为人主可欺天下，而莫之知也。夫匹夫犹不可以家之有无欺其邻里，况人主内有余富，而可以不足欺天下乎？得财而失民，将谁与守矣？其失国宜哉！而向之所积，反为盗资，货悖而出，犹不能竭。先王不以利为利，而以义为利，盖以此也。

【译文】朱泚占据国库后，并不吝惜金钱丝帛，而是用它来博取将士们的欢心。在京城的公卿家属，每月都会发放俸钱；也会给跟随天子和哥舒曜、李晟的神策军等六军家属发放粮食。再加上用国库里的钱来修缮器械，每日的花销特别大。等到收复长安时，国库中还有多余的积蓄，看见的人都埋怨当时的主管官员横征暴敛。

臣范祖禹认为，唐德宗想要铲灭藩镇的势力，因此聚集天下的钱粮，拿出动军队作为借口去聚敛财物，认为人主就可以欺骗天下，没有人会知道这些事。普通人尚且不能用家中的贫富欺骗邻居，何况人主府库内还有余财，却可以用财富不足来欺骗天下人吗？充实了国库却丧失了民心，那么谁还会和天子一起守卫国家呢？以前所积蓄的钱财，反而成为贼人的钱粮；钱财被叛贼挥霍，却还是没有用完。先代的贤王不把钱财当作利益，而把道义当作利益，大概就因为这个吧！

唐鉴卷之十四

德宗三

帝问陆贽以当今切务。贽以向日致乱，由上下之情不通，劝帝接下从谏，乃上疏，其略曰："若群情之所甚欲者，陛下先行之，所甚恶者，陛下先去之。欲恶与天下同而天下不归者，自古及今，未之有也。"又曰："四方既患于中外意乖，百辟又患于君臣道隔，郡国之志不达于朝廷，朝廷之诚不升于轩陛。上泽阙于下布，下情壅于上闻，实事不必知，知事不必实。"疏奏旬日，帝无所施行，亦不诘问。贽又上疏，其略曰："人各隐情，以言为讳。至于变乱将起，亿兆同忧，独陛下恬然不知，方谓太平可致。"帝乃遣中使谕之曰："朕本性甚好推诚，亦能纳谏。将谓君臣一体，全不隄防，缘推诚信不疑，多被奸人卖弄。今所致患害，朕思亦无他，其失反在推诚。又谏官论事，罕能慎密，例自矜衒，归过于朕以自取名。朕从即位以来，见奏对论事者甚多，大抵皆是雷同，道听涂说，试加质问，遽见辞穷。若有奇才异能在，朕岂惜拔擢。朕见从前以来，事只如此，所以近来不多取次对人，亦非倦于接纳。”贽上疏，其略曰：“天不以地有恶木而废发生，天子不以时有小人而废听纳。”又曰：“唯信与诚有补无失。一不诚则心莫之保，一不信则言莫之行。”又曰：“驭之以智则人诈，示之以疑则人偷。上行之则下从之，上施之则下报之。”又曰：“诚信之道，不可斯须而去身。愿陛下慎守而行之有加，恐非所以为悔者也！”又曰：“仲虺赞成汤，不称其无过而称其改过；吉甫诵周宣，不美其无阙而美其补阙。圣贤之意较然著明，唯以改过为能，不以无过为贵。智者改过而迁善，愚者耻过而遂非。”又曰：“谏官不密、自矜，信非忠厚，其于圣德，固亦无亏。陛下若纳谏不违，则传之适足增美；陛下若违谏不纳，又安能禁之勿传！”又曰：“陛下虽穷其辞而未穷其理，虽服其口而未服其心。”又曰：“谏者多，表我之能好；谏者直，示我之能贤；谏者之狂诬，明我之能恕；谏者之漏泄，彰我之能从。有一于斯，皆为盛德。”帝颇采用其言。

臣祖禹曰：德宗播迁，几于亡国，不能反求诸己，而以为失在推诚，既过而不改，又谏而不从，乃疑臣下之扬其恶而掠其美，因不复以听纳为事，甚矣，其无人君之德也！陆贽之言，曲尽其情，考其听从，曾无一二，臣故剟[1]其大略，以见德宗之性与其行事，以为戒焉。

【注释】①剟（duō）：割取；选取。

【译文】唐德宗向陆贽询问当今最重要的事情。陆贽认为，当初之所以导致叛乱，是因为上下之间想法不通。于是劝谏皇帝听从谏言，用从前招致叛乱是因为上下之情不通来劝皇帝听从臣下谏言，于是呈上奏疏，其简要内容说："如果是大家特别期待的事情，陛下就先去施行；如果是大家特别厌恶的事情，陛下就先去取缔。您的喜恶如果和天下人相同，天下人怎么会不归附您？从古到今，从来就没有过。"又说："既有四方担心朝廷内外的想法不一致，又有百官担心君王与臣下的想法无法互相传达，郡守的想法不能传达给朝廷大臣，而朝廷大臣的想法又不能上奏给皇帝。陛下的恩泽难以布及百姓，百姓的想法被堵截不能上递。真实的事不一定被得知，得知的事又不一定是真实的。"奏疏上奏了十天，唐德宗既没有施行，也没有询问。于是陆贽又上奏疏，其内容大概说："人们都开始隐瞒实情，把说话当作忌讳，等到叛乱快要发生，大家都在担忧，却只有陛下安然自处，毫不知情，还认为太平马上就要来临。"唐德宗便派中使晓谕陆贽道："我本来很喜欢以诚待人，也能够采纳谏言。曾经认为君王和大臣一体，完全不进行提防。（然而）就是因为诚心待人，不去怀疑，才屡次被奸臣出卖、戏弄。今天招来的祸害，我想也没有什么其他的原因，不过是失败在太过信任别人。况且谏官每次议论事情，很少能够小心缜密，只不过是照例炫耀自己，却把错误推到我身上来，以此为自己取得名声。我自从即位以来，已经见到了很多讨论国事的臣子，基本上都是雷同的意见，要么就是道听途说的消息。每次试图对他们进行质问，他们马上就会无话可说。如果果真有奇才存在，我又怎么会吝惜提拔呢？在我看来，自古以来，事情就是这样而已，因此最近并没有轻易回复臣子，并不是对接纳谏言产生疲倦。”于是陆贽奏上奏疏，其简要内容说：“天不会因为地上有长势不好的树就毁灭生机，天子也不应因为有时会有小人而停止听从劝谏。”又说：“只有真话和诚心才能有所补偿、没有缺漏。一旦不诚心，您的意愿就无以保证，一旦丧失信用，那么您的敕命就没有人遵从了。”又说：“用智慧驾驭百姓，百姓就会习于欺诈；用疑心看待别人，别人会就行事苟且。上边做了，下边就会跟着做；上级怎么对待下级，下级就也会回报他。”又说：“诚信的原则，一分一秒也不能离身。希望陛下谨慎遵守，而且要多加实践。恐怕您绝对不会后悔这样做！”又说：“仲虺赞颂商汤，没有称赞他不犯错，而是称赞他能够改错；尹吉甫歌颂周宣王，没有称赞他没有缺点，而是称赞他能弥补缺点。圣贤的用意十分显然，只以改正过错为能，并不以没有过错为贵。聪明的人改过而向善，愚蠢的人以有过错为耻，因此走错了道路。”又说：“谏官说话不严密，还夸耀自己，这确实不是忠厚的行为，但是他对于圣德也并没有什么损害。陛下如果听取谏言不去拒绝，那么这件事传开后，只会给陛下增添美德；如果拒绝不听取谏言，又怎么能禁止谏言传播呢？”又说：“陛下虽然让谏臣辞穷，却没能让他们理亏；虽然让他们口服，却并没有让他们心服。”又说：“谏言多，表明我喜欢被劝谏；谏言如果太直，表示我能爱护贤良；谏言放荡不实，说明我胸怀宽广；谏言错漏百出，表示我能够听从。这些如果做到一点，那都可以算是盛德了。”唐德宗采用了他的很多建议。

臣范祖禹认为，唐德宗流离迁徙，近乎亡国，不能反过来从自身寻找原因，却认为过失在于至诚待人。犯了错误之后却不改正，被劝谏却不听从，竟然怀疑臣下宣扬了他的坏事、掠夺了他的名声，于是不再听从劝谏。他不怀君主之德已经太过分了！陆贽的建议，几乎说尽了他的错误，考查唐德宗所听从的，竟然不到其中的一成二成。因此我删选他所陈述的简要内容，来表现唐德宗的品性和做法，并以此作为警戒。

李怀光顿兵不进，数上表暴扬卢杞等罪恶，众论喧腾，亦咎杞等。帝不得已，贬杞为新州司马，白志贞为恩州司马，赵赞为播州司马。

臣祖禹曰：德宗之性与小人合，与君子殊，故其去小人也难，远君子也易。忠正之士一言忤意，则终身摈斥，卢杞、裴延龄之徒，至死而念之不衰，迫于危亡，不得已，然后去之。君子则于其不可去而逐之矣。夫贤之与佞，正之与邪，听其所言，观其所行，亦足以知之矣。德宗反而易之，岂恶治而欲乱哉？盖其性与小人合也。

【译文】李怀光按兵不进，屡次上表揭发卢杞等人的罪名，众人议论得沸沸扬扬，也开始怪罪卢杞等人。唐德宗没有办法，只好贬谪卢杞为新州司马，贬谪白志贞为恩州司马，贬谪赵赞为播州司马。

臣范祖禹认为，唐德宗的性格和小人相合，却和君子不同。因此让他离开小人十分困难，让他疏远君子便特别简单。忠正的臣子如果有一个字和他的心意相背，那么便会被终身疏远；卢杞、裴延龄等人，唐德宗到死还不停挂念他们，只是迫于危亡，不得已才让他们离开。对于君子，却在不能让他们离开的时候就把他们驱逐了。贤者和奸臣、正直还是邪恶，只要听他们所说的，看他们所做的，就足以知道了。唐德宗却认反了贤与佞、正与邪，难道是讨厌治世、想要招致祸乱吗？大概是他的性格与小人相合吧。

兴元[①]元年正月，萧复尝言于帝曰："宦官自艰难以来，多为监军，恃恩纵横。此属但应掌宫掖之事。不宜委以兵权国政。"帝不悦。又尝言："陛下践祚之初，圣德光被，自用杨炎、卢杞，以致今日。陛下诚能变更睿志，臣敢不竭力？倘使臣依阿苟免，臣实不能。"又尝与卢杞同奏事，杞顺帝旨，复正色曰："卢杞言不正。"帝愕然，退谓左右曰："萧复轻朕。"戊子，命复充山南东西、荆、湖、淮南、江、浙、福建、岭南等宣慰、安抚使，实疏之也。既而，刘从一[②]及朝士往往奏留复，帝谓陆贽曰："朕欲遣重臣宣慰，谋于宰相及朝士，佥谓宜然。今乃反覆如此，朕为之怅恨累日。意复悔行，使之论奏邪？其不欲行，意趋安在？"贽上奏曰："若复有所请求，从一何容为隐？若从一自有回互，则复不当受疑。陛下何惮而不为辩明，乃直为此怅恨也！夫明则罔惑，辩则罔冤，惑莫甚于逆诈而不与明，冤莫痛于见疑而不与辩。是使情伪相糅，忠邪靡分。"帝亦竟不复辩也。

臣祖禹曰：德宗恶正直而保奸邪，故亲卢杞，疏萧复。嫌隙既开，无事而疑。陆贽之言，盖欲救其心术，而执疑耻过，不欲辩明，宁蓄诸心，晻昧不决而已，此谗贼之所由入也。孟子曰：“不仁者可与言哉？安其危而利其菑，乐其所以亡者。”其德宗之谓矣！

【注释】①兴元：唐德宗年号（784）。②刘从一（742–785）：字从一，广平郡（今河北鸡泽县）。唐朝宰相。

【译文】唐德宗兴元元年正月，萧复曾经对唐德宗说过：“宦官自从叛乱以来，多被任命为军队的监军，却依仗您的恩惠横行霸道。这些人只该掌管宫廷内的事宜，不应该把国政和兵权交给他们。”唐德宗听了，并不是很高兴。萧复又曾经进言：“陛下刚即位的时候，圣德广为流布。自从您任用杨炎、卢杞，才造成了今天的局面。如果陛下真能改变您的想法，我哪里敢不竭力而为呢？但假如让我低眉顺眼、攀附权贵以求苟且避难，我确实做不到。”萧复还曾经和卢杞一同向唐德宗汇报事情，卢杞顺着唐德宗的心意汇报，而萧复却正色道：“卢杞说话太不正派！”唐德宗很惊讶，退朝后对左右的人说：“萧复太过轻慢我了！”戊子日，任命萧复充当山南东、西道各地及荆（今湖北境内）、湖（今湖南境内）、淮南、江（今江苏境内）、浙（今浙江境内）、福建、岭南等地的宣抚使，实际是在疏远他。随后，刘从一和朝廷大臣屡次上奏请求留住萧复。唐德宗对陆贽说：“我想要派遣重臣前去宣诏、慰劳，便和宰相、朝廷大臣商议，全都说应该如此，如今竟然反复无常到了这种程度。我为了此事惆怅烦恼了好几天。我想或许是萧复后悔前去，私下让他们上奏挽留的吧？如果他不想远行，那他想去哪里呢？”陆贽上奏道：“如果萧复私下里有所请求，刘从一哪里能帮他隐瞒？如果刘从一自己讲得出道理来，那么萧复就不应该受到怀疑。陛下又因为害怕什么而不去使他自己辩解清楚，却在这儿惆怅恼恨？明白了就没有疑惑了，清楚了就没有冤屈了；疑惑没有比猜忌他而不让他辩明清楚更大的了，冤屈也没有比被怀疑而不给人机会辩解更痛苦的。这就会让真假相互杂糅，让忠奸无从分判。”唐德宗也终究不愿再去弄清实情。

臣范祖禹认为，唐德宗讨厌正直之士，却庇护那些奸邪之臣，因此亲近卢杞，疏远萧复。一旦开始怀疑，就会捕风捉影。陆贽所说的一番话，大概是想挽救唐德宗的想法，然而唐德宗却固执地怀疑忠臣、耻于承认自己的错误，不想让它变得清楚，宁愿把它藏在心里，糊涂地不去进行决断就草草结束，这就是谗臣进入的原因。孟子说：“不仁之人怎么能交谈呢？以危为安，以灾难为利益，以灭亡的原因为乐。”这说的就是唐德宗吧！

陆贽在翰林，为帝所亲信，居艰难中，虽有宰相，大小之事，帝必与贽谋之，故当时谓之内相，帝行止必与之俱。梁、洋道险，尝与贽相失，经夕不至，帝惊忧泣涕，募得贽者赏千金。久之，乃至，帝喜甚，太子以下皆贺。然贽数直谏，忤帝意，卢杞虽贬官、帝心庇之。贽极言杞奸邪致乱，帝虽貌从，心颇不悦，故刘从一、姜公辅皆自下陈登用，贽恩遇虽隆，未得为相。

臣祖禹曰：“德宗于危乱之中，斯须不可无陆贽，及其用裴延龄之譖[①]，则弃之如脱屣然。于所厚如此，宜其无所不薄也。《诗》曰："将恐将惧，维予与女，将安将乐，女转弃予。"其唐德宗之谓矣！

【注释】①谮（zèn）：即"谮"，诬陷。

【译文】陆贽在翰林任职，被唐德宗当作亲信。在叛乱中，即使设置了宰相，也都会和陆贽商量大小事宜，因此当时把陆贽称作"内相"，唐德宗的起居也一定和他一起行动。梁州（今陕西汉中）、洋州（今陕西洋县）道路险峻，唐德宗和陆贽走失了，一整晚都没找到，唐德宗十分害怕、担心，痛哭流涕，布告找到陆贽的人赏赐千金。过了很长时间后，陆贽才被找到。唐德宗十分高兴，太子以下都来庆贺。然而陆贽屡次直谏，和唐德宗的心意多有忤逆，卢杞虽然被贬官，唐德宗的心里却仍然庇护他。陆贽极言因为卢杞奸佞、邪恶，才招致祸乱，唐德宗表面虽然听从，但内心十分不高兴。因此刘从一、姜公辅都从低微的身份被录用为宰相，而陆贽恩遇虽然十分隆重，但是却没能成为宰相。

臣范祖禹认为，唐德宗在危乱中，分秒不能没有陆贽，等到他听从了裴延龄的谗言，就把陆贽像脱鞋一样抛弃掉了。对于应该重视的人尚且如此，他无所不薄也是很正常的了。《诗经》说过："恐惧、危难将要到来，只有我陪伴着你。等到日子幸福康乐，你就转而把我抛弃了。"这说的大概就是唐德宗了吧！

车驾至城固，帝长女唐安公主薨。四月，帝至梁州，欲为公主造塔，厚葬之。姜公辅表谏，以为："山南非久安之地，公主之葬，会归上都，此宜俭薄，以副军须之急。"帝使谓陆贽曰："唐安造塔，其费甚微，非宰相所宜论。公辅正欲指朕过失，自求名耳。相负如此，如何处之？"贽上奏极谏。帝意犹怒甚，遂黜罢公辅为左庶子。

臣祖禹曰：人君置相，必求天下之贤，盖欲闻其忠言嘉谋，以交修其所不逮也。《书》曰："朝夕纳诲，以辅台德。"而后世宰相，与谏争之臣分其所职，人君得失，相不预焉，必责之谏臣。此谄谀之人，持禄保位之计，非贤相之职业也。姜公辅一谏德宗，而德宗以为非所宜论，卒废黜之，不明之君，岂知所以任相哉！

【译文】唐德宗移驾到了城固（今陕西汉中），唐德宗的长女唐安公主去世了。这年四月，唐德宗到达梁州，想给公主造一座塔将她厚葬。姜公辅上表劝谏，认为："山南不是长久安居的地方，埋葬公主一事应该等到回到都城时再做准备。在这儿应该节俭一些，以便照应军需的急处。"唐德宗派使者对陆贽说："给唐安公主造塔，花销很少，不是宰相应该谈论的。姜公辅只是想指责我的过失，为自己求名罢了。背弃我到这种地步，我该如何处置他呢？"陆贽奏疏极力劝谏。唐德宗还是十分生气，于是便罢黜姜公辅为左庶子。

臣范祖禹认为，君主设立宰相之职，一定要求取天下的贤者，大概是因为想听他们忠正的言论、绝妙的计策，以此来美化自己没有考虑到的地方。《尚书》有言："早晚都要接纳教诲，以此来为自己的美德锦上添花。"而后世的宰相和谏臣职分却被分割开来。

所谓人君的得失，宰相不应该参与，一定要追究谏臣的责任的这种想法，是谄谀之臣想要保住自己的禄位，所以称宰相不应该又做谏官。姜公辅劝谏唐德宗，唐德宗却认为不应该，最终将他废黜。不明之君哪里会了解如何任用宰相呢！

帝问陆贽："近有卑官自山北来者，率非良士。有邢建者，论说贼势，语最张皇，察其事情，颇似窥觇，今已于一所安置。如此之类，更有数人，若不追寻，恐成奸计。卿试思之，如何为便？"贽上奏，以为今盗据宫阙，有冒险远来赴行在者，当量加恩赏，岂得复猜虑拘囚！其略曰："以一人之听览而欲穷宇宙之变态，以一人之防虑而欲胜亿兆之奸欺，役智弥精，失道弥远。"又曰："虚怀待人，人亦思附；任数御物，物终不亲！情思附则感而悦之，虽寇雠化为心膂矣。意不亲则惧而阻之，虽骨肉结为仇慝矣。"又曰："陛下智出庶物，有轻待人臣之心；思周万机，有独御区寓之意；谋吞众略，有过慎之防；明照群情，有先事之察；严束百辟，有任刑致理之规；威制四方，有以力胜残之志。由是才能者怨于不任，忠荩者忧于见疑，著勋业者惧于不容，怀反侧者迫于见讨，驯致离叛，搆成祸灾。"

臣祖禹曰：德宗好察而不明，是以致乱，而不自知其非。陆贽欲正其心术，故必原其祸之所起，而极论之，使之惩既往之失，防未来之悔也。《诗》曰："犹之未远，是用大谏。"陆贽有焉。

【译文】唐德宗问陆贽："最近有一些从山北来的下级官吏，都不是好人。有一个叫邢建的，议论贼人的势力时说得最为夸张；观察他的样子，似乎是在窥察我们的情况，如今已经被安置在一个地方了。像这样的还有几个人，如果不加寻觅，恐怕会让奸计得逞。你试着思考一下，怎么处理比较方便？"陆贽上奏，认为：如今强盗占据宫殿内外，有冒险从远方赶来您身边的人，应该考虑加以赏赐，怎么能猜忌、囚禁他们呢？奏章的内容大概说："凭借一个人的所听所见就想穷尽时空的变化，凭借一个人的猜疑就想战胜亿万人的欺害，那么越是任用智谋，越会背道而驰。"又说："用谦虚的胸怀对待人们，人们也会想要归附；如果乱用智谋、技巧，就不会有人前来亲近了。如果因为感情亲近，打动人们、使人们欢欣，即使是贼寇、仇敌也会化为心腹；如果感情不够亲近，那么就会因害怕而抗拒，即使是骨肉至亲也会变成仇敌。"又说："陛下的智慧高出常人，因此就有轻慢人臣的想法；考虑过于周全，因此有自己驱驰天下之意；使用心计太广泛，因此防备太过谨慎；知道事情的所有发展走向，所以在未发生时就在考虑；严厉地给百姓立规矩，有用刑律代替天道自然的倾向；威势压制四方，有以强争弱的想法。因此有才能的人由于不被任用而怨恨，尽忠者因为被怀疑而心存忧虑，建功的人因为不被容纳而感到惧怕，心怀二意的人因为会被追究而走投无路，因此逐渐导致四方反叛，酿成了灾祸。"

臣范祖禹认为，唐德宗喜爱考察臣子，却不英明，因此导致灾祸，却不知道自己的问题。陆贽想要扶正他的心术，因此一定要推原灾祸产生的原因，然后极力地对其进行议论，让唐德宗能够以已经发生的错误为诫，防止未来再次后悔。《诗经》有言："错误还未发生太久，因此极力地进行劝谏。"可以说陆贽做到这一点了。

五月，帝使谓陆贽曰："浑瑊、李晟诸军当议规画，令其进取。朕欲遣使宣慰，卿宜审细条疏以闻。"贽以为："贤君选将，委任责成，故能有功。况今秦、梁千里，兵势无常，遥为规画，未必合宜。彼违命则失君威，从命则害军事，进退羁碍，难以成功。不若假以便宜之权，待以殊常之赏，则将帅感悦，智勇得伸。"乃上奏，其略曰："锋镝交于原野，而决策于九重之中，机会变于斯须，而定计于千里之外，用舍相碍，否臧皆凶，上有掣肘之讥，下无死绥之志。"又曰："传闻与指实不同，悬算与临事有异。"又曰："君上之权，特异臣下，唯不自用，乃能用人。"

臣祖禹曰：《易·师》之六五曰："长子帅师，弟子舆尸。贞凶。"六五，为师之主，制师之命者也。长子，人之师也，故行师则吉；弟子，听于人者也，故虽正而凶。然则师之道在择人而委任之，不可以牵制也。而人君常欲权出于已，或不欲功归于人，将在外而以君命制之，兵从中御，未有能成功者也。

【译文】元年五月，唐德宗派使者对陆贽说："浑瑊、李晟几路军队，应当讨论出一个计划来，让他们进军攻取城池。我想派使者前去宣诏安慰，你应该仔细地整理上奏的表章告诉我。"陆赘认为："贤德的君主选任将领，会把任务交予他、要求他建立功业，因此才能成就功业。何况如今秦梁二州相隔千里，战争形势变化无常，如果遥遥地为他们制定规划，不一定能够适宜军情的需要。如果他们违背军令，就会损害您的威信；如果他们听从命令，那么就会对战争局势有害，进退两难，有所拘束，就会难以建立功勋。不如让他们可以便宜行事，赐予他们非凡的赏赐，那么将帅都会十分感激、高兴，他们的智慧、勇敢也会得以伸张。"于是奏上奏疏，其内容大概是说："在原野交兵，却在宫闱中制定策略；机会随时而变，却在千里之外进行谋划，如何取舍有所牵绊，听不听从君命都有害处，上则会得到让将士们穷于应付的讽刺声音，下却没有得到将士们死战的决心。"又说："传闻和实际发生的事不尽相同，预算和面临事情的形势也有所区别。"又说："君主的权利，和臣下的权利区别很大。只有不刚愎自用，才能更好地指挥别人。"

臣范祖禹认为，《周易·师卦》六五说："委任刚正长者可以统率兵众，委任无德小子必将载运尸体大败而归。这才是的真正凶险。"六五爻是说，军队的首领，是控制军队命运的人。长子是率领军队的人，因此他行军就会顺利。弟子是服从别人的人，因此即使没有意外也很危险。因此战争的原则在于选择人才，把任务交给他，而不能让他被牵制。君主常常想要让权利掌握在自己手里，或不想让功劳归于别人，将领在外打仗，君主却用命令牵制他，对军队进行控制，从来没有能成功的。

六月，李晟收复京师，露布至行在。帝命陆贽草诏赐浑瑊，使访求奉天所失裹头内人。贽上奏，以为："今巨盗始平，疲瘵[1]之民，疮痍之卒，尚未拊循，而首访妇人，非所以副惟新之望也。谋始尽善，克终已稀；而不谋，终则何有！所赐瑊诏，未敢承旨。”帝遂不降诏，竟遣中使求之。

臣祖禹曰：德宗不能虚己以纳谏，虽勉从陆贽之言，不降诏而遣使，是闭其门而由户出也。人君苟不能强于为善，谏之为益也少哉！

【注释】①疲瘵：疲劳生病。

【译文】六月，李晟收复京城，捷报传到唐德宗居所。唐德宗命令陆贽起草诏书赏赐浑瑊，并派浑瑊访求在奉天走失的宫中使女。陆贽上奏，认为：“如今强盗刚被平定，疲病的百姓、士兵尚未安抚，却一开始就寻访妇人，这哪里符合天下人对您维新的期望呢？刚开始谋划尽善尽美，最后尚且难以保持善终；如果连开始都不谋划，那结果会获得什么呢？您赐予浑瑊的诏书，我不敢领命。”唐德宗就没有降下诏书，最终只是派宫中使者前去访求。

臣范祖禹认为，唐德宗不能谦虚地接纳建议，即使勉强听从陆贽的想法，没有降下诏命，却派遣中使前去寻求，这是把大门关上了却走小门的方式。人君如果不能尽力为善，那谏言的益处也不会有多少的。

初，鱼朝恩既诛，代宗不复使宦者典兵。帝即位，悉以禁兵委白志贞。志贞得罪，帝复以宦官窦文场[1]代之，从幸山南，两军渐集。帝还长安，颇忌宿将握兵多者，稍稍罢之。十月，以文场监神策军左厢兵马使，王希迁监右厢兵马使，始令宦官分典禁旅。

臣祖禹曰：唐德宗为唐室造祸之主，此宗社覆亡之本也，臣是以著之。

【注释】①窦文场：唐时权宦。白志贞因罪被贬后，唐德宗便将禁军悉数交给窦文场。窦文场一时权倾朝野，收受贿赂无数。唐顺宗即位后，和王叔文谋夺神策军兵权，失败而止。累迁骠骑大将军。后因年老退休，病逝。

【译文】当初，鱼朝恩被杀后，代宗就不再让宦官管理军队了。唐德宗即位时，就全把禁军交给白志贞统制。白志贞论罪后，唐德宗又用宦官窦文场代替。窦文场跟随唐德宗巡幸山南道，两路军队逐渐汇集。唐德宗返回长安后，对掌握军权的老将多有忌惮，就逐渐把他们罢免了。十月，任命窦文场为监神策军左厢兵马使，任命王希迁为监右厢兵马使，开始让宦官分别主管禁军。

臣范祖禹认为，唐德宗是唐朝灾祸的祸首，这件事是宗庙覆亡的根源，我因此着重写出。

萧复奉使自江、淮还，与李勉、卢翰、刘从一俱见帝。勉等退，复独留，言于帝曰："陈少游任兼将相，首败臣节，韦皋幕府下僚，独建忠义，请以皋代少游镇淮南，使善恶著明。帝然之。寻遣中使马钦绪揖刘从一，附耳语而去。诸相还阁。从一诣复曰："钦绪宣旨，令从一与公议朝来所言事，即奏行之，勿令李、卢知。敢问何事也？”复曰：“唐、虞黜陟，岳牧佥谐。爵人于朝，与士共之。使李、卢不堪为相，则罢之，既在相位，朝廷政事，安得不与之同议，而独隐此一事乎！此最当今之大弊，朝来主上亦有斯言，复已面陈其不可，不谓圣意尚尔。复不惜与公奏行之，但恐浸以成俗，未敢以告。”竟不以事语从一，从一奏之，帝愈不悦，复乃上表辞位，罢为左庶子。

臣祖禹曰：萧复欲黜少游，赏韦皋，此朝廷之公议也。唐德宗苟以为然，在于一言，使宰相行之而已。何疑于李勉、卢翰，而独与从一为密邪？且既以为相，而不待之以诚，则疏远之臣，其可信者几希矣！夫如是，忠臣贤者岂得尽其心乎？

【译文】萧复奉命从江淮回来，和李勉、卢翰、刘从一一起去朝见唐德宗。李勉等人离开后，萧复独自留下，对唐德宗说：“陈少游既是宰相又是将帅，带头败坏了臣子的节操；韦皋作为幕府下属的小吏，却独自树立起了忠义。请用韦皋代替陈少游镇守淮南，使善恶泾渭分明。”唐德宗认同了萧复的言论。不久，唐德宗派遣宫中使者马钦绪拜访刘从一，在耳边说了两句悄悄话就离开了。各位文官回府后，刘从一就去了萧复那儿，说：“马钦绪宣旨，让我和您一起讨论早晨您说的事情，然后立刻上奏、执行，不要让李勉和卢翰知道。敢问是什么事情？”萧复说：“唐尧虞舜贬官、升官，公卿诸侯一致协商。在朝廷上和卿士一起赐予人爵禄。假如李勉、卢翰不能为宰相，就不如罢免了他们。既然身居相位，朝廷政事，怎么能不跟他们一同商议，而单独把这件事隐瞒起来呢？这种行为是当今最大的弊端。早朝时，陛下也说过这种话，我已经当面告诉陛下不能这样做，没想到陛下竟然还是这样想的。我不怕承担风险和你一起上奏，只是担心弊端会逐渐成为习惯，因此不敢把这件事告诉你。”于是最终也没有把事情告诉刘从一。刘从一上奏给唐德宗，唐德宗越加地不高兴了。于是萧复上奏表辞去官职，被罢免为左庶子。

臣范祖禹认为，萧复想罢免陈少游，奖赏韦皋，这是朝廷应该公议的事情。唐德宗如果认为应该如此，只需一句话就可以做出决定，之后让宰相去解决就可以了。又为什么要怀疑李勉、卢翰，却只和刘从一计划这件事呢？况且既然已经任命他们为宰相了，尚且不以诚心对待他们，那么被疏远的臣子，皇帝能信任的有几人呢？如果一味如此，国家的忠良之臣如何为国家尽心呢？

贞元[①]二年四月，关中仓廪竭，禁军或自脱巾呼于道曰：“拘吾于军而不给粮，吾罪人也！”帝忧之甚，会韩滉[②]运米三万石至陕，李泌即奏之。帝喜，遽谓左右曰：“米已至陕，吾父子得生矣！”时禁中不酿，命于坊市取酒为乐。又遣中使谕神策六军，军士皆呼万岁。时比岁饥馑，兵民皆瘦黑，至是麦始熟，市有醉人，当时以为嘉瑞。人乍饱食，死者复伍之一，数月，人肤色乃如故。

臣祖禹曰：《老子》曰：“师之所处，荆棘生焉；大军之后，必有凶年。”言民以其愁苦之气，伤天地阴阳之和，致水旱之灾。夫以兵除残，如人以毒药攻疾，疾去而人伤亦甚矣！

其血气必久而后复，或终身遂衰，一失其养则易以死亡，不若未病之完也。先王制治于未乱，保邦于未危，有天下者可不务哉！

【注释】①贞元：唐唐德宗年号（785—805）。②韩滉（723-787）：字太冲，京兆长安（今陕西省西安市）人。唐朝中期政治家、画家。

【译文】贞元二年四月，关中粮仓断粮了。有些禁军脱下头巾在路上大叫道："把我们扣留在军中却不给我们军粮，我们是罪人吧！"唐德宗十分担心此事。恰好韩滉运了三万石米到陕地（今陕西境内），李泌立刻上奏。唐德宗十分高兴，就对身旁亲信说："粮食已经运到了陕地，我们父子终于能保住性命了。"当时宫中没有酿酒，唐德宗就下令到街市买酒庆祝。又派宫中使者告知神策六军，军士都高呼万岁。当时连年饥荒，百姓、士兵都又瘦又黑，到此时麦子才开始成熟，街上才有喝醉酒的人，当时还认为是吉兆。人们突然吃得太饱，因此又死了五分之一。几个月后，人们的肤色才变得和以前一样。

臣范祖禹认为，《老子》有言："军队驻扎的地方都长满了荆棘；连年的战争之后，一定会产生饥荒。"这是说百姓因为太过愁苦，伤了天地阴阳的平衡，导致洪水、干旱等灾祸。用军队镇压贼寇，就像人用有毒性的药物治病一样，病虽然治好了，但是人也受到了很大的伤害，气血一定要很长时间才能恢复回来，要么就是终身衰弱，一旦停止调理就会死亡，不会比没有生病的时候健康。先王在国家没有战乱时就谋虑稳定国家的统治，在没有危难的时候就保护国家，掌握天下的君主怎么能不辛勤工作呢！

三年闰五月，辛未，吐蕃劫盟。初，李晟与张延赏[①]有隙，帝召延赏入相，晟表陈其过恶，帝重违其意，以延赏为左仆射。吐蕃尚结赞大举入寇，游骑及好畤，京城戒严，晟遣将击败之。尚结赞谓其徒曰："唐之良将，李晟、马燧[②]、浑瑊三人而已，当以计去之。"入凤翔境，无所俘掠，以兵二万直抵城下，曰："李令公召我来，何不出犒我！"经宿，乃引退。晟又遣将袭击吐蕃，破之。尚结赞乃引去。帝忌晟功名，会吐蕃有离间之言，延赏等腾谤于朝，无所不至。晟闻之，昼夜泣，目为之肿，悉遣子弟诣长安，表请削发为僧，帝慰谕不许。韩滉素与晟善，帝命滉谕旨于晟，使与延赏释怨。晟奉诏，滉引延赏诣晟第宴谢，结为兄弟，因使晟表荐延赏为相。帝以延赏为同平章事。李晟为其子请昏于延赏，延赏不许，晟知延赏蓄憾未已。初，晟既破吐蕃摧沙堡，马燧、浑瑊等各举兵临之，吐蕃大惧，屡遣使求和，帝未许。乃遣使卑辞厚礼求和于马燧，燧信其言，为之请于朝。晟曰："戎狄无信，不如击之。"燧、延赏皆与晟有隙，争言和亲便。帝意遂定。延赏数言："晟不宜久典兵。"帝乃谓晟曰："大臣既与吐蕃有怨，不可复之凤翔，宜留朝廷，朝夕辅朕。"乃以晟为太尉、中书令，勋、封如故，余悉罢之。延赏既罢晟兵柄，武臣愤怒解体，不肯为用。五月，以浑瑊为会盟使，瑊将二万余人赴盟所。李晟深戒以盟所为备不可不严。延赏言于帝曰："晟不欲盟好之成，故戒瑊以严备。我有疑彼之形，则彼亦疑我矣，盟何由成！”帝乃召瑊，切戒以推诚待虏，勿自为猜贰，以阻虏情。闰月，瑊奏吐蕃决以辛未盟，延赏集百官，以瑊表示之曰：“李太尉谓吐蕃和好必不成，此浑侍中表也，盟日定矣。”晟闻之泣，谓所亲曰：“吾生长西陲，备谙虏情，所以论奏，但耻朝廷为犬戎所侮耳！”辛未，吐蕃劫盟，浑瑊仅以身免。是日，帝视朝，谓诸相曰：“今日和戎息兵，社稷之福！”马燧曰：“然。”柳浑[③]曰：“戎狄，豺狼也！非盟誓可结。今日之事，臣窃忧之！”李晟曰：“诚如浑言。”帝变色曰：“柳浑书生，不知边计，大臣亦为此言邪！”皆伏地顿首谢，因罢朝。是夕，韩游瓌表言：“虏劫盟者，兵临近镇。”帝大惊，街递其表以示浑。明旦，谓浑曰：“卿书生，乃能料敌如此其审邪！”帝欲出幸以避吐蕃，大臣谏而止。李晟大安园多竹，复有为飞语者，云：“晟伏兵大安园，谋因仓猝为变。”晟遂伐其竹。六月，以马燧为司徒兼侍中，罢其副元帅、节度使。初，吐蕃尚结赞恶李晟、马燧、浑瑊，曰：“去三人，则唐可图也。”于是离间李晟，因马燧以求和，欲执浑瑊以卖燧，使并获罪，因纵兵直犯长安，会失浑瑊而止。张延赏惭惧，称疾不视事。

臣祖禹曰：人君于其所不当疑而疑之，则于其所不可信而信之矣。此必然之理也。李晟有复唐室之大功，又再败吐蕃，社稷是赖，而德宗猜忌，使勋贤忧惧，不保朝夕。至于谗邪之诡计，戎狄之甘言，则推诚而信之不疑。一旦罢晟兵柄，中外莫不解体。行张延赏之私意，中尚结赞之阴谋，忠言至计，确不可入，而奸臣敌国得以欺卖，由其心术颠倒，见善不明故也。延赏以私憾败国殄民，刑孰大焉！德宗曾不致诘，使之得保首领，死牖下，幸矣！

【注释】①张延赏（726—787）：字宝符，蒲州猗氏（今山西省临猗县）人。唐朝宰相。贞元三年（787），张延赏与李晟和解，张延赏加授同平章事，正式拜相，暗中唆使唐德宗罢免李晟的兵权。张延赏任职时倡导减轻财政负担，积极推行裁减官员，结果引起朝野强烈不满，不久病逝，追赠太保，谥号成肃。②马燧（726—795）：字洵美，汝州郏城县（今河南省平顶山市郏县）人，祖籍扶风郡（今陕西省咸阳市兴平市）。唐朝中期名将。③柳浑（714—789）：原名柳载，字夷旷，一字惟深。襄州襄阳（今湖北襄阳市）人。唐朝宰相、诗人。

【译文】贞元三年闰五月辛未日，吐蕃用武力进行威胁，因此只好同吐蕃结盟。当初，李晟与张延赏之间有矛盾。唐德宗召来张延赏入朝为相，李晟上表揭发其罪行，唐德宗难违李晟的意见，只好任命张延赏为左仆射。吐蕃的尚结赞大肆入侵，游骑兵进犯到了好畤县（今陕西乾县东），因此京城戒严。李晟派遣将领击败了吐蕃军。尚结赞对他的属下说：“唐朝的良将，只有李晟、马燧、浑瑊三人而已，应当设计除掉他们。”吐蕃军进入凤翔境内，并没有捉走人民、掠夺财物，而是带着两万军队直接进军城下，说道：“李将军召我前来，为什么不出来犒劳我！”过了一晚上，才带兵撤退。唐德宗忌惮李晟的功名，正巧吐蕃用了离间计，张延赏等人又在朝廷诽谤，无所不用其极。李晟听说之后，昼夜哭泣，眼睛都为此事哭肿，让自己的子弟全都朝觐长安，上表请求削发为僧。唐德宗安慰他，不允许他辞官。韩滉一向和李晟友善，唐德宗便命他向李晟宣旨，让他和张延赏解开怨仇。李晟奉诏而行，韩滉便带着张延赏到李晟的家中设宴、谢罪，并趁此结为兄弟，因此让李晟上表推荐张延赏为相。唐德宗便任命张延赏为同平章事。李晟为他的儿子向张延赏请婚，张延赏不同意，李晟知道张延赏心里还怀恨不已。当初，李晟攻陷了吐蕃摧沙堡（今宁夏固原西北），马燧、浑瑊等各自带兵进军。吐蕃十分惧怕，屡次遣使求和，可唐德宗却不同意。于是就派使节用卑微的辞令和丰厚的礼品向马燧求和，马燧听信了尚结赞的话，就为吐蕃向朝廷请示结盟。李晟说道："吐蕃没有信义，不如继续攻打他。"马燧、张延赏都和李晟有嫌隙，争相陈述和亲的好处，于是唐德宗的想法就尘埃落定了。张延赏屡次进言："不能让李晟长时间管理军队。"于是唐德宗就对李晟说："你既然和吐蕃有仇，就不要再去凤翔了。应该留在朝廷之中，朝夕辅佐我。"于是任命李晟为太尉、中书令，勋爵、封地和以前一样，其余官职全被罢免。张延赏罢免李晟的兵权后，武将们都十分愤怒，解散了组织，不肯甘心地接受指挥。五月，唐德宗任命浑瑊为会盟的使者，浑瑊带领两万军队前往会盟的地点。李晟深深告诫浑瑊，会盟的防备不可不严。张延赏对唐德宗说："李晟不想让友好盟约成立，因此告诫浑瑊严加防范。我如果有怀疑对方的架势，对方也就会怀疑我们了，那么盟约还怎么结成呢？"于是唐德宗召来浑瑊，切切地告诫浑瑊要真心对待吐蕃，不要因为自己的猜疑拒绝了吐蕃的真心。闰五月，浑瑊上奏：吐蕃决定在辛未日订立盟约，张延赏聚集百官，把浑瑊的奏表给他们看，道："李太尉说我国和吐蕃一定不会和好，你们可以看浑侍中的表奏，结盟的日子已经定下来了。”李晟听说，哭着对亲近的人说：“我在西边的边境出生、长大，十分熟悉吐蕃的套路，因此才把想法上奏给朝廷。只怕我会以朝廷被吐蕃侮辱为耻吧！”辛未，吐蕃劫盟，只有浑瑊自己一人逃脱。当天，唐德宗上朝，对各个大臣说：“今天和吐蕃讲和，停止战乱，这是国家之福啊！”马燧说：“确实如此。”柳浑说：“吐蕃就是一匹豺狼！哪里是盟约可以牵制的呢？今天这件事，我个人还是为它担心！”李晟说：“确实和柳浑所说一样。”唐德宗脸色一变，道：“柳浑不过是个书生，并不了解边境的情况；怎么连你也说这种话呢！”于是就全都趴在地上磕头谢罪，才停止朝议。当天晚上，韩游瓌上表道：“吐蕃劫持了会盟使臣，军队已经快到了京畿的镇子了。”唐德宗大惊，从街道传递表文给柳浑看。第二天早上，对柳浑说：“你不过是一个书生，怎么能将敌人料想得如此准确！”唐德宗想要出京躲避吐蕃，大臣劝谏后才停止这种想法。李晟的大安园有很多竹子，又有人传出流言蜚语，说：“李晟在大安园的庭子里设置了伏兵，想要计划趁着危机的时候造反。”李晟就把院子里的竹子砍了。六月，任命马燧为司徒，兼任侍中，罢免了他副元帅、节度使的职位。一开始，吐蕃的尚结赞讨厌李晟、马燧、浑瑊，说：“如果除掉这三个人，那么唐朝就可以图谋了。”于是离间李晟，通过马燧来求和，想要抓住浑瑊以出卖马燧，让他们一起被判罪，趁机驱使军队直接进犯长安，却因为没抓到浑瑊才停止了这个计划。张延赏惭愧、惧怕，于是自称得病，不再管理朝中事务。

臣范祖禹认为，人君对那些不应该怀疑的产生怀疑，那么就会对那些不该相信的产生信任，这是固然的道理。李晟有恢复唐王室的大功劳，又两次击败吐蕃，社稷十分依靠他，却被唐德宗猜忌，让有功之臣、贤能之士产生忧愁、害怕，朝不保夕。至于那些谗臣、奸邪的诡计和外族的甜言蜜语，对待它们就十分诚恳，深信不疑。一旦把李晟的兵权夺走，京城内外的军队没有不解体的，让张延赏公报私仇，又中了尚结赞的阴谋，那些忠良的话、最好的计策，却坚固地拒绝，不肯接纳，而奸臣、敌国可以将他随意蒙骗、出卖，这是因为他内心的想法颠倒，看到了好的却不能辨别。张延赏因为私人嫌隙就让国家破灭、生灵涂炭，用最重的刑罚也不能抵他的罪过。唐德宗竟然不去盘问追究，让他保住了首级，死在家中，真是太走运了！

李泌为相，帝谓泌曰："自今凡军旅粮储事，卿主之；吏、礼委延赏；刑法委浑。"泌曰："不可，陛下不以臣不才，使待罪宰相。宰相之职，不可分也，非如给事则有吏过兵过，舍人则有六押，至于宰相，天下之事咸共平章。若各有所主，是乃有司，非宰相也。"帝笑曰："朕适失辞，卿言是也。"

臣祖禹曰：古之王者，惟任一相以治天下。唐虞有百揆，夏商官倍，可知也；周之冢宰，实总六卿，自司徒以下，分职以听焉。诏王废置者宰也，是以治出于一，政有所统，相得其职，君得其道，恭己无为而治，盖以此也。后世多疑于人，宰相之职分而不一，君以为权在于己，臣亦以为政在于君，国之治乱，民之休戚，无所任责，故贤者不得行其所学，不肖者得以苟容于其间，由官不正任不专故也。其有功烈见于世，称为贤相者，必其得君之专，任职之久，言行计从，出于一人者也。古者名与实称，而后事成功立焉。后世不能正名，而其实必合于古，然后能有成功。如欲稽古以建官，必以一相统天下，始可以言治矣。

【译文】李泌做了宰相，唐德宗对李泌说："从今以后，凡是军旅、粮草的事，由你主管，吏部、礼部的事情交给张延赏，刑部的事情交给柳浑。"李泌说："您不能这样做。陛下不因为我没有才能，让我在宰相之位待罪。宰相所掌管的权力不可以被分割，不像给事中分为兵科、吏科，中书省舍人六员，分押尚书六曹。如果各有所执掌，那就是有司，并不是宰相。"唐德宗笑道："刚才是我失言了。你说得对。"

臣范祖禹认为，古代君王只任命一个宰相治理天下。尧舜有百官，夏、商的官吏是他们的二倍，这是可以得知的；周朝的冢宰，实际上总管六卿，司徒以下的分职都要听从他的管理。根据诏命进行废立官员的就是宰相，所以治国方略出于一人，政事由一人总统。宰相得以尽职尽责，君主得以修养道德，自身谦恭地无为而治，大概就是这个原因。后世的君主却多怀疑人臣，宰相所掌管的事物全都分立而不统一，君主认为权力应该在自己手里，而臣子也认为政治应该在国君身上。国家的富强、丧乱，百姓的喜悦、忧伤，责任不在于宰相，因此贤者无法让他的学识发挥作用，而没有才能的人却能在朝班中苟活，这是因为官员没有实权，职责也被分割。有功勋被世人所见、被称为贤能的相国，一定是专君之权、久任宰相的一个人。古时名实相符，然后才能成事、立功。后世则不能端

正其名，但是他的功业也必和古人相合，然后才能成功。如果想要效仿古代建立官制，必须任命一个宰相指挥全部事宜，才能再谈论富强的问题。

郜国大长公主女为太子妃，或告主淫乱，且为厌祷[①]。帝大怒，幽主于禁中，切责太子。太子不知所对，请与萧妃离昏。帝召李泌告之，且曰："舒王近已长立，孝友温仁。"泌曰："陛下惟有一子，奈何一旦疑之，欲废之而立侄，得无失计乎！陛下所生之子犹疑之，何有于侄！舒王虽孝，自今陛下宜努力，勿复望其孝矣！"帝曰："卿不爱家族乎？"对曰："惟爱家族，故不敢不尽言。"泌因言："自古父子相疑，未有不亡国覆家者，今幸赖陛下以语臣，臣敢以家族保太子。向使杨素、许敬宗、李林甫之徒承此旨，已就舒王图定策之功矣！"帝曰："此朕家事，何预于卿，而力争如此。"对曰："天子以四海为家。今臣独任宰相之重，四海之内，一物失所，责归于臣。况坐视太子冤横而不言，臣罪大矣！"帝曰："为卿迁延至明日思之！"泌抽笏叩头而泣曰："如此，臣知陛下父子慈孝如初矣！"因戒帝："勿露此意于左右，露之，则彼皆欲树功于舒王，太子危矣。"明日，帝意果悟，太子由是获免。

臣祖禹曰：李泌善处父子兄弟之间，故能以其直诚正言感悟人主，卒使父子如初，可谓忠矣。谄谀之人，助君之决者，必曰家事非他人所预，陷君于恶，率由此言。泌以为天子以四海为家，则莫非家事，以君之子为己任，其知相之职业哉。

【注释】①厌：诅咒。

【译文】郜国大长公主的女儿是太子妃。有人上告公主淫乱，而且进行了诅咒的祭祀仪式。唐德宗大怒，将公主幽禁在宫中，严厉地责备太子。太子不知道如何应答，便请求和萧妃离婚。唐德宗召来李泌，把这件事告诉他，说："舒王最近已经长大成人，为人孝顺、友爱、温和、仁慈。"李泌说："陛下只有一个儿子，怎么能突然怀疑他？想要废黜儿子，扶立侄子，恐怕有些失算吧。陛下亲生的儿子尚且被怀疑，又如何信赖侄子？舒王虽然孝顺，从今以后您应该努力，不要再期望他孝顺了。"唐德宗说："你不爱你的家族吗？"李泌回答说："就是因为喜爱家族，因此不敢不把话说明白。"李泌于是说："自古父子相互猜疑，没有不让国家颠覆的。如今您幸而把这件事告诉了我，我敢用家族保住太子。假如杨素、许敬宗、李林甫这类的人承了您的旨意，那么他们已经投靠舒王去谋划篡位了！"唐德宗说："这是我的家事，你为什么要这么力争？"李泌回答道："天子把四海当作自己的家，如今我独自承受宰相的重任，四海之内，有一人一事没有在它应该在的位置，都是我的责任。何况在一旁看着太子受到横冤却不说话，那我的罪过可就大了。"唐德宗说："为了你，我等到明天再思考这件事吧！"李泌抽出笏板磕头哭泣道："这样的话，我就能预见到陛下父子能够像以前一样父慈子孝了！"还告诫唐德宗道："不要向左右透露这个想法，一旦暴露，他们就都会想为舒王建立功勋，那么太子就危险了。"第二天，唐德宗果然醒悟过来，太子因此被免去责罚。

臣范祖禹认为，李泌善于处理父子兄弟之间的关系，因此可以用他的真挚打动唐德宗，最终让父子和好如初，可以说得上是忠臣了。那些进献谗言、帮助君主决断此事的人，一定会说“这种事不是别人应该干预的”，让君主陷入恶名，大概都是因为这句话。李泌认为天子把四海当作自己的家，那么没有什么事不是家事；以君王的儿子作为自己的职责，这可以说是知道宰相的本职了吧。

唐鉴卷之十五

扫一扫　听导读

唐德宗四

贞元五年二月，帝从容与李泌论即位以来宰相，曰：“卢杞忠清强介，人言杞奸邪，朕殊不觉其然。”泌曰：“人言杞奸邪而陛下独不觉其奸邪，此杞之所以为奸邪也。倘陛下觉之，岂有建中之乱乎！”帝曰：“建中之乱，术士预请城奉天，此盖天命，非杞所能致也。”泌曰：“天命，他人皆可以言之，惟君相不可言。盖君相，所以造命也。若言命，则礼乐政刑皆无所用矣。纣曰：‘我生不有命在天！’此商之所以亡也！”帝曰：“卢杞小心，朕所言无不从。”对曰：“杞言无不从，岂忠臣乎！夫言而莫予违，此孔子所谓‘一言丧邦’者也！”

臣祖禹曰：《易》曰：“穷理尽性，以至于命。”自君臣而言之，为君尽君道，为臣尽臣道，此穷理也。理穷则性尽，性尽则至于命矣。《孟子》曰：“莫非命也，顺受其正。”夫顺受其正者，人事也，人事极矣，而后可以言命。故“知命者不立岩墙之下”。立岩墙之下而死者，人之所取也，非天之所为也。顺其道而死者，天之所为，非人之所取也，故曰“命”。若夫建中之乱，有以取之乎？无以取之乎？若无以取之，则不穷兵，不暴敛、不相卢杞而致乱，乃可谓命也。若有以取之，而曰命，岂异于纣乎？夫为人君不知相之奸邪，不省己之阙失，而归之术者之言，以为命，宜其德之不建，政之不修也。李泌之论，不亦正乎？

【译文】贞元五年二月，唐德宗从容地和李泌讨论即位以来的宰相，说：“卢杞忠贞、清廉、刚强、正直，人们都说卢杞奸邪，我却完全不觉得是这样。”李泌说：“人们都说卢杞是奸邪，只有陛下不觉得他是奸邪，这就是卢杞奸邪的地方。假如您发觉了，那还会有建中之乱吗？”唐德宗说道：“建中之乱之前，术士预先请求在奉天筑城，这大概是天命吧，不是卢杞所能导致的。”李泌说道：“天命这种东西，其他人都可以说，只有君王、宰相不能说。这是因为君王、宰相是创造命运的人。如果只言天命的话，那么礼乐政刑就全都没有什么用处了。商纣王说：‘我生来不是就有天命吗？’这就是商朝覆灭的原因啊！”唐德宗说：“卢杞十分谨慎，我说的话他没有不听从的。”李泌说道：“卢杞但凡您所说，就没有不遵从的，这哪里是忠臣呢！对我说的话没有一句反对的，这就是孔子所谓的‘一句话就能让国家灭亡’的人啊！”

臣范祖禹认为，《周易》说：“穷极事物的道理、本性，直到符合天命而止。”从君臣的角度来说明，做君王的尽到君王的本分，做臣子的尽到臣子的本分，这就是穷极了君、臣的道理。道理穷极了，本分就尽到了；本分尽到了，那么也就符合天命了。《孟子》说："没有什么事情不是天命，只有顺应天理、接受其结果。"所谓"顺受其正"，就是人事了；尽到自己的本分了，然后才能说是天命。因此，"知道天命的人，不会站立在危墙之下"。站在危墙下面死了的人，是他咎由自取，不是天命；顺应天道而死，那是天命所为，不是人能决定的，因此才说是"天命"。至于建中之乱，是咎由自取呢？还是天命呢？如果是天命，那么不穷兵黩武、不横征暴敛、不因为让卢杞为宰相而导致叛乱，那就可以说是天命了。如果咎由自取，却强说这是"天命"，那和商纣又有什么区别呢？为人君如果不知道相国的奸邪，不能反省自己的错误，却把逆乱归咎于术士的话，认为这是天命。他的德行没能树立、国家的政治制度没能改良，不也是应该的吗？李泌的言论，不也是很正当吗？

九年二月，帝使人谕陆贽以：要重之事，勿对赵憬陈论，当密封手疏以闻。贽上疏，其略曰："昨臣所奏，惟赵憬得闻，陛下已至劳神委曲防护。是于心膂之内，尚有形迹之拘。职同事殊，鲜克以济。恐爽无私之德，且伤不吝之明。"

臣祖禹曰：凡此皆德宗心术之蔽也，故萧复谏之于前，陆贽论之于后，而终不改。盖愈以自疑为得驭下之术，而不知失为上之道，是以愈疑而愈暗也。

【译文】贞元九年二月，唐德宗派人告诉陆贽："特别要紧的事务，不要和赵憬议论，最好把手写的奏疏密封之后上奏给我。"

陆贽上奏，内容大概是说："昨天我所上奏的事情，只有赵憬能够听到，就使得您劳费心神，绕弯子对他设防。这是您对自己的心腹重臣，尚且不能交心啊。我们职位相同，但是所管理的事情不同，因此基本很难把赵憬的事情完成，（您这样对他设防，）恐怕会让您无私的德行出差错，又会有损您不吝惜权力的英明。"

臣范祖禹认为，凡是这些，全都是唐德宗心术的弊端，因此萧复劝谏在前，随后陆贽又对此产生议论，但是最终也没有改正。大概唐德宗会更觉得多疑是管理手下的方法，却不知道自己背离了作为君主的本职，因此越怀疑臣子，唐德宗便越昏庸了。

五月，陆贽上疏，奏论备边六失，其六曰："机失于遥制。自顷边军去就裁断，多出宸衷，选置戎臣，先求易制，多其部以分其力，轻其任以弱其心，遂令爽于军情亦听命，乖于事宜亦听命。戎虏驰突，迅如风飚，驲书上闻，旬月方报。守士者以兵寡不敢抗敌，分镇者以无诏不肯出师，贼既纵掠退归，此乃陈功告捷。其败丧则减百而为一，其捃获则张百而成千。将帅既幸于总制，在朝不忧罪累，陛下又以为大权由己，不究事情。"

臣祖禹曰：明君用人而不自用，故恭己而成功；多疑之君自用而不用人，故劳心而败事。自古征伐，或胜或不胜，多由于此二者矣。《传》曰："师在制命而已，禀命则不威。"且戎事在边而人主自将，行兵于千里之外，决策于九重之中，虽有方叔、召虎之臣，不得自便，此非敌国之所败，乃人主自败其师也。

【译文】五月，陆贽上疏，和唐德宗讨论守卫边境事务上的六个失误。其中第六个失误讲道：“机会会因为在远方决定对敌策略而溜走。近来边军对进退的裁决判断，多出于陛下的意愿；选用的镇守边疆的大臣，先去选用那些容易牵制的臣子；过分地分割他们的属下，以此分散他们的势力、削弱他们的权力，让他们即使违背军情、与事实乖舛也要听从您的号令。外族军队迅速进军，就像疾风一样迅猛，驿官的书信前来报告，需要等待大约十天、半个月，守卫城池的将领又因为军队人数太少不敢抗击敌人，分军镇守的将领又因为没有诏令不肯出兵，贼人纵兵抢夺、退兵而回，这边竟然报告打了胜仗。报告里把损伤一百员说成一员，而擒获一百，就夸大为一千。我们的将帅因为您全权把握而侥幸，在朝不担心自己会获得什么罪名；而您又因为大权为自己所制，不去究问战事的情况。”

臣范祖禹认为，英明的君主利用臣子而不刚愎自用，因此不干预大臣事宜就能获得成功；多疑之君刚愎自用却不信任别人，因此劳心劳力却又会导致失败。自古以来的战事，或是胜利、或是失败，大多都是因为这两件事。《左传》说：“军队不过在于节制命令而已。如果一味遵从上级的命令就没有威严了。”况且战争多在边陲发生，君主却自己做将帅，在千里以外进行交锋，却要在宫里决策，即使是方叔、召虎这样的臣子，也不允许他便宜行事。这并非被敌国打败，而是君王自己把自己的军队打败了。

七月，户部侍郎裴延龄奏："臣判度支以来，检责诸州欠负三十余万缗，抽贯三百余万缗，呈样物三十余万缗，请别置欠负耗剩季库以掌之，染练物，别置月库以掌之。"诏从之。欠负皆贫人，无可偿，徒存其数者。抽贯给用随尽。呈样、染练皆左藏正物。延龄徒置别库，虚张名数以惑帝。帝信之，以为能富国而宠之，于实无所增也，虚费吏人簿书而已。京城污湿地生芦苇数亩，延龄奏称咸阳有陂泽数顷，可牧厩马。帝使有司阅视，无之，亦不罪也。左补阙权德舆上奏，以为："延龄取常赋支用未尽者充羡余，以为己功。县官先所市物，再给其直，用充别贮。边军自今春以来并不支粮。陛下必以延龄孤贞独立，时人丑正流言，何不遣信臣覆视，究其本末，明行赏罚？今群情众口喧于朝市，岂京城士庶皆为朋党邪！陛下亦宜回圣虑而察之。"帝不从。

臣祖禹曰：自古聚敛兴利之臣，非有生财之术，皆移东于西，指虚为实，徒张官吏置薄书，以罔惑人主，取功赏而已。由明皇至于德宗，其事不谋而同，盖兴利必用小人，小人莫不为欺，故其所行皆由一律也。

【译文】七月，户部侍郎裴延龄上奏道："我自从接管度支一职以来，检查各个州的债务情况，各州大概欠了约三十多万缗，抽贯（一种税收）三百多万缗，呈样钱（呈送以供审阅、抉择的样钱）三十多万缗。请您另外设置掌管欠债、负债、损耗、剩余钱财的季库；染色的布匹就再另外设置月库。"唐德宗下诏听从了裴延龄的建议。欠债的基本都是穷人，没办法抵偿债务，只有欠债的账目。“抽贯”的钱，拿来用完了。呈样钱和染色的布匹，是左藏（国库）原本就有的。裴延龄空设别库，是为了虚报物品的数量以欺骗唐德宗。唐德宗相信了裴延龄，还以为他能让国家富庶，因此十分宠爱他。但是实际上国库并没有增加收入，只是白白浪费了人力资源而已。京城附近肮脏的湿地长有好几亩芦苇，裴延龄却上奏称咸阳有好几顷池泽，可以用来放牧马厩里的马，唐德宗派有关人员前去检视，并没有发现，唐德宗也没有怪罪他。左补阙权德舆上奏，认为：“裴延龄把常赋没有用完的，冒充是比常赋多征的。县官买东西赊账未付钱，而说这些东西是额外积存的。边军从今年春天以来并没有支出粮草。陛下一定认为裴延龄此人孤高正直，可现在人民都在憎恶所谓裴延龄正直的流言，您何不派遣您亲近的臣子前往仔细观察一下？究其本末，不过是赏罚分明罢了。如今百姓都在集市吵得沸沸扬扬，难道是他们和京城的士人结党营私吗？陛下也应该转变您的思路再去判定。”唐德宗并不听从。

臣范祖禹认为，自古以来那些所谓通过积累赋税而让国家有利的臣子，并不是真的怀有能够制造财富的才能，全都是用拆了东墙补西墙的障眼法，把没有的说成有的，徒然增加无用的刀笔吏，以此来蒙惑主上，取功劳、得赏赐罢了。从唐玄宗到唐德宗，那些小人所做的事情全都不谋而合。大概是因为想要让国库充实，一定要任用小人，而小人又没有不欺骗国君的，因此他们的行为都符合同一种规律。

十一月，宣武都知兵马使李万荣逐节度使刘士宁。帝议除亲王充节度使，令万荣知留后。陆贽上奏，其略曰："为国之道，以义训人，将教事君，先令顺长。"又曰："若使倾夺之徒便得代居其任，利之所在，人各有心，此源潜滋，祸必难救，非独长乱之道，亦开谋逆之端。"帝不从，以万荣为留后。

臣祖禹曰：自肃宗以来，藩镇之将，有杀逐其主帅者，因而授之。德宗之世，姑息尤甚，此教天下以篡也。夫以下犯上，以臣逐君，此为国者所深恶，圣王之法，必诛而无赦者也。不惟不讨，而又赏之，使天下皆无君，岂得不偪[①]天子乎？《礼》曰："政不正则君位危。"为国者必严上下之等，明少长之序，使不相陵越者，盖君欲自安也。唐之人主坏法乱纪，无政刑矣，其何以为天下乎！

【注释】①偪：同"逼"，强迫，威胁。

【译文】十一月，宣武军（唐方镇名，治汴州）都知兵马使李万荣赶走了节度使刘士宁。唐德宗商议任命亲王为节度使，任命李万荣为留后。陆贽上奏，其大概内容是说："治国之道，在于用道义来训导别人；要教会他们服从君主，先要让他们知道顺从上司。"又说："如果让夺取政权的这些人代掌此任，人们各自有心追逐利益所在之处，这就是祸患产生的开端。一旦发生祸乱，就再难以挽回了，这就不只是长时期叛乱的问题了，甚至还会开启谋反的风气。"唐德宗没有听从，仍然任命李万荣为留后。

臣范祖禹认为，自从唐肃宗以来，在一方镇守的将领，很多都杀害了自己的主帅，而朝廷却因此把职位授予他们。唐德宗一代，对这些人的姑息最为严重，这是教育天下人造反啊！以下犯上，以臣子的身份赶走君主，这是治理国家的人最忌讳的事，圣明的国君的法律一定会诛杀这样的人，绝对不会赦免。可是唐德宗却不仅不讨伐，还要赏赐他们，让天下都没有君主的概念，这怎么会不威胁到天子的地位呢？《礼记》说："如果政治不正确，那么君主之位就会危险了。"治国的人一定要严格强调上下的等级，以让人明白长幼的次序，让他们不敢僭越，这才是君王让自己地位安全的正确方式。唐朝的君主损害法律、违背常伦，已经没有政治、法治了，他们又怎么治理天下呢！

十年，帝性猜忌，不委任臣下，官无大小，必自选而用之，宰相进拟，少所称可；又群臣一有谴责，往往终身不复收用；好以辩给取人，不得敦实之士，艰于进用，群材淹滞。陆贽上疏谏，其略曰："以一言称惬为能，而不核虚实；以一事违忤为咎，而不考忠邪。其称惬则付任逾涯，不思其所不及；其违忤则罪责过当，不恕其所不能。是以职司之内无成功，君臣之际无定分。"帝不听。

臣祖禹曰：昔仲弓为季氏宰，问政孔子，曰："先有司，赦小过，举贤才。"夫为政不先有司，则君代臣职矣；不赦小过，则下无全人矣；不举贤才，则小人进矣。失此三者，以为季氏宰且不可，而况为天下乎！自尧舜以来，未有不由此三者而治，盖君人之常道也，德宗反之，亦足为后世戒哉。

【译文】贞元十年（794）。唐德宗生性多疑，很多事情都不肯交给臣子，官职无论是大是小，一定要经过自己挑选才肯任用。宰相所拟定、推荐的人选，很少被唐德宗认同，一旦群臣有被谴责的，往往终身不再录用。唐德宗还喜欢以辩才取用臣子，因此很难得到特别敦厚、诚实的人士，很多有才能的人也不被任用。陆贽上书谏言，其内容大概是说："因为一席话语可以满足自身的心意，就认为选用的臣子有能力，却不核实他的才能是真是假；因为一件事情不合自身的心意就归咎于臣子，却不考察他是忠还是奸。对于那些符合心意的人，就把任务交给他们，不管他的能力做不到；对于那些违背心意的人，给他们定的罪名过于实际，也不宽恕他们所不擅长的地方。因此朝廷中的大臣无法建立功勋，而君臣之间也没有什么默契。"唐德宗不听。

臣范祖禹认为，当初仲弓做季氏的宰执，询问过孔子什么是政治。孔子说："一切事物让官吏先经手，赦免小的过错以提拔贤才。"如果管理国家政务不以相关官员为先，那么君王所实行的就是臣子的职分了；如果不赦免小过，那么下属就没有完美的人了；不去举荐贤才，那么小人就会伺机而入。如果没有这三条，去做季氏的股肱之臣尚且不合格，更何况治理天下呢！从尧、舜以来，没有不通过这三条形成太平局面的，这是人君的常道啊。唐德宗却反其道而行之，也可以作为后世的借鉴了。

贽又奏请均节财赋，凡六条，其二请两税[①]以布帛为额，不计钱数，其略曰："谷帛者，人之所为也；钱货者，官之所为也。是以国朝著令，租出粟，庸出绢，调出缯、纩、布，曷尝有禁人铸钱，而以钱为赋者也！今之两税，独异旧章，但估资产为差，便以钱谷定税，临时折征杂物，每岁色目颇殊，惟计求得之利宜，靡论供办之难易。所征非所业，所业非所征，遂或增价以买其所无，减价以卖其所有，一增一减，耗损已多。望勘会诸州初纳两税年绢布，定估比类当今时价，加贱减贵，酌取其中，总计合税之钱，折为布帛之数。”

臣祖禹曰：泉货②所以权物之轻重，流于天下，则为用；积于府库，不为利也。何以知其然邪？谷帛出于民，而官不可为也；钱出于官，而民不可为也。取其所有，而与其所无，则上下皆济矣。是故以谷帛为赋，则民不得不耕织以奉公上，此驱之于农桑也。如不取其所有，而取其所无，则民之所有，弃之必贱矣；官之所无，收之必贵矣。谷帛轻则民为之者少，钱重则物甚贱者多，是以利壅于上，民困于下，至于田野荒、杼轴空，由取其所无故也。然则以钱为赋，官岂得其利乎？为法者必使民去末而反本，则富国之道也。

【注释】①两税：指夏、秋两税。②泉货：钱币。

【译文】陆贽又上奏请求平均财税以节制它，一共提出了六条建议。其中第二条建议两种税务以布帛为计算基数，而不用钱财为计算基数，其内容大概是说：“谷子、布匹，是人们所生产的；而钱币则是官家所铸造的。因此本朝下令，租税用小米计算，庸税用丝绢计算，调税用缯、纩、布计算。哪里有禁止百姓铸造钱币，收税的时候却还收钱币的呢！如今的两税，却和以前的法律不一样，只评定资产的情况，用钱、谷子征税，临时用钱折换成征收杂物，每年征收上来的东西都不一样，只考虑官家征收何物取得利益最多，却不去思考百姓置办物品到底困不困难。如果征收的不是百姓所生产的，百姓生产的不是官府征收的，那么要么便需要增加价位、买那些稀缺的货物，要么便需要降低价位、卖出那些盛产的货物。一增价、一减价，其中就会产生大量损耗。希望核对、总计各州刚开始实行两税法之年绢布的价格，定价、评估、比较当今绢布的价格，把当年太过便宜的价格提升上来，太过昂贵的价位压低下去，取一个比较中间的价位，总计这些税务收上来的钱，把它折换成布匹、丝帛的数量。”

臣范祖禹认为，货币是用来权衡物品贵贱的，只有流通了，它才会发挥作用，但是如果只在府库中积累，那就没有什么作用了。为什么呢？谷子、布帛出自百姓，并非官府所生产；钱是由官府铸造的，不是百姓可以铸造的。拿走百姓所拥有的东西，给他们没有的东西，那么官民间的交易就通畅了。因此把谷子、布帛当作赋税，那么百姓就不能不去耕作、纺织来事奉官府，这就能把他们驱逐到农、桑之中。如果不取他们所拥有的，而去取他们没有的，那么百姓所拥有的东西，卖出去就必定会贬值；官府所没有的，收回来的时候一定就会增值。如果粮食、布匹价格比较低，那么耕织的百姓就会减少；如果货币的价值增高，那么百姓生产的物品就很不值钱了。如此一来利益就会壅积在官府，而在下的百姓却会十分艰苦，以至于田野荒芜、机杼空虚，是因为官府收取的是百姓没有的东西。那么用钱币作为赋税，官家能得到利处吗？执法者一定要让百姓离开其他职业，去务农、织布，这才是让国家富强的道路。

九月，裴延龄奏："左藏[1]库物多有失落，近因检阅，使置簿书，乃于粪土之中得银十三万两，其匹段杂货百万有余。此皆已弃之物，即是羡余，应移置杂库以供别敕支用。"太府少卿韦少华不伏，抗表称："此皆每月申奏见在之物，请加推验。"执政请令三司详覆，帝不许，亦不罪少华。延龄每奏对，恣为诡谲，皆众所不敢言，亦未尝闻者，延龄处之不疑。帝亦颇知其诡妄，但以其好诋毁人，冀闻外事，故亲厚之。群臣畏延龄有宠，莫敢言，惟张滂、李充、李铦以职事相关，时证其妄，而陆贽独以身当之，日陈其不可用。十一月，贽上书极陈延龄奸诈，数其罪恶，帝不悦，待延龄益厚。延龄日短贽于帝。赵憬之入相也，贽实引之，既而有憾于贽，密以贽所讥弹延龄事告延龄，故延龄益得以为计，帝由是信延龄而不直贽。十二月，贽与憬约至帝前，极论延龄奸邪，帝怒形于色，憬默而无言。壬戌，贽罢为太子宾客。

臣祖禹曰：人君欲闻外事，岂不有贤者可任以为耳目乎？德宗知延龄诞妄而信之，是自蔽耳目也。其惑亦甚矣！夫奸臣之立于朝，非独狡佞足以惑其君心，必有大臣之不忠者附益而封植之，故不可去也。延龄之亲宠，陆贽之废黜，赵憬实为之助，憬之罪大矣！必若治之以《春秋》之法，憬其为诛首欤！

【注释】①左藏：国家仓库。

【译文】九月，裴延龄上奏："国库的物品多有丢失，最近因为检查，派人设置账簿，才从土中发现了十三万两银子，其中布匹、杂货百万有余。这些都是已经被弃置的物品，就是多余的税收，应该移交到其他库房，供另下命令时使用。”太府少卿韦少华拒绝服罪，上表抗议称：“这些都是每月上奏书时应该在库房中的赋税，请加以推求、检查。”执政官员请求三司（刑部、御史台、大理寺）对此进行重新检查，唐德宗不同意，但也不追究韦少华的罪。延龄每每上奏，都十分放肆地说一些诡谲的话，都是众人不敢说、也没听说过的言论，裴延龄说起来却令人觉得深信不疑。唐德宗也知道他说的话诡异、奇怪，但是因为裴延龄喜欢诋毁别人，唐德宗希望听一些外边的事情，因此亲近、厚待他。群臣因为畏惧裴延龄被宠爱，没有一个敢说话的，只有张滂、李充、李铦因为他们的职位原因，有时会证明裴延龄的奸佞，而陆贽则独身抵挡裴延龄，每天向唐德宗陈说裴延龄不可用。十一月，陆贽上书极力陈述裴延龄的奸诈，责数他的罪恶，唐德宗十分不高兴，对待裴延龄越来越优厚，而裴延龄每天都向唐德宗说陆贽的坏话。赵憬能够入朝为宰相，实际上是陆贽推荐的，随着跟陆贽发生冲突，赵憬暗地里将陆贽弹劾裴延龄的事告诉了裴延龄，因此裴延龄利用得到的消息设下圈套，唐德宗因此更加相信裴延龄，却不认为陆贽正直了。十二月，陆贽和赵憬约定好到唐德宗面前极力揭发裴延龄的罪恶，唐德宗怒形于色，而赵憬却默然不语。壬戌，陆贽被贬为太子宾客。

臣范祖禹认为，君王如果想知道外界发生的事情，难道没有贤能的人被任用为君王的耳目吗？唐德宗明知道裴延龄满嘴胡话却还要信任他，这是自己遮蔽住了自己的耳目。唐德宗实在太糊涂了！奸臣在朝中伫立，不只是因为他狡诈、奸佞足以迷惑君王，一定也有那些不忠心的大臣辅助他，因此才无法除掉。裴延龄之所以被亲信，陆贽之所以被废黜，赵憬实际上做了此事的助推者。赵憬的罪过实在太大了！如果一定要用《春秋》之法治他的罪，那赵憬应该是被杀的第一人吧！

十一年二月，裴延龄谮陆贽、李充、张滂等失势怨望，动摇众心。四月，贬贽为忠州别驾，充等皆贬长史。帝怒未解，中外惴恐，以为罪且不测，谏议大夫阳城，率拾遗王仲舒等守延英门，上疏论延龄奸佞，贽等无罪。帝大怒，欲加城等罪。太子为之营救，帝意乃解，令宰相谕遣之。时朝夕欲相延龄，城曰："脱为延龄为相，城必取白麻坏之，恸哭于廷。"七月，城改国子司业，坐言延龄故也。

臣祖禹曰：韩愈作《争臣论》，当城未有言之时也。世之论者或祖袭愈之余意，讥城以在职久而不言，及陆贽之贬而后发，向若贽不贬，则无所成其名矣，岂得遂默而已乎？臣以为不然，扬雄曰："或问贤，曰'为人所不能。'"城，有待而为者也。遏裴延龄为相，救陆贽将死，此人所不能，非贤，孰能为之？一奋其忠，名震四方，终身废放，死而无憾。自古处士之有益于国如城者，鲜矣！后世犹责之无已，其不成人之美亦甚哉！

【译文】贞元十一年（795）二月，裴延龄诽谤陆贽、李充、张滂等人因为失去势力而怨恨，动摇众臣子的忠心。四月，唐德宗把陆贽贬为忠州别驾，把李充等人贬为长史。唐德宗怒气仍然不消，朝廷内外十分震恐，认为陆贽等人的罪名将会重不可测。谏议大夫阳城率领拾遗王仲舒等人守在延英门，上书陈述裴延龄的奸诈和陆贽等人的无辜。唐德宗大怒，想要加罪于阳城等人，太子为他们营救，唐德宗的脸色才逐渐好转，让宰相告知他们，打发他们回去了。当时唐德宗时时刻刻都想让裴延龄做宰相，阳城说："如果陛下任用裴延龄为宰相，我一定要穿上白麻去坏他的好事，在殿上痛哭。"七月，阳城因为说了裴延龄坏话，被调为国子司业。

臣范祖禹认为，韩愈当初写《争臣论》论阳城，只说阳城没有劝谏德宗。社会上议论的人有些因袭了韩愈的余音，讥讽阳城在位那么多年却不说一句话，等到陆贽被贬了之后才出来发言。倘若当初陆贽不被贬谪，那么阳城就不会成名了，他岂不是可以一直沉默下去了？我觉得并非如此。扬雄说过："有人问怎样才是贤德，回答说：'能做到别人做不到的事情。'"阳城只不过是在等待时机。他遏制裴延龄成为宰相，挽救了陆贽将死的命运，这就是别人无法做到的了，不是贤能的人，又怎么能做到呢？一旦激发他的忠贞，他的名气就会轰动四方，即使终身被废黜、被流放，死了也没有遗憾。自古能够像阳城一样对国家有益的处士，实在是太少了。后世却还一直责备他，难道不知道成人之美的道理吗？

十二年六月，以窦文场、霍仙鸣皆为神策护军中尉。是时窦、霍势倾中外，藩镇将帅多出神策军，台省清要亦有出其门者矣。

臣祖禹曰：自是宦者专国矣。外则藩镇，内则台省，而多出其门，则其易置天子不难矣。刑赏，国之大柄也，其可以假人乎？

【译文】贞元十二年(796)六月，唐德宗任命窦文场、霍仙鸣为神策军的护军中尉。这时窦文场、霍仙鸣的权势压倒了朝廷内外，藩镇的将领很多都出自神策军，台省的达官贵人也有很多出自他们的门下。

臣范祖禹认为，从此就是宦官执掌朝政了。外面则有藩镇，宫内又有台省，多出于这些宦官的门下，那么废立天子就不难了。刑罚、赏赐，是国家重要的权力，怎么能借给别人呢？

初，帝以奉天窘乏，故还宫以来，尤专意聚敛。藩镇多以进奉市恩，皆云“税外方圆”，亦云“用度羡余”，其实或割留常赋，或增敛百姓，或减刻吏禄，或贩鬻蔬果，往往私自入，所进才什一二。李兼在江西有月进，韦皋在西川有日进。其后常州刺史裴肃以进奉迁浙东观察使，刺史进奉自肃始。至是，宣歙观察使刘赞卒，判官严绶掌留务，竭府库以进奉，征为刑部员外郎，幕僚进奉自绶始。

臣祖禹曰：古之人君，或多难以兴国，或因乱而启霸，盖险阻、艰难、忧患备尝，则知民之疾苦，事之愆失；困而后发其智，惧而后惩其心，故能有为也。德宗还自兴元，不知其贪以取亡，而惟货之求，愈务聚敛，政吏骈恶，纪纲大坏，德之不进，而其心谬戾，亦甚矣哉！

【译文】当初，唐德宗因为在奉天的时候十分贫穷，所以自从回到宫中以来，特别在意聚集钱财。各路藩镇多用贡品来购买皇帝的恩宠，声称进贡的是税收外的财物，要么就说是支出之后剩余的财物，其实有的截取赋税，有的向百姓增收，有的克扣官饷，有的贩卖蔬菜水果，往往都是私下里得到的钱财，进献的钱财也只有十之一二。李兼在江西按月进献财物，韦皋在西川按日进献财物。随后常州刺史裴肃因为进献财物升迁为浙东观察使，刺史因为进献而升迁就是裴肃开了先河。这时，宣歙观察使刘赞死了，判官严绶掌管留下的事务，把府库里的财物全都进献唐德宗，于是被征召为刑部员外郎。幕僚因进献财物升迁则是严绶开了先河。

臣范祖禹认为，古代的君王，有经历千难万阻建立国家的，有经历天下大乱开创霸业的，大概是因为他们尝尽了险阻、困难与祸患，因此就知道百姓的疾苦、事情的得失。受到挫折，然后他们才会聪明；产生惧怕，然后他们才能有戒心，因此才能有所成就。唐德宗自从兴元（748）以来，不明白自己因为太贪心而招致灭亡，只知道求索财货、横征暴敛，君主和官员皆恶，国家法制被大肆破坏，善言也无法听取进去。唐德宗心思的荒谬乖戾，也太严重了啊！

帝不欲生代节度使，自择行军司马以为储帅。李景略为河东行军司马节度使，李说忌之。乃厚赂中尉窦文场，使去之。会有传回鹘入寇者，帝忧之，以丰州当虏冲[①]，择可守者，文场因荐景略。九月，以景略为丰州都防御使。

臣祖禹曰：唐德宗以姑息藩镇为事，然必自选参佐以副之者，犹欲出于己也。而藩臣得以计去之，宦者得以术使之，终不由己，惟其苟简多畏，无法以自守也。夫以一人之虑，其可胜左右之欺哉!

【注释】①冲：交通要道。

【译文】唐德宗不想在藩镇的节度使自主替补，于是自行选择行军司马作为预备的节度使。李景略正担当河东行军司马节度使一职，李说忌惮李景略，于是用十分丰厚的礼品贿赂中尉窦文场，让他革了李景略的职。正赶上有传信的人来报回鹘入侵，唐德宗十分忧心，因为丰州（今内蒙古包头）是交通要道，所以需要选择能抵挡住的人，窦文场因此推荐了李景略。九月，唐德宗任命李景略为丰州都防御使。

臣范祖禹认为，唐德宗姑息藩镇，让他们自己发展，但是之所以亲自选择副将来作为储帅，还是想出于自己的本意来任命。然而藩镇的臣子们能够用计策除掉这些唐德宗自己想拔擢的人，宦官也能用手段指使唐德宗，唐德宗最终还是没能由着自己的心意。这是因为他苟求一时安稳，畏惧变乱，而没有方法保全自己。凭借自己一个人的想法，怎么能防御周围人的欺骗呢?

九月，裴延龄卒，中外相贺，帝独悼惜之。十月，以谏议大夫崔损同平章事。损尝为延龄所荐，故用之。

臣祖禹曰：孔子曰："好贤如缁衣，取其敝又改为，好之而无已也。"裴延龄既死，而德宗犹思其人，又用其所荐者为相，使其好贤如此，岂不善哉！夫贤之入人也难，佞之惑人也深，是以鲜有好贤如好佞者也。

【译文】九月，裴延龄过世了，朝廷内外相互庆祝，只有唐德宗哀悼、叹息他的去世。十月，任命谏议大夫崔损为同平章事。崔损曾经受到裴延龄的推荐，因此任用了他。

臣范祖禹认为，孔子说："喜爱贤才就好像喜欢缁衣一样，把破了的又改为新的，喜欢它没有止境。"裴延龄死后，唐德宗还在思念他这个人，又任用他所推荐的人为宰相。假如唐德宗能够这样爱好贤才的话，难道不是太好了吗！贤人被接纳很困难，但是被巧佞的人迷惑却陷得很深，因此很少有人能像喜欢佞人一样喜欢贤者。

十一月，以韦渠牟为左谏议大夫。帝自陆贽贬官，尤不任宰相，自御史、刺史、县令以上，皆自选用，中书行文书而已。然深居禁中，所取信者，裴延龄、李齐运、王绍、李实、韦执谊及渠牟，皆权倾宰相，趋附盈门。绍谨密无损益，实狡险掊克[①]。执谊以文章与帝唱和，年二十余，召入翰林。渠牟形神恌躁[②]，尤为帝所亲狎。帝每对执政，漏不过三刻；渠牟奏事，率至六刻。语笑款狎[③]，往往闻外。所荐引咸不次迁擢，率皆庸鄙之士。

臣祖禹曰：德宗悦人之从己，而恶人之违己，故守正之士难入，辩给之士易亲。贞元之间，虽忠邪贤佞杂处于朝，而君子常阨穷，小人常得志。韦渠牟之徒在左右，王叔文之党事东宫，唐之小人，于是为多。其不至于亡，非不幸也。

【注释】①掊克：以苛税敛取民财。②佻躁：浇薄急躁。③款狎：亲密。

【译文】十一月，唐德宗任命韦渠牟为左谏议大夫。唐德宗自从陆贽被贬以来，基本不任命宰相，从御史、刺史、县令到以上的官员，都是自己选拔任用，中书只不过是草拟一道文书而已。然而深居在禁宫之中，所能够取信的人，不过只有裴延龄、李齐运、王绍、李实、韦执谊和韦渠牟这些人。这些都是权力比宰相还大的人，趋炎附势的人络绎不绝。王绍做事谨慎周密，似乎在政令上没做什么变动，实际上却阴险狡诈地用苛税榨取民财。韦执谊凭借文章和唐德宗一唱一和，年纪才二十多岁，就被召入翰林院。韦渠牟形神轻薄急躁，最被唐德宗亲近。唐德宗每次召见执政大臣，时间绝对不会超过三刻钟；一旦韦渠牟前来上奏事宜，基本上都能维持大概六刻钟，其中的欢声笑语，往往宫外都能听见。他们所推荐的人全能越级升迁，推荐的人却全是一些庸俗鄙陋的人。

臣范祖禹认为，唐德宗喜欢让别人听从自己，讨厌别人违背自己，因此守卫正义的人难以被接纳，而那些逞口舌之辩的人却很容易亲近唐德宗。贞元年间，虽然忠臣、奸臣都在朝中，但是君子常常走投无路，而小人却每每得志。韦渠牟这些人在德宗身边做主张，王叔文的党羽又在东宫管理事宜，唐朝的小人，这个时期可以说是最多了。唐朝没在德宗时期覆灭，可以说是幸运了。

唐鉴卷之十六

唐德宗五

十三年六月，张茂宗[1]许尚公主。未成昏，茂宗母卒。遗表请终嘉礼，帝许之。八月，起复茂宗左卫将军。左拾遗蒋乂上疏，谏以“兵革之急，古有墨衰从事者，未闻驸马起复尚主也”。帝遣中使谕之，不止，乃特召对于延英，谓曰：人间多借吉成昏者，卿何执此之坚？”对曰：“昏姻、丧纪，人之大伦，吉凶不可渎也。委巷之家，不知礼教，其女孤贫无恃，或有借吉从人，未闻男子借吉娶妇者也。”太常博士韦彤、裴堪复上疏谏，帝不悦，命趋下嫁之期，辛巳，成昏。

臣祖禹曰：朝廷者，礼义之所出也，而以丧昏习夷狄之风，使四方何观焉？德宗即位之初，动必循礼，而其终如此，心无所主故也。委巷鄙愿之礼，法之所当禁也，乃引以为比，苟欲拒谏，不亦惑乎？

【注释】①张茂宗：唐德宗驸马。贞元三年，许尚公主，拜银青光禄大夫、本官驸马都尉，以公主幼，待年十三。属茂宗母亡，遗表请终嘉礼。

【译文】贞元十三年（797）六月，允许张茂宗娶公主为妻，还没有完婚，张茂宗的母亲就去世了。张茂宗便给唐德宗递表章，请求停止婚礼。唐德宗答应了。八月，又重新起任张茂宗为左卫将军。左拾遗蒋乂上疏，劝谏道："听说过古代有因为战事紧迫穿着黑色丧服去打仗的，没听过驸马在丧期重新起用，以便于娶公主的。"唐德宗派朝中使者前去晓谕，蒋乂仍然不肯停止，于是特地在延英殿召见他，对他说道："人间有很多在服丧期间办喜事完婚的人，你为什么如此固执呢？"蒋乂回答道："婚姻、丧葬，这是人最重要的礼节，无论吉礼、凶礼，都是不可以亵渎的。那些小巷里的人家，不懂什么礼教，那儿的女孩子孤苦、贫困，没有依靠，或许有服丧期间趁着吉日嫁人的情况；但从来没听说过男子服丧期间借着吉日娶新媳妇的。"太常博士韦彤、裴堪又上疏劝谏，唐德宗十分不高兴，反而加速了婚期。辛巳日，张茂宗和公主完婚。

臣范祖禹认为，朝廷是礼义产生的地方，却拿婚姻、丧葬效仿夷狄的风气，那么让四方百姓怎么看呢？唐德宗刚即位的时候，每次行动一定要遵守礼节，结果却变成了这样，这是因为心里没有主见。那些小巷里鄙陋的礼节，是法律应该禁止的，唐德宗却拿这种礼节打比方，若是真想拿这种例子拒绝谏言，这不是太糊涂了吗！

十二月，先是，宫中市物，令官吏主之，随给其直。比岁以宦者为使，谓之宫市，抑买人物，稍不如本估。其后不复行文书，置白望[1]数百人于两市，及要闹坊曲，阅人所卖物，但称宫市，则敛手付与，真伪不复可辨，无敢问所从来，及论价之高下者，率用直数百钱物，买人直数千物，多以红紫染故衣败缯，尺寸裂而给之，仍索进奉门户及脚价钱。人将物诣市，至有空手而归者，名为宫市，其实夺之。商贾有良货，皆深匿之。每敕使出，虽沽浆、卖饼者，撤业闭门。谏官御史数奏疏谏，不听。徐州节度使张建封入朝，具奏之，帝颇嘉纳。以问工部侍郎判度支苏弁，弁希宦者意，对曰："京师游手万家，无土著生业，仰宫市取给。"帝信之，故凡言宫市者皆不听。

臣祖禹曰：《诗》云："惠此京师，以绥四国。"《孔子》曰："近者悦，远者来。"京师者，诸夏根本，天子之所与共守者也，而德宗残之如此，然则远者何所望乎？当是时，刻剥遍天下，而京师甚焉。惟其委任宦官，是以弊政至于如此其极也。

【注释】①白望：唐德宗时，派人在市场上左右观望，白拿商人的东西、不给本钱的人叫白望。

【译文】十二月。此前为宫中置办所需，都是让官吏主持此事，然后把钱发给他们。近年来便让宦官做使者称为"宫市"，用相对货物较低的价钱强买别人的货物，稍稍占了商人的便宜。然后做交易就不写文书了，把数百白望安排在两个集市及其他重要的、热闹的街区，去查看别人所卖的物品，只说是宫中要买。商人只能小心地把东西给他们，也不知道是真是假，从来没有人敢问他们的来头，也没人敢讲价，只用值几百钱的东西就买走别人价值几千的东西，多用红色、紫色染料把以前的破旧衣服染上色、撕成布条给他们，还要索求供给宫门应得的钱和脚力钱。商人们带着货物来到市场，结果却有很多人空手而归。名义上是为宫里置办货物，其实就是直接去抢夺别人的财产。商人如果置办了好货物，全都将它们深藏起来。每次有拿着圣旨出来的使者，即使是那些卖酒水饮品、卖饼的小买卖，也会关门不卖东西。谏官、御史屡次进谏，唐德宗也不听从。徐州节度使张建封来朝廷觐见，把这些事情仔细地上奏给唐德宗，唐德宗十分高兴，听从了他的建议，并以此事询问工部侍郎判度支苏弁。苏弁预料宦官们的意思，回答道："京师有太多的人游手好闲了，也没有在本土的生计，都是靠着为宫里置办东西生活。"唐德宗相信了他的言论，因此针对此事的意见，唐德宗全都不肯听从。

臣范祖禹认为，《诗经》上说："爱护京都，然后才能安抚四方。"孔子说："近处的人如果高兴，那么远处的人会不请自来。"都城是国家的根本，是天子和天下人一起守卫的地方。而唐德宗却把京城弄得鸡飞狗跳，那远方的人还会有什么期望吗？当时刻薄的剥削遍布天下，而京城是最严重的。就是因为他把事务交给宦官，所以弊政才严重到了这种程度。

十六年，义成监军薛盈珍为帝所宠信，欲夺节度使姚南仲[①]军政，南仲不从，由是有隙。盈珍屡毁南仲于帝，帝疑之。盈珍又遣小吏程务盈乘驿诬奏南仲罪。牙将曹文洽亦奏事长安，知之，追及务盈于长乐驿杀之，沉盈珍表于厕中。自作表雪南仲之冤，遂自杀。帝闻而异之，征盈珍入朝。南仲恐谗之益深，亦请入朝。四月，南仲至京师，帝问："盈珍扰卿邪？"对曰："盈珍不扰臣，但乱陛下法耳。且天下如盈珍辈，何可胜数！虽使羊、杜复生，亦不能行恺悌之政，成攻取之功也。"帝默然，竟亦不罪盈珍，仍使掌机密。盈珍又言于帝曰："南仲恶政皆幕僚马少微赞之也。"诏贬少微江南官，遣中使送之，推坠江中而死。

臣祖禹曰：德宗信宦者而疑群臣，故不分枉直，不辨是非，而其心常与宦者如一，疏群臣而外之，虽有实言，人杀身以明之，终不信也。至于宦者，则妄言必听之，以为若出诸已也，故其为害如木之有蠹，人之有膏肓之疾，蠹深则木不可攻，疾久则与身为一，必俱亡而后已。原其祸由，人主与之为一故也，可不为深戒哉！

【注释】①姚南仲（729-803）：华州下圭人。唐代官员，义成军节度使。肃宗乾元二年，制科登第。历迁太子校书、右拾遗、右补阙。代宗大历十三年，帝诏近城为独孤皇后陵，以朝夕临望，南仲上疏谏，帝嘉纳。德宗贞元时，官至右仆射。卒谥贞。

【译文】贞元十六年，义成军（方镇名，治滑州）监军薛盈珍被唐德宗宠爱，想要夺取节度使姚南仲的军权，姚南仲不同意，因此二者有所嫌隙。薛盈珍屡次在皇帝面前诋毁姚南仲，因此唐德宗便开始怀疑姚南仲。薛盈珍又派小吏程务盈驾着驿马前去诬告姚南仲，牙将曹文洽也到长安上奏事宜，知道了这件事，在长乐驿站赶上了程务盈，便杀了程务盈，把他的表章沉到了厕所里，自己写了表章以昭雪姚南仲的冤情，并自杀以明志。唐德宗听说，十分惊异，便把薛盈珍叫入朝廷。姚南仲恐怕薛盈珍再次用谗言诋毁，也请求入朝觐见。四月，姚南仲到了京城，唐德宗问道："薛盈珍惊扰到你了吗？"姚南仲回答道："薛盈珍并没有惊扰到我，只是他扰乱了陛下您的法律。况且天下像薛盈珍这样的人，哪里数得清呢！即使让羊祜、杜预再生，也不能施行和乐的政治，成就攻取之功。"唐德宗默然不语，最后也没有加罪于薛盈珍，还让他掌管机密。薛盈珍又对唐德宗说："姚南仲的恶政，都是他的幕僚马少微帮他谋划的。"唐德宗便下诏贬谪马少微为江南的官员，派宫中的使者送他上任，在路上把他推入江中而死。

臣范祖禹认为，唐德宗信任宦官，却怀疑群臣，所以不分曲直，不辨是非，他的想法经常和宦官一样，疏远群臣，把他们赶到权力中心之外，即使有人杀身来警醒唐德宗，唐德宗还是不肯相信。至于宦官，即使是虚妄的话也一定会听从，认为就像跟自己想说的一样，因此他误信宦官的坏处就好像树木的蛀虫、好像人有膏肓之疾。如果蛀洞太过深入，那么就没办法治疗了；如果人的疾病拖延太久，那就和他的身体合而为一了，一定一起死亡之后才能停止。推原这些祸事的缘由，就是人主和宦官为一的结果，怎么能不去戒备呢！

先是，诸道兵讨吴少诚，既无统帅，每出兵，人自规利，进退不一。诸军自溃于小溵水，委弃器械、资粮，皆为少诚所有。于是始议置招讨使。夏绥节度使韩全义，本出神策军，素无勇略，专以巧佞货赂结宦官。中尉窦文场爱厚之，荐于帝，以为蔡州四面行营招讨使，十七道兵皆受节度。每议军事，宦官为监军者数十人坐帐中争论，纷然莫能决而罢。天渐暑，士卒久屯沮洳[①]之地，多病疫，全义不存抚，人有离心。五月，与吴少阳等战于溵南广利原，锋镝未交，诸军大溃。全义退保五楼。七月，少诚进击之，诸军复大败，全义夜遁，保溵水县城。

臣祖禹曰：自古宦者预军政，未有不败国丧师者，而唐为甚，后世亦可以鉴矣！犹循覆车之轨，岂非有疑于将帅，而以宦者为可信乎！则莫若慎择将帅，委任而勿疑之善也。且将帅忠贤，则不必监之，苟非其人，将不顾其父母妻子，何有于宦者乎？臣见其为害，未见其有益也。

【注释】①沮洳：低洼潮湿之地。

【译文】一开始，各路兵马征讨叛将吴少诚，既没有统帅，每次出兵的时候，人们又只考虑到自己的利益，或进或退。军队在小溵水（今河南沙河）自己便溃散了，抛弃了大量军械、军粮，最后都被吴少诚所侵占。这时朝廷才开始议论此事，并为此设置了招讨使。夏绥节度使韩全义本出身于神策军，向来没有勇气、谋略，只顾凭借花言巧语、进献钱财巴结宦官，中尉窦文场十分喜爱他，并向唐德宗举荐，让他做了蔡州四面行营的招讨使，十七路兵马都受他指挥。每次讨论军事，都有数十个宦官做监军，坐在帐中，争论纷纷，由于不能决断而罢休。天气渐热，士兵长久驻扎在低洼潮湿的地方，很多都生了疫病，韩全义却不去存恤安抚，因此人们有离散之心。五月，和吴少阳等在溵南广利原交战，还没有交锋，各路军队已然大肆溃败，韩全义退军以保五楼。七月，吴少诚进兵攻打，各路军马再次大败，韩全义趁夜里逃跑，以保溵水县城。

臣范祖禹认为，自古宦官参与军政，没有不打败仗的，而唐朝是最为严重的，后世也应该引以为鉴。唐德宗重蹈覆辙，难道不是对将帅有怀疑，却认为宦官可信的原因吗？那就不如谨慎地选择将帅，委任而不怀疑为好。并且将帅如果忠正贤能，就没有必要监视。如果不是忠正贤能的人，连他的父母、妻子和儿女都不会顾念，哪里会顾虑宦官呢？我只看见了宦官们的危害，没有看见他们的有益处。

山南东道节度使于頔因讨吴少诚，大募战士，缮甲厉兵，聚敛货财，恣行诛杀，有据汉南之志，专以慢上凌下为事。帝方姑息藩镇，知其所为，无如之何。頔诬邓州刺史元洪赃罪，朝廷不得已，流洪端州，遣中使护送至枣阳。頔遣兵劫取归襄州，中使奔归。頔表责洪太重，帝复以洪为吉州长史，乃遣之。又怒判官薛正伦，奏贬峡州长史。比敕下，怒已解，复奏留为判官。帝一一从之。

臣祖禹曰：德宗初有削平藩镇之志，其明断似刚，其不畏似勇，然非实能刚勇也。夫刚有血气之刚，有志气之刚；夫勇有匹夫之勇，有天下之勇，此二者不可不察也。始盛而终衰，壮锐而老消，此血气之刚也；其静也正，其动也健，此志气之刚也。血气之刚可得而挫也，志气之刚不可得而挫也。不度其可而为之，不虑其后而发之，此匹夫之勇也。居之以德，行之以义，此天下之勇也。匹夫之勇可得而怯也，天下之勇不可得而怯也。是故至刚与大勇，人君不可不养也。唐德宗之初欲有为者，血气之刚，匹夫之勇也。其出之也易，则其屈也必深；其发之也轻，则其挫也必亡。是以其终怯畏如此之甚也。

【译文】山南东道节度使于頔借口讨伐吴少诚大肆招募战士，准备铠甲、兵器、粮草，肆意屠杀，有占据汉南的想法，尤为欺瞒君上、欺凌百姓。正巧唐德宗姑息藩镇的势力，虽然知道于頔干了什么，却没有拿他怎么样。于頔诬告邓州刺史元洪有贪赃枉法之罪，朝廷没有办法，只得把元洪流放到端州，派宫中使者护送到枣阳。于頔派兵劫走元洪，回到襄州，宫中使者只得跑回朝廷。于頔上表说责罚元洪过于重了，朝廷便任命元洪为吉州长史。于頔这才遣送元洪到任。又因判官薛正伦发怒，因此上奏把薛正伦贬谪为峡州长史。等到敕命降下，于頔的怒气已经消解，又上奏让薛正伦留任判官。唐德宗一一听从。

臣范祖禹认为，唐德宗刚开始还有铲除那些藩镇的想法，他的明于断事近于刚强，他的无所畏惧近似勇敢，但是却不是真的刚强、勇敢。刚强有血气的刚强，也有有志向的刚强；勇气有匹夫的一般的勇气，也有横扫天下的勇气。此二者不能不仔细观察。如果一开始强盛，到后来却趋向衰败，这就是血气的刚强；如果不行动的时候十分端正，行动的时候十分矫健，那就是志气的刚强。血气的刚强是可以挫败的，而志气的刚强是无法打败的。不思考是否可行就去行动，不思考行为带来的后果就去做，这是匹夫之勇；不行动的时候谨守德行，行动的时候遵循礼义，这是能够横扫天下的勇气。匹夫之勇可以被吓退，但是扫平天下的勇气却无法被夺走。因此志气的刚强和扫平天下的勇气，是人君必须培养的品质。唐德宗一开始想要有所作为，那不过是血气方刚、倚仗他的匹夫之勇罢了。出动的时候考虑得十分简单，失败后畏缩也必然曲深；奋发的原力既然轻易，那么一遇到阻力就消亡了。因此最后唐德宗变得如此的胆怯、畏惧。

河东节度使李说薨，以其行军司马郑儋为节度使。帝择可以代儋者，以刑部员外郎严绶尝以幕僚进奉，记其名，即用为河东行军司马。

臣祖禹曰：昔魏献子为晋国之政，其县大夫皆以贤举。梗阳人欲纳货，其臣遽谏而辞之。德宗举藩镇之臣，乃以货利，虽为天下之主，不如列国之大夫也。

【译文】河东节度使李说过世了，任命他自己的行军司马郑儋为节度使。唐德宗选择可以代替郑儋的人，因为刑部员外郎严绶曾经以幕僚身份进献财物，因此唐德宗记着他的名字，于是便用他做河东行军司马。

臣范祖禹认为，当初魏献子执掌晋国的政权，晋国的县大夫全都是凭借才能被魏献子举荐。梗阳人想用财物贿赂魏献子，魏献子的臣子马上就劝谏魏献子，因此魏献子马上就把这件事推辞了。唐德宗擢拔藩镇的臣子，竟然是根据财物进献的丰厚程度，身为天下之主，还不如列国的一个士大夫。

十七年正月，韩全义至长安，窦文场为掩其败迹，帝礼遇甚厚。全义称足疾，不任朝谒，遣司马崔放入对。放为全义引咎，谢无功，帝曰："全义为招讨使，能招来少诚，其功大矣，何必杀人然后为功邪！"闰月，遣归夏州。

臣祖禹曰：《诗》曰："不侮鳏寡，不畏强御。"惟有常德者能之。德宗急于文吏缓于武夫，凡有土地甲兵者，皆畏缩而不敢治。难乎，有常德哉！

【译文】贞元十七年（801）正月，韩全义来到长安。窦文场帮助韩全义掩盖了败仗，因此德宗用厚礼赏赐了韩全义。韩全义称自己的脚得了病，不去朝觐，而派司马崔放前去回唐德宗的话。崔放为韩全义道歉，为没有功劳谢罪，唐德宗说："韩全义作为招讨使，能招来吴少诚，他的功劳实在是太大了，何必要杀人之后才算立下功劳呢？"闰月，把韩全义遣送回夏州。

臣范祖禹认为，《诗经》上说："不侮辱鳏夫寡妇，不畏惧豪强恶霸。"只有能够长久保持自己道德的人才能做到。唐德宗对文官太过苛求，对武官太过姑息，凡是有土地、军队的人，都畏缩不敢治罪。长久保持优良作风实在是太难了！

初，李齐运受常州刺史李錡赂数十万，荐之于帝，以为浙西观察使、诸道盐铁转运使，錡刻剥以事进奉，帝由是悦之。錡既执天下利权，以贡献固主恩。又以馈遗结权贵，恃此骄纵，无所忌惮，盗取县官财，所部官属无罪受戮者相继。浙西布衣崔善贞诣阙上封事，言宫市、进奉及盐铁之弊，因言錡不法事。帝览之，不悦，命械送錡。錡闻其将至，预凿坑待之。善贞至，并锁械瘗坑中。远近闻之，不寒而栗。

臣祖禹曰：德宗本恶崔善贞直言，故使李錡甘心焉。善贞之死非特以告錡也。钳天下之口而长奸臣之威，实德宗杀之。是朝廷杀谏者，非錡杀告者也。

【译文】当初，李齐运收了常州刺史李錡好几十万的贿赂，因此向唐德宗举荐他做了浙西观察使、诸道盐铁转运使。李錡横征暴敛以寻求用于进献的钱财，因此唐德宗很喜爱他。李錡执掌了天下财权以后，又用进贡的财物去巩固唐德宗的恩宠，又用赠送的礼品结交权贵，依仗他的势力骄傲、放纵，不再有什么忌惮的；又盗取县里国库，他部下的官员有很多无罪被杀的。浙西的百姓崔善贞到京城上奏，陈说以宫中名义买东西、进奉和盐铁政策的弊端，乘机告发李錡的罪名。唐德宗看到后很不高兴，命令将崔善贞带上镣铐，押送到李錡的地方去。李錡听说崔善贞将到，预先挖好土坑等待崔善贞。崔善贞到了之后，被连着锁械一起活埋入坑中。远远近近的人听到这事，全都不寒而栗。

臣范祖禹认为，唐德宗本来是讨厌崔善贞直言进谏，因此让李錡最后心甘如愿了。崔善贞的死罪，不只是因为告发李錡导致的。唐德宗钳住天下人的嘴，长奸臣的威风，实际上是唐德宗杀了崔善贞，这是唐德宗杀了进谏的人，而并非李錡杀了告他的人啊！

十九年七月，初，翰林待诏王伾[①]善书，王叔文[②]善棋，俱出入东宫，娱侍太子。叔文谲诡多诈，太子尝欲谏宫市事，叔文以不宜言外事止之。由是大爱幸，与王伾相依附。叔文因为太子言："某可为相，某可为将，幸异日用之。"密结翰林学士韦执谊，及当时有名而求速进者，陆淳，吕温、李景俭、韩晔、韩泰、陈谏、柳宗元、刘禹锡等，定为死友。而凌准、程异又因其党以进，日与游处，踪迹诡秘，莫有知其端者。藩镇或阴进资币，与之相结。

臣祖禹曰：古之教太子者，必选天下之贤，使与之共处，左右前后皆正人也，其后嗣犹或不能成德，而小人之依。德宗不能选贤以辅导东宫，而惟使技艺博弈之人入侍，岂不愚其子乎？夫有十金之产者，必欲其子守之，有一命之爵者，必欲其子继之，此常人之情也，而况天下至大，祖业至重，可不求贤以傅其子而愚之乎！《诗》曰："其谁知之，盖亦勿思。"昔之人君疑贤者导其子之为非，而不疑于小人，因之不教其子者，亦不思而已矣。

【注释】①王伾（？-806）：杭州（今浙江省杭州市）人。唐代大臣，二王八司马之一。②王叔文（753-806）：越州山阴（今浙江绍兴）人。唐朝中期政治家、改革家。永贞元年，授翰林院待诏、度支使、盐铁转运使，联合王伾等人，有意推行政治改革。永贞元年三月，被贬为渝州司户，元和元年赐死。

【译文】贞元十九年（803）七月。当初，翰林待诏王伾善于书法，王叔文善于下棋，二人都出入东宫以陪太子取乐。王叔文十分狡诈，太子曾经想劝谏以宫廷名义出去购置物品一事，王叔文用太子不应该谈论宫外之事的借口制止了太子，从此太子便非常宠爱王叔文，王叔文和王伾互相依赖。王叔文便对太子说："某人可以做宰相，某人可以做大将，希望哪天您能够任用他们。"王叔文又秘密结交翰林学士韦执谊和当时有名的、渴望被进用的人，如陆淳、吕温、李景俭、韩晔、韩泰、陈谏、柳宗元、刘禹锡等，结交为同生共死的朋友。而凌准、程异又通过他们的党羽被提拔。王叔文每天跟他们游玩相处，踪迹十分诡异，没有人知道他们的去向。有些藩镇暗中用财物贿赂他们，跟他们互相勾结。

臣范祖禹认为，古代要教育太子，一定选择天下的贤者，让和他共处的身边人都是正直的人，即使如此，后代继位者或许还不能修成德行，却依靠小人。唐德宗不能选择贤人来辅导太子，只让那些会一些奇技淫巧的人入侍，难道不会让太子变得愚蠢吗？有十斤黄金的人，一定要让他的儿子守护；有一个任命爵位的人，一定要让他的儿子继承，这是常人的想法，何况天下如此之大，祖宗留下的产业如此之重，怎么可以不求贤者用道理教育他的儿子，却让他的儿子更愚蠢呢？《诗经》有言："谁知道我的烦恼呢？还是不要思考了吧。"以前的君主怀疑贤者导致自己的儿子胡作非为，却不怀疑小人，这是因为不教育他的太子的人，也不需要去思考、怀疑。

二十年六月，昭义节度使李长荣薨，帝遣中使以手诏授本军，但军士所附者即授之。时大将来希皓为众所服，中使以手诏付之。希皓言于众曰："此军取人，合是希皓，但作节度使不得。若朝廷以一束草来，希皓亦必敬事。"中使言："面奉进止，只令此军取大将授与节钺，朝廷不别除人。"希皓固辞。兵马使卢从史，其位居四，潜与监军相结，起，出伍言曰："若来大夫不肯受诏，从史且请句当此军。"监军曰："卢中丞若如此，亦固合圣旨。"中使因探怀取诏以授之。从史捧诏，再拜舞蹈。希皓亟挥同列，北面称贺。军士毕集，更无一言。八月，诏以从史为节度使。

臣祖禹曰：藩镇不顺，未必人情之所欲也，由朝廷御失其道，而不能服其心，是以致乱。三军之士岂不恶夫上下之相陵犯，欲得天子之帅而事之哉！废置爵赏，人主之柄也，德宗不有而推以与人，失其所以为君矣。岂非不能与贤人图事而至此乎！

【译文】贞元二十年（804）六月，昭义军（唐方镇名，治潞州，今山西长治市）节度使李长荣去世了，唐德宗派遣宫中使者把手诏授予他的军队，只要是军士所信服的将领，就把手诏给他。当时来希皓被众人信服，因此宫中使者就把手诏付与来希皓。来希皓对众人说道："如果从本军中选取大将，那确实应该是我；但是节度使我却担当不了。如果朝廷拿一束草前来，我也一定会恭敬地执行。"宫中使者说道："我当面受到皇帝旨意，只是命令我在此军中选取大将，付与节钺，朝廷不会提拔别人。"来希皓坚决推辞。兵马使卢从史位居第四，暗中和监军相勾结，起身出列说道："如果来大夫不肯接受诏命，我请求执掌这个军队。”监军说道：“如果卢中丞这样做的话，也符合陛下的旨意。”宫中使者于是便从怀中拿出诏令交给卢从史。卢从史接下诏书，拜了两拜，舞蹈谢恩。来希皓马上叫来军士，表示愿意顺服，向卢从史道喜。军士全都到场，再没有说一个字。八月，唐德宗下诏任命卢从史为节度使。

臣范祖禹认为，藩镇不顺从，未必是人心所向，而是因为朝廷驾驭官吏丧失了原则，而不能让官吏从心底信服，因此招致了祸乱。三军将士难道不厌恶上下互相倾轧，不想得到天子信赖的将帅去侍奉他吗？升官、贬官、封爵、加赏，这些都是君主的权力，唐德宗不去使用，反而将它推给别人，那就失去了为君之道了。难道不就是没有和贤人一起谋划才到了这种地步吗？

二十一年正月，太子病不能言，帝疾甚，凡二十余日，中外不通，莫知两宫安否。癸巳，帝崩。苍猝召翰林学士郑絪[①]、卫次公等至金銮殿草遗诏。宦官或曰：“禁中议所立尚未定。”众莫敢对。次公遽言曰：“太子虽有疾，地居冢嫡，中外属心，必不得已，犹应立广陵王。不然，必大乱。”絪等从而和之，议始定。

臣祖禹曰：昔成王将崩，命召公、毕公率诸疾相康王。凭玉几以训之，以元子付之大臣。王崩，太保命仲桓、南宫毛，俾爰齐侯吕伋，以二干戈，虎贲百人，逆子钊于南门之外。当是时，太子在内，特出而迎之，所以显之于众也。然则古之立君者，惟恐众之不睹，而事之不显也。何则？天子者，天下之共主也，故当与天下之人戴而君之，未有窃取诸宫中而立之，出于宦寺妇人之手，而可以正天下者也。先王于其即位也，必以礼正其始；于其将没也，亦以礼正其终。顾命之书，所以为万世帝王之法也。至于后世之君，以富有天下为心，惟恐失之，大利所在，天理灭焉。故父子相疑，以终事为讳，以后嗣为忌。是以继承之际，鲜有能正其礼者也。顺宗为太子二十余年，既有壮子，一旦病不能言，而德宗亦寝疾弥留，中外隔绝，大臣不得闻知。德宗既崩，宦者犹有他议，或太子幼弱，储位未定，几何而不变乱也。唐之人主，惟太宗每求天下之忠贤，而托以幼孤。高宗以下无足道者。德宗在位岁久，最为猜忌，及其将没，不能召宰相而属以社稷。储君废置，系于宦者，次公等特以草诏得至禁中，遂沮其谋。不然，几有赵高之事，后之人主，岂可不法三代，而以唐为永鉴哉！

【注释】①郑絪（752–829），字文明，郑州荥阳（今河南省荥阳市）人。唐朝时期宰相。进士及第，累迁中书舍人。唐宪宗即位，拜门下侍郎、同平章事，历任河中尹、检校左仆射。唐文宗即位，以太子太傅致仕。大和三年十月，去世，追赠司空，谥号为宣。

【译文】贞元二十一年（805）正月，太子重病，无法说话；唐德宗也病得很严重。病了大约有二十多天，朝廷内外音讯隔绝，没有人知道唐德宗、太子是否平安。癸巳日，唐德宗驾崩，仓促地召来翰林学士郑絪、卫次公等人到金銮殿草写遗诏。有的宦官说道："宫中议论的皇帝的人选还没有定下来。"没有人敢前去回答。卫次公立刻言道："太子虽然身患重病，但他的地位固然是嫡长子，宫廷内外都希望他即位。如果真的不行，还应该立广陵王为帝。如果不这样做，一定会变得大乱。"郑絪等人跟随附和，这件事才决定下来。

臣范祖禹认为，当初周成王将要驾崩，命令召公、毕公率领诸侯辅佐康王，靠在玉案上教诲他们，把太子交给了大臣。成王驾崩之后，太保命令仲桓、南宫毛，让他们前往齐侯吕伋那里传令，用二副干戈、一百名勇士，到南门的外面迎接太子姬钊。这时，太子深居宫中，特地出来迎接，是为了让他在众人面前突显身份。古代册立国君的时候，只恐怕众人看不到国君，不知道册立之事。为什么呢？天子是天下共同的主人，因此应该让天下人一起爱戴他、以对君王之礼相待，从来没有从宫中偷偷册立国君，也没有出自宦官、妇人的手中，却能够匡正天下的国君。先代国君在登基时，就会符合礼法。在国君将去世时，也一定依循礼法，终于其位。所以国君的临终遗命之书，是万世的帝王应该效法的。至于后代的国君，一心想富有天下，唯恐哪天失去皇位；利益所在之处，天理都可以不顾。因此父子相互猜疑，把驾崩、继承一事当作忌讳。因此继承的时候，很少有能按照正式的礼仪执行的。顺宗当太子二十几年，已经有了儿子，忽然有一天病到不能说话，而唐德宗也因为患病不能动身，宫廷内外消息隔绝，大臣也没办法得到消息。唐德宗驾崩之后，宦官还有其他的想法，如果太子幼弱，作为储君的地位不稳固，又哪里能避免变乱呢？唐代的君主，只有太宗能够做到求访天下的贤者，把自己的后代托付给他们。高宗以下的君王，没有能做到这种程度的。唐德宗在位时间如此之长，极尽猜忌之能事，等到他驾崩之前，却不能把宰相叫来，将社稷交给他。至于太子的废立，由宦官去做决定，幸而卫次公等人要草拟遗诏，能够前往皇帝的居室，才让宦官的计谋失败。不然，险些又发生赵高的旧事。后代的君王，怎么能不学习夏商周的君王，而以唐朝为永远的借鉴呢！

右，德宗在位二十六年崩，年六十四。

臣祖禹曰：唐历世二十，历年三百，唐德宗享国二十有六年，亦不为不久，以其时君考之，粃政[①]尤多。而大弊有三，一曰姑息藩镇，二曰委任宦者，三曰聚敛货财。本夫志大而才小，心褊而意忌，不能推诚御物，尊贤使能，以为果敢聪明足以成天下之务。初欲削平僭叛[②]，划灭藩镇，一有奉天之乱，而心陨胆破，惴畏姑息，惟恐生事。既猜防臣下，则专任宦者，思其穷窘，则聚敛掊克，益甚于初矣。自古治愈久而政愈弊，年弥进而德弥退，鲜有如德宗者，惟不知其过也。是以藩镇强而王室弱，宦者专而国命危，贪政多而民心离。唐室之亡，卒以是三者，其所从来者渐矣。

【注释】①粃政：即坏政，弊政。②僭叛：即僭叛，犯上作乱。

【译文】以上，唐德宗在位一共二十六年，享年六十四岁。

臣范祖禹认为，唐王朝经历二十代，经过了大约三百年，唐德宗在位二十六年，也算很长久了。细细推究他在位的时候，弊政最多，而其中比较大的有三条：其一是姑息藩镇势力，其二是把国家的权力交给宦官，其三是聚敛财物、横征暴敛。唐德宗志向原本很远大，但是才能却不足以实现他的志向；心胸狭窄，喜好猜忌大臣，不能用诚心对待臣子、不能尊重贤才、任用有才能的人，认为自己果敢聪明，足以治理天下的事情了。一开始想要消灭犯上作乱的藩镇，但是一旦经历了奉天之乱，就心惊胆颤，因为害怕藩镇势力，去姑息他们，唯恐再惹起什么事端。既然疑心已然很重，又提防臣下，就把国家全权付与宦官，想到自己曾经遭受的贫困，就开始横征暴敛，比一开始还要严重。自古以来，统治国家越久，政治越容易出现弊端；时间越长，对国家的统治就越反不如初，很少有比得上唐德宗的，因为他不知道自己的过错。因此藩镇的实力越来越强，王室的势力越来越弱；宦官专权，国家的命脉也已经危险；贪污腐败的人越来越多，民心也已经不向着唐朝。唐朝的灭亡，最终就是因为这三件事，它的由来是一步一步发展到这个地步的。

扫一扫 听导读

唐鉴卷之十七

顺 宗

永贞[1]元年二月，丙戌，加杜佑[2]度支及诸道盐铁转运使。戊子，以王叔文[3]为副使。先是，叔文与其党谋，得国赋在手，则可以结诸用事人，取军士心，以固其权，又惧骤使重职，人心不服，藉杜佑雅有会计之名，位重而务自全，易可制，故先令佑主其名，而自除为副以专之。

臣祖禹曰：《易》曰："咸其股，执其随，往吝。"象曰："'咸其股'，亦不处也；'志在随人'，所执下也。"《春秋传》曰："凡师能左右之曰以。"皆言制于人而无所能为也。杜佑以旧相不耻与小人共事，而为之用，其可贱也夫！

【注释】①永贞：唐顺宗李诵开始使用的年号，从805年至806年。②杜佑（735-812）：字君卿，京兆万年（今陕西省西安市）人，唐朝政治家、史学家，诗人杜牧的祖父。③王叔文（753-806）：字号不详，越州山阴（今浙江绍兴）人。唐朝中期政治家、改革家。

【译文】永贞元年（805）二月丙戌日，册封杜佑为度支、盐铁使。戊子日，让王叔文做副使。先前，王叔文和他的党羽谋划，手中掌握国家赋税，就能够结交各个当权执政的人，获取军队将士的欢心，借此巩固他们的权势。又害怕突然被派遣担任重要官职，人们心生不服，借杜佑一向有很好的管理及出纳财务的声名，位高权重又追求保全自己，容易制衡。因此先让杜佑在名义上掌管，把自己任命为副使来达到独裁的目的。

臣范祖禹认为，《易经》说道："象征感应发生在大腿上，一味地跟随着别人任意妄动，这样前行，必有灾祸。"象辞说："'感应发生在大腿上'，说明不能安居静处；'盲目地跟随别人任意妄为'，是因为它所执意追求的过于低下卑劣了。"《春秋传》说："只要军队能够控制的叫作'以'。"这些都告诉我们被别人制衡后不能施展自己的能耐。杜佑身为旧时宰相却不以和奸谗小人共同行事为耻辱，反而被奸谗小人利用，真令人鄙视！

贾耽以王叔文党用事，心恶之，称疾不出，屡乞骸骨。丁酉，诸宰相会食[①]中书。故事，丞相方食，百僚无敢谒见者。叔文至中书，欲与韦执谊计事，令直省通之。直省以旧事告，叔文怒，叱直省。直省惧，入白。执谊逡巡惭赧，竟起迎叔文，就其阁语良久。杜佑、高郢、郑珣瑜[②]皆停箸以待，有报者云："叔文索饭，韦相公已与之同食阁中矣。"佑、郢心知不可，畏叔文、执谊，莫敢出言。珣瑜独叹曰："吾岂可复居此位！"顾左右，取马径归，遂不起。二相皆天下重望，相次归卧，叔文，执谊等益无所顾忌，远近大惧。

臣祖禹曰：孔子曰："行己有耻，可谓士矣。"孟子曰："人不可以无耻。"耻之于人大矣！贾耽、郑珣瑜当小人用事而为相，碌碌无补，知其不可，引疾而去，能知耻矣。方之杜佑、高郢，岂不有间哉！

右，顺宗自正月即位，至八月传位于宪宗，明年崩，年四十六。

【注释】①会食：相聚而食、聚餐。出自《史记·卷九二·淮阴侯传》："令其裨将传飧，曰：'日破赵会食！'"也作"会饭""会餐"。②郑珣瑜（738—805）：字元伯，河南荥泽（今郑州市）人。唐代宰相。

【译文】贾耽因为王叔文和他的党羽当权，心生厌恶，借口有病不出来做官，多次请求辞职。丁酉日，各位宰相在中书省相聚而食。依照旧例，宰相刚进食时，文武百官没有敢上前拜谒的。王叔文来到中书省，想要和韦执谊商议事情，让直省通知他。直省以旧例相告。王叔文十分愤怒，怒叱直省。直省十分恐惧，赶忙进去报告。韦执谊惊慌失措惭愧脸红，居然亲自起身去迎接王叔文，顺便在他的省阁里谈了很久。杜佑、高郢、郑珣瑜都因此停下筷子等待。有人来报说：王叔文要吃饭，韦相爷已经和他共同在省阁中进食了。杜佑、高郢心里知道不能这样，但又惧怕王叔文、韦执谊，都不敢出声。郑珣瑜独自感叹说："我怎么可以再在这个位置上呢？"看看左右，让部下取马直接回家，自此就不再出任官职。两位宰相都在天下间有很高的声望，陆续辞职还乡。王叔文、韦执谊等人越来越没有顾忌，所有的人都非常害怕。

臣范祖禹认为，孔子说："自己知道什么是可耻的行为，能够约束自己，这样的人才是真君子。"孟子说："人不能没有羞耻心。"对于人来说有羞耻心太重要了。贾耽、郑珣瑜在奸谗小人当政时做宰相，碌碌无为，无济于事，知道自己无法成事，称病辞官归乡，是能够知耻的。和杜佑、高郢相比，难道没有不一样的吗？

以上，唐顺宗从正月开始登基，到了八月，传帝位给唐宪宗，在唐宪宗即位第二年去世，享年四十六岁。

宪　宗

元和[①]元年正月，帝与杜黄裳[②]论及藩镇，黄裳曰："德宗自经忧患，务为姑息，不生除节帅。有物故者，先遣中使察军情所与则授之。中使或私受大将赂，归而誉之，即降旌钺[③]，未尝有出朝廷之意者。陛下必欲振举纪纲，宜稍以法度裁制藩镇，然后天下可得而理也。"帝深以为然，于是始用兵讨蜀，以至威行两河，皆黄裳启之也。

臣祖禹曰：藩镇之乱异于诸侯，诸侯自上古以来有之，皆圣贤之后，王者不得而灭绝也。王畿不过千里，其外皆以封国，故王者不勤于德，则诸侯强大，其理势然也。唐之藩镇，本起于盗贼，其始也，天子封殖之，又从而姑息之，至于不可制，人主自取之也。宪宗一裁以法，而莫不畏威，犹反掌之易，天下治乱岂有不由君相者哉！

【注释】①元和：唐宪宗李纯的年号，从806年至820年。②杜黄裳（738–808）：字遵素，京兆郡万年县（今陕西省西安市）人。唐朝时期宰相，京兆司录参军杜绾之子。③旄钺：白旄和黄钺。借指军权。语本《书·牧誓》："王左杖黄钺，右秉白旄以麾。"蔡沈集传："钺，斧也，以黄金为饰……旄，军中指麾，白则见远。"

【译文】元和元年（806）正月，宪宗与杜黄裳谈论到藩镇问题时，杜黄裳说："德宗自从经过朱李之乱的忧患后，总是无原则地宽容藩镇，不任命藩镇以外的人做其节度使，有节度使去世，他就先派遣宦官探察军中人心归向的人物，而将节度使授予他。有时宦官私自收受大将的贿赂，回朝称赞他，德宗便立即授予他节度使，对节度使的任命从不曾有过出自朝廷本意的。如果陛下准备振兴法纪，应当逐渐按照法令制度削弱和约束藩镇，这样天下便能够得到治理了。宪宗认为他说得很对，于是开始调兵遣将，征讨蜀地（今四川），终于使朝廷的威严遍及两河地区，这都是由杜黄裳的建议开启的。

臣范祖禹认为，藩镇之乱与诸侯之祸有所不同，诸侯从上古时代就有了，都是圣人的后代，帝王不能够使他们彻底消失，王城周围方圆不过千里，除此之外都用来分封诸侯，所以帝王不在德政方面竭尽全力，那么诸侯就会强大起来，它的道理和趋势就是如此。唐代的藩镇，本来就是起源于强盗窃贼，一开始，帝王分封和扶植他们，接下来又迁就他们，以至于到达不可控制的地步，这是帝王咎由自取。唐宪宗一旦以法令制裁，使得天下没有不害怕他的，好像翻转掌心那么容易，天下的安定与动乱难道不是由君主和宰相决定的吗！

二月，帝与宰相论自古帝王，或勤劳庶政，或端拱无为，互有得失，何为而可？杜黄裳对曰："王者上承天地宗庙，下抚百姓四夷，夙夜忧勤，固不可自暇自逸。然上下有分，纪纲有叙，苟慎选天下贤才而委任之，有功则赏，有罪则刑，选用以公，赏刑以信，则谁不尽力，何求不获哉？故明主劳于求人而逸于任人，至于簿书狱市烦细之事，各有司存，非人主所宜亲也。昔秦始皇以衡石程书[①]，魏明帝[②]自按行尚书事，隋文帝卫士传飧，皆无补于当时，取讥于后来，其耳目形神非不劳也，所务非其道也。夫人主患不推诚，人臣患不竭忠。苟上疑其下，下欺其上，将以求理，不亦难哉！"帝深然其言。

臣祖禹曰：晁错[③]有言曰："五帝神圣，其臣莫能及，故自亲事。"错之学本刑名之言也。岂足以知帝王之道哉！然而后世或稽其说以谀人主，至使为上者行有司之事，宰相失职，天下不治，由其臣不学之过也。夫人主任一相，一相举贤才，贤者各引其类，岂不易而有成功乎！是故上不可代其下，下不可勤其上。若为上而行有司之事，岂独治天下不可为也，一县亦不可为也。奚独一县也，一家亦不可为也。黄裳之相宪宗，其知所先务哉！

【注释】①衡石程书：《史记·秦始皇本纪》："天下之事无大

小，皆决于上，上至以衡石量书，日夜有呈，不中呈不得休息。”古时文书用竹简木札，以衡石来计算文书的重量，因用以形容君主勤于国政。亦作“程书”。②魏明帝：即曹叡（204-239），字元仲，沛国谯县（今安徽省亳州市）人。③晁错（前200-前154）：汉族，颍川（今河南禹州）人，西汉政治家、文学家。

【译文】二月，皇帝和宰相谈论自古以来的帝王，有的勤于处理各种政务，有的闲适自得，清静无为，两者互有得失，做什么才是适当的呢？杜黄裳回答说：“成为帝王的人对上承管天地国家，对下安抚平民外族，整日忧国勤政，本就不可以给自己找空闲安逸，然而上下有分别，典章制度有秩序，如果慎重挑选普天之下有才能的人来任用他为官，有功劳就赏赐，有罪责就惩罚，用公正的法度推选人才，赏罚凭借信用，那么还有谁不竭尽自己的全力呢！要什么得不到呢？因此明君在寻找人才方面非常辛勤，在任用人才方面十分安闲。至于登记钱粮出纳的册子，狱讼以及市集交易之类烦琐细碎的事情，都有各自的官吏执掌，并不适合由君王亲自处理。以前秦始皇用秤称量文书，魏明帝亲自处理尚书所要处理的事情，隋文帝让卫士传晚饭，在当时都于事无补，只会在后世被人讥笑，他们的耳朵和眼睛，形体和精神并不是不劳累，只是他们做的并不是按照正确方案。君主忧虑的是不以诚心相待，大臣忧虑的是不能竭尽忠心。如果君主猜疑臣下，臣下欺瞒君主，凭借这个治理国家，不也是非常难吗！”皇帝认为他说得非常正确。

臣范祖禹认为，晁错曾经说过：“五帝（皇帝、颛顼、帝喾、唐尧、虞舜）天生睿智，他的臣下没有能够比得上他们的，所以亲自处理事情。”晁错原本是学法家的刑名之学，如何能够了解帝王之道呢？但是后代的人有考察他的学说去奉承君主的，致使作为皇帝却去处理专职官员的事务，宰相疏于职务，天下没有得到良好的治理，是由于他的臣下不去学习的过失。君主起用丞相，丞相推荐有才德的人，有才德的人各自举荐他们的同类，不是很容易成功吗？所以君主不可以替代臣下，臣下不能够令君主辛勤。假如作为皇帝去处理专职官员的事务，怎么会只是不能够治理天下，连一个县也不能治理；又怎么会只是一个县，一个家也是不能够治理的。杜黄裳辅助唐宪宗，是了解他应该先要做的事情了！

二年，帝尝问李绛[①]曰："谏官多谤讪朝政，皆无事实，朕欲责其尤者一二人以儆其余，何如？"对曰："此殆非陛下之意，必有邪臣欲壅蔽陛下之聪明也。人臣死生，系人主喜怒，敢发口以谏者有几！就有谏者，皆昼度夜思，朝删暮减，比得上达，什无二三。故人主孜孜求谏，犹惧不至，况罪之乎！如此杜天下之口，非社稷之福也。"帝善其言而止。

臣祖禹曰：李绛言人主不可不求谏，人臣多莫敢谏，其曲尽上下之情矣。舜曰：予违汝弼，汝无面从，退有后言。"以舜之圣，而求其臣下如此，恐其不谏也，况于后世之君乎？

【注释】①李绛（764–830）：字深之。赵郡赞皇县（今河北省石家庄市赞皇县）人。唐朝中期政治家、宰相。

【译文】元和二年（807），唐宪宗曾经问李绛："进谏的官员大多数诽谤朝堂，他们所说的都不是事实，我想要追责这中间尤其严重的一两个用来警告其他人，你看怎么样？"李绛回答说："这个大概不是陛下您的意思，一定是有奸邪之臣想要隔绝蒙蔽您的聪慧。臣下的生死，是君主的喜怒决定的，敢于开口来进谏的有几个人呢？就是有进谏的人，都是昼夜揣摩思考，早晚删改削减，等到呈送给陛下时，连十之二三都没有了，所以君主勤勉不懈怠地希望求得进谏，仍旧害怕谏言不能来到，何况是给他们治罪呢！这样杜绝天下人的口舌，并不是国家社稷的福气。”皇帝觉得他说得很好就停止这种想法了。

臣范祖禹认为，李绛说君主不能不征求谏言，臣下大多数不敢进谏，可以说是委婉而详尽说出了君主和臣下的状况了。舜帝说："我违背正道你们就匡正我，不要当面不说，背后道出。”以舜帝的聪明才智，还能如此请求臣下这样做，害怕他们不进谏，何况是后世的君主呢！

十二月，帝谓宰相曰："太宗以神圣之资，群臣进谏者犹往覆数四，况朕寡昧，自今事有违宜。卿当十论，毋但一二而已。

臣祖禹曰：宪宗以太宗纳谏厉其群臣，其有意于贞观之治乎！夫能自防如此，庶可以寡过矣。《诗》曰："无念尔祖，聿修厥德。”宪宗有焉。

【译文】十二月，皇帝对宰相说："唐太宗凭借神明的资质，诸位大臣想要进谏的还来来回回三四次，况且我孤陋寡闻又愚昧无知，从今日开始我做的事的适宜与不当之处。你们应该来来回回讨论十次，不要再只说一两次就结束了。”

臣范祖禹认为，唐宪宗借唐太宗接纳进谏的事例勉励他的诸位大臣，是对贞观之治有意向吧！他能如此自我提防，差不多可以少犯错误了。《诗经》说："感念你祖先的意旨，修炼自身的德行。"唐宪宗是有这一点的。

山南东道节度使于頔[①]惮帝英威，为子季友求尚主[②]。帝以皇女普宁公主妻之，李绛谏曰："頔，虏族，季友庶孽，不足以辱帝女。"帝曰："此非卿所知。"公主适季友，恩礼甚盛。頔出望外，大喜。顷之，帝使人讽之入朝谢恩，頔遂奉诏。

臣祖禹曰：天子之于天下，其为政必可继也。宪宗不爱一女，以悦于頔，天下藩镇焉得人人而悦之？古之王者，所与为婚姻而嫁以女者，必先圣之后，不然，则甥舅之国也。頔方命不朝，而天子以女妻其子，不亦替乎？

【注释】①于頔（？-818）：字允元，河南（今河南洛阳）人，唐朝宰相，北周太师于谨七世孙。②尚主：封建社会，男子与公主结婚叫"尚主"。出自《史记·孙子吴起列传》："公叔为相，尚魏公主。"

【译文】山南东道节度使于頔害怕唐宪宗的英勇威武，给儿子于季友恳请娶公主为妻。唐宪宗把女儿普宁公主指配给他，李绛进谏说："于頔，是北方外族，于季友，是姬妾所生的儿子，不值得使陛下的女儿受到屈辱。唐宪宗说："这是你不知道的事情。"公主嫁给于季友，特殊的礼遇特别丰盛。于頔喜出望外。不久，唐宪宗派人婉言规劝他入朝谢恩，于頔于是接受皇帝的命令。

臣范祖禹认为，皇帝对于天下的意义是，他执掌国政一定要能够延续下去。唐宪宗不怜惜一个女儿，凭借她来使于頔高兴，但天下的藩镇怎么能够个个都取悦得了呢？自古以来做皇帝的人，通过女儿的嫁娶结交关系，必须是前朝圣贤的后代，如果不是这样，就是舅甥关系的国家。于頔抗命不去入朝面圣，但皇帝却把女儿许配给他的儿子，不也是太衰微了吗？

三年九月，以户部侍郎裴垍[①]为中书侍郎、同中书门下平章事。初，德宗不任宰相，天下细务皆自决之，由是裴延龄辈用事。帝在藩邸，心固非之，及即位，选擢宰相，推心委之。尝谓垍等曰："以太宗玄宗之明，犹藉辅佐以成其理，况如朕不及先圣万倍者乎！"垍亦竭诚辅佐。先是，执政多恶谏官言时政得失，垍独赏之。

臣祖禹曰：古之贤相，不惟以谏争为己任，又引天下之贤者，使之谏其君，此爱君之至者也。佞相不惟谀谄其主，又恶人之谏，恐其为己不利，此贼君之大者也。人君欲知相之贤佞，曷不以此观之乎？若裴垍者，可谓忠于事君，而不负相之职任矣！

【注释】①裴垍（jì）（？－811）：字弘中。绛州闻喜（今山西闻喜县）人。唐朝中后期名相，内史裴居道七世孙、高陵令裴昱第二子。

【译文】元和三年（808）九月，任命户部侍郎裴垍为中书侍郎、同中书门下平章事。一开始，唐德宗不任命宰相的官职，全国的琐碎小事都亲自处理，正因如此，裴延龄一类人执掌政权。唐宪宗在藩王的宅邸时，心中原本反对这样，等到他登上帝位后，选拔宰相，推心置腹委任他们，他曾经对裴垍等人说："凭借唐太宗唐玄宗的圣明，还要借宰相的辅佐才能成就他们对国家的治理，何况是像我这样还不及先贤万分之一的人呢！"裴垍也竭尽自己的全力诚心辅佐。以前的时候，掌握政权的人大多数厌恶谏官谈论当时政治的得与失，裴垍却特别赞赏他们这么做。

臣范祖禹认为，古代有贤德的宰相，不仅仅把直言规劝作为自己的责任，还引荐天下的贤士，让他们直言规劝自己的君主，这是最爱戴自己君主的。奸谗的宰相则不仅仅阿谀奉承他们的君主，还厌恶别人进谏，害怕他对自己造成不利的局面，这是最伤害自己君主的。君主要想知道宰相是贤德还是奸谗，为什么不用这个来观察他呢！像裴垍这样的人可以算是既忠诚对待君主，又不辜负宰相职责的人了！

四年正月，给事中李藩[①]在门下，制敕有不可者，即于黄纸后批之。吏请更连素纸，藩曰："如此，乃状也，何名批敕？"裴垍荐藩有宰相器。帝以门下侍郎、同平章事郑絪循默取容，二月，罢絪为太子宾客，擢藩为门下侍郎、同平章事。藩知无不言，帝甚重之。

臣祖禹曰：宪宗以循默罢郑絪，以忠直相李藩，责任如此，可谓正矣。其中兴唐室，不亦宜乎！

【注释】①李藩（754–811）：字叔翰，赵郡高邑（今河北高邑县）人。唐朝唐宪宗时宰相，湖南观察使李承之子。

【译文】元和四年（809）正月，给事中李藩在门下省，皇帝的诏令中有不合适的，就在黄纸之后批阅修改。官吏请求另外用白纸写好附在后面，李藩说："这样，就是向上级陈述事实的文书了，怎么能叫批敕呢？"裴垍推举李藩有宰相的才能。唐宪宗因为门下侍郎、同平章事郑絪沉默不说话，讨好他人以求容身，在二月罢免了他的官职，把他降为太子宾客，提拔李藩为门下侍郎、同平章事。李藩知道的没有不说出来的，唐宪宗特别重视他。

臣范祖禹认为，唐宪宗因为沉默不说话罢免了郑絪，因为忠心正直封李藩为宰相，如此要求宰相尽职尽责，可以说是公正了。他让唐朝由衰复兴，重新振作，不也是应当的吗！

帝以久旱，欲降德音。李绛、白居易上言："欲令实惠及人，无如减其租税。"又请出宫人、禁诸道横敛以进奉及岭南、黔中、福建掠卖人为奴婢。闰月，己酉，制降天下系囚，余皆如二臣之请。己未，雨。绛表贺曰："乃知忧先于事，故能无忧；事至而忧，无救于事。"

臣祖禹曰：古之救灾，必施舍已责[①]，逮鳏寡，赈乏绝。至汉之时，恤民者犹赐之田租。后世人君，惟赦有罪及有爵而已，德泽不加于百姓也。绛、居易以为，欲令实惠及民，无如减其租税，使宪宗诏令不为空文，贤人之谋，岂不信哉！

【注释】①责：同“债”，债务。

【译文】唐宪宗因为大旱了很久，想要颁布下达贫民的恩诏。李绛、白居易上报说：“想要让实惠到达百姓，不如减轻他们的佃租赋税。”又奏请放出宫人、禁止各道滥征捐税用来进贡朝奉以及岭南（今广东、广西一带）、黔中（今贵州大部、重庆湖北湖南小部）、福建抢掠买卖人做奴婢。闰月，己酉，颁布法规命令全国减少在狱囚犯，其他都像两位臣子奏请的那样。己未这天下了雨。李绛呈上奏章祝贺说：“知道了在事发之前忧虑，因此才能够没有忧虑；等到事发以后才忧愁，对解决事情是没有任何帮助的。”

臣范祖禹认为，自古以来的救灾，必定会布施恩德，免除税收的拖欠，减轻纳税人负担，直至鳏寡之人，赈济无依无靠之人。到汉代的时候，体恤民众的君主，还减免佃租。后代的君主们，只是赦免有罪的人以及奖赏有爵位的人罢了，他们的恩泽是不会降临到平民百姓的身上的。李绛和白居易认为，想要让实惠直达平民百姓，不如减少他的租税，这让唐宪宗的诏令不变成一纸空文，贤人的谋略，难道不可靠吗？

四月，帝欲革河北诸镇世袭之弊，乘王士真死，欲朝廷自除人，不从则兴师讨之。裴垍、李绛以为未可。左军中尉吐突承璀[①]欲希帝意，夺裴垍权，自请将兵讨之。帝疑未决，宗正少卿李拭奏称：“承宗不可不讨。承璀亲近信臣，宜委之以禁兵，使统诸军，谁敢不服！”帝以拭状示诸学士曰：“此奸臣也，知朕欲将承璀，故上此奏。卿曹记之，自今勿令得进用。”

臣祖禹曰：宪宗以李拭逢迎其意，谓之奸臣，可谓明矣。知拭之不可用，岂不知承璀之不可将哉？而必将承璀，是不能以公灭私，以义胜欲也。夫不知其非而为之，其过小；知其非而为之，其过大。己为不正则邪之招也。君人之道，可不慎其在己哉？

【注释】①吐突承璀（？-820）：字仁贞，闽人，唐朝宦官。

【译文】四月，唐宪宗想要革除河北各个镇世袭的弊端，趁着王士真去世的机会，想要朝廷自己任命节度使，不顺从就举兵讨伐他。裴垍、李绛认为不能这样。左军中尉吐突承璀想要迎合唐宪宗的意愿，争夺裴垍的职权，自己请求带领军队讨伐他。唐宪宗有些迟疑，并没有决定，作为宗正少卿的李拭上奏说："王承宗不能不讨伐。吐突承璀是陛下所亲近信任的臣子，应当把禁军委任给他，让他统率各路军队，还有谁敢不信服呢！"唐宪宗把李拭的奏章展示给各个大学士看，说："这个是奸臣，知道我想要任命吐突承璀为将领，所以呈上了这个奏章。你们记住这个人，从现在开始不要让他得到重用。"

臣范祖禹认为，唐宪宗因为李拭违心趋奉迎合他的意愿，称他为奸臣，可以说是明君了。知道李拭不能被重用，难道不知道吐突承璀不能被任命为将领吗？但是他一定要任命吐突承璀为将领，是因为他不能出以公心而去掉个人的私情，不能用道义战胜欲望。不知道它不正确而去做，这样的过错是小的；知道它不对还去做，这样的过错就大了。哎！所做的事情不够正当必然会招致谗邪，君主之道，可以不在自己身上慎重吗？

七月，帝密问诸学士："今刘济、田季安皆有疾，若其物故，岂可尽如成德付授其子，天下何时当平！议者皆言：'宜乘此际代之，不受则发兵讨之，时不可失。'如何？"李绛等对曰："群臣见陛下西取蜀，东取吴，易于反掌，故谄躁之人争献策画，劝开河北，不为国家深谋远虑，陛下亦以前日成功之易而信其言。臣等夙夜思之，河北之势与二方异。何则？西川、浙西皆非反侧之地，其四邻皆国家臂指之臣。刘辟、李锜[①]独生狂谋，其下皆莫之与，辟、锜徒以货财啗之，大军一临，则涣然离耳。故臣等当时亦劝陛下诛之，以其万全故也。成德则不然，内则胶固岁深，外则蔓连势广，其将士怀其累代煦妪之恩，不知君臣逆顺之理，谕之不从，威之不服，将为朝廷羞之。又，邻道平居或相猜恨，及闻代易，必合为一心，盖各为子孙之谋，亦虑他日及此故也。万一余道或相表里，兵连祸结，财尽力竭，西戎、北狄乘间窥窬[②]，其为忧可胜道哉？济及季安与承宗事体不殊，若物故之际，有间可乘，当临事图之。于今用兵，则恐未可。太平之业，非朝夕可致，愿陛下审处之。"

臣祖禹曰：人君之患，在狃于一胜，而欲事所难。不知敌之强弱坚脆，而轻用其武，一战不克，丧威长寇，征伐不息，或起内患，德宗奉天之乱[③]是也。夫根深则难拔，疾固则难攻。乱日浅者，治之亦易；乱日久者，除之亦难。先王内修政事，外攘夷狄，其为之有本末，图之有先后，是以无欲速轻举之悔也。

【注释】①李锜(741-807):唐朝叛臣,淄川王李孝同的五世孙,即李渊祖父李虎的八世孙。②窥窬(yú):觊觎,窥伺可乘之机。③奉天之乱:即奉天之难,又名“二帝四王之乱”,包括四镇之乱和泾原兵变。是唐德宗时期一场由于中央政府削藩而引发的叛乱,唐德宗被迫逃往奉天(今陕西乾县)。奉天之难是中晚唐藩镇跋扈、唐朝中央权威受挑战的标志事件之一。

【译文】七月,唐宪宗私下问各位大学士:“现在刘济、田季安都有病,如果他们去世,怎么能都像成德军(唐方镇名,治所在今河北正定县)节度使那样交付他们的儿子,天下什么时候才能太平呢?当时议论的人都说‘应该趁现在的机会取代他,不接受就带领军队征讨他,这样的时机不能失去’。怎么样?”李绛等人回答说:“大臣们看见陛下向西攻下蜀地,向东攻下吴地,像翻覆手掌那样简单,所以谄佞、浮躁的人争相献出自己的策略与谋划,鼓动进攻河北(今黄河以北地区),不为国家考虑深远,陛下您也因为上次成功的容易而相信他的言论。我们昼夜思量,河北的形势和另外两地不一样。为什么这么说呢?西川(今成都平原及其以西以北和雅砻江以东的地区)和浙西(今浙江北部和江苏的苏南地区)都不是反复无常的地方,它们的四周都是国家可以指挥自如的臣下。刘辟、李锜二人独自产生了狂妄不当的策划,他们的部下都不赞成,刘辟、李锜只是用钱财的利益引诱他们,等到大军一到,就消散逃离了。所以我们在当时也劝说陛下征讨西川、浙西,因为一定能消灭他们。成德却不是这样。对内的情况是多年集团间的互结不解,对外的情况是蔓衍连属，势力很广，他们的将士感怀他们一代又一代养育的恩情，不知道君主与臣下之间的叛逆顺从的道理，告诉他也不会顺从，威慑他们也不会屈服，征伐不成功，就会令朝廷蒙羞。另外，相邻的道之间平时偶尔会相互猜疑忌恨，等到听闻更换替代，一定会相互之间连成一心，这是要为后世子孙谋划，也是忧患以后同样被朝廷替换掉。万一其他的道有的相互呼应，战争和灾祸接连不断，钱财和军力都用尽了，西戎、北狄趁着这样的空隙，打算有所行动，那时候朝廷的忧虑就多不胜数了。刘济、田季安和成德军的王承宗的事本质上没有什么不同的，如果在他们去世的时候，有可乘之机，应当在当时事情发生的时候图谋。现在就对他们用兵，恐怕还不行。天下太平的功业，不是一朝一夕就能够达到的，希望陛下审慎处理这件事。”

臣范祖禹认为，君王的忧患在于必求一胜，异想天开地去做难于登天的事。不知道敌人的强弱，就轻易动用他的兵力，一次战斗没有攻克，就会丧失自己的威风和助长敌人的气势，征伐不停止，有时会导致内部的祸患。唐德宗时期的奉天之乱就是这样。所以树根扎得深就很难拔起，疾病患得重就很难医治，国家混乱的时间短，要治理比较容易；国家混乱的时间长，要根除就很困难了。先代圣王对内整顿政治，对外驱除外来的敌人，他们的所作所为有主有次，图谋有先有后，所以没有想要很快达到目的而轻举妄动的悔恨。

十月，制削夺王承宗官爵，以左神策中尉吐突承璀为左、右神策，河中、河阳、浙西、宣、歙等道行营兵马使、诸路招讨处置等使。翰林学士白居易上奏，以为："自古及今，未有征天下之兵，专令中使统领。今承璀之任乃制将、都统也。陛下忍令后代相传云以中官为制将、都统自陛下始乎！"时谏官、御史论承璀职名太重者相属，帝皆不听。戊子，帝御延英殿，度支使李元素、盐铁使李鄘、京兆尹许孟容、御史中丞李夷简、谏议大夫孟简、给事中吕元膺、穆质、右补阙独狐郁等极言其不可。帝不得已，明日，削承璀四道兵马使，改处置为宣慰而已。

臣祖禹曰：宪宗以中官为大将，此乱政也，然其群臣皆以为不可，强谏而力争者，相属于朝，此则治世之事也，亦足以见其贤臣之多矣！天下之祸，莫大于人君过举，而下莫敢言。如皆莫敢言，则至于亡而不自知也。

【译文】十月，皇帝诏令剥夺王承宗的官职爵位，提拔左神策军护军中尉吐突承璀作为左、右神策，身兼河中（今山西永济西）、河阳（今河南省孟州西）、浙西、宣、歙等道的行营兵马使、各路招讨使、处置使的官职。翰林学士白居易呈上奏折，认为："从古到今，没有将从全国各地召集的军队专门让宦官统领的。现在吐突承璀的职务是陛下您诏令的将领、都统。陛下您能忍受后代的人们互相传布任用宦官作为将领、都统是从您开始的吗！"当时，谏官、御史讨论吐突承璀官职过重的人一个又一个接连下去，唐宪宗都听不进去。戊子日，唐宪宗摆驾延英殿，度支使李元素、盐铁使李鄘、京兆尹许孟容、御史中丞李夷简、谏议大夫孟简、给事中吕元膺、穆质、右补阙独孤郁等人竭尽全力劝谏，认为这样的任命是不可以的。唐宪宗迫不得已，第二天，将吐突承璀的四道兵马使职位削除，处置使改为只是宣慰使。

臣范祖禹认为，唐宪宗让宦官担任大将之责，这就是扰乱朝政，然而他的众多大臣们都认为这是不可行的，竭尽全力进谏，据理力争的人一个接一个，这是太平盛世才会出现的现象，也完全可以看到他统领下的贤良的臣子非常多了！天下产生的祸端，没有什么比君主有错误的行动但大臣们不敢进谏的更严重的了，如果众位大臣都不敢进谏，那么直到亡国他也不知道自己犯了错。

田季安[①]将出兵邀王师。幽州牙将谭忠为刘济使魏，知其谋，入谓季安曰："今王师越魏伐赵，不使耆臣宿将，而专付中臣，不输天下之甲而多出秦甲，君知为谁之谋？此乃天子自为之谋，欲将夸服于臣下也。若师未叩赵而先碎于魏，是上之谋反不如下，能不耻且怒乎！既耻且怒，必任智士画长策，仗猛将练精兵，毕力再举涉河，鉴前之败，必先伐魏矣。

臣祖禹曰：朝廷伐叛讨逆，以一四方，此天下之公义也。必与天下之贤者共为之，其克以天下，其不克以天下，天子无私焉。宪宗欲自有其功，故任中人，而不任宰相，是天子与臣下争功也，何其不广哉！夫天子之功，在于用人，而不自用。用伊尹者，汤之功；用傅说者，高宗之功；用十乱[②]者，武王之功；周公者，成王之功。未闻独用家臣，而后功由己出也。宪宗一将承璀，而天下之人已见其情，知其将以夸服臣下。人君之举动，可不慎哉！

【注释】①田季安（781-812）：本名田夔，字季安，平州卢龙（今河北省卢龙县）人。唐朝后期藩镇军阀，魏博节度使田承嗣之孙，雁门郡王田绪第三子。②十乱：《尚书·周书·泰誓》："予有乱臣十人。"乱臣：指古代统治者称善于治国的能臣。

【译文】田季安派出兵力拦截唐朝军队。幽州（今北京）的副将谭忠替刘济出使魏博，知道他的计谋，进入军营对田季安说："现在唐朝军队越过魏博讨伐成德军（古时属赵国，当时有王承宗割据），不派遣有经验的老将，而把这样的职位专门派遣给宦官，不输出各地的精兵，而只派遣秦地（今陕西关中一带）的士兵，你知道这是谁的计谋吗？这是皇帝自己为自己出谋划策，想要以此在臣下面前夸耀使他们臣服。如果唐朝军队到达成德之前就被魏博击败了，是皇帝的计谋还不如臣下的表现，他怎么可能不因此恼羞成怒呢！既然恼羞成怒，一定命令有智谋的人谋划长远的策略，依仗勇猛的大将习练精锐的部队，举全军之力再次渡过黄河前来，鉴于以前的失败经验，一定会先行攻打魏博。"

臣范祖禹认为，朝廷讨伐叛逆之人，用来使国家统一，这是天下间的正道。一定要和天下间的有才能的人共同去做它，这件事可以成功是因为天下人，不能成功也是因为天下人，皇帝应该是没有自私自利的心思的。唐宪宗想要自己占有这样的功业，所以任命宦官而不任用宰相谋划这样的事情，这是皇帝和臣子争夺功勋，他的心胸是多么不广博啊！皇帝的功勋，在于任用官员，而不是刚愎自用。任命尹伊为宰相，是商汤的功勋；任命傅说，是殷高宗的功勋；任命十个善于治理国家的臣子，是周武王的功勋；任命周公是周成王的功勋。从来没有听说只是任命宦官，然后就把功勋据为己有的。唐宪宗一旦真的任命了吐突承璀作为将领，那么天下百姓就已经看见这种意图，知道他将要以此在臣下面前夸耀使他们臣服。这样，君主的举动，还可以不慎重吗？

五年，帝尝欲近猎苑中，至蓬莱池西，谓左右曰：“李绛必谏，不如且止。”

臣祖禹曰：《书》曰：“自成汤至于帝乙，成王畏相。”其称中宗曰：“严恭寅畏。”太王王季曰：“克自抑畏。”《诗》曰：“惟此文王，小心翼翼。”夫为人君，动必有所畏，此盛德也。不然，以一人肆于民上，其何所不至哉！宪宗畏直臣之谏，而不敢盘于游畋，其可谓贤矣。

【译文】元和五年（810），唐宪宗曾经想就近到猎苑，到了蓬莱池的西边，对左右的人说：“李绛一定会来劝谏我，不如现在就停止。”

臣范祖禹认为，《尚书》中说：“从商汤开始一直到帝乙，为了保持王道一直敬畏宰相。”它如此描述殷中宗：“庄严恭敬戒惧。”描述太王和王季说：克制自己，谦抑敬畏。”《诗经》上说：“这位文王，小心翼翼。”作为一国之君，在做出举动时一定要有所畏惧，这是崇高的品德。如果不是这样，仅仅凭借一个人就可以在人民之上恣意妄为，还有什么不会做呢！唐宪宗害怕正直大臣的进谏，因此不敢在打猎游乐之地享乐，他可以说是贤明的君主了。

唐鉴卷之十八

宪　宗

七年，帝尝问宰相："贞元中政事不理，何乃至此？"李吉甫[①]对曰："德宗自任圣智，不信宰相而信他人，是使奸臣得以乘间弄威福。政事不理，职此故也。"帝曰："然此亦未必皆德宗之过。朕幼在德宗左右，见事有得失，当时宰相亦未有再三执奏者，皆怀禄偷安[②]，今日岂得专归咎于德宗邪！卿辈宜用此为戒，事有非是，当力陈不得已，勿畏朕谴怒而遽止也。"

臣祖禹曰：人君患不从谏，人臣患不纳忠。人君唯不从谏也，是以君子日疏，小人日亲。君子立人之朝，岂以疏而遂易其心哉！有官守者不失其职，有言责者不失其言，君从之亦谏也，君不从之亦谏也，谏而不入则去之，臣之义也。君恶正直而悦谄谀，然而未尝杀一正士、戮一谏者也，而其臣怀禄畏罪而不言，则曰："君不能从此。"孟子所谓贼其君[③]者也。宪宗之责宰相，以其未尽人臣之义乎！

【注释】①李吉甫（758–814）：字弘宪，赵郡（今河北赵县）人。德宗时任太常博士。宪宗元和二年及六年两度为相。②怀禄偷安：贪图禄位，苟且偷安，不敢有所作为。③贼其君：《孟子·离娄上》："责难于君谓之恭，陈善闭邪谓之敬，吾君不能谓之贼。"

【译文】元和七年（812），唐宪宗曾经提问宰相："唐德宗时期，政治不能得到很好的治理，为什么达到了如此地步呢？"李吉甫回答说："唐德宗自己相信自己有圣人的智慧，不相信宰相而相信其他人，这种情况使得奸臣能够趁机作威作福，政治不能得到很好的治理，是因为这个原因。"唐宪宗说："但是这个不一定全都是唐德宗的过失。我小时候在他的身旁，看见事情的失误之处，那时候的宰相也没有一而再再而三地执着上奏的，都是留恋爵禄而苟且偷安的人，现在怎么能把罪过都怪在唐德宗的身上呢！你们也应该因此引以为戒，事情有对有错，应该竭力上奏劝谏，不能停下，一定不要因为害怕我生气而忽然停止。"

臣范祖禹认为，做君主的最怕他不听从劝谏，做臣子的最怕他不交出忠诚。君主如果不听从大臣的劝谏，这样有贤德的人就会日益疏远，而奸谗小人就会日益亲近。而君子当朝为官，怎么能因为皇帝的疏远就改变他的心志呢！有职位的官员，应当不丧失他的职责；有进谏的责任的，应该不放弃他的谏言。皇帝听从他，应该直言劝谏；皇帝不听从他，也应该直言劝谏。劝谏之后皇帝没有采纳就离开，这是做臣子的道义。皇帝讨厌正直的大臣，亲近奸谗小人，但是从来没有杀害一位正义人士，屠戮一位进谏的大臣，而他的臣子留恋爵禄，害怕被降罪而不进谏，就说："是君主不能听从自己的意见。"这就是孟子所说的戕害他的君主的一类人。唐宪宗之所以责备他的宰相，是因为他没有尽到臣子的道义啊！

李绛或久不谏，帝辄诘之曰："岂朕不能容邪，将无事可谏？"

臣祖禹曰：宪宗可谓能自克矣，《书》曰："仆臣正，厥后克正[①]。"夫能求谏如此，岂非亲正直之益乎？说[②]曰："后克圣，臣不命其承。"苟能悦而从之，又责以求之，何患乎臣之不谏也！

【注释】①厥后克正：出自《尚书·周书·冏命》："仆臣正，厥后克正。仆臣谀，厥后自圣。"厥：副词，乃。后：国君。克：能够。②说：即傅说（约前1335–前1246），殷商时期卓越的政治家、军事家，辅佐殷商高宗武丁安邦治国，形成了历史上有名"武丁中兴"的辉煌盛世，留有"知之非艰，行之惟艰"的名句，被尊称为"圣人"。

【译文】李绛有时很久都不进谏，唐宪宗就谴责他说："难道是我没有容人的气量吗，又或者是真的没有可以进谏的事情？"

臣范祖禹认为，唐宪宗可以说是能够自我克制的人了。《尚书》说："大臣正直，君主就能够正直。"如果可以这样征求谏言，难道不是亲近正直的人获得的好处吗？傅说说："君主能够圣明，大臣不用等待命令就能秉承旨意。"如果能够愉快地接受谏言并且征求大臣们的谏言，还害怕什么大臣不来进谏呢？

李吉甫尝言于帝曰:“赏罚,人主之柄,不可偏废。陛下践阼[①]以来,惠泽深矣,而威刑未振,中外懈惰,愿加严以振之。”帝顾李绛曰:“何如?”对曰:“王者之政,尚德不尚刑,岂可舍成康、文景[②]而效秦始皇父子乎!”帝曰:“然。”后旬余,于頔入对,亦劝帝峻刑。又数日,帝谓宰相曰:“于頔大是奸臣,劝朕峻刑,卿知其意乎?”皆对曰:“不知也。”帝曰:“此欲使朕失人心耳。”

臣祖禹曰:守位以仁,不闻以威。有罪而刑之,曰天讨。先王岂敢轻重于其心哉!故《书》曰:“惟我在,天下曷敢有越厥志。”其言刑在人,而不在己,所以为无私也。然则人君患无德,不患无威,人臣劝之以峻刑,是纳君于恶也。《孔子》曰:“不知言,无以知人。”宪宗惩于頔之奸谋,其可谓知言矣!夫如是,邪说何自而入哉!

【注释】①践阼(zuò):走上阼阶主位。古代庙寝堂前两阶,主阶在东,称阼阶。阼阶上为主位。《礼记·曲礼下》:“践阼,临祭祀。”②成康文景:指“成康之治”和“文景之治”。西周初姬诵、姬钊统治期间出现的治世。史家称“成康之际,天下安宁,刑措四十余年不用”,史称“成康之治”。“文景之治”是指西汉汉文帝、汉景帝统治时期出现的治世。

【译文】李吉甫曾经对唐宪宗说:“赏功与罚罪,是君主行使权力的根本,不能够偏重或废弃某方面。陛下您登基以来,惠爱和恩泽非常深厚，但是严厉的刑法没有兴起，中央和地方都松懈和怠惰，希望严肃刑法以便振兴国家。”唐宪宗回头问李绛：“你觉得怎么样？”李绛回答说：“以王道治理天下的君主的政治，崇尚道德而不崇尚刑罚，怎么可以舍弃成康、文景而效仿秦始皇父子呢！”唐宪宗说：“是这样。”这以后的十多天，于頔入朝回答，也劝唐宪宗严肃刑法。又过了几天，唐宪宗对宰相说：“于頔很大程度上是奸臣，劝说我严肃刑法，你知道他的意思吗？”他们都回答说：“不知道。”唐宪宗说：“他想要让我失去人心罢了。”

臣范祖禹认为，凭借仁政来保持地位，没有听说过靠刑罚的。有罪过就处罚他，是上天的惩治。先代的帝王哪里敢凭借他的心意衡量罪刑的轻重呢！所以《尚书》说：“只要有我在，天下之人哪敢僭越他的本分呢。”它说的是刑罚的衡量在于人的罪行，而不是掌权者自己的意志，所以才能做到无私。然而君主害怕没有贤德，而不是害怕没有严厉的刑法，臣子劝谏他凭借严厉的刑罚，是将君主推进恶劣的境地中。《孔子》说：“不知道辨析一个人的言行，就不知道这个人的品性。”唐宪宗惩戒于頔的奸谋，他可以说是知道辨析言行了！如果是这样，不正确的言论又从哪里侵扰自己呢？”

十月，李绛上言：“魏博五十余年不霑皇化，一旦举六州之地来归，刳河朔之腹心，倾叛乱之巢穴，不有重赏过其所望，则无以慰士卒之心，使四邻劝慕。请发内库钱百五十万缗以赐之。”左右宦官以为：“所与太多，后复有此，将何给之？”帝以语绛，绛曰：“田兴不贪专地之利，不顾四邻之患，归命圣朝，陛下奈何爱小费而遗大计，不以收一道人心！钱用尽更来，机事一失不可复追。借使国家发十五万兵以取六州，期年而克之，其费岂止百五十万缗而已乎！”帝悦，曰：“朕所以恶衣菲食，蓄聚货财，正为欲平定四方；不然，徒贮之府库何为！”十一月，遣知制诰裴度[1]至魏博宣慰，以钱百五十万缗赏军士，六州百姓给复一年。军士受赐，欢声如雷。成德、兖、郓使者数辈见之，相顾失色，叹曰：“倔强者果何益乎！”

臣祖禹曰：宪宗不爱府库之积，以慰魏博三军之心，可谓知所取与，能用善谋矣。其德厚如此，犹不过于一传，而复失之，虽穆宗[2]御失其道，亦由人心不固，而王泽易竭也。况不怀之以德，而临之以兵，其能有之十年乎！

【注释】①裴度（765–839）：字中立，汉族，河东闻喜（今山西省闻喜县）人。唐代中期杰出的政治家、文学家。②穆宗（795–824）：李恒，原名李宥，陇西成纪（今甘肃省秦安县）人。在位期间，宴乐过多，畋游无度。所任宰相萧俛、段文昌缺乏远见，认为藩镇已平，应当消兵，使得河朔三镇再度叛乱。

【译文】十月，李绛呈上奏折说：“魏博（今河北大名一带）已经有五十年没有接受皇帝的德政和教化了，一旦带领六州的区域来归降，这就等同于挖空河朔（今指黄河以北的地区）之地藩镇的心腹，倾覆叛军的巢穴，如果没有超过他们期望的重赏，就不能够抚慰士兵的心灵，借此让周边因他们受奖赏而有所向往。请求拨发国库一百五十万缗用来赏赐他们。”对此，身边的宦官认为：“给他们太多，如果后面也有这样的情况，将要拿什么给他们呢？”唐宪宗把这些告诉了李绛，李绛说："田兴没有贪图所占地区的利益，不考虑周边藩镇所造成的忧患，归降唐朝，陛下您为何吝惜小小的钱财而丢下了统一四方的大计，不凭借这个来收拢人心呢！钱如果用完了还会再来，时机一旦丢失便不能再追回。假使国家出兵十五万用来攻取六州，经过一年攻下它，它的费用何止一百五十万缗！"唐宪宗高兴地说："我之所以生活俭朴，集聚货物与财力，正是为了要平定四方；如果不是这样，只是把它们储存在国库又有什么用呢！"十一月，派遣知制诰裴度去魏博慰问，用一百五十万缗钱赏赐将士们，六州之地的百姓们免除一年的赋税。将士们受到赏赐，欢呼声像雷鸣一般。成德军、兖州（今山东省西部、河南省东北部、河北省东南部）、郓州（今山东半岛偏西北部地区）的几位使者看见了，相互看看，大惊失色，叹息着说："和朝廷抗争到底有什么好处呢！"

臣范祖禹认为，唐宪宗不吝惜国库的积蓄，用来抚慰魏博的军心，可以说是知道取舍的道理，能够采用智谋的人了，他的贤德如此深厚，也不过只传了一代，又再次失去，虽然归咎于唐穆宗统治国家无道，也是因为人心不稳，君王的恩泽也容易枯竭啊。更何况不能够用恩德安抚他们，反而以武力相加，怎么可能延续十年呢！

帝尝于延英谓宰相曰："卿辈当为朕惜官，勿用之私亲故。"李吉甫、权德舆[①]皆谢不敢。李绛曰："崔祐甫[②]有言：'非亲非故，不谙其才。'谙者尚不与官，不谙者何敢复与！但问其才器与官相称否耳。若避亲故[③]之嫌，使圣朝亏多士之美，此乃偷安之臣，非至公之道也。苟所用非其人，则朝廷自有典刑，谁敢逃之！”帝曰：“诚如卿言。”

臣祖禹曰：孔子曰：“举尔所知。”宰相之于人才，苟知之也，则内虽亲不避，外虽怨不弃也。其行罚也亦然。凡其功罪所在，而无问其亲与雠，若权衡之于物，轻重不私焉，则至公矣。安得斯人者，而相其君哉！私亲而报怨者，固不足言矣。其有避嫌而矫枉者，亲则废之，雠则德之，岂不有心于其间哉！是亦私而已矣。人君多疑臣下之私其亲，故而其臣亦鲜不为欺。《记》曰：“上人疑则百姓惑，下难知则君长劳。”是以上下两失之也。

【注释】①权德舆（759–818）：字载之，天水略阳（今甘肃省天水市秦安县）人。唐朝宰相、文学家，前秦名臣权翼的后代，起居舍人权皋的儿子。②崔祐甫（721–780）：字贻孙，博陵安平（今河北省安平县）人。唐朝宰相，中书侍郎崔沔之子。③避亲故：“内举不避亲”，出自《吕氏春秋·去私》。指举荐身边有才能的人，即使是亲属也不回避。形容办事公正无私。

【译文】唐宪宗曾经在延英殿对宰相们说：“你们应当替我爱惜职位，不要用它来偏爱亲戚和故交。”李吉甫、权德舆都称罪说不敢。李绛说：“崔祐甫说过：‘不是亲戚不是故交的人，不知道他的才能。’知道他才能的人尚且不能给他官做，不知道他才能的人哪里敢给他职位呢！只是看他的才能和所给的职位是否相称罢了。如果要避开亲戚和故交的嫌疑，使得我朝出现缺少众多贤士的美事，这是贪图眼前安逸的臣子，不是极公正的道义啊。如果所任用的人贤德与职位不相称，那么朝廷自然有相应的刑罚，有谁敢推脱责任呢！”唐宪宗说：“的确如你所言。”

臣范祖禹认为，孔子说：“推举你所熟知的人。”对于人才，宰相如果了解他，就对内虽然是亲戚也不避讳，对外虽有冤仇也不放弃。他如果进行惩罚也是这样。凡是有功劳或罪过存在的，就不理会他是亲戚还是有仇人。就如衡量物体的轻重在于秤，孰轻孰重不在于私心，那么这就是极大的公平了。如何才能获得这样的贤人来辅佐他的君主呢！偏袒自己的亲戚并且报复与自己有冤仇的人，固然不值得言说。而那些避讳嫌疑并且矫枉过正的人，是亲戚就全都废置不用，有仇怨的就都施惠举荐，难道这中间不是怀有别的意图吗？这也是偏私罢了。君主大多猜疑臣子偏袒他们的亲戚故交，因此他的臣子也很少有不进行欺瞒的。《礼记》上说：“领导者猜疑，百姓就会疑惑；在下位的人居心难测，领导者就会格外操劳。”这对于双方来说都是损失啊！

八年正月，李吉甫、李绛数争论于帝前，权德舆居中无所可否，帝鄙之，罢守本官。

臣祖禹曰：德舆依违中立，无所适从[①]，自以为得固位之术矣。且于同列犹不敢忤，而况于君乎！苟无所发明，则焉用彼相矣！宪宗黜之，足以厉其臣下，岂不明哉！

【注释】①无所适从：适：归向；从：跟从。不知听从哪一个好。出自《左传·僖公五年》：“一国三公，吾谁适从。”宋·姚宽《西溪从语》卷上：“源殊派异，无所适从。”

【译文】元和八年（813）正月，李吉甫、李绛多次在唐宪宗面前争论，权德舆在他们中间不赞同也不反对，唐宪宗鄙视他，免除了他的宰相之位。

臣范祖禹认为，权德舆犹豫不决，不知依从谁才好，自己认为已经得到巩固地位的方法了。并且在同僚之间都不敢忤逆，更何况对于君主呢！如果没有什么建树，又怎么会任用你为宰相呢！唐宪宗罢免他，已经足够勉励他的臣子，这难道不英明吗！

九年二月，李绛屡以足疾辞位。癸卯，罢为礼部尚书。初，帝欲相绛，先出吐突承璀为淮南监军，至是，帝召还承璀，先罢绛相。甲辰，承璀至京师，复以为弓箭库使、左神策中尉。

臣祖禹曰：李绛可谓大臣矣！不与承璀并立于朝，故其言足以信于君，行足以信于民，可则进，不可则退，使其君用舍以义，而不以利，不如是，何以为国之重哉！

【译文】元和九年（814）二月李绛多次以脚病为由辞去宰相之位。癸卯日，他被降职为礼部尚书。最初，唐宪宗想任用李绛为宰相，先让吐突承璀离开朝廷到淮南当监军，到了这个时候，唐宪宗把吐突承璀召回，先罢免了李绛的宰相之位。甲辰日，吐突承璀到达京师，再次任用他为弓箭库使、左神策中尉。

臣范祖禹认为，李绛真的能够称作贤臣了！不和吐突承璀一起在朝廷任职，所以他的言论完全可以让君主相信，他的所作所为完全可以让百姓相信，能够呈现自己的价值就前进，不能呈现自己的价值就后退，让国君以道义为准则任用或罢免人才，而不是凭借利益。如果不能这样，怎么能称为国之重臣呢！

十年六月，裴度同平章事。初，德宗多猜忌，朝士有相过者，金吾[①]皆伺察以闻，宰相不敢私第见客。及度为相，奏言："今寇盗未平，宰相宜招延四方贤才与参谋议。"始请于私第见客，许之。

臣祖禹曰：《易》曰："巽而耳目聪明。"言人君养贤之效也。《诗》曰："周爰咨询。"言人臣事君之职也。德宗禁锢宰相而使之，其宰相亦涂其耳目以容身保位。国之治乱，民之休戚，若不闻见焉。自古以来，未有聋瞽[②]其大臣，而可以为国者也。夫疑之则勿任，任之则勿疑，置相者，当择之于未用之前，而不当疑之于既用之后，未有可托天下，而不保其不欺君者也。然而，人君多悦人之从己，其未用也轻信之，既用也过防之。是以上下相蒙，而政愈乱也。

【注释】①金吾：《汉书》有两种解释：一为，应劭曰："吾者，御也，掌执金革以御非常。"二为，师古曰："金吾，鸟名也，主辟不祥。天子出行，职主先导，以御非常，故执此鸟之象，因以名官。"如应劭的解释，执是持、拿、捧的意思，一般所拿的都是某种职权或使命的象征。金不是金，是铜。古代都是以黄铜为贵的。吾，《后汉书·光武帝纪上》注、《广韵·模韵》都说："吾，御也。"《毛公鼎》

云:“以乃族干吾王身。”《墨子·公输》:“厚攻则厚吾,薄攻则薄吾。”孙诒让《墨子间诂》解释说:“吾当为圉之省。”其实无所谓“省”,《说文》明确指出:“圉,守之也。从口。”此圉即守御、防御之御,也就是吾。那么执金吾应该是类似守卫一类的官职。如师古的解释,那么金吾应该是一种神鸟的名字。执金吾应该是仪仗队的礼官。②瞽: 眼睛瞎;没有识别能力的。

【译文】元和十年(815)六月,裴度被任用为同平章事。当初,唐德宗过分的猜疑忌讳,朝廷中有官员相互往来的,禁卫军全都要对其暗中观察并让皇帝知晓,因此,宰相们不敢在自己的家里会见客人。等到裴度升为宰相时,呈上奏折说:“现今盗贼还没有被平定,宰相应当招揽各处贤德之人来参与谋划议论。”这才开始恳请批准在宰相自己家中会见客人,皇帝允许了。

臣范祖禹认为,《易经》上说:“(烹物养贤)可以使贤德的人恭顺地辅助尊者而尊者就能耳聪目明。”这是说君主供养贤德的人的效用。《诗经》上说:“在民间遍访治国良方。”这是说臣子侍奉君主的职责。唐德宗任用宰相时强力限制,那些宰相也就堵塞他们的耳朵和眼睛,凭着这个来安身和保护他们的地位。国家是太平盛世还是乱象横生,百姓是喜乐还是忧虑,就好像听不见也看不到一样。从古代到现在,没有使他的臣子变成聋子和瞎子,而君主可以治理好天下的。猜疑他就不要任用他,任用他就不要猜疑他,设立宰相的君主,应当在没任用时加以筛选,而不应当在任用他之后猜疑他,没有可以托付国家却不能保证对君主不欺骗的。但是,君主大多喜欢别人顺从自己,在没任用他时轻信他,在任用他之后过于防备他。这样,就形成了君主与臣子之间相互欺骗,那么国家政事就会越来越乱。

王承宗[1]纵兵四掠，幽、沧、定三镇皆苦之，争上表请讨承宗。帝欲许之。中书侍郎、同平章事张弘靖[2]以为“两役并兴，恐国力所不支，请并力平淮西，乃征恒冀”。帝不为之止，弘靖乃求罢用。明年正月，以弘靖为河东节度使。

臣祖禹曰：张弘靖言不失职，进退以礼，有大臣之体矣。其后，卒舍恒冀，并力淮西，如其所虑。宪宗虽得之于裴度，而失之于弘靖，岂未之思乎！

【注释】①王承宗（？-820）：字号不详，太鲁州（今吉林省镇赉县）人，出身奚族度稽部。唐朝时期藩镇军阀，成德节度使王士真之子。②张弘靖（760-824）：字元理，蒲州猗氏（今山西省临猗县）人。唐朝宰相、书法家，中书令张嘉贞之孙，左仆射张延赏之子，画家张彦远祖父。

【译文】王承宗派军队四处抢掠，幽州、沧州（今天津市海河以南，静海县和河北省青县、泊头市以东，东光县及山东省宁津、乐陵、无棣等市县以北地区）、定州三个藩镇对此都苦不堪言，争着上奏请求讨伐王承宗。唐宪宗想要答应他们。中书侍郎、同平章事张弘靖认为“两场战役同时进行，恐怕国力无法支持，请求先合力平定淮西（今安徽省的江淮地区）之乱，然后再全力征讨河朔地区”。唐宪宗没有因为他的话而停止，张弘靖于是请求罢免自己的宰相之职。第二年正月，任命张弘靖为河东节度使。

臣范祖禹认为，张弘靖的言语之间没有疏于职务，无论前进还是后退都依据礼，有臣子之道。在这以后朝廷最终放弃河朔，合力平定淮西之乱，就像他所考虑的那样。唐德宗正确地任用了裴度，但是有负于张弘靖，难道是没有深思熟虑吗？

十二年十月，李愬①擒吴元济②。裴度入蔡州，以蔡州卒为牙兵。或谏曰："蔡人反仄者尚多，不可不备。"度笑曰："吾为彰义节度使，元恶既擒，蔡人则吾人也，又何疑焉！"蔡人闻之感泣。先是，吴氏父子阻兵，禁人偶语于涂，夜不燃烛，有以酒食相过从者，罪之死。度既视事，下令惟禁盗贼斗杀，余皆不问，往来者不限昼夜，蔡人始知有生民之乐。

臣祖禹曰：裴度伐叛以刑，柔服以德，使百姓晓然知贼之为暴，而唐之为仁，故能变犷戾之俗，为驩虞之民。其后取淄青如反掌，不惟乘胜用兵之易，盖人心先服故也。岂非待物以诚之效欤！

【注释】①李愬（773—821）：字符直。洮州临潭县（今甘肃省临潭县）人。唐朝中期名将。元和十二年（816），出任唐邓节度使，参与讨伐割据淮西的吴元济叛乱，于次年（817）雪夜袭蔡州，生擒吴元济，平定淮西。②吴元济（783—817）：字元济，沧州清池（今河北省沧州市）人。唐朝时期藩镇割据将领，淮西节度使吴少阳之子。

【译文】元和十二年（817）十月，李愬捉拿了吴元济。裴度进入蔡州（今日的湖北枣阳西南），用蔡州本地士兵作为卫兵。有人进谏说："蔡州人摇摆不定的人还有很多，不能不防备啊。"裴度笑着说："我作为彰义节度使，罪魁祸首既然已被捉拿，蔡州人就是我的人了，又有什么可猜疑的呢！"蔡州人听说之后感动得泪流而下。在这之前吴氏父子仗恃军队，禁止别人在路途中说话，夜间不允许点燃蜡烛，如果有用酒食相交往的就判处死刑。裴度既然已经任职，下令只是禁止偷盗和斗殴杀人，其他的都不过问，来往的人不限制白天黑夜，蔡州人这才知道生活的乐趣所在。

臣范祖禹认为，裴度用刑罚讨伐叛乱，用德行安抚顺服者，使得百姓知晓叛乱者的凶暴和唐王朝的仁慈，所以能够改变凶暴而乖张的习俗，把他们变成乐于归顺的民众。在这以后攻取淄青（今山东地区）简直易如反掌，这恐怕不仅仅是乘胜追击的容易之处，更有人心已经先行归服的缘故。这难道不是用诚心对待别人的效果吗！

初，淮西之人劫于李希烈、吴少诚[①]之威虐，不能自拔，久而老者衰，幼者壮，安于悖逆，不复知有朝廷矣。自少诚以来，遣诸将出兵，皆不束以法制，听各以便宜自战，故人人得尽其才。韩全义[②]之败溵水[③]也，于其帐中得朝贵所与问讯书，少诚束而示众曰："此皆公卿属全义书，云破蔡州日，乞一将士妻女为婢妾。"由是众皆愤怒，以死为贼用。虽居中土，风俗犷戾，过于夷貊。故以三州之众，举天下之兵环而攻之，四年，然后克之。

臣祖禹曰：人君之御天下，其失之甚易，其取之甚难。以宪宗之明断，将相之忠贤，竭天下之兵力，以伐三州，四年而后克。其难如此，则人君岂可不兢兢业业、慎其所以守之者也！

【注释】①吴少诚（750—809）：字少诚，幽州潞县（今北京通州区潞城镇）人。唐朝时期割据军阀。②韩全义（？—805）：籍贯不详，唐朝藩镇割据时期任夏绥节度使，以讨伐淮西而闻名。③溵（yīn）水：古水名，在今天的河南省中部，称沙河，为淮河支流。

【译文】当初，淮西的人民深受李希烈、吴少诚的残虐统治，不能够自我救赎，时间长了，年长的变得体力衰微，年少的变成壮年，却习惯了在叛逆者统治下的生活，不再知道有朝廷的存在了。从吴少诚开始，派遣各位大将出征，都不用法度约束他们，听从他们凭借自己的情志各自征战，因此每个人都能发挥他们全部的才智。韩全义在溵水被击败，在他的军营中搜到朝廷权贵给他的慰问书信，吴少诚把它们捆绑起来展示给众人，并说："这些都是朝中大臣嘱托韩全义的书信，上面说攻破蔡州的时候，要求娶一个将军的妻子女儿作为姬妾。"因此众军士都非常愤怒，愿意拼死为叛贼效劳。虽然这些人都来自中原，但是习俗凶暴而乖张，比夷貊还厉害。所以凭借三个州的力量，在全国军队的围攻下，四年才攻克。

臣范祖禹认为，君主统治天下，失去它很容易，攻取它却很难。凭借唐宪宗的英明果断，将领宰相的忠正贤德，竭尽全国的军力，用来讨伐三州，四年后方能攻克，它竟然可以难到如此地步。

那么君主还有不谨肃恐惧，认真小心，言行上审慎以此来守护他的天下的吗！

初，吐突承璀为淮南监军，李鄘[①]为节度使，性刚严，与承璀互相敬惮，故未尝相失。承璀归，引以为相。鄘耻由宦官进，及将佐出祖[②]，乐作，鄘泣曰："吾老安外镇，宰相非吾任也。"十二月，鄘至京师，辞疾，不入见，不视事，百官到门者，皆辞疾不见。鄘固辞相位，明年，以鄘为户部尚书。

臣祖禹曰：《管子》有言曰："礼义廉耻，是谓四维，四维不张，国乃灭亡。"夫士之有耻，所以重朝廷也，况为天子之相，而可以无耻乎？"李鄘不与宦者结，而其进由之以为垢污，卒辞相位，可谓知耻者矣。若夫为大臣，而不自重其身，媚左右近习以固宠，顽顿无耻，见利忘义，闻鄘之风，亦可少愧哉！

【注释】①李鄘（yōng）（？－820）：字建侯。鄂州江夏县（今湖北省武汉市武昌区）人。唐朝宰相，江夏太守李邕从孙。②出祖：古人外出时祭路神；引申为饯行送别。

【译文】当初，吐突承璀作为淮南监军，李鄘作为节度使，性情刚强严峻，和吐突承璀互相敬畏，所以不曾有相互失误的时候。吐突承璀回到朝廷的时候，引荐他作为宰相。李鄘以被宦官引荐为耻辱，等到将士们为他设宴送行，乐声响起的时候，李鄘哭着说："我一直在朝廷之外做官，宰相之位我是不能胜任的。"十二月，李鄘到达京师，推说有病，不入朝觐见，不处理政务，文武百官来到他的门口，他都推说有病不接见。李鄘坚持辞掉相位，第二年，任命李鄘为户部尚书。

臣范祖禹认为，《管子》曾经说过："礼义廉耻，这是四种道德准则，这四种道德不能弘扬，国家就灭亡了。士官有廉耻之心，才能在朝廷中立身，何况是作为君主辅臣的宰相，难道可以没有廉耻之心吗？"李鄘不和宦官来往，并且认为他被宦官引荐是肮脏的，最后辞去他的宰相之位，可以说是知道廉耻的人了。如果作为大臣而不自珍自爱，逢迎皇帝亲近宠信的人来巩固他们的恩宠，圆滑且不知羞耻，见到利益就忘记道义，听说李鄘的高风亮节，也应该会觉得有一点羞愧吧！

十三年，淮西既平，帝浸骄侈。户部侍郎、判度支皇甫镈[①]，卫尉卿、盐铁转运使程异晓其意，数进羡余以供其费，由是有宠。镈又以厚赂结吐突承璀。九月，镈以本官、异以工部侍郎并同平章事，使如故。制下，朝野骇愕，至市道负贩者亦嗤之。裴度、崔群[②]极谏其不可，帝不听。度耻与小人同列，表求自退，不许。度复上疏，其略曰："所可惜者，淮西荡定，河北底宁，承宗敛手削地，韩弘[③]舆疾讨贼，岂朝廷之力能制其命哉？直以处置得宜，能服其心耳。陛下建升平之业，十已八九，何忍还自隳坏[④]，使四方解体乎？"帝以度为朋党，不之省。

臣祖禹曰：人君赏一人，而天下莫不劝，罚一人，而天下莫不惧，岂其力足以胜亿兆之众哉！处之中理，而能服其心也。用一不肖，而四方莫不解体，杀一无罪，而百姓莫不怨怒，岂必人人而害之哉！处之不中理而不服其心也。苟能服其心，则治天下如运之于掌，何征而不克，何为而不成？裴度可谓知言矣！其所以启告人主，岂不得其要乎！

【注释】①皇甫镈(bó)(?–820)：字号不详，泾州临泾(今甘肃镇原)人。唐宪宗后期宠臣。贞元年间，中进士，拜监察御史，三迁司农卿，迁户部侍郎、判度支。元和十三年，拜门下侍郎、同平章事。牛李党争，与李逢吉等合势，罢免名臣裴度与崔群。勾结山人柳泌贡献长生药，唐宪宗服药而死。唐穆宗即位，贬为崖州司户参军，卒于贬所。②崔群(772–832)：字敦诗，号养浩，贝州武城(今河北省故城县)人。唐朝中后期宰相。③韩弘(765–823)：滑州匡城人。唐朝中期藩镇将领。④隳坏：毁坏、败坏。

【译文】元和十三年(818)，淮西的叛乱已经被平定，唐宪宗逐渐骄纵奢侈。户部侍郎兼度支使皇甫镈，卫尉卿、盐铁转运使程异知晓他的意图，多次进贡杂税用来供养他的花费，因此两人便得到了宠信。皇甫镈又用丰厚的贿赂和吐突承璀结交。九月，皇甫镈以原本的官位，程异以工部侍郎的官位同时升任同平章事，并依旧让做度支使、盐铁转运使。诏令颁布的时候，朝堂为之惊愕，以至于连集市上背东西的小贩都对此嗤之以鼻。裴度、崔群极力劝谏唐宪宗不能这么做，唐宪宗没有听从。裴度以和奸谗小人同为宰相为耻，上奏恳求让自己退出宰相之列。唐宪宗不允许，裴度再次上奏，他的奏章是这么说的：“我所认为可惜的，是淮西叛乱被平定，河北终于安定，王承宗不敢肆意妄为，削减土地，韩弘带病征讨叛贼，这些怎么可能是因为朝廷的武力可以制服他们？只是处理得当，能够让他们从心里信服罢了。陛下您建立的太平功业，已经有十之八九了，怎么又忍心亲自毁坏，让国家解体呢？”唐宪宗认为裴度交结朋党，不再观看他的奏章了。

臣范祖禹认为，君主赏赐一个人，天下的人没有不勉励以得赏赐的，惩罚一个人，天下没有一个不害怕的，怎么可能是因为他的力量完全胜过了亿兆的民众呢！是因为他处置合理，能够使他们心中信服。任用一个不肖之臣，那么国家没有不解体的，杀一个无罪之人，那么百姓没有一个不怨怒的，哪里是因为这么做得罪了每一个人呢！那是因为处置不合理使得人们心中不信服他。如果能够使他们心中信服，那么治理天下就像在手掌中运转一样，还有什么征战是不能攻克的，有什么措施是不能成功的呢？裴度可以说是懂得谏言的了！他如此启发告知君主，怎么会不知做丞相的要领呢！

十四年，淄青平。裴度纂述蔡、郓用兵以来帝之忧勤[①]机略[②]，因侍宴献之，请内印出付史官。帝曰：“如此，似出朕志，非所欲也。”弗许。

臣祖禹曰：宪宗劳而不伐，有功而不矜，此大禹之德也。岂不贤哉！其行已如此，而不能胜其骄侈之心，卒任小人，以隳盛业，何其拨乱之易，而守成之难邪？盖危则惧，惧则善心生，安则泰，泰则逸心生，是以天下既平，而祸患常生于所忽也。

【注释】①忧勤：亦作“忧懃”；多指帝王或朝廷为国事而忧虑勤劳。②机略：谋略，韬略。

【译文】元和十四年（819），淄青之乱被平定，裴度编纂著述蔡州、郓州进行战争以来唐宪宗的忧虑勤劳和谋略，趁着宴享陪从时进献给他，请求盖上御玺，交给史官。唐宪宗说：“这样，像是我的谋划，这不是我想要的。”没有同意裴度的请求。

臣范祖禹认为，唐宪宗勤于国政而不夸耀自己，有功劳而不自负贤能，这是大禹的品德啊。这难道不是贤君吗！他的品性已经如此之高，但是依然不能够战胜他的骄纵奢侈的心理，最终任用奸谗小人，因此毁坏了太平盛世的功业，为什么平定叛乱容易，守护功业很难呢？大概是因为存在危机就会有畏惧的情绪，有畏惧时容易生发善心，安定就会产生骄纵，骄纵就会生发安逸之心，因此天下已经平定，但祸患就经常产生在容易忽略的地方。

三月，横海节度使乌重胤[①]奏：“河朔藩镇所以能旅拒[②]朝命六十余年者，由诸州县各置镇将领事，收刺史、县令之权，自作威福。向使刺史各得行其职，则虽有奸雄如安、史，必不能以一郡独反也。臣所领德、棣、景三州，已举牒各还刺史职事，应在州兵，并以刺史领之。”四月，诏诸道节度使、都团练、防御、经略等使，所统支郡兵马，并以刺史领之。自至德[③]以来，节度使权重，所统诸州各置镇兵，以大将主之，暴横为患，故重胤论之。其后河北诸镇，惟横海最为顺命，由重胤处之得宜故也。

臣祖禹曰：后世郡县，古之诸侯也。委之以土地、人民，而不与之兵，是以匹夫而守此一州也。天下有变，则城郭不守，而朝廷无藩篱之固，何异于无郡县乎！是以为法者，必关盛衰，使一县之众，必由于令，一郡之众，必由于守，守之权归于按察，按察之权归于天子，则天下如纲，纲之相维，臂指之相使矣。唐自中叶，郡置镇兵，主将有擅兵之势，而刺史无专城之任，是以郡县愈弱，藩镇愈强，横海一帅制之得宜，而数世顺命，况天下处之，皆得其道，何危乱之有哉！

【注释】①乌重胤（761–827）：字保君，甘州张掖（今甘肃省张掖市）人。唐朝中期名将，昌化郡王乌承玼之子。②旅拒：又写作旅距，意为聚众抗拒。③至德：是唐肃宗的年号（756–758），共计3年。至德期间称年为载。

【译文】三月，横海节度使乌重胤上奏说："河朔（今黄河以北）的藩镇之所以能够聚众抗拒朝廷命令六十多年，是因为各个州县各自设置镇将管辖处理事情，夺取刺史和县令的权力，擅自作威作福。假如让刺史都能够各行其职，那么即使有像安禄山、史思明那样的奸雄，也一定不能凭借一个郡县独自造反。我所管辖的德州、棣州（今山东省阳信）、景州（今河北阜城、东光县地），已经发出书面通知归还各位刺史的职务，州兵相应的管辖权一并归还。"四月，诏令各个道的节度使、都团练、防御使、经略使等，他们所统领的藩镇军队，一并归刺史指挥。自从唐肃宗以来，节度使的权力很大，他们所统领的各州各处设置的镇兵，设立大将管治，凶暴强横，制造祸端，所以乌重胤陈述它的危害。在这以后，河朔各镇，只有横海最听从命令，那是因为乌重胤处置非常适宜的缘故。

臣范祖禹认为，后代的郡县，就如古代的诸侯。给了他土地、人民，但不给他军队，这是凭借一个人守卫这一州。天下间有叛变，那么城郭就无法守住，因而朝廷没有坚固的防卫屏障，和没有郡县有什么区别呢！所以制定国家法度的人，势必要关注国家的兴衰，使得一个县的民众，一定归县令管辖，一个郡的民众，一定归太守管辖，管辖太守的权力归按察使，管辖按察使的权力归于君主，那么天下就像提网的总绳，提网的总绳相连，又如手臂和手指相互配合。唐代自中期以来，郡县设置镇兵，形成主将擅自指挥军队的趋势，但是刺史却没有处理事务的实权，所以郡县的势力越来越弱，藩镇的势力越来越强，横海的将领处理得非常适宜，几代人就会听从朝廷的命令，何况天下的事务处置适宜，又何来危险和混乱呢！

八月，帝问宰相："玄宗之政，先理而后乱，何也？"崔群对曰："玄宗用姚崇、宋璟、卢怀慎、苏颋、韩休、张九龄则理，用宇文融、李林甫、杨国忠则乱。故用人得失，所系非轻。人皆以天宝十四年安禄山反为乱之始，臣独以为开元二十四年罢张九龄相专任李林甫，此理乱之所分也。愿陛下以开元初为法，以天宝末为戒，乃社稷无疆之福。"皇甫镈深恨之。

臣祖禹曰：天下治乱，系于用人，明皇之政，昭焉可睹矣。崔群以退张九龄，任李林甫，为治乱之所分，岂徒有激而云哉！其可谓至言矣。圣人复起不能易也。

【译文】八月，唐宪宗问宰相说：“唐玄宗时的政治，前期是治世而后期是乱世，这是为什么呢？”崔群回答说：“唐玄宗任用姚崇、宋璟、卢怀慎、苏颋、韩休、张九龄，国家就强盛，任用宇文融、李林甫、杨国忠，国家就一片混乱。所以任用人与结果的得失，之间的关系很大。人们都把天宝十四年安禄山的叛乱作为乱世的开始，我却独独认为开元二十四年唐玄宗罢免了张九龄而任用李林甫是盛世和乱世的分水岭。希望陛下您以开元初期为准绳，把天宝末年作为警戒，这将是国家无边的福分。”皇甫镈对此十分憎恨。

臣范祖禹认为，国家的治世与乱象，关系在于任用官员，唐玄宗时期的政治，可以看得非常明白。崔群把罢免张九龄，任用李林甫作为治世和乱世的分水岭，哪里只是他一时激动所说的话啊！他的话可以说是至理名言。即便是圣人再次出现也不能更改。

十五年正月，帝服金丹，多躁怒，左右宦官往往获罪，有死者，人皆自危。庚子，暴崩于中和殿。时人皆言内常侍陈弘志[①]弑逆，其党类讳之，不敢讨贼，但云药发，人莫能明也。初，左军中尉吐突承璀谋立澧王恽为太子，帝不许。及帝寝疾，承璀谋尚未息，太子忧之。帝崩，中尉梁守谦与诸宦官马进潭、刘承偕、韦元素、王守澄等共立太子，杀吐突承璀及澧王恽。

臣祖禹曰：宪宗伐叛讨逆，荡平河北，唐室威令，赫然复张，而变生于左右近习，身陷大祸，由任相非其人故也。可不为深戒哉！可不为深戒哉！

【注释】①陈弘志（？—835）：是唐宪宗时期宦官，与王守澄于中和殿暗杀唐宪宗。

【译文】元和十五年（820）正月，唐宪宗服用金丹，经常暴躁易怒，身旁的宦官往往被治罪，还有因此丧命的，于是，人人自危。庚子这天，唐宪宗突然在中和殿驾崩。当时的人都说是内常侍陈弘志犯上弑君，他的同党们都刻意避讳，不敢声讨凶手，只是说药性爆发，人们都不明白真相。当初，左军中尉吐突承璀谋划册立澧王李恽作为太子，唐宪宗没有答应。等到唐宪宗病得卧床不起，吐突承璀的谋划还没有消除，太子对此很是担忧。唐宪宗驾崩，中尉梁守谦和各位宦官马进潭、刘承偕、韦元素、王守澄等共同拥立太子，杀吐突承璀和澧王李恽。

臣范祖禹认为，唐宪宗征讨叛军，平定河北，唐朝的政令赫然重振，但是叛变却是宦官发动的，致使身遭横祸，这是宰相任用不当的缘故啊！这能不作为深重的警戒吗！

右，宪宗在位十六年，为陈弘志所弑，年四十三。

臣祖禹曰：陈弘志弑宪宗，而穆宗不讨贼，故旧史于宪宗之崩，疑以传疑，其后文宗谋诛宦者[1]，本讨元和之乱。宣宗追怨穆宗，以为预谋，穷治逆党，诛之殆尽，其子孙皆以为弑，则无疑矣。臣故正其事曰“为陈弘志所弑”。

【注释】①文宗谋诛宦者：公元835年（唐太和九年），27岁的唐文宗不甘为宦官控制，和李训、郑注策划诛杀宦官，以夺回皇帝丧失的权力。11月21日，唐文宗以观露为名，将宦官头目仇士良骗至禁卫军的后院欲斩杀，被仇士良发觉，双方激烈战斗，结果朝廷重要官员被宦官杀死，其家人也受到牵连而灭门，在这次事变后受株连被杀的有一千多人。史称“甘露之变”。

【译文】以上，唐宪宗在位十六年，被陈弘志所杀，享年四十三岁。

臣范祖禹认为，陈弘志弑杀唐宪宗，唐穆宗却并不声讨凶手，所以旧的史书上对于唐宪宗的驾崩，都以疑传疑，后来唐文宗谋划诛杀宦官，原本是为了声讨元和之乱的凶手。唐宣宗追想往事就怨恨唐穆宗，认为他参与了宦官杀害宪宗的事件，宣宗对“元和逆党”诛杀殆尽，其后的子孙，都认定宦官杀害了宪宗。所以我明确这件事：“唐宪宗是被陈弘志弑杀的！”

唐鉴卷之十九

穆　宗

长庆[1]元年三月，翰林学士李德裕[2]，吉甫之子也，以中书舍人李宗闵[3]尝对策讥切其父，恨之。宗闵又与翰林学士元稹争进取有隙。右补阙杨汝士与礼部侍郎钱徽善，徽掌贡举，西川节度使段文昌、翰林学士李绅各以书属所善进士于徽；及榜出，文昌、绅所属皆不与焉，及第者：郑朗，覃之弟；裴譔，度之子；苏巢，宗闵之婿；杨殷士，汝士之弟。文昌言于帝曰："今岁礼部不公，所取进士皆子弟，无艺，以关节得之。"帝以问诸学士。德裕、稹、绅皆曰："诚如文昌言。"帝乃命中书舍人王起等覆试。四月，诏黜朗等十人，贬徽江州刺史，宗闵剑州刺史，汝士开江令。或劝徽奏文昌、绅属书，上必悟，徽曰："苟无愧心，得丧一致，奈何奏人私书，岂士君子所为邪！"取而焚之，时人多之。自是德裕、宗闵各分朋党，更相倾轧，垂四十年。

臣祖禹曰：昔汉之党锢[4]，始于甘陵二部相讥，而成于太学诸生相誉。海内涂炭二十余年。唐之朋党，始于牛僧孺[5]、李宗闵对策，而成于钱徽之贬。皆自小以至大，因私以害公。凡群臣有党，由主听不明，君子小人杂进于朝，不分邪正忠谗以黜陟之，而听其自相倾轧，以养成之也。是以穆宗以后，权移于下，朝无公政，士无公论，爵赏僭滥，刑罚交纷，士之附名者，不入于牛，则入于李，不忧国家之不治，而唯恐其党之不进也。与夫三君八俊[6]，厉名节，立廉耻，以抗权邪者，斯为下矣。何则？汉之党尚风节，故政乱于上，而俗清于下，及其亡也，人犹畏义，而有不为。唐之党趋势利，势穷利尽而止。故其衰季，士无操行，不足称也。为国家者，可不防其渐哉！

【注释】①长庆：是唐穆宗李恒的年号，从821年至824年，共计4年。长庆四年正月唐敬宗李湛即位沿用。②李德裕（787–850）：字文饶，小字台郎，赵郡赞皇（今河北省赞皇县）人。唐代杰出的政治家、文学家、战略家。近代梁启超将他与管仲、商鞅、诸葛亮、王安石、张居正并列，成为封建时代六大政治家之一。③李宗闵（约783–846）：字损之，陇西成纪（今甘肃秦安县）人。唐朝宰相，牛李党争的牛党领袖，宗室郑惠王李元懿后代。④汉之党锢：以房植、周福为首的两派斗争。李膺等养太学游士，交结诸郡生徒，共为部党，诽谤朝廷，疑乱风俗。天子震怒，下令收捕，连及二百余人。禁锢终身。灵帝时又兴党人之狱，李膺、范滂等名士百余人死狱中。⑤牛僧孺（779–848）：字思黯，安定鹑觚（今甘肃省灵台县）人，唐朝宰相，牛李党争中牛党领袖。⑥三君八俊：《后汉书·党锢传序》："窦武、刘淑、陈蕃为'三君'。君者，言一世之所宗也。李膺、荀翌，王畅……为'八俊'。俊者，言人之英也。"

【译文】长庆元年（821）三月，翰林学士李德裕，是李吉甫的儿子，因为中书舍人李宗闵曾经在殿试中对答皇帝有关政治经济的策问时讽刺他的父亲，对他怀恨在心。而李宗闵又和翰林学士元稹在争取有所作为上产生了嫌隙。右补阙杨汝士与礼部侍郎钱徽十分友好，钱徽掌贡举，西川节度使段文昌、翰林学士李绅都写信给钱徽，托付他们认为好的人为进士。等到皇榜贴出的时候，段文昌、李绅所托付的都没有考中，考中的人，有郑朗，郑覃的弟弟；裴譔，裴度的儿子；苏巢，李宗闵的女婿；杨殷士，杨汝士的弟弟。段文昌对唐穆宗说："今年的礼部不公正，他们所选择的进士都是高官子弟，没有才能，是靠疏通关系得到进士的。"唐穆宗用这个询问各位大学士，李德裕、元稹、李绅都说："确实像段文昌说的那样。"唐穆宗于是命令中书舍人王起等举行覆试。四月，颁布诏令罢黜郑朗等十个人，将钱徽贬为江州刺史，将李宗闵贬为剑州刺史，杨汝士被贬为开江令。有人劝说钱徽呈上段文昌、李绅的书信，那么唐穆宗一定会明白，钱徽说："如果问心无愧，得失都一样，为什么要呈上私人信件，这怎么能是君子所为呢？"取出信件把它烧了，当时的人对此十分赞许。从此以后李德裕、李宗闵各自组建朋党，互相诽谤排挤，将近四十年。

臣范祖禹认为，昔日汉代的党锢之祸，从相互讥讽的甘陵南北两部开始，在各位太学生相互赞誉中形成。四海之内生灵涂炭二十多年。唐代的朋党之祸，从牛僧孺、李宗闵回答皇帝关于政治经济的策问开始，在钱徽被贬谪时形成。它们都是从小事发展成大事，因为私事而妨害公事。凡是群臣有结为朋党的，都是因为君主没有听从多方意见而不能明察秋毫，贤德之人和奸谗小人混杂在朝堂之中，官吏的提拔和罢免分不清忠心正直和奸谗邪恶，而是放任他们互相诽谤排挤所形成的。因此唐穆宗以后，权力被转移到下层，朝堂之上没有清明的政治，官员之间没有公正的言论，爵位的赏赐失当，刑罚错杂纷乱，官员之中追求功名的，不是寄身于牛党，就是寄身于李党，不忧虑国家不能得到很好的治理，却只害怕他所在的朋党不够进取，与三君八俊那些磨炼名誉与节操，树立廉洁情操和羞耻心，用来对抗奸谗邪恶的人相比，这些人可以说是下流了。这是为什么？汉代的朋党崇尚高风亮节，所以上层政治纷乱，但是下层的风俗淳朴，即便他们去世了，人们依然敬畏道义而有所不为。但是唐朝的朋党趋炎附势，在权势与利益消亡时就停止了。所以在唐朝末年，官员没有任何操守，不值得称道。治理国家的君主对此能不在它刚刚出现的时候就加以制止吗！

十月，河东节度使裴度讨幽镇。翰林学士元稹与知枢密魏弘简深相结，求为宰相，由是有宠于帝，每事咨访焉。稹无怨于裴度，但以度先达重望，恐其复有功大用，妨己进取，故度所奏画军事，多与弘简从中沮坏之。度乃上表极陈其朋比[①]奸蠹[②]之状，以为："逆竖构乱，震惊山东；奸臣作朋，挠败国政。陛下欲扫荡幽、镇，先宜肃清朝廷。何者？为患有大小，议事有先后。河朔逆贼，只乱山东；禁闱奸臣，必乱天下；是则河朔患小，禁闱患大。小者臣与诸将必能剪灭，大者非陛下觉悟制断无以驱除。”又曰：“若朝中奸臣尽去，则河朔逆贼不讨自平；若朝中奸臣尚存，则逆贼纵平无益。”表三上，帝虽不悦，以度大臣，不得已，以弘简为弓箭库使，稹为工部侍郎，稹虽解翰林，恩遇如故。

臣祖禹曰：昔周宣王任贤使能，吉甫征伐于外，而王之所与处者，张仲，孝友也。夫使文武之臣征伐，而左右前后得正良之士，善其君心，则谗言不至，而忠谋见用，此所以能成功也。苟使憸邪之人[③]，从中制之，则虽吉甫无以成其功也。宣王能使文武之业，以致中兴者，内顺治而外严威也。穆宗庸昏，奸谄[④]在侧，裴度欲先正其本，而后治其末，先图其大，而后忧其小，此辅相之职业也。而其君多僻，卒无成功。盖自古命将出师，而小人沮之于内，未有能克胜者也。可不为深戒哉！

【注释】①朋比：指一群人彼此勾结集党营私。②奸蠹：指有害国家社会的不法行为；行为不法的坏人。③憸邪之人：奸猾小人。憸（xiān），奸邪。④奸谄：奸邪谄媚。

【译文】十月，河东节度使裴度征讨幽州、镇州（今河北石家庄市及井陉、行唐、正定、阜平、栾城、平山、灵寿、藁城等地）。翰林学士元稹和知枢密魏弘简交结很深，恳求他推荐自己做宰相，自此以后被唐穆宗宠信，每次遇到事情都咨询访问他。元稹和裴度没有怨仇，但是凭借裴度广博的学识，很高的声望，害怕他再次建立新的功劳得到重用，妨碍自己求取功名，所以裴度所上奏谋划的军事计划，大多让魏弘简从中阻拦破坏它。裴度于是上奏极力陈述他结党营私，行为不法的情况，认为："叛逆的犯上作乱，震惊山东（今太行山以东地区）区域；奸谗小人结为朋党，扰乱败坏国家政治。陛下如果想要平定幽州、镇州，应该先整饬朝廷纲纪。为什么呢？形成危险灾祸有大有小，商议公事有先有后。黄河以北地区的叛臣，只会扰乱山东区域；而宫内的奸谗小人，一定会扰乱天下；所以河朔的祸患小，宫内祸患大。祸患小的我和诸位将领一定能消灭，祸患大的如果不是陛下觉醒之后加以裁决就没办法排除。"又说："如果朝堂之上奸谗小人都离开了，那么河朔地区的叛臣不用征伐也能平定；如果朝堂之上奸臣还存在，那么即使是平定了叛臣依旧没用。"奏折再三呈上，唐穆宗虽然不开心，因为裴度是国家重臣，实在没有办法，把魏弘简调为弓箭库使，元稹调为工部侍郎，元稹虽然被解除翰林，但特别的礼遇依然和从前一样。

臣范祖禹认为，从前周宣王任用有才德的人，尹吉甫征伐在外，但与周宣王结交的，是张仲那般孝顺父母，友爱兄弟的人。让文才和武艺兼备的大臣征战讨伐，如果身边的都是正直贤良的大臣，能让君主的善心保持，那么谗言就不会到达，忠诚的谋划就会被采用，这就是他为什么能成功，如果让奸邪的人从中干预，那么即使是尹吉甫也无法成功。周宣王能够让文王、武王的功业达到中兴的地步，是因为对内顺应自然之理而治，对外严肃而威重。唐穆宗昏庸，身边是奸谗小人，裴度想要先扶正政治的根本，然后再治理它的微末之处，先治理祸患大的，然后再忧虑祸患小的，这是宰相的辅佐职能所在。但是他的君主多邪僻，最后也没能成功。从古以来派遣将帅出征，如果有小人从内部阻拦，没有能够胜利

的。这能不作为深重的警戒吗!

二年,先是,卢龙节度使刘总[1]弃官为僧,以卢龙归朝廷,奏分所属为三道:以幽、涿、营为一道,请除张弘靖为节度使;平、蓟、妫、檀为一道,请除薛平为节度使;瀛、莫为一道,请除卢士玫为观察使。弘靖先在河东,以宽简得众,总与之邻境,闻其风望,以燕人桀骜日久,故举弘靖自代以安辑之。平知河朔风俗,而尽诚于国,故举之。士玫,则总妻族之亲也。总又尽择麾下宿将有功伉健[2]难制者朱克融[3]等,送之京师,乞加奖拔,使燕人有慕羡朝廷禄位之志。又献征马万五千匹,然后削发委去。是时,帝方酣宴,不留意天下之务,宰相崔植、杜元颖无远略,不知安危大体,苟欲崇重弘靖,惟割瀛、莫二州,以士玫领之,自余皆统于弘靖。朱克融辈久羁旅京师,至假丐衣食,日诣中书求官,植、元颖不之省。及除弘靖幽州,勒克融辈归本军驱使,克融辈皆愤怨。弘靖骄贵,庄默自尊,宾客将吏罕得闻其言,情意不接。所辟幕僚韦雍辈,多年少轻薄之士,嗜酒豪纵,裁刻军士粮赐,数以反虏诟责吏卒,军中人人怨怒。雍欲杖小将,不服,士卒因作乱。囚弘靖,杀韦雍等,推朱克融为留后。初,成德节度使王承宗卒,朝廷以魏博节度使田弘正为成德节度使。弘正自以久与镇人战,有父兄之仇,以魏兵二千从赴镇,因留自卫,奏请度支供其粮赐。户部侍郎、判度支崔倰,性刚褊,无远虑,谓魏镇各自有兵,恐开事例,不肯给。弘正四上表,不报;不得已遣魏兵归。弘正厚于骨肉，辇魏镇之货以供兄弟子侄之费，河北将士颇不平。诏以钱百万缗赐成德军度支，辇运不时至，军士益不悦。都知兵马使王庭凑潜谋作乱，激怒士卒。魏兵既去，庭凑夜结牙兵噪于府署。杀弘正及幕僚、元从将吏并家属三百余人。庭凑自称留后。崔倰于崔植为再从兄，故时人莫敢言其罪。诏起复田弘正之子前泾原节度使布，为魏博节度使，又诏魏博、横海、昭义、河东、义武诸军讨庭凑。帝自即位，赏赐左右及宿卫诸军无节，及幽、镇用兵久无功，府藏空竭，执政乃议："王庭凑杀田弘正而朱克融全张弘靖，罪有轻重，请赦克融，专讨庭凑。"帝从之，以克融为卢龙节度使。田布以魏兵讨镇，魏与幽、镇本相表里，及幽、镇叛，魏人摇心。魏博先锋兵马使史宪诚阴蓄异志，离间鼓扇之。会有诏分魏博军与李光颜，使救幽州，布军大溃，多归宪诚，布独与中军八千人还魏。复议出兵，诸将益偃蹇，欲布行河朔旧事，布无如之何，遂自杀。众拥宪诚还魏，奉为留后。诏以宪诚为魏博节度使。深州围益急，朝廷不得已，二月，以庭凑为成德节度使。帝之初即位也，两河略定，萧俯、段文昌以为："天下已太平，渐宜消兵，请密诏天下，军镇有兵处，每岁百人之中限八人逃死。"帝方荒宴，不以国事为意，遂可其奏。军士落籍者众，皆聚山泽为盗。及朱克融、王庭凑作乱，一呼而亡卒皆集。诏征诸道兵讨之，诸道兵既少，皆临时召募，乌合之众。又，诸节度既有监军，其领偏师者亦置中使监阵，主将不得专号令，战小胜则飞驿奏捷，自以为功，不胜则迫胁主将，以罪归之。悉择军中骁勇以自卫，遣羸懦者就战，故每战多败。凡用兵举动，皆自禁中授以方略，朝令夕改，不知所从；不度可否，唯督令速战。中使道路如织，驿马不足，掠行人马以继之。人不敢由驿路行。故虽以诸道十五万之众，裴度元臣宿望，乌重胤、李光颜皆当时名将，讨幽、镇万余之众，屯守逾年，竟无成功，财竭力尽。崔植、杜元颖、王播为相，皆庸才，无远略。史宪诚既逼杀田布，朝廷不能讨，遂并朱克融、王庭凑以节钺授之。由是再失河朔，讫于唐亡，不能复取。

臣祖禹曰：宪宗平河南、开魏博，由宰相得其人也。穆宗拱手而得幽、镇，不唯不能有，而并魏博失之，由宰相非其才也。其得之也以相，其失之也以相，相者治乱之所系，岂不重欤。

右穆宗在位五年崩，年三十。

【注释】①刘总（？-821）：字志轩，幽州昌平（今北京昌平区）人。②伉健：体格强健。③朱克融（？-826）：幽州昌平县（今北京市昌平区）人。初为卢龙节度使刘总偏将。刘总入朝后，遣赴京师。长庆元年（821），随从卢龙节度使张弘靖返回幽州，授检校左散骑常侍。士兵哗变，囚禁张弘靖，推荐朱克融担任卢龙节度使，加任检校司空，册封吴兴郡王。

【译文】长庆二年（822），在此之前卢龙节度使刘总自动解职成为僧人，将卢龙归为朝廷，上奏皇帝请求分卢龙所属为三个道：把幽州、涿州（今河北省涿州市一带）、营州（今辽宁省辽阳一带）

分为一个道，请求任命张弘靖为节度使；把平州（今属河北）、蓟州（今天津北）、妫（guī）州（今河北省张家口市、宣化县、怀来县、怀安县、涿鹿县及北京市延庆县等地）、檀州（今北京密云）分为一个道，请求任命薛平为节度使；把瀛州（今河北省河间市）、莫州（今河北任丘北）分为一道，请求任命卢士玫为观察使。张弘靖之前在河东（今山西西南部）地区，因为宽大深得众望，刘总属地和他的地域相接，听说他的名声威望，又因为燕地之人凶暴乖戾已经很长时间了，所以推荐张弘靖代替自己来使它安定。薛平了解河朔的风土人情，并且对国家竭尽忠诚，所以举荐他。卢士玫，是刘总妻族的亲戚。刘总又把麾下久经战阵的将领中强健且难以驾驭的像朱克融那样的全都送到京师，希望朝廷能够加以奖赏提拔，使得燕地之人中有羡慕朝廷俸禄和爵位的意向。又进献战马一万五千匹，然后削发弃官而去。这时，唐穆宗正纵情饮宴，并不留意国家政务，宰相崔植、杜元颖没有深远的谋略，不知天下安危大局，只想奉承张弘靖，只给卢士玫瀛州、莫州，其他全被张弘靖统领。朱克融一辈寄居京师很久了，到达讨要衣食的地步，每天觐谒中书省求取官职，崔植、杜元颖不予理睬。等到任命张弘靖幽州节度使，勒令朱克融一辈回幽州本部效命，朱克融一辈都很愤怒怨恨。张弘靖为人骄傲自大，严肃沉默，他的宾客将士很少能听到他说话，情意也不加接受。他所征集的幕僚韦雍一类大多是年少放荡的人，酷爱喝酒，骄横跋扈，克扣将士们的军饷，多次用“造反者”侮辱责备官兵，导致军队中人人怨恨愤怒。韦雍想要杖责小将，不能使他们信服。士兵因此犯上作乱。囚禁了张弘靖，杀了韦雍等人，推举朱克融为幽州留后。当初，成德（治今河北正定县）节度使王承宗去世，朝廷用魏博节度使田弘正作为成德节度使。田弘正自认为和镇州（成德军治所）的人战斗很长时间了，他们之间有深仇大恨，便带领两千魏兵跟随自己赶赴镇州，趁机把他们留给自己用来自卫，上奏请求度支使供给他军饷。户部侍郎、判度支崔倰，性情刚愎，没有深谋远虑，说魏州（今河北大名东南）、镇州各自有军队，害怕开了先例，不肯提供军饷。田弘正四次上奏，不批复。万不得已只能遣回魏兵。田弘正对骨肉至亲很是优待，运送镇州的财物回魏州用来供给兄弟子侄的费用，镇州的将士颇为愤愤不平。皇帝下令赐给成德军军费一百万缗，运送没有按时到达，将士们更加不高兴了，都知兵马使王庭凑暗中谋划犯上作乱，激怒了士兵们。魏兵已经离开，王庭凑趁夜勾结牙兵在官署喧哗，杀了田弘正和他的幕僚、随从、将士和家属三百多人，王庭凑自封为留后。崔倰是崔植的远房兄长，所以当时的人不敢追究他的罪责。皇帝下令重新启用田弘正的儿子，前节度使田布作为魏博节度使，又下令魏博、横海、昭义、河东、义武各个军队讨伐王庭凑。唐穆宗刚登基时，赏赐近臣和值宿守卫等各个军队没有节制，这时幽州、镇州出兵很久没有功劳，国库就空虚了，掌握政权的人于是议论："王庭凑杀了田弘正，但朱克融保全了张弘靖，他们的罪行有轻有重，请求赦免朱克融，专门讨伐王庭凑。"唐穆宗听从了他们的意见，任命朱克融为卢龙节度使。田布率领魏兵讨伐镇州，魏州和幽州、镇州本来是互为表里的，知道幽州、镇州反叛，魏兵人心动摇。魏博先锋兵马使史宪诚暗中藏了叛离之心，从中鼓吹煽动以离间他们。恰逢皇帝下令把魏博军分给李光颜，让他前去救援幽州，田布的军队大败，大多投靠了史宪诚，田布独自和中军八千人撤回魏州。再次讨论发兵，各位将领更加傲慢，想让田布学河朔往事（指叛逆朝廷），田布不知道这样该怎么办，于是就自杀了。众军士簇拥史宪诚回到魏州，尊奉他作为留后。皇帝下令任命史宪诚作为魏博节度使。深州之围越来越紧急，朝廷没有办法，二月，任命王庭凑为成德节度使。唐穆宗刚刚登基的时候，河东河北二道局势大致安定，萧俛、段文昌认为："国家已经安定，应该慢慢削减军队，恳请陛下颁布秘密诏书，军镇有军队的地方，每年可以在一百个人之中限定八个人犯了死罪逃跑。"当时唐穆宗正沉溺于宴饮，不关心国事，所以准许了他的请求。军中士兵失掉军籍的很多，都聚集在山中落草为寇。等到朱克融、王庭凑犯上作乱，一声号召，逃亡的士兵都聚集起来。皇帝下令征集各个道的士兵讨伐他们，各个道的士兵已经很少，还都是临时招募的没有任何组织纪律的人。还有，各个节度使本来就有监军，就连统领侧翼军队的也设置宦官监督军队，主将不能独自发号施令，战斗有一点点胜利就飞马传奏捷报，把它作为自己的功劳，如果没有胜利就胁迫主将，把罪行都归他。把军队中骁勇善战的人全都选择到身边用来自卫，派遣身体瘦弱性格懦弱的人出战，所以每次出战大多是失败的。只要是派兵的行动都是禁内传出的方案，早晨发布的命令到晚上就改了，不知道该遵从哪个；也不揣度它究竟可不可行，只是督促主将迅速出战。宦官们在道路上来来往往，官驿的马不够，就抢夺行人的马继续奔跑。人们不再敢选择官方道路行走。所以虽然凭借各个道的十五万军士，像裴度这样的一向负有众望的老臣，并且乌重胤、李光颜都是当时的名将，征伐幽州、镇州一万人而已，驻扎多年，竟然没有成功，白白耗尽财力。崔植、杜元颖、王播是当时的宰相，都是平庸之人，没有深远的谋略。史宪诚已经逼杀了田布，朝廷不能够讨伐，于是给他和朱克融、王庭凑一并授予节度使称号。自此，朝廷再次失去河朔地区，直到唐代灭亡，也不能再次攻取。

臣范祖禹认为，唐宪宗平定河南（今淮河以北，黄河以南，伏牛山以东，黄海以西的地区）、开辟魏博，是因为宰相由名副其实的人担任。唐穆宗非常容易就得到了幽、镇，不仅不能保有它，而且最后连同魏博一起失去，是因为宰相由名不副实的人担任，真的是得到它是因为宰相，失去它还是因为宰相，宰相是一个国家得到很好治理或混乱的关键，难道能够不重视吗！

以上，唐穆宗在位五年驾崩，当时三十岁。

敬　宗

宝历[①]二年正月，裴度自兴元入朝，李逢吉之党百计毁之。先是，民间谣云："绯衣小儿坦其腹，天下有口被驱逐。"又，长安城中有横亘六冈，如乾象，度宅偶居第五冈。拾遗张权舆上言："度名应图谶，宅占冈原，不召自来，其心可见。"帝虽年少，察其诬谤，待度益厚。二月，以度为司空同平章事。

臣祖禹曰：孔子言卫灵公无道而不丧，曰："仲叔圉治宾客，祝鮀治宗庙，王孙贾治军旅。夫如是，奚其丧？"言其国犹有人也。敬宗在童足以取亡，而能不惑奸言，复相裴度，虽其身不免，而社稷有主天下未乱，由得一相故也。贤人所系岂不重哉!

【注释】①宝历:唐敬宗李湛年号,从825年至827年。其父唐穆宗李恒死后,第二年李湛改长庆四年为宝历元年。

【译文】宝历二年(826)正月,裴度从兴元(今陕西汉中地区)进入当朝,李逢吉和他的党羽想方设法要诋毁他。先前,在民间有歌谣说:"绯衣小儿坦其腹,天下有口被驱逐。"还有,长安城里有绵延横列的土冈六座,像是"乾"卦,裴度的宅邸恰巧在第五个土冈,左拾遗张权舆上奏说:"裴度的名字暗应帝王的征兆,他的住所占据冈原,没看到皇帝诏令就自己进入朝廷,他的居心显而易见。"唐敬宗虽然年纪轻,但觉察到他刻意诬陷毁谤,对待裴度更加优厚。二月,任命裴度为司空同平章事。

臣范祖禹认为,孔子说卫灵公昏庸无道但没有灭亡,说:"仲叔圉接管宾客,祝鮀(tuó)管理宗庙,王孙贾统领军队。如果是这样,怎么可能灭亡?"这是说他的国家还有贤人。唐敬宗还是个孩子(十七岁),本该容易犯错自取灭亡,但是他能不被奸谗小人的语言迷惑,再次任用裴度为宰相,虽然他后来没有避免灾祸,但国家有人掌管主持就不会天下大乱,这是因为一个宰相。一个国家有贤德的人关系难道不重大吗!

帝游戏无度,狎昵群小,善击球,好手搏,禁军及诸道争献力士,又以钱万缗付内园,令召募力士,昼夜不离侧;又好深夜自捕狐狸。性复褊急[①],力士或恃恩不逊,辄配流、籍没[②],宦官小过,动遭捶挞,皆怨且惧。十二月,辛丑,帝夜猎还宫，与宦官刘克明、田务澄、许文端及击球军将苏佐明、王嘉宪、石从宽、阎惟直等二十八人饮酒。帝酒酣，入室更衣，殿上烛忽灭，苏佐明等弑帝于室内。刘克明等矫称帝旨，命翰林学士路隋草遗制，以绛王悟勾当军国事。壬寅，宣遗制，绛王见宰相百官于紫宸外庑。克明等欲易置内侍之执权者，于是枢密使王守澄、杨承和、中尉魏从简、梁守谦定策，以卫兵迎江王涵入宫，发左右神策、飞龙兵进讨贼党，尽斩之。克明赴井，出而斩之。绛王为乱兵所害。癸卯，以裴度摄冢宰[③]，百官谒见江王于紫宸外庑。甲辰，见诸军使于少阳院。乙巳，文宗即位，更名昂。

臣祖禹曰：裴度位为上相，安危所系，君弑而不讨贼，君立而不预谋；宫闱有变而外庭不知，惟宦者所立则奉以为君耳。且二日之间而三易君主，废置皆由宦者，不关宰相，则安用大臣矣？唐之纲纪于是大坏，以度之勋德，处之犹如此，而况不贤者乎！

【注释】①褊（biǎn）急：气量狭小，性情急躁。②籍没：登记所有的财产，加以没收，出自《三国志·魏志·王修传》。③冢宰：《论语·宪问》："君薨，百官总己，以听于冢宰三年。"冢宰为内朝主宰。

【译文】唐敬宗喜爱嬉戏没有节制，和仆从婢妾过于亲密，擅长击球，喜爱搏斗，禁军和各个道争相进献力士，又给内苑一百万缗，让他们募集力士，整天都不离左右；又喜欢深夜亲自猎捕狐狸。他气量很小，性情急躁，力士们有的依仗恩宠对他不够恭敬，就发配流放、没收财产，宦官有小的过失，经常遭到鞭打，对此，他们既怨恨又畏惧。十二月，辛丑日，唐敬宗夜间捕猎回到皇宫，和宦官刘克明、田务澄、许文端以及击球军将苏佐明、王嘉宪、石从宽、阎惟直等二十八人一起喝酒。喝到尽兴的时候，进入内室更换衣服，殿上的蜡烛忽然熄灭了，苏佐明等人在室内杀了唐敬宗。刘克明等人诈称皇帝旨意，让翰林学士路隋起草遗诏，让绛王李悟办理军国大事。壬寅日，宣布遗诏，绛王在紫宸殿外廊接见百官。刘克明等人想要更换内侍的掌权者，因此枢密使王守澄、杨承和、中尉魏从简、梁守谦制定策略，用卫兵迎接江王李涵进入宫中，发动左右神策军、飞龙兵进攻讨伐叛党，把他们都杀了。刘克明逃进井里，被找出来杀了。绛王也被叛乱的军队杀了。癸卯日，令裴度代理宰相，文武百官在紫宸殿外廊拜见江王，甲辰日，在少阳院接见各个军使。乙巳日，唐文宗登基，更名为李昂。

臣范祖禹认为，裴度的职位是皇帝的宰相，是关系到国家安危的人，皇帝被杀但不考虑讨伐叛贼，皇帝被拥立但不参与计议；宫廷内有政变但朝廷之外没人知道，只是凭借宦官的拥立就奉他为国君罢了。并且两天之内三次废立君王，废除和设置都凭借宦官决定，和宰相没有关系，这样还需要大臣做什么？唐代的法律制度从此时被大大地破坏，凭借裴度的功德尚且处理成这样，更何况没有贤德的人呢！

右敬宗在位二年，为刘克明等所弑，年十八。

臣祖禹曰：周公作《无逸》曰：“在昔商王中宗，享国七十有五年，高宗五十有九年，祖甲三十有三年。自时厥后，立王生则逸，或十年、或七八年、或五六年、或四三年。”夫人君在位之浅深，享寿之多少，系其治之逸勤、德之薄厚，不可不知也。

【译文】以上是唐敬宗在位的两年，被刘克明等杀害，当时十八岁。

臣范祖禹以为：周公在《无逸》中说：“以前，商王中宗在位七十五年，高宗在位五十九年，祖甲在位三十三年。在此之后，所立的商王生活中就贪图安逸，在位时间有的十年、有的七八年、有的五六年、有的三四年。”从这里可以里看出，君主在位时间的长短，寿数的多少在于他处理国家政治的勤勉还是怠惰，德行的寡薄还是深厚，这是不能不知道的啊。

唐鉴卷之二十

文　宗

太和[①]二年，自元和之末，宦官益横，建置天子在其掌握，威权出人主之右，人莫敢言。三月，帝亲策制举人贤良方正，刘蕡[②]对策，极言其祸，其略曰："陛下宜先忧者，宫闱将变、社稷将危、天下将倾、海内将乱。"又曰："陛下将杜篡弑之渐，则居正位而近正人，远刀锯之贱，亲骨鲠之直，辅相得以专其任，庶职得以守其官，奈何以亵近五六人总天下大政！祸稔萧墙，奸生帷幄，臣恐曹节、侯览复生于今。"又曰："忠贤无腹心之寄，阍寺擅废立之权，陷先君不得正其终，致陛下不得正其始。"又曰："陛下何不塞阴邪之路，屏亵狎之臣，制侵凌迫胁之心，复门户扫除之役，戒其所宜戒，忧其所宜忧！既不能治其前，当治于后，既不能正其始，当正其终。"又曰："臣非不知言发而祸应，计行而身戮，盖痛社稷之危，哀生人之困，岂忍姑息时忌，窃陛下一命之宠哉！"贤良方正裴休、李郃等二十二人皆中第，考官冯宿等见蕡策，皆叹服，而畏宦官，不敢取。诏下，物论嚣然称屈。谏官、御史欲论奏，执政抑之。李郃上疏，自以所对远不及蕡，乞回所授以旌蕡直，不报。蕡由是不得仕于朝，终于柳州司户。

臣祖禹曰：宦官胁制天子，自宰相以下莫敢指言。刘蕡布衣，无一命之宠，斗升之禄，而怀忠发愤，极言其祸，可谓直矣，公卿大臣岂不愧哉！夫天之生斯人，苟有聪明正直之资，必将有用于时，其智必有所发，其才必有所施，不使之汩没，死而后已也。圣人顺天理而感人心，敛天下之贤者而聚之于朝，使之施其所有，以为国之有，则贤无不得其所，贤得其所，则民得其所，民得其所，则物得其所矣。若蕡之直，用之于谏争之职，纠正之任，举而置之高位，则蕡之所有皆在朝廷矣！唐则不然，抑遏之，废斥之，使天下之口莫不称其屈，名塞天地，而身老岩穴，卒不为世用，岂不违天理逆人心乎！

【注释】①太和：或作大和，是唐文宗的年号，从827年二月至835年十二月，共计9年。②刘蕡（？-848）：字去华，唐代宝历二年进士，善作文，耿介嫉恶，祖籍幽州昌平（今天北京市昌平）。太和二年参加“贤良方正”科举考试时，秉笔直书，主张除掉宦官，考官赞善他的策论，但不敢授以官职。后令狐楚、牛僧孺等镇守地方时，征召为幕僚从事，授秘书郎。终因宦官诬害，贬为柳州司户参军，客死异乡。

【译文】太和二年（828），自从元和末年开始，宦官日益骄横，扶植的君主在他们掌握之中，威势和权力比君主还要大，当时的人们没有敢对此加以议论的。三月，皇帝亲自主持策问举人，选拔“贤良方正”科。刘蕡对答策问，极力论述宦官的祸端，他大概说：“陛下您应该先忧虑的是，宫内将发生政变，国家将陷入危难，天下将被倾覆，四海内将动荡不安。”又说：“陛下您要断绝篡位弑君的苗头，那么您必须在中正之位，身旁是忠心正直的人，远离宦官小人，亲近敢于犯颜直谏的忠直大臣，使得身居辅佐之位的宰相可以行使他的权力，普通官员可以各司其职，怎么能让身边五六个近臣总揽国家大政呢！内部发生祸乱，奸谗小人在皇宫帘幕作乱，这样我害怕宦官曹节、侯览又在当朝出现。”又说：“忠正贤德的人没有机要重任，宦官却掌握废除和设立的大权，让先代君主不能正确结束他最后的使命，让陛下不能正确开始你的事业。”又说：“陛下你为什么不堵塞阴险邪恶小人的门路，摒弃轻慢不庄重的大臣，断绝侵犯欺凌、威逼胁迫的想法，恢复宦官门户扫除职责的法度，防备应该防备的，忧虑应该忧虑的！既然不能够在宦官专权出现前治理，那就在它出现后治理，既然不能纠正它的开始，就应该纠正它的结束。”又说：“我不是不知道话一说出口，祸患就随之而来，计划一旦施行就有可能带来杀身之祸，只是痛心国家的危难，怜悯活着的人的困顿，怎么能忍心迁就当时的禁忌，来换取陛下您授任官职的恩宠呢！”贤良方正的科目裴休、李郃等二十二人都考中了，考官冯宿等人见到刘蕡的策论，都赞叹而且佩服他，却因为害怕宦官而不敢录取他。诏令颁布之后，舆论纷纷为他叫屈。谏官、御史想要以此上奏，被掌握政权的人压下。李郃呈上奏本，自己认为他的回答远远不及刘蕡，恳求收回授予自己的名次来嘉奖刘蕡的正直，没有答复。因此刘蕡不能够在朝中做官，最后只当了柳州司户。

臣范祖禹以为，宦官挟制君主，从宰相往下没有人敢指明陈述。刘蕡是一介平民，没有授任官职的恩宠、微薄的俸禄，但是他却胸怀忠诚抒发愤慨，极力论述宦官专权的祸患，可以说是很正直了，朝中的大臣们难道不羞愧吗！上天生养这样的人，如果有聪明正直的天资，一定会在他所处的时代发挥作用，他的智慧一定有所表现，他的能力一定有所施展，不至于到死还让他埋没，圣贤的人顺应天道感应人心，收拢天下有贤德的人，把他们聚集在朝堂之上，让他们发挥他们所有的才智，成为国家所拥有的，那么贤德的人也就没有不称心如意的了，贤德的人称心如意，那么平民也称心如意，民众称心如意，那么物质就会丰富了。如果刘蕡的忠直用在谏诤的官位上，委任他监察的职务，推举他，把他放在很高的位置，那么刘蕡的所有才智都用在朝堂之上了！唐朝则不是这样，遏制压抑他，废黜屏斥他，让全国之人都替他叫屈。名声充满天地之间，但是身体却在岩穴中慢慢变老，最终也没被当世重用，这难道不是违背天道人心吗！

七年，宰相李德裕言："昔玄宗以临淄王定内难，自是疑忌宗室，不令出阁。天下议者皆以为幽闭骨肉，亏伤人伦。向使天宝之末、建中之初，宗室散处方州，虽未能安定王室，尚可各全其生。所以悉为安禄山、朱泚所鱼肉者，由聚于一宫故也。陛下诚因册太子，制书听宗室年高属疏者出阁，且除诸州上佐，使携其男女出外婚嫁。此则百年弊法，一旦因陛下去之，海内孰不欣悦！”帝曰：“兹事朕久知其不可，方今诸王，岂无贤才，无所施耳。”八月，庚寅，册太子，因下制诸王：自今以次出阁，授紧望州刺史、上佐。竟以议所除官不决而罢。

臣祖禹曰：昔三代之王，分封同姓，布于天下。夏商天命虽改，而杞宋之祀与周并传。其子孙历千百岁，不可得而灭绝也。后世人主疑其骨肉，宁为他人侮之，唯恐同姓取之，禁锢家室，甚于缧囚①，其国未亡，而剪落枝叶，以蹙其本。故自魏晋以后，一姓有天下，远者百余年，近者数十年，而苗裔湮灭，祀奠无主，由其疑忌骨肉故也。有唐之后，五代之际，已无闻焉者，其祖宗之所致欤！

【注释】①缧囚：被拘囚的人。

【译文】太和七年（833），宰相李德裕说：“昔日唐玄宗在做临淄王时平定了内乱，自此以后疑心猜忌宗室，不让他们离开府邸。天下讨论这件事的人都认为他囚禁至亲，损伤了人类伦常。假使天宝末年、建中初年，宗室分散在各州，虽然不一定能够保卫王室的安宁，但尚且可以保全他们各自的生命。之所以全都任由安禄山、朱泚（cǐ）宰割，那是因为聚集在一个宫室。陛下您如果能趁着立太子，颁布允许宗室中年龄大的、宗族关系疏远的离开皇宫，并任命为各州部下属官，让他们带他们的子女出外婚嫁的法令，那么这百年以来的弊端，就是因为陛下而去除的，四海之内有谁会不高兴呢！”唐文宗说：“这件事我很早就知道不行，现在各个王侯，哪里是没有贤德的人，只是没有施展才能的地方。”八月，庚寅日，册封太子，借此颁布诏令给各个王侯：从现在开始，按顺序离开皇宫，授予重要的州的刺史、上佐。最后因为议论的官职没有决定而作罢。

臣范祖禹认为，昔日夏商周三代的君王，把同姓分封在全国各地，夏商两朝虽然已经消亡，但是他们的香火和周朝一样代代相传。他们的子孙经历了千百年，是不可能灭绝的。后代的君王不信任同姓的骨肉，宁可自己的至亲被别人侮辱，也害怕他的同姓取代他做君王，禁锢亲人比囚犯还狠，他的国家虽然没有灭亡，但是剪除枝叶会颠仆根本。所以自从魏晋以来，一个姓氏创建了国家，时间有的长达一百多年，有的只有几十年，他的后裔就没有了，祭奠也没有人主持，这是他们怀疑猜忌至亲的缘故啊。唐宗室的后裔，五代时，已经没有听说了，这是他们祖先的缘故啊！

九年十一月，帝与李训、郑注[①]谋诛中官。训及王璠、郭行余、李孝本、罗立言诛中官，不克，训出奔。仇士良[②]等知帝预谋，怨愤，出不逊语，帝惭惧，不复言。士良等遣禁兵露刃出阁门，逢人即杀，死者千六百余人，横尸流血，狼藉涂地。擒王涯、贾餗、舒元舆等系两军，或斩李训首送京师，左神策出兵三百人，以李训首引王涯、王璠、罗立言、郭行余；右军出兵三百人，拥贾餗、舒元舆、李孝本，献于庙社，徇于两市。命百官临视，斩于独柳之下，枭其首于兴安门外。亲属无问亲疏，皆死，孩稚无遗，时数日之间，杀生除拜，皆决于两中尉，帝不预知。凤翔监军斩郑注献其首，枭之，灭其族。仇士良等各进阶迁官。自是天下事皆决于北司，宰相行文书而已。宦官气益盛，迫胁天子，下视宰相，陵暴朝士，如草芥焉。

臣祖禹曰：文宗愤宦官之弑逆，欲除其逼，当择贤相而任之。朝廷既清，纲纪既正，赏罚之柄出于人主，执其元恶付之有司，正典刑而已矣。乃与训注为诡谲之计，欲用甲兵于陛堿[3]之间，不以有罪无罪，皆夷灭之，召外寇以攻内寇，是以一败涂地，社稷几亡，非徒无益，而愈重祸。盖自古不用君子而用小人以去小人，未有不害及国家者也。

【注释】①郑注（？-835）：本姓鱼，绛州翼城（今山西省翼城县）人。唐朝大臣。推荐仇士良为左神策军中尉，参与处死观军容使王守澄，出任凤翔节度使。联合宰相李训图谋消灭宦官势力，策划"甘露之变"，事败被杀。②仇士良（781-843）：字匡美，循州兴宁（今广东省兴宁市）人。唐朝宦官，擅权揽政20余年，欺上压下，排斥异己，横行不法，贪酷残暴，先后杀死二王、一妃、四宰相，使得朝政更加昏暗和混乱。③陛堿（qī）：殿坛的台阶。

【译文】太和九年（835）十一月，唐文宗和李训、郑注密谋诛杀宦官。李训和王璠、郭行余、李孝本、罗立言诛杀宦官，没有成功，李训逃走了。仇士良等人知道唐文宗这样的谋划，十分怨恨气愤，讲话傲慢无礼，唐文宗十分惭愧并且害怕，不再说话。仇士良等人派遣禁军携带兵器出了宫门，见人就杀，死去的有一千六百多人，尸体横陈、血流成河，地上一片狼藉。擒住王涯、贾餗、舒元舆绑在左右神策军，有人斩了李训，把他的头送到京城，左神策派兵三百人，用李训的首级引着王涯、王璠、罗立言、郭行余；右神策派兵三百人，押着贾餗、舒元舆、李孝本，献给宗庙社稷，在东西两市巡行示众，下令文武百官前来观看，在一棵柳树下斩杀了这批人，在兴安门外悬挂首级。他们的亲属不管亲近还是疏远，都被杀死了，连孩子都没有幸免，当时几天之内，生死和官职升降都取决于左右神策军的护军中尉，唐文宗不能参与决定。凤翔的监军斩杀了郑注献上他的首级，把它悬挂在木头上，杀了他所有的族人。仇士良等人各自升官。从此以后全国的政事都由北司决定，宰相只是发布公文而已。宦官的气焰更加炽烈，胁迫皇帝，看不起宰相，欺侮凌辱朝中大臣，把他们视为草芥。

臣范祖禹认为，唐文宗气愤宦官弑君，想要破除他们的侵迫，就应选择有才德的宰相来担此重任。朝廷既然已经被肃清，国家社会的秩序和纪律既然已经被矫正，赏罚的大权既然已经掌握在君主的手里，把元凶交给官员，按照常法处置就可以了。但是唐文宗竟和李训郑注谋划狡猾的计谋，图谋在宫殿偷袭宦官，不管有罪没罪都满门抄斩，召集外面的贼寇攻击内部的贼寇，所以一败涂地，国家几乎灭亡，不仅没有任何好处，反而加重了灾祸。所以自古以来不任用君子而任用小人去除小人，没有不危及国家的。

开成[①]元年，帝自李训之败，意忽忽不乐，两军毬鞠之会什减六七，设宴享，声伎盈庭，未尝解颜。闲居或徘徊眺望，或独语叹息。十月，帝于延英谓宰相曰：“朕每与卿等论天下事，则不免愁。”对曰：“为理者不可以速成。”帝曰：“朕每读书，耻为凡主。”他日，复谓宰相曰：“我与卿等论天下事，有势未得行者，退但饮醇酒求醉耳！”对曰：“此皆臣等之罪也。”

臣祖禹曰：文宗欲除宦官之逼，以清宫闱，正纪纲，有其志而无其才，暗于知人，是以取败。虽恭俭宽厚，勤于庶政，以其时君较之，身无过行，而主威益削，国命益微，愤懑忧郁至于没世。孟子曰：“徒善不足以为政。”其文宗之谓乎?

【注释】①开成：唐文宗的年号，从836年正月至840年十二月，共计5年。开成五年正月唐武宗李瀍即位沿用。

【译文】开成元年（836），唐文宗自从和李训谋诛宦官失败后，心中失意而不愉快，左右神策军蹴鞠的比赛减少了十之六七，设宴会大集群臣，满宫廷的歌舞伎女，也没有消除他的满面愁容。独处时，有时徘徊，有时眺望，有时候一个人叹息着自言自语。十月，唐文宗在延英殿对宰相说：“我每次和你们议论天下大事，就免不了发愁。”宰相回答说：“治理国家是不能快速达成的。”唐文宗说：“我每次读书，就为自己是个平凡的君主而感到耻辱。”过了几天，再次对宰相说：“我和你们讨论国家大事，有些迫于当时的形势不能够施行的，退朝后只能依靠饮酒来求取一醉罢了。”宰相回答说：“这都是我们这些大臣的罪过啊。”

臣范祖禹认为，唐文宗想要破除宦官的侵迫来肃清宫廷，矫正国家社会的秩序和纪律，有这样的志向但没有与之相匹配的才能，不会知人善任，所以遭到了失败。虽然他恭谨谦逊，待人宽厚，勤于政务，用当时的君主来和他比较，他没有过失，但是君主的威信逐渐削减，国家的命运逐渐衰微，让他愤恨不平，忧伤抑郁直至去世。孟子说："只是心地善良无法治理好国家。"这句话应该就是说唐文宗的吧！

四年十月，帝疾少间，坐思政殿，召当直学士周墀，赐之酒，因问曰："朕可方前代何主？"墀对曰："尧、舜之主也。"帝曰："朕岂敢比德尧、舜！所以问卿者，何如周赧[①]、汉献耳。"墀惊曰："彼亡国之主，岂可比至德？"帝曰："赧、献受制于强诸侯，今朕受制于家奴，以此言之，朕殆不如！"因泣下沾襟，墀伏地流涕，自是不复视朝。

臣祖禹曰：《易》曰："言行，君子之枢机，枢机之发，荣辱之主也。"文宗欲立非常之功，为高世之主，发而不中，危辱如此，自取之也。岂不可哀哉！

【注释】①周赧（？—前256）：即周赧王，姬姓，名延，洛邑（今河南省洛阳市）人，战国时期周朝第37任君主。

【译文】开成四年（839）十月，唐文宗的病稍稍有点起色，在思政殿坐朝，召见当值的大学士周墀，赐给他酒，接着就问："我比较像前朝的哪位君主？"周墀回答说："像尧舜二帝。"唐文宗说："我哪敢和尧舜相比较！之所以问你，是想说我比起周赧王、汉献帝怎么样。"周墀吃惊地说："他们是使国家灭亡的君主，怎么能够和您的大德相比呢？"唐文宗说："他们被强大的诸侯王限制，现在我被宦官限制，这样说来，我连他们都不如！"说着，低声哭泣，眼泪沾湿了衣襟，周墀俯伏在地上流泪，从这时开始不再临朝听政。

臣范祖禹认为，《易经》上说："言行是决定君子命运的重要机能，此机能之发动又成为决定君子荣辱之因素。"唐文宗想要建立不同寻常的功勋，成为超越世俗的君主，但却没有达到预想的目的，以致有这样的危机和侮辱，是咎由自取啊。难道不值得哀叹吗？

五年正月，帝崩，武宗即位。九月，以李德裕为门下侍郎、同平章事。德裕言于帝曰："致理[①]之要，在于辨群臣之邪正。夫宰相不能人人忠良，或为欺罔，主心始疑，于是旁询小臣以察执政。如德宗末年，所听任者唯裴延龄辈，宰相署敕[②]而已，此政事所以日乱也。陛下诚能慎择贤才以为宰相，有奸罔者立黜去之，常令政事皆出中书，推心委托，坚定不移，则天下何忧不理哉！"

臣祖禹曰：古之王者，唯以一相总天下之务。是以治出于一，政无多门，苟非其才，则取之而已矣。不以小臣间之，谗慝[③]疑之，所以重责任也。德宗之时，宰相失职，故其政谬乱。德裕欲先正其本，而后图所以为治。其能致会昌之功伐，盖以此欤。

右，文宗在位十五年崩，年三十三。

【注释】①致理：致治。使国家在政治上安定清平。《资治通鉴·唐文宗开成五年》："致理之要，在于辨群臣之邪正。"②署敕：

在诏命上签字。敕，诏命，告诫文字。③谗慝（tè）：指邪恶奸佞之人；进谗陷害。

【译文】开成五年（840）正月，唐文宗驾崩，唐武宗登基。九月，任命李德裕作为门下侍郎，同平章事。李德裕对唐武宗说："使国家政治上安定清平的关键，在于能够分辨出众位大臣的奸邪与忠正。宰相是不可能都是忠正贤良的，有的可能欺骗蒙蔽君主，于是君主开始对他产生怀疑，就询问身旁近臣来考察执政的宰相。比如唐德宗末年，在国事上他任凭裴延龄一辈处理而不加干预，宰相不过是在诏令上签字的罢了，这就是国家政治日益动荡的原因。陛下如果真的可以谨慎选择贤德的人才作为宰相，如果有欺诈的人立刻罢黜他，经常让中书省处理国家政治，真心托付，绝不动摇，那么还担心国家得不到治理吗！"

臣范祖禹认为，古代称王的人，只会任命一名宰相总理国家政务，这就是良好的治理出自统一集中的政令，政令不会由多个部门发出，如果不是这方面的人才，取消他的职务就可以了。不会听信小臣而疏远他，不因邪恶的言论而怀疑他，以此表明对他的重视信赖。唐德宗执政期间，宰相疏于职务，所以他的政务是错误混乱的，李德裕想要先扶正国家根本，再谋求如何实现治世。他能够使得会昌年间达到那样的成就，就是这个原因吧！

以上，唐文宗在位十五年，驾崩时三十三岁。

武　宗

会昌[1]三年，四月，昭义节度使刘从谏卒，其子稹秘不发丧，逼监军奏称从谏疾病，请命稹为留后。帝以泽潞事谋于宰相，宰相多以为："回鹘余烬未灭，边鄙犹须警备，复讨泽潞，国力不支，请以刘稹权知军事。"谏官及群臣上言者亦然。李德裕独曰："泽潞事体与河朔三镇不同，河朔习乱已久，人心难化，是故累朝以来，置之度外。泽潞近处腹心，一军素称忠义。顷时多用儒臣为帅，如李抱真[2]成立此军，德宗犹不许继袭，使李缄护丧归东都。敬宗不恤军务，宰相又无远略，刘悟之死，因循以授从谏。跋扈难制，累上表迫胁朝廷，今垂死之际，复以兵权擅付竖子。朝廷若又因而授之，则四方诸镇谁不思效其所为，天子威令不复行矣！"帝曰："卿以何术制之，果可克否？"对曰："稹所恃者河朔三镇。但得魏镇不与之同，则稹无能为也。若遣重臣往谕王元逵、何弘敬，以河朔自艰难以来，列圣许其传袭，已成故事，与泽潞不同，今朝廷将加兵泽潞，不欲更出禁军至山东三州，隶昭义者委两镇攻之，兼令遍谕将士，以贼平之日厚加官赏。苟两镇听命，不从旁沮挠官军，则稹必成擒矣！"帝喜曰："吾与德裕同之，保无后悔。"遂决意讨稹，群臣言者不复入矣。上命德裕草诏赐成德节度使王元逵、魏博节度使何弘敬，其略曰："泽潞一镇，与卿事体不同，勿为子孙之谋，欲存辅车之势。但能显立功效，自然福及后昆。”丁丑，帝临朝，称其语要切，曰：“当如此直告之是也！”又赐张仲武诏：“以回鹘余烬未灭，塞上多虞，专委卿御侮。”元逵、弘敬得诏，悚息听命。五月，下诏讨稹，以王元逵为泽潞北面招讨使，何弘敬为南面招讨使。元逵受诏之日，出师屯赵州。七月，帝遣刑部侍郎兼御史中丞李回宣慰河北三镇，令幽州乘秋早平回鹘，魏镇早平泽潞。回至河朔，何弘敬、王元逵、张仲武皆具櫜鞬[③]郊迎，立于道左，不敢令人控马，让制使先行，自兵兴以来，未之有也。回明辩有胆气，三镇无不奉诏。

臣祖禹曰：自天宝以后，河朔世为唐患。宪宗虽得魏博，而穆宗复失之。是以朝廷惟事姑息，幸其不叛斯可矣，岂得而使之也！至于武宗，不惟使三镇不敢助逆，又因以为臂指[④]之用，由德裕所以告之者，能服其心也。扬雄[⑤]曰：“御得其道，则天下狙诈咸作使，御失其道，则天下狙诈咸作敌。”人主威制天下，岂有不由一相者哉！

【注释】①会昌：　唐武宗李炎的年号，从公元841年正月至公元846年十二月，使用时长6年。②李抱真（733–794）：本姓安，字太玄，河西人。唐朝中期名将，建中元年（780）正式担任昭义节度使。次年，大破魏博叛藩田悦，夺回洺州。“四镇之乱”时，策反成德节度使王武俊，联手击败幽州叛藩朱滔。因功获授检校司空。③櫜鞬（gāo jiān）：藏箭和弓的器具。《左传·僖公二十三年》：“（晋文公）对曰：‘若以君之灵，得反晋国。晋楚治兵，遇于中原，其辟君三舍。若不获命，其左执鞭弭，右属櫜鞬，以与君周旋。'"杨伯峻注："櫜，音高，盛箭矢之器。鞬，音犍，盛弓之物。"④臂指：谓运用自如，指挥灵便，如臂之使指。汉贾谊《陈政事疏》："今海内之势，如身之使臂，臂之使指，莫不制从。"⑤扬雄（前53–18）：字子云，蜀郡郫县人。汉朝时期辞赋家、思想家。汉成帝时，得到同乡杨庄推荐，入奏《甘泉》《河东》等赋。授给事黄门侍郎，修书于天禄阁，结交王莽。著有《法言》《太玄》等，将源于老子之道的"玄"作为最高范畴，并在构筑宇宙生成图式、探索事物发展规律时，是汉朝道家思想的继承和发展者，对后世意义可谓重大。

【译文】会昌三年（843）四月，昭义节度使（又名泽潞节度使）刘从谏去世，他的儿子刘稹暂时不向外公布死讯，逼迫监军上奏谎称刘从谏生病了，请求任命刘稹为留后。唐武宗把泽潞（今山西霍山以东及河北涉县地）发生的这件事拿来和宰相们谋划，宰相们大多数认为："回鹘还有战败后的残剩兵力没有剿灭，边境地区还需要警戒防备，再次征讨泽潞，国力无法支撑，请求让刘稹代掌军事。"谏官和呈上奏折的大臣也认为是这样。只有李德裕说："泽潞发生的这件事和河朔三镇有所不同，河朔地区常常发生战乱，由来已久，人心难以教化，所以各个朝代都把它置之度外。泽潞接近朝堂中心，全军向来以忠义著称。以前大多任用儒臣作为将领，比如李抱真建立这支军队，唐德宗都不许他世袭，让李缄护送灵柩回东都。唐敬宗不忧虑军务，宰相又没有深远的谋略，刘悟死后，依照旧例，把官位给了刘从谏。飞扬跋扈，难以制衡，多次上奏逼迫威胁朝廷，现在在他将死的时候，再次擅自把兵权交给小人。朝廷如果再次随意授予他，那么四方诸镇谁不会想着效仿他的所作所为，君主的政令将不会再被执行！”唐武宗说：“你将用什么方法制衡他，果然能够克制他吗？”李德裕说：“刘稹依仗的是河朔三镇。只要能够让魏、镇二州不和他共进退，那么刘稹就不能做什么了。如果派遣重臣前往魏、镇二州告知王元逵、何弘敬：因为河朔地区从安史之乱开始，各位帝王都允许他们职位世袭，这个已经成为一种惯例，魏、镇二州和泽潞不一样，现在朝廷将要出兵泽潞，不想再出动禁军到太行山以东三州，那些隶属昭义的地方委托两镇攻打它，同时命令告诉所有将士，平定叛贼时将有优厚的官职赏赐。如果两镇听从命令，不从旁边横加阻挠朝廷军队，那么刘稹必然被擒！”唐武宗高兴地说：“我和你意见一致，一定不会后悔。”于是决定讨伐刘稹，众位大臣再有不同意见就听不进去了。唐武宗命令李德裕草拟诏书告诉成德节度使王元逵、魏博节度使何弘敬，大概是这样的：“泽潞一镇，和你体例不同，不要因为替你们的子孙考虑，想要和它相互依托。如果在这一战中可以显现出你们的用处，自然会造福你们的子孙。”丁丑日，唐武宗上朝时称赞他的语言切中要害，说：“就应该像这样直接告诉他们！”又赐给张仲武诏令：“因为回鹘有战败后的残剩兵力没有剿灭，边境地区还有很多忧患，特别委任你抵御外侮。”王元逵、何弘敬得到诏令，十分惶恐，便听从诏令。五月，颁发诏令征讨刘稹，任命王元逵作为泽潞的北面招讨使，何弘敬作为南面招讨使，王元逵接到诏令的当日，出兵驻扎赵州。七月，唐武宗派遣刑部侍郎兼御史中丞李回慰问河北三镇，命令幽州趁着秋高气爽早日平定回鹘，魏、镇二州早日平定泽潞。李回到达河朔，何弘敬、王元逵、张仲武都背着藏了弓箭的袋子在郊外迎接，站立在道路的左边，不敢让人驾驭马匹，让皇帝的使者先走。自从安史之乱开始，这还从来没有过。李回善于辩论有气魄，三镇没有不听从诏令的。

臣范祖禹认为，自从天宝以后，河朔世代都是唐代的忧患。唐宪宗虽然得到了魏博，但唐穆宗又再次失去了。因此朝廷只想苟且偷安，希望它不犯上作乱就行了，又怎么想得到还能指挥它呢！到了唐武宗的时候，不仅仅让河北三镇不敢相助叛臣，而且还能调遣他们，是因为李德裕起草的诏书使得三镇信服。扬雄说："如果驾驭按照适合它的方法，那么天下奸猾狡诈之人都可以成为你的使者，如果驾驭不按照适合它的方法，那么天下奸猾狡诈之人都可以成为你的敌人。"君主凭借威权治理天下，哪有一个不是因为有一个称职的宰相呢！

仇士良以左卫上将军、内侍监致仕[①]。其党送归私第，士良教以固权宠之术，曰："天子不可令闲，常宜以奢靡娱其耳目，使日新月盛，无暇更及它事，然后吾辈可以得志。慎勿使之读书，亲近儒生，彼见前代兴亡，心知忧惧，则吾辈疏斥[②]矣。"其党拜谢而去。

臣祖禹曰：小人莫不养君之欲以济己之欲，使其君动而不静，为而不止，则小人得以行其计矣。岂独奢靡之娱悦耳目，足以荡君心哉！又有甚焉者矣，或殖货利，或治宫室，或开边境，或察臣下，随其君之所好，皆所以窃权宠也。人君乐得其欲，而不知其为天下害，是以政日乱而不自知。惟能亲正直，远邪佞，则可以免斯患矣。

【注释】①致仕：辞职退休。②疏斥：疏远排斥。《三国志·魏志·高堂隆传》：“明帝时，众役并兴，戚属疏斥。”

【译文】仇士良以左卫上将军、内侍监的官职退休。他的党羽送他回家，仇士良把巩固恩宠的方法教给他们：“不能让君主安定闲适，应该经常用奢侈不加节制地娱乐他的耳目，让名目不断发展，没有空闲顾及其他事情，这样我们就可以实现我们的愿望。绝对不能让他读书，接近读书人，如果他看见前朝的兴盛衰亡，心里知道忧虑害怕，那么我们这类人就会被疏远排斥。”他的党羽恭敬道谢后离开了。

臣范祖禹认为，奸谗小人没有一个不会培植君主的欲望来满足他们自己的欲望的，让他的君主总是蠢蠢欲动而不能静心思考，做起来就不知道适可而止，这样奸谗小人就能够实行他们的阴谋诡计了。怎么会只用奢侈来娱乐君主的耳目动摇他的心性而已啊！还有更严重的，或者是增殖货物财力，或者修建宫殿，或者拓展边疆，或者调查大臣，投其所好，都能够用来盗取权力和宠幸。君主开心自己的欲望能够得到满足，但不知道自己正在对国家造成伤害，所以政治逐渐动荡但他自己却不知道。只要能够亲近忠正之人，远离奸谗小人，就能够免除这个祸患了。

八月，帝从容言：“文宗好听外议，谏官言事多不著名，有如匿名书。”李德裕曰：“臣顷在中书，文宗犹不尔，此乃李训、郑注教文宗以术御下，遂成此风。人主但当推诚任人，有欺罔者，威以明刑，孰敢哉！”帝善之。

臣祖禹曰：《易》曰："天下之动，贞夫一。"朝廷者，四方之极也。非至公，无以绝天下之私，非至正，无以止天下之邪；人君一不正其心，则无以正万事。苟以术御下，是自行诈也，何以禁臣下之欺乎？是以术行而欺愈多，智用而心愈劳，盖以诈胜诈，未有能相一者也。《礼》曰："王中心无为也，以守至正。"夫惟正不可得而欺，则不容于诈矣，岂不约而易守哉？

【译文】八月，唐武宗悠闲舒缓地说："唐文宗喜欢听外界的言论，而谏官议政大多不写上自己的名字，就像匿名书信一样。"李德裕说："我当时在中书省，唐文宗还没有这样，这个是李训、郑注教他驾驭臣子的方法，所才形成这样的风气。君主任用人应当推心置腹，有欺瞒蒙骗的人，按照律法严格制裁，还有谁敢这样呢！"唐武宗认为他说得很对。

臣范祖禹认为，《易经》上说："天下的变动，都应该统一。"朝廷，是四方的中心。如果不是最公正，就不能够断绝天下人的私欲，不是最正直的，不能够制止天下人的邪恶；君主不能够端正他的心思，就不能够正确处理各项事务。如果使用驾驭大臣的权术，是自己实行欺骗，那又怎么能够杜绝大臣们的欺骗呢？所以权术用得越多，欺骗就越多，智斗越多心中就越烦劳，这是由于用一种欺瞒来战胜另一种欺瞒，而欺瞒是不能够统一的。《礼记》上说："用忠正的本心，无为而治，来坚守最中正之道。"只有忠正才不会被欺骗，也容不下奸诈，这样难道不是非常简约而且容易坚守的吗？

四年八月，邢、洺、磁三州降，郭谊杀刘稹，传首京师，潞州平。初，李德裕以："贞元以来，将帅出征屡败，其弊有三：一者，诏令下军前者，日有三四，宰相多不与闻；二者，监军各以意见指挥军事，将帅不得专进退；三者，每军各有宦者为监使，悉选军中骁勇数百为牙队[①]，其在阵战斗者，皆怯弱之士，每战，监使自有信旗，乘高立马，以牙队自卫，视军势小却，辄引旗先走，阵从而溃。"德裕乃与枢密使杨钦义、刘行深议，约监军不得与军政，每兵千人听监使取十人自卫，有功随例沾赏。二枢密皆以为然，白帝行之。自御回鹘至泽潞罢兵，皆守此制。自非中书进诏意，更无他诏自中出者。号令既简，将帅得以施其方略，故所向有功。元和后数用兵，宰相不休沐，或继火乃得罢。德裕在位，虽遽书警奏，皆从容裁决，率午漏下[②]还第，休沐辄如令，沛然若无事之时。

臣祖禹曰：治天下之繁者，必至简；制天下之动者，必至静。夫用兵于千里之外，而君相扰于内，则本先摇矣，何以制其末乎？是故号令简则民听不惑，心虑静则事变不挠，此所以能成功也。

【注释】①牙队：卫队。《旧五代史·唐书·明宗纪三》："节度使、刺史所置牙队，许于军都内抽取。"②漏下：漏刻（古计时器）的水面已经下落。指时间已晚。

【译文】会昌四年（844）八月，邢州（今河北省中南部）、洺州

（今邯郸、邢台二市）、磁州（今河北省南部）归降，郭谊杀了刘稹，把他的首级送到了京城，潞州被平定。当初，李德裕认为："自从贞元以来，将帅领兵征伐屡战屡败，它的弊端有三个：一，诏令下达到军前的，一天能有三四道，宰相大多没有参与；二，监军各自用自己的意见指挥军事，将领却不能独自指挥他们的进退；三、每个军队都有宦官作为监军使，都是挑选军中几百个骁勇善战的人作为卫队，在军中战斗的，都是羸弱怯懦的人，每次战斗，监军使自己有指挥军队的旗帜，凭借地势在战马上居高临下，用卫队保卫自己，看到本军形势稍有不利，就拿着旗先逃走了，队伍就跟着溃败了。"李德裕于是和枢密使杨钦义、刘行深讨论，限制监军使的职权，他们不能参与军政，每一千人军队可以让监军使选十个人来保卫自己，有战功的话按例奖赏。两位枢密使都认为这样是对的，上奏禀明唐武宗执行它。从抵御回鹘到泽潞罢兵，都遵守这个制度。如果不是中书省进献诏书旨意，那么不可能有别的诏令从朝堂中发出的。诏令简明，将帅才能实行他的方案，所以他的指挥才会成功。元和之后的几次用兵，宰相不休假，有时直到点灯才作罢。李德裕在位的时候，即使有急书，或预警军书送来，也能够非常从容地办理，一般午后就下阁了，回到家休息，这么做让人觉得他从容不迫，官员们感觉和没有战事时一样。

臣范祖禹认为，治理国家烦琐的事务，一定要用最为简明的号令；管束天下的调动，一定要极为冷静。在千里之外调动军队，但君主却从内部阻拦，那么它的根本就已经先行动摇了，还拿什么来治理细枝末节呢？因为这个原因，号令简明，那么民众听到就不会疑惑，考虑事情理智冷静，遇到事情变动就不会烦扰，这就是为什么能成功。

自用兵以来，河北三镇每遣使者至京师，德裕常面谕之曰：“河朔兵力虽强，不能自立，须藉朝廷官爵威命以安军情。语汝使，与其使大将邀敕使以求官爵，何如自奋忠义，立功立事，结知明主乎！且李载义[①]为国家平沧景，及为军中所逐，不失作节度使。杨志诚[②]遣大将遮敕使马求官，及为军中所逐，朝廷竟不赦其罪。此二人祸福足以观矣。”由是三镇不敢有异志。

臣祖禹曰：古之明王，天下有不顺者，必谆谆而告教之，再三不可，然后征之，则其民知罪，而用兵有辞矣。自唐之失河朔，或讨伐之，或姑息之，不闻有文告之命、戒敕之辞也。是以加兵而不服，恩厚而愈骄。李德裕以一相而制御三镇，如运之掌，使武宗享国长久，天下岂有不平者乎！

右武宗在位六年崩，年三十三。

【注释】①李载义（？-837）：初名李再义，字方谷。唐朝藩镇将领，恒山愍王李承乾之后，他对朝廷颇为恭顺，又参与平定沧景之乱，因功加衔同平章事。②杨志诚（？-835）：唐朝将领，后逐李载义自为兵马使。

【译文】自从用兵以来，河北三镇每次派遣使者到京城的时候，李德裕就常常当面告诫他们说：“河朔的兵力虽然强劲，但不能自己设置军职，必须借由朝廷官职的威信来安定军情。告诉你们的节度使，派遣将领要挟皇帝的使者来求取官职，哪里比得上自我奋发，做事尽忠心合义理，以此建功立业，然后通过事迹扬名立万来结识贤明的君主呢！况且李载义替国家平叛沧景之乱，即使他最后被叛军驱逐，也不失作为一名节度使。杨志诚派遣大将阻拦皇帝的使者的马来求取官职，等到他最后被叛军驱逐，朝廷终究不赦免他的罪行。这两个人的祸福足可以让你明白了。”自此以后，河北三镇不敢有叛离之心。

臣范祖禹认为，古代贤明的君主，对待天下不顺从他们的人，一定会谆谆告诫教导他，如果再三告诫之后仍然没有效果，就会发兵征讨，那么他的民众就会知道自己的罪过，并且君王出兵也有理由了。自从唐王朝失掉河朔地区，有时征讨他们，有时姑息他们，从来没有听说过有文书诏命，告诫的言辞。所以出兵征讨但他们不服从，恩宠越厚就越加骄纵。李德裕以一介宰相制衡驾驭三镇，就像运转在手掌之上，假如唐武宗享受了较为长久的寿命，天下还有不太平的吗？

以上唐武宗在位六年，驾崩的时候三十三岁。

唐鉴卷之二十一

宣　宗

大中[①]元年二月，初，李德裕秉政，引白敏中[②]为翰林学士。及武宗崩，德裕失势，敏中乘上下之怒，竭力排之，使其党李咸讼德裕罪，德裕由是自东都留守以太子少保分司。九月，前永宁尉吴汝纳，讼其弟湘罪不至死："李绅[③]与李德裕相表里，欺罔武宗，枉杀臣弟。"十二月，贬德裕为潮州司马。明年九月，再贬德裕为崖州司户。

臣祖禹曰：裴度之相宪宗，李德裕之相武宗，皆有功烈，为唐贤相。大中以后无能继之者。德裕才优于度，而德器不及也。度为小人所倾，无所不至，危亦极矣，而能以功名终；德裕一失势，斥死海上。何哉？度不为党，德裕为党故也。自今观之，牛僧孺、李宗闵之党多小人，德裕之党多君子，然因私以害公，挟势以报怨，则一也。夫惟天吏可以伐燕，德裕自为朋党，而欲破朋党，此以燕伐燕也。孔子曰："克伐怨欲不行焉，可以为难矣。”又曰：“君子矜而不争，群而不党。”德裕克伐怨欲必行焉，矜而争，群而党，其能免乎！

【注释】①大中：唐宣宗李忱的年号，从847年正月至860年十月，共计14年。大中十三年（859）八月唐懿宗李漼即位沿用。②白敏中（792—861）：字用晦，华州下邽人，唐朝宰相，刑部尚书白居易从弟。③李绅（772—846）：字公垂，亳州谯县古城人（今安徽省亳州市谯城区古城镇）人。唐朝宰相、诗人，中书令李敬玄曾孙。元和十五年（820），卷入牛李党争，为李（德裕）党重要人物。与元稹、白居易交游甚密，为新乐府运动的倡导者和参与者。

【译文】大中元年（847）二月，当初，李德裕执掌政权，引荐白敏中作为翰林学士。等到武宗驾崩了，李德裕就失掉权柄和势力，白敏中趁着上下的人都对他有怨气的时机，竭尽全力排挤他，让他的党羽李咸谴责李德裕的罪行，李德裕因此从东都留守降为太子少保，分司东都事务。九月，前任永宁县尉吴汝纳为他的弟弟吴湘辩白，说他罪不至死：“李绅和李德裕内外相互配合，欺瞒蒙骗唐武宗，错杀了我的弟弟。”十二月，贬斥李德裕作为潮州司马，第二年九月，再次贬斥他作为崖州司户。

臣范祖禹认为，裴度作为唐宪宗的宰相，李德裕作为唐武宗的宰相，都是有功勋业绩的人，都是唐代有贤德的宰相。大中之后没有人能够继承他的。李德裕的才干比裴度高，但他的气量不如裴度。裴度被小人赶下台，他们什么坏事都做得出来，裴度危险到了极点，但是却能在最终保全自己的功名；李德裕一旦失去了自己的权势，连遭贬斥，直至死在海上。为什么呢？这是裴度不营建自己的朋党，李德裕却结党的缘故。以今天的角度来看，牛僧孺、李宗闵的党羽大多是奸谗小人，李德裕的党羽大多数是贤德之人，然而因私情而损害公道，倚仗权势来报复有仇怨的人，牛、李党是一样的。只有奉天命治民的人可以攻打燕国，李德裕自己结党，却想要攻破朋党，这是用燕国攻打燕国啊！孔子说："好胜、骄傲、忌刻、贪婪这四种毛病都没有发生，可以说是很难得的了。"又说："君子矜持庄重而不与人争执，合群而不与人结成宗派。"李德裕好胜、骄傲、忌刻、贪婪都发生了，矜持庄重并与人争斗，合群但和人结成党派，怎么能幸免呢！

九年，帝聪察强记，宫中厮役给洒扫者，皆能识其姓名，才性所任，呼召使令，无差误者。天下奏狱吏卒姓名，一览皆记之。度支奏"渍污帛"，误书"渍"为"清"，枢密承旨孙隐中谓帝不之见，辄足成之。及中书覆入，帝怒，推按擅改章奏者，罚谪之。

臣祖禹曰：宣宗抉摘细微，以惊服其群臣，小过必罚，而大纲不举，欲以一人之智，周天下之务，而不能与贤人共天职也。譬如廉刻之吏，而谨治簿书期会，而不知为政，特一县令之才耳，岂人君之德哉。

【译文】大中九年（855），唐宣宗明察秋毫、博闻强记，连宫中打扫的仆役都能够记住他们的姓名，一个人的资质性情适合什么事情，呼唤使用的时候，从来没出过差错。天下间奏折上的狱卒的姓名，只要看一遍就都能记住。度支使奏折上的"渍污帛"，误把“渍”写成了“清”，枢密承旨孙隐中认为唐宣宗看不出，就凑合着改了。等到中书省再次将它呈送进去的时候，唐宣宗非常生气，推究审问擅改奏章的人，贬官治罪。

臣范祖禹认为，唐宣宗揭发指摘非常细微，令众大臣十分惊服，小的过错一定处罚，国家总要却不能提起。想要凭借一个人的智慧，总理天下的事情，却不能和贤德之人共同尽责。比如作风清白严正的官吏，很谨慎地处理官方文书定期呈奏，却不懂得治理国家，这仅仅是一个县令的才能，怎么是君主的德行呢！

十年十二月，以户部侍郎判户部崔慎由为工部尚书、同平章事。帝每命相，左右无知者。前此一日，令枢密宣旨于学士院，以兵部侍郎、判度支萧邺同平章事。枢密使王龟长、马公儒覆奏：“邺所判度支应罢否？”帝以为龟长等佑之，即手书慎由名，付学士院，仍云：“落判户部事。”

臣祖禹曰：尧舜畴咨四岳，询谋佥谐[1]，而后用人。既以为可，则用之而不疑矣。二使之请亦有司之常职也，何疑于萧邺而遽易之？宣宗以此为明，防其群下，知臣之道其不然乎？

【注释】①佥（qiān）谐：《书·舜典》记帝舜征询意见以任命臣工之事，多有“佥曰”“汝谐”之语，后遂以“佥谐”谓遴选、任命朝廷重臣；指共同认定、一致认可。

【译文】大中十年（856）十二月，任命户部侍郎判户部崔慎由作为工部尚书同平章事。唐宣宗每次任命宰相，身边近臣是没办法知道的。在这日的前一天，命令枢密使前去学士院宣旨，任命兵部侍郎、判度支萧邺作为同平章事。枢密使王龟长、马公儒再次上奏："萧邺的判度支应不应该罢免呢?"唐宣宗认为他们暗中相助，立刻写下崔慎由的名字交给学士院，仍说："罢免判户部事务。"

臣范祖禹认为，尧舜二帝求访四方诸侯长，咨询和商议的意见都一致，然后再任用人。既然认为可以胜任，就任用他而不怀疑他。二位枢密使的请求也是他们分内之事，为什么猜疑萧邺立即改变决定呢?唐宣宗认为这个很高明，防备他的臣子。了解臣子的道，应该不是这样吧!

十二年二月，以崔慎由为东川节度使。帝欲御楼肆赦，令狐绹[①]曰："御楼所费甚广，事须有名，且赦不可数。"帝不悦，曰："遣朕于何得名!"慎由曰："陛下未建储宫，海内属望。若举此礼，虽郊祀亦可，况于御楼!"时上饵方士药，已觉躁渴，而外人未知，疑忌方深，闻之，俯首不复言。旬日，慎由罢相。

臣祖禹曰：三代之时，自天子至于庶人，皆有常职，以食其力，有常行，以勤其生，壮而强勉焉，老而教训焉，修身以俟死而已。天下无异道，未有众人皆死，而欲一己独不死者也。执左道以乱政者杀，故无迂怪[②]之士。凡药以攻疾，岂有服之而不死者哉!后世去圣浸远，异端竞起，由秦汉以来，乃有神仙服食不死之说，故人心多惑，圣道不明，此其一端也。而人主尤甘心焉，以唐考之，自太宗至于武宗，惑于方士而饵药以败者六七君，皆求长生而反夭其天年，亦可以为戒矣。而宣宗又败以药，至以储嗣为讳恶，岂不蔽甚矣哉！夫心术不可不慎也，一有所惑，将无所不至，不足以语学矣，而况可为圣贤乎？

【注释】①令狐绹(795–879)：字子直，京兆华原人。唐朝宰相。大中四年(850)起，升任宰相。唐懿宗即位，出任河中节度使，历任四镇节度使。入朝辅政，累拜司空，册封凉国公，镇压庞勋起义，屡为庞勋所败。唐僖宗即位，出任凤翔节度使、太子太保，册封赵国公。②迂怪：迂诞，迂腐荒诞。

【译文】大中十二年(858)二月，任命崔慎由作为东川节度使。唐宣宗想要到御楼大赦天下，令狐绹说："去御楼耗费比较多，做事需要有名目并且大赦的次数不能多。"唐宣宗不开心，说："你让我到哪里寻找这些名目呢！"崔慎由说："陛下您还没有设立太子之位，四海之内都在盼望。如果举行这次设立太子之礼，就算是郊外祭祀都可以，更何况是去御楼呢！"当时唐宣宗正在服食方士的药，已经觉得口渴急躁，但别人不知道，疑忌正深，听完他说的话以后，低着头不再说话。过了十天，崔慎由就被罢免了宰相。

臣范祖禹认为，夏商周三代的时候，从天子到平民，都有自己的固有职务，用来自食其力，有永久奉行的准则，用来让自己一生勤勉，壮年时就自己勤奋努力，老年时就时时教育后人，终身学习，等待死亡而已。天下没有歪门邪道，没有别人都死了，却想有一个人终身不死的。用旁门左道来干扰政治的人就会被杀，所以那时候没有荒诞不经的人。吃药是用来治病的，哪有不死的呢！后代的人离先贤越来越远，异端竞相兴起，自秦汉以来，就有神仙吃药不死的传说，所以人心大多被蛊惑，圣人之道在他们心中不再明朗，这是一个原因。但是君主甘心被蛊惑，用唐代作为例子推究，从太宗到武宗，被方士迷惑服药而伤生的皇帝有六七个，都是想要求得长生不老却不得寿终的，这也可以作为警诫了。唐宣宗也因为长生不老药而伤生，甚至达到了把立储作为忌讳的地步，这难道不是被蒙蔽得更厉害了吗！所以人的认知事物的心思不能不慎重，一旦有所迷惑，将无处不到，连学习正道都不能够听进去了，怎么还能学做圣贤之人呢！

帝临朝，接对群臣如宾客，虽左右近习，未尝见其有惰容。每宰相奏事，旁无一人立者，威严不可仰视。奏事毕，忽怡然曰："可以闲语矣！"因问闾阎细事，或谈宫中游宴，无所不至。一刻许，旋复整容曰："卿辈善为之，朕常恐卿辈负朕，后日不得再相见。"乃起入宫。令狐绹谓人曰："吾十年秉政，最承恩遇，然每延英奏事，未尝不汗沾衣也！"

臣祖禹曰：古者臣进戒于君，君申敕其臣，上下交修[①]，所以勤于德也。宣宗视辅相之臣，礼貌虽恭而心防之。如遇胥史[②]，惟恐其欺也，拘之以利禄，惮之以威严，故所用多流俗之人，而贤者不能有所设施。白敏中、令狐绹之徒，崇极将相，恃宠保位二十余年。其相如此，则其君之功烈亦可知也。

【注释】①交修：《书·说命下》："尔交修予，罔予弃，予惟克迈乃训。”孔传：“交，非一之义。”孔颖达疏：“令其交更修治己也。”后用为天子要求臣下匡助之词。②胥史：疑是“胥吏”之误。

【译文】唐宣宗上朝听政，接待应对众位大臣像对待宾客一样，即使是身边近臣，也没有看见过他的脸上有懈怠的感觉。每次宰相呈奏事情，旁边没有一个人站着，他的威严让人不敢抬头去看。等到上奏的事情结束了，忽然展开笑颜：“可以说闲话了！”接着便问街巷之间发生的小事，或者是说宫中的宴游，无话不谈。大约一刻钟过后，再次面容整肃地说：“你们要妥善行事，我常常害怕你们辜负了我，后天我们就不能够再次相见。”然后起身回宫。令狐绹对人说：“我执掌权力十年，最受恩宠，然而每次在延英殿上奏，从来没有衣服不被汗水沾湿的时候啊！”

臣范祖禹认为，古代的时候大臣劝诫君主，君主告诫臣子，君主臣下互相训教，所以才能够在德政上勤勉。唐宣宗看待辅臣，虽然态度恭敬，其实心有防备。如同看待当差的小吏，唯恐他欺骗自己，用功名利禄拘束他，用威严使他害怕，所以所任用的人大多数是世俗之人，而贤德的人却不能尽情施展自己的才能。白敏中、令狐绹这样的人，官位高达宰相，依仗皇帝的宠信保持官位长达二十多年。他的宰相是这样，可想而知他的君主的功业了。

十三年六月。初，帝长子郓王温[①]，无宠，居十六宅，余子皆居禁中。夔王滋，第三子也，欲以为嗣，为其非次，故久不建东宫。帝饵医官李玄伯、道士虞紫芝、山人王乐药，疽发于背。八月，疽甚，宰相及朝臣皆不得见，帝密以夔王属枢密使王龟长、马公儒、宣徽南院使王居方，使立之。三人及右军中尉王茂玄，皆帝平日所厚也。独左军中尉王宗实[2]素不同心，三人相与谋，出宗实为淮南监军。宗实已受敕于宣化门外，将自银台门出。左军副使亓元实谓宗实曰："圣人不豫逾月，中尉止隔门起居，今日除改，未可辨也。何不见圣人而出！"宗实感寤，复入，诸门已踵故事增人守捉矣。元实翼导宗实直至寝殿，帝已崩，东首环泣矣。宗实叱龟长等，责以矫诏，皆捧足乞命。乃遣宣徽北院使齐元简迎郓王。壬辰，下诏立郓王为皇太子，权勾当军国政事，仍更名漼，收龟长、公儒、居方，皆杀之。癸巳，宣遗制，以令狐绹摄冢宰。

臣祖禹曰：古者受遗托孤，必求天下之忠贤，伊周，圣人不可及已，汉武帝总揽英俊，及其末年，所得者霍光、金日磾[3]而已。其可谓难也。齐桓公定嗣于易牙，故其国大乱。宣宗不能早立太子，而以非次属诸宦者，至使元实挟正立长，以相屠灭。自文宗以后，立不以正矣，然皆出于宦者之专命，非人主使之也。宣宗不惩其祸，而以委之，盖以宰相为外臣，宦者为腹心，溺于所习，而不自知其非也。安在其为明哉？

【注释】①郓王温（833-873）：即唐懿宗李漼，本名李温，唐朝第十七位皇帝。洞晓音律，犹如天纵。统治后期，游宴无度、骄奢淫逸、任人不能，导致浙东、安南、徐州、四川相继发生动乱，内部政治腐败，民不聊生，丧失了宣宗朝时期的成果。②王宗实（生卒年不详）：唐宣宗时期神策军中尉，称王归长他们矫诏，拥立皇长子郓王李温为帝，是为唐懿宗，年号咸通。懿宗即位后，王宗实杀死了王归长、马公儒、王居方。③金日（mì）磾（dī）（前134–前86）：本为匈奴休屠王太子，武帝时归汉，武帝死，与霍光同受遗诏辅政。

【译文】大中十三年（859）六月。当初，唐宣宗的长子李温，没有恩宠，居住在十六宅，其他儿子都住在宫中。夔王李滋是他的第三个儿子，想要立他为太子，因为他不是长子，所以很长时间没有建立东宫。唐宣宗服用了医官李玄伯、道士虞紫芝、山人王乐的药方，背上生了痈疽。八月，痈疽更厉害了，宰相和朝中大臣都不得相见，唐宣宗暗中授意枢密使王龟长、马公儒、宣徽南院使王居方把夔王立为太子。三个人和神策军右军中尉王茂玄，都是唐宣宗平时所亲厚的。只有左军中尉王宗实向来不和他们齐心，三个人互相谋划，外派王宗实作为淮南监军。王宗实已经在宣化门外领命，将会从银台门出发。左军副使亓元实对王宗实说："唐宣宗生病已经超过一个月了，中尉只可以隔门问安。今天的调动，无法辨别是否是宣宗的旨意，为什么不看到宣宗再出发呢！"王宗实心有所感而醒悟，再次进入宫门，各个宫门已经按照惯例增加人把守了。亓元实引领王宗实直到寝宫，唐宣宗已经驾崩，众人正头朝东环形站着哭呢。王宗实斥责王龟长等人，斥责其假造圣旨，他们都捧足乞求饶命。于是派遣宣徽北院使齐元简迎接郓王。壬辰日，颁布诏令立郓王作为皇太子，暂且治理国家军政大事，改名为李漼，拘押王龟长、马公儒、王居方，把他们全杀了。癸巳日，宣读遗诏，任命令狐绹作为宰相。

臣范祖禹认为，古代帝王临终前嘱托，一定会渴求天下忠正贤良之人辅佐，伊尹和周公，这样的圣人无法追及，汉武帝掌握天下英才，等到末年，也只是得到了霍光、金日磾。这可以说是很难啊。

齐桓公把定立嗣君的事交给易牙，所以他的国家大乱。宣宗不能早立太子，而是不按照顺序把第三子嘱托给宦官，造成了亓元实扶正扶立长子，以致互相屠杀。自从唐文宗以后，设立太子不依照正途，而都出自宦官的独断专行，并不是君主所说的。唐宣宗不惩戒这种祸端，反而委托他们，这大概是把宰相当作外臣，把宦官当作心腹，沉溺于近习小臣，却不知道这是不对的，怎么能够说他在治理国家上是一个明君呢？

帝性明察沈断，用法无私，从谏如流，重惜官赏，恭谨节俭，惠爱民物，故大中之政，讫于唐亡，人思咏之，谓之小太宗。

臣祖禹曰：宣宗之治，以察为明，虽听纳规谏，而性实猜刻；虽吝惜爵赏，而人多侥幸；外则藩方数逐其帅，守而不能治；内则宦者握兵柄，制国命自如也。然百吏奉法，政治不扰，海内安靖，几十五年。继以懿僖不君，唐室坏乱，是以人思大中之政，为不可及。《书》曰：“自成汤至于帝乙，罔不明德恤祀。”若宣宗者，岂不足为贤君哉！

右，宣宗在位十四年崩，年五十。

【译文】唐宣宗天性观察明细，杀伐决断，依法断罪，不虑私情，能很好地听从臣下的意见，十分珍惜赏赐，恭敬谨慎，厉行节约，对人民仁爱，所以大中时期的政治，直到唐王朝灭亡，人们也怀思歌咏，说他是小太宗。

臣范祖禹认为，唐宣宗时期的政治贤明在于明察秋毫，虽然听从臣下的意见，但是他的天性其实是猜忌刻薄；虽然十分珍惜赏赐，但被赏赐的人大多侥幸；在外是藩镇多次驱逐主帅，虽然可以守住藩镇，但却不能够很好地治理；在内是宦官握有兵权，能够不受阻碍地控制国家命运。然而文武百官奉公守法，政治上没有纷扰，四海之内安定平和，几乎有十五年。他的后继者懿宗、僖宗则不行君道，唐朝宫室败坏混乱，所以人们怀念大中时期的政治，认为之后远不及此时。《尚书》说："从商汤到帝乙，没有不奉行崇高的德行和谨事宗庙的。"像唐宣宗一样的人，哪里不足以称为贤君呢！

以上，唐宣宗在位十四年，驾崩时五十岁。

懿　宗

咸通[①]七年，十月，高骈[②]克交趾，斩首三万余级，南诏遁去。十一月，置静海军于安南，以骈为节度使。自李涿侵扰群蛮，为安南患殆将十年，至是始平。

臣祖禹曰：戎狄自古迭为中国患，由秦以来，未有得志于南蛮者也。盖以瘴毒险阻，不得天时地利，所恃者人和而已，而民从征役，皆知必死，如往弃市，则是三者皆亡矣。秦发闾左[③]戍五岭，而陈、项起，秦遂以亡。汉初，吕后欲诛赵佗，士卒不能逾岭。武帝击越，发兵江淮，因巴蜀罪人等放弃之，盖不可以中国之师，涉其地也，遂灭南越以为九郡。元帝卒罢珠崖。光武遣马援击交趾，最为有功，然三年而后克，士卒死者什五六，乃得一女子之首，其难也如是。唐太宗欲讨冯盎，而用魏徵之策，卒招怀之。明皇之末，李宓败于云南，死者二十万。自是以后南诏盛强，至于懿宗，陷安南、围成都，中国首尾疲于奔命。其后庞勋[④]之乱，起于桂林之戍；黄巢之寇，本于徐方之余。唐室之衰，宦者蠹其内，南诏扰其外，财竭民困，海内大乱，而因以亡矣。夫蛮夷非能亡中国也，而中国之亡，蛮夷常为之资，是以圣王不重外而轻内，不勤远而忘迩，恐征伐不息，而变生于内，而摇其本也。《易》曰："高宗伐鬼方，三年克之。"高宗贤王，鬼方小夷也，以贤王伐小夷，三年乃克，用兵之难也。唐自开元至于咸通，南鄙之师，皆由边臣贪利邀功以启群蛮，自我致寇，大为国患，非高宗不得已之伐也。十年而克，亦速矣哉！

【注释】①咸通：是唐懿宗李漼的年号，从860年十一月至874年十一月，共计15年。咸通十四年七月唐僖宗李儇即位沿用。②高骈（821–887）：字千里，幽州（今北京市）人。祖籍渤海蓨县，先世为山东名门"渤海高氏"。唐朝后期名将、诗人。出任首任静海军节度使，奠定了现代越南首都河内的基础。后历任五镇节度使，期间击退南诏对西川的入侵，并多次重创黄巢起义军。③闾左：居于里门左侧的平民。秦代以居闾左为贫弱，闾右为富强。贫弱者须执劳役及戍守。《史记·卷四八·陈涉世家》："二世元年七月，发闾左谪戍渔阳，九百人屯大泽乡。"④庞勋（?–869）：唐末桂林戍卒起义军领袖。

【译文】咸通七年（866）十月，高骈攻下交趾国，斩杀了三万多人，南诏逃跑了。十一月，在安南设置静海军，任命高骈为节度使。自从李涿侵犯骚扰南方，造成安南地区的祸患已经将近十年了，到这时候才安定下来。

臣范祖禹认为，蛮夷戎狄从古以来就不断构成中原的忧患，从秦代以来，没有在南方得志的。大概是因为瘴毒等艰难险阻让中原无法得到天时地利，所仰仗的只不过是人和，并且百姓服兵役，都知道结果是必死的，就像去执行死刑一样，这样的话天时地利人和三样就全部失去了。秦朝募集平民百姓戍守五岭，致使陈胜、项羽起义，秦朝于是灭亡。汉朝初年，吕后想要诛杀赵佗，士兵不能够翻越五岭。汉武帝征伐南越，从江淮发兵，将巴蜀罪人驱逐去打仗。原因是中原的军队，不能踏入这个地界。终于攻克了南越，设置了九个郡县。元帝时期最终放弃了珠崖郡。光武帝派遣马援进攻交趾，最有战功，然而三年以后才攻克，士兵死了十之五六，才得到一个女子的首级，它的难度可想而知。唐太宗想要征讨冯盎，用了魏徵的计策，最后招降了。天宝末年，李宓征战云南失败，死了二十万人。从此以后南诏更加强大，等到唐懿宗的时候，安南被占，成都失陷，中原军队一头一尾疲于奔命。这以后的庞勋之乱，发源于桂林之戍；黄巢起义，本来源于徐州。唐朝的衰败，是因为宦官蛀空了内部，南诏侵扰外部，财力耗竭，民生困顿，四海之内非常混乱，因此亡国了。但并不是说外族能够让中原沦陷，而是中原的沦陷有蛮夷的助力，因此圣明的君主不因为重视外部而轻视内部，不远伐，不忘近，害怕征伐不停止，变乱由内而生，动摇国家根本。《易经》上说："高宗征伐鬼方，三年之后才攻克。"高宗是贤明的君主，鬼方是西北方小国，凭借贤明君主要用三年才攻克西北方小国，可想而知用兵的难处。唐代从开元到咸通，征战南方边境的军队，都是因为边境的大臣为贪图名利和功劳而开启征战南方各地，自己招引敌人，成为国家的祸患，不像是高宗属于不得已攻打。十年能够战胜敌军，已经算是快的了。

帝好音乐，宴游殿前，供奉乐工，常近五百人，每月宴设不减十余，水陆皆备，听乐观优，不知厌倦，赐与动及千缗。曲江、昆明、灞浐、南宫、北苑、昭应、咸阳，所欲游幸即行，不待供置，有司常具音乐、饮食、幄帟[①]，诸王立马以备陪从。每行幸，内外诸司扈从十余万人，所费不可胜纪。

臣祖禹曰：国之将兴，其君未尝不俭；将亡，未尝不侈也。懿宗不德而暴天产、穷人力，其能久有国乎。

右，懿宗在位十五年崩，年四十一。

【注释】①幄帟（yì）：《周礼·天官·幕人》："掌帷、幕、幄、帟、绶之事。"郑玄注："郑司农云：'帟，平帐也。玄谓帟，王在幕若幄中坐上承尘。幄、帟皆以缯为之。'"后因以"幄帟"泛指篷帐。

【译文】唐懿宗喜欢音乐，在宫殿前宴饮游乐，近前侍奉的乐工，常常接近五百人，每个月的宴饮不少于十次，水上陆上都有，听音乐，观赏舞者，不知道疲倦，赐给他们的赏金动辄一千缗。曲江（今西安城区东南部）、昆明池（西安城西沣水、潏水之间）、灞浐（水名，今陕西境内）、南宫、北苑、昭应（今陕西临潼）、咸阳（今陕西关中平原中部），他有想要游览的地方就立即成行，并不等到置办完成就去，专门负责的官员经常准备好音乐、饮食、篷帐，诸位王侯跨立马上等待陪从，每次出游，内外专职陪同人员都有十万人，所花费的金钱不可胜数。

臣范祖禹认为，国家将要兴起，那么他的君主就没有不节俭的；国家将要灭亡，那么他的君主就没有不奢侈的。唐懿宗没有德行并且暴殄天物、耗尽人力，国家哪能长久呢。

以上，唐懿宗在位十五年，驾崩时四十一岁。

唐鉴卷之二十二

僖　宗

乾符[①]二年，帝之为普王也，小马坊使田令孜[②]有宠，及即位，使知枢密，遂擢为中尉。帝时年十四，专事游戏，政事一委令孜，呼为“阿父”。令孜颇读书，多巧数，招权纳贿，除官及赐绯紫皆不关白于帝。每见帝，自备果食两盘，与帝相对饮啖，从容良久而退。帝与内园小儿狎昵，赏赐乐工、伎儿，所费动以万计，府藏空竭。令孜说帝籍两市商旅宝货悉输内库，有陈诉者，付京兆杖杀之。宰相以下，钳口莫敢言。

臣祖禹曰：唐自明皇、肃宗以来，尊宠宦者，德宗始委以禁兵。文宗以后，天子由其所立，故其末流，子孙至于如此。夫国之兴也，未有不由亲贤，及衰也，犹以小人取败。况祖宗所任不正，则后世必有甚者矣，是以明王必慎其所与，恐开祸乱之原也。若僖宗者，又何责焉？

【注释】①乾符：唐僖宗李儇的第一个年号，从874年十一月至879年十二月，共计6年。②田令孜（？–893）：本姓陈，字仲则，蜀郡（今四川省）人。唐末权宦。

【译文】乾符二年（875），在唐僖宗还是普王的时候，小马坊使田令孜就已经很受宠了，等到唐僖宗登基的时候，任命他做枢密使，然后又提拔为中尉。唐僖宗当时十四岁，只是贪图玩游戏，国家大事全都委托给田令孜，称他为“阿父”。田令孜挺喜欢读书，很有智谋，把持权势，收受贿赂，任命官员以及赏赐官服都不告诉唐僖宗。每次见唐僖宗，他都自己带两盘食物，和唐僖宗相互对坐镇定地吃喝，很久以后才离去。唐僖宗和宫内的小宦官举止亲密，赏赐乐工、伎儿，所花费的金钱数以万计，国库耗尽。田令孜游说唐僖宗把东西两市商旅的货物全部放到国库，如果有上诉的人，就带给京兆尹杖杀了他，宰相以下的人，都沉默无言，不敢讨论。

臣范祖禹认为，唐代从玄宗、肃宗以来，宠幸宦官使其尊贵，唐德宗时开始把禁军委任给他们。唐文宗以后，君主是他们拥立的，所以唐朝末年，它的子孙才到了这种地步。国家的兴起，没有不是因为亲近贤臣的，等到它衰亡了，还是因为小人才取得失败的。更何况祖先任用不忠正的人才，那么后代一定有更厉害的，所以贤明的君主应非常谨慎地给予权力，害怕打开祸乱的源头。像唐僖宗这样的，又有什么值得责备的呢？

濮州贼王仙芝及其党尚君长，攻陷濮、曹州，众至数万。冤句人黄巢亦聚众数千人应仙芝。巢少与仙芝皆以贩私盐为事，巢善骑射，喜任侠，粗涉书传，屡举进士不第，遂为盗，与仙芝攻剽州县，横行山东，民之困于重敛者争归之，数月之间，众至数万。

臣祖禹曰：自古盗贼之起，国家之败，未有不由暴赋重敛，而民之失职者众也。《书》曰："夏王率遏众力，率割夏邑。"又曰："降监商民，用乂[①]雠敛。"此桀纣之所以亡也。秦汉以下莫不皆然。唐之季世，政出阉尹，不惟赋敛割剥，复贩鬻百物，尽夺民利，故有私盐之盗。商贾之事，皆官为之，使民无衣食之资，欲不亡其可得乎？

【注释】①乂（yì）：杀，除。

【译文】濮州叛贼王仙芝和他的党羽尚君长，攻陷濮州（今山东鄄城及河南濮阳南部地区）、曹州（今山东省西南部，黄河南岸），军队人数有数万之众。冤句人黄巢也聚集了数千人的群众来响应王仙芝。黄巢年轻时和王仙芝都以贩卖私盐作为职业，黄巢擅长骑马射箭，喜欢扶助弱小，粗读典籍，多次应考进士，没有考中，于是当了盗贼，和王仙芝攻克州县，纵横驰骋太行山以东，被繁重的赋税剥削的百姓争相归附于他，几个月的时间，数量就达到了上万。

臣范祖禹认为，自古以来，盗贼兴起，国家衰败，没有不是因为繁重的赋税，百姓失业的太多造成的。《尚书》中记载："夏桀耗尽了民力，剥削夏国人民。"又说："上天向下监视着商朝人民，国君用杀戮和重刑横征暴敛。"这就是夏桀和商纣为什么灭亡。秦汉以后没有不是这样的。唐朝的末年，政治出自宦官，不仅仅有横征暴敛，还有贩卖各种货物，把群众的利益都剥夺了，所以才会有贩卖私盐的盗贼。商人的事情，都让官员做了，让人民没有衣食的来源，想要不亡国，怎么可能呢？

广明[1]元年二月，左拾遗侯昌业以盗贼满关东，而帝不亲政事，专务游戏，赏赐无度，田令孜专权无上，天文变异，社稷将危，上疏极谏。帝大怒，召昌业至内侍省，赐死。

臣祖禹曰：昔比干立于纣之朝，三孤[2]之位，不可以视天下之乱而不言也；王子之亲，不可以待宗庙之亡而不救也，是以谏而死之。唐之季世，人主蒙弱，阉尹擅朝，四海横流，不可止救，贤者遁世不居其位，可也，谏而死职，则忠矣，其未得为仁乎？

【注释】①广明：唐僖宗李儇的第二个年号，从880年正月至881年七月，共计2年。②三孤：《尚书·周官》："少师、少傅、少保，曰三孤。"孤，位特殊，低于公，尊于卿。三孤为三公之副。

【译文】广明元年（880）二月，左拾遗侯昌业因为盗贼遍布关东地区，但是唐僖宗又不亲自处理政事，只是沉溺于游戏，赏赐没有节制，田令孜独断专行没有上限，天象出现了异常，国家将变得危险，呈上奏折极力劝谏。唐僖宗非常恼怒，将侯昌业召到内侍省，把他赐死了。

臣范祖禹认为，昔年比干在纣王时期当官，处于三孤的位置，不能够看着天下大乱而什么都不说；身为君主的亲人，也不能等到宗庙的覆灭而不去救，所以以死进谏。唐朝的末年，君主蒙弱，宦官当政，四海放纵恣肆，不可制止，能够救国的贤德之人已经避世不在执政的位置上，是可以的，因为进谏而死在自己的职位上，是尽了忠心，难道这算不得仁吗？

十二月，黄巢入长安，纵兵大掠，焚市肆，杀人满街，尤憎官吏，得之者，皆杀之。

臣祖禹曰：扬雄有言曰："秦之有司，负秦之法度，秦之法度，负圣人之法度。"先王患德之不达于下也，故举仁贤而任之，上有惠泽，下吏犹或不能究宣，而况君为聚敛刻急之政，则其臣阿意希旨[①]，必有甚者矣。故秦之末，郡县皆杀其守令而叛，盖怨疾之久也。唐之盗贼尤憎官吏，亦若秦而已矣。《诗》曰："岂弟[②]君子，民之父母。"夫为吏，而使民爱之如父母，则其爱君可知矣。苟使民疾吏如寇仇，则其君岂得不危亡乎！

【注释】①阿意希旨：阿意：迎合他人的意旨。希旨：即希指，迎合在上者的意旨。②岂弟（kǎi tì）：快乐平易。《诗经·小雅·蓼萧》："既见君子，孔燕岂弟。"

【译文】十二月，黄巢进入长安，纵容士兵大肆抢掠，焚烧集市，通街杀人，他们特别憎恨官吏，只要被捕的，都被杀死了。

臣范祖禹认为，扬雄说过："秦代的官员，背弃秦朝的法度，秦朝的法度，背弃圣人的法度。"先代君主害怕德政无法到达地方，所以举荐仁德贤能的人而任用他，国家有恩泽，地方的官吏或许还不能彻底施于民，更何况君主为了聚敛钱财而实行苛刻严厉的政策，那他的臣子就会曲意逢迎上面的旨意，一定有剥夺百姓更

加凶狠的。所以秦代末年，郡县百姓都去杀郡守、县令来造反，这是因为不满的时间太久了。唐代的盗贼格外憎恨官吏，也像秦代一样而已。《诗经》上说："君子品德真高尚，好比百姓父母般。"作为官吏，要使得百姓如同敬爱父母一样敬爱他，那么百姓对君主的忠爱之心就可想而知了。如果让人民痛恨官员像痛恨仇敌一样，那么他的君主怎么能不处在生死存亡的关头呢！

中和[①]元年，帝在成都，日夕专与宦官同处，议天下事，待外殊疏薄。左拾遗孟昭图上疏，以为："治安之代，遐迩犹应同心，多难之时，中外尤当一体。去冬西幸，不告南司，遂使宰相、仆射以下悉碎于贼，独北司得全。今朝臣至者，皆冒重险，出百死者也，所宜同休等戚。伏见前夕黄头军作乱，陛下独与令孜、敬瑄[②]及诸内臣闭城自守，不召宰相，不谋群臣，求入不得，请对不许。且天下者，高祖、太宗之天下，非北司之天下；天子者，四海九州之天子，非北司之天子。北司未必尽可信，南司未必尽无用。安有天子与宰相了无关涉，朝臣皆弃若路人！如此，恐收复之期，尚劳宸虑[③]，尸禄[④]之士，得以宴安。已事诚不足谏，而来者冀可追也。"疏入，令孜屏不奏，矫诏贬昭图嘉州司户，遣人沈于蟇[⑤]颐津，闻者气塞而不敢言。

臣祖禹曰：自古大乱之世，亦必有忠义之臣。僖宗播越[⑥]，几于亡矣，而谏争之职，犹有人焉。盖天下未尝无贤，惟其君不能用也。唐之将亡，虽有忠贤，亦末如之何矣。昭图岂不知言发而祸应哉！特出于忠义愤激而不能已耳。夫明主导天下而使之言，其贤者乐告以善道，故国家可得而治也。苟上下否隔[7]，不可告语，使人之言者，出于愤激之气，则其国岂不殆哉！

【注释】①中和：是唐僖宗李儇的第三个年号，从881年七月至885年三月，共计5年。②敬瑄（？—893）：即陈敬瑄，蜀（今四川省）人。唐朝晚期军阀、将领。权宦田令孜之兄，所占据的四川成为后来王建建立前蜀政权的基础。③宸虑：帝王的思虑谋划。宸，北极星所在为宸，后借用为帝王所居，又引申为王位、帝王的代称。④尸禄：空受俸禄而不治事。⑤蟇（má）：古同“蟆”。特指蛙类动物。⑥播越：离散，流亡。《左传·昭公二十六年》：“兹不谷震荡播越，窜在荆蛮。”⑦否隔：也作“否鬲”。闭塞不通。《汉书·薛宣传》：“夫人道不通，则阴阳否鬲。”颜师古注：“否，闭也，音皮鄙反。鬲与隔同。”

【译文】中和元年（881），唐僖宗在成都，日夜和宦官同在一处议论天下大事，对待外官特别疏远，左拾遗孟昭图呈上奏折，认为：“在国家得到良好治理的时代，远近同心，国家多难的时代，朝廷内外应该团结一心。去年冬天向西游幸，没有提前告知中书、门下、尚书三省，所以使得宰相、仆射以下都被叛贼斩杀，只有内侍省得以保全。如今朝臣所走的地方，都是冒着重重危险，多次出生入死，所以应该共患难。前些日子我看见黄巾军作乱，陛下您只是和田令孜、陈敬瑄和各位宦官关闭城门自守，不召见宰相，不和大臣共同谋划，请求入内不行，请求对策不允许。何况天下，是唐高祖、唐太宗的天下，不是内侍省的天下；天子，是整个国家的天子，不是内侍省的天子。内侍省未必全都可以相信，三省的大臣未必都是无用之才。哪有天子和宰相一点关系和交涉也没有，朝中的大臣都和路人一样被背叛和抛弃呢！如果是这样，恐怕收复失地的日期，还需要帝王的策划，空受俸禄而不治事的人贪享宴游之乐。已经成为事实的确实不值得进谏，但是来者还可以追击啊。”奏折呈入，田令孜将它掩蔽起来没有呈奏，假传皇帝诏书将他贬为嘉州司户，派人把他丢入蟇颐津中，听闻这件事的人特别生气，但没有人敢议论它。

臣范祖禹认为，社会十分动荡的时代，也一定会有忠直正义的臣子。唐僖宗流亡不定，国家几乎要灭亡，但依然有进谏的官员。所以天下并不是没有贤德之人，只是他的君主不能够很好地任用他们，唐代将要亡国，虽然有忠正贤德的人，但也不能挽救。孟昭图难道不知道他的言论呈上去之后将要有祸患降临吗！只是出于忠直正义，激动愤慨不能自已罢了。贤明的君主治理天下，引导天下人说出自己的想法，贤德之人非常乐意告诉他好的方法，所以国家可以得到好的治理。如果君主与大臣之间闭塞不通，不能够说出自己的想法，使人说出自己的想法，却是出于激愤，那么他的国家还能不消亡吗！

二年六月，罗浑擎等反，捕盗使杨行迁等与之战，不利，求益兵。府中兵尽，陈敬瑄悉搜仓库门庭之卒以给之。是月，大战于乾谿，官军大败。行迁等恐无功获罪，多执村民为俘送府，日数十百人。敬瑄不问，悉斩之。其中亦有老弱及妇女，观者或问之，皆曰：“我方治田绩麻，官军忽入村，系虏以来，竟不知何罪！”

臣祖禹曰：《书》曰：“火炎昆岗，玉石俱焚，天吏逸德，烈于猛火。”自古以来，将非其人而兵无纪律者，多杀戮平民以为俘馘[①]。而上不知之，其为暴甚于寇盗。何则？民知防寇盗而不虞王师也。先王以用兵为戒，岂非以所害者多欤？

【注释】①俘馘（guó）：被活捉的敌人。割下来用以计数的左耳。

【译文】中和二年（882）六月，罗浑擎等造反，捕盗使杨行迁等人和他战斗，出师不利，请求增援。府中已经没有士兵，陈敬瑄就把仓库门庭的守卒全部给他。这个月，两军在乾溪（今四川都江堰市东北）大战，唐王朝的部队被打败。杨行迁等人害怕没有战功会被治罪，便把大多村民作为俘虏送往官府，每天数十百人。陈敬瑄没有问，全部斩杀了。其中也有老弱、妇女，观看的人之中有问俘虏的，都说：“我刚刚种田织布，官家军队突然进入村子，将我捆绑掳掠过来，竟然不知道有什么罪行！”

臣范祖禹认为，《尚书》中说：“火烧昆山，玉和石同样被焚烧，天朝的官吏如有过恶行为，害处将比猛火更甚。”自古以来，将领不是应该在其位的人，士兵没有纪律的话，大多杀戮平民作为被活捉的敌人。但是君主却不知道，他们的所作所为比盗贼还要暴虐。为什么呢？百姓知道戒备盗贼却不知道防备官军啊。先代帝王把用兵作为一戒，不是因为它的害处太多了吗？

四年五月，李克用破黄巢，还至汴州，馆于上源驿。朱全忠与之宴，发兵围驿而攻之，克用缒城得出，引兵还晋阳，上表自陈为全忠所图，将佐以下从行者三百余人，并牌印皆没不返，乞遣使按问，发兵诛讨。时朝廷以大寇初平，方务姑息，得克用表，大恐，但遣中使优诏和解之。克用前后凡八表，称："全忠妒功嫉能，阴狡祸贼，异日必为国患。乞下诏削其官爵，臣自率本道兵讨之，不用度支粮饷。"帝累遣杨复恭等谕旨，称："吾深知卿冤，方事之殷，姑存大体。"克用终郁郁不平。时藩镇相攻者，朝廷不复能为之辨曲直。由是互相吞噬，唯力是视，皆无所禀畏矣！

臣祖禹曰：天子所以制御天下者，赏善罚恶辨是非枉直，使人各当其所，物各安其分，而不相陵暴也。克用有复唐室之大功，而全忠辄欲杀之。蕃夷之人不敢专兵复雠，而赴诉于朝廷，是诸侯犹有尊王室之心也。为天子者，宜诘其孰是孰非，直者佑之，不直者黜之，使征伐号令出于天子，则诛一镇而天下莫敢不从矣。僖宗则不然，知其直者而不恤，置其不直者而不问，是犹一郡一县之长不能听讼，而使民以其强弱自相胜也。不惟全忠无所忌惮，而克用心亦不服，欲两存之，乃两失之。自是以后，藩镇擅相攻伐，不复禀命，以天子不足诉也。唐之政令不行于藩镇，实自此始，后虽复欲为强，其可得乎？《书》曰："有罪无罪，予曷敢有越厥志。"刑罚者，所以为天讨也，王者之于天下惩劝，可不明哉！

【译文】中和四年（884）五月，李克用攻破黄巢，回到汴州

（今河南开封），在上源驿住下。朱全忠给他设宴，出兵围攻驿站，李克用凭借绳子从城墙上放下而逃出，带领军队回到晋阳（今山西省太原市晋源区），上奏陈述自己被朱全忠设法对付，将佐以下随行的三百人，和牌印一起都没能带回来，乞求派遣使者考察审问，派兵诛杀讨伐。当时朝廷因为大乱初定，想要苟且偷安，看到李克用的奏章，特别害怕，只派遣宦官好言好语劝李克用与朱全忠和解。李克用前后总共上呈了八个奏折，说："朱全忠妒忌战功和能力，阴险狡诈，是祸国盗贼，他日必定成为国家的祸害。恳请下达诏书剥夺他的官职，我亲自率领自己的军队讨伐他，不用度支使的军饷。"唐僖宗连续派遣杨复恭等回复旨意，说："我深知你的冤屈，现在是事情正多的时候，要能够理会紧要的地方。"李克用最终抑郁难平。当时藩镇相互攻战，朝廷不再能够替他们分辨是非曲直，自此以后相互吞并，只看势力而不再禀报和忌惮朝廷了。

臣范祖禹认为：天子之所以能够控制治理天下，是因为赏赐良善、惩治邪恶、分辨是非曲直，让每个人都有他的处所，物都在它应该在的地方，而不是互相欺侮凌辱。李克用有恢复唐朝王室的战功，但是朱全忠却要杀害他。李克用身为沙陀人是蕃夷，不敢把持兵权用来复仇，从而奔赴告诉朝廷，是诸侯还有尊重君主的心思。作为天子，应该追问是非对错，对的护佑他，错的罢黜他，让征伐号令从朝廷发出，那么诛杀一个藩镇，天下就没有敢不顺从的了。唐僖宗就不是这样，知道他是对的也不体恤他，把错的放在一边不去过问，就好像郡县的长官不能够判决官司，让百姓用他们自身力量的强弱决胜负。不只是朱全忠没有害怕的心理，李克用也心存不服，想要两个都存在，就是两个都失去。从此以后，藩镇擅自互相攻伐，不再禀报，因为天子不值得诉讼。唐代的政令不能够在藩镇中实行，实际是从这里开始的，后来虽然想要再次图强，还可以做到吗？《尚书》上说："对待有罪和无罪的人，我怎么敢违反上天的意志呢。"刑罚，是上天的讨伐，君主治理天下，惩罚和劝诫难道可以不明确吗？

光启[①]元年六月，乙巳，右补阙常浚上疏，以为："陛下姑息藩镇太甚，是非功过，骈首并足，致天下纷纷若此，犹未之寤，岂可不念骆谷之艰危，复怀西顾之讨乎！宜稍振典刑以威四方。"田令孜之党言于帝曰："此疏传于藩镇，岂不致其猜忿！"庚戌，贬浚万州司户，寻赐死。

臣祖禹曰：杀谏臣者其国必亡，故侯昌业、孟昭图、常浚皆以谏而死。自是以后，无敢言者，唐亡之兆亦已著矣，何必天变彗孛之为妖乎！夫忠臣欲救社稷之危，人君不惟弃其言，而又戮其身，不祥莫大焉，此其国所以为墟也。

【注释】①光启：是唐僖宗李儇的第四个年号，从885年三月至888年正月，共计4年。

【译文】光启元年（885）六月，乙巳日，右补阙常浚上奏，认为："陛下太纵容藩镇，是非功过，并排搅在一起，以致天下混乱到了如此地步，还没有醒悟，怎么可以不念及逃脱骆谷的艰苦危难，不警惕西方的征伐！应该稍微兴起刑罚来威震四方。"田令孜的党羽对唐僖宗说："这本奏章如果传到藩镇，怎么能不遭到猜忌愤恨呢！”庚戌日，把常浚贬为万州司户，不久就把他赐死了。

臣范祖禹认为，诛杀谏官的君主，他的国家一定灭亡，所以侯昌业、孟昭图、常浚都因为进谏而死。从此以后，没有敢进谏的人了，唐代灭亡的征兆已经很明显了，哪里还需要天变、彗星和孛星来作祟呢！忠臣想要拯救社稷危难，君主不仅废弃他的意见，又屠戮他的生命，不祥没有比它更大的了，这就是国家为什么会成为废墟的原因。

先是，安邑、解县两池盐皆隶盐铁，置官榷之。中和以来，河中节度使王重荣专之，田令孜奏复如旧制。令孜自兼两河榷盐[①]使，收其利以赡军。重荣上章论诉不已，遣中使往谕之，重荣不可。时令孜多遣亲信觇[②]藩镇，有不附己者，辄图之。令孜养子匡祐使河中，重荣待之甚厚，而匡祐傲甚，举军皆愤怒。重荣乃数令孜罪恶，责其无礼，监军为讲解，仅得脱去；匡祐归，以告令孜，劝图之。令孜乃徙重荣为泰宁节度使，以王处存为河中节度使。重荣累表论令孜离间君臣，数令孜十罪。令孜结邠宁节度使朱玫、凤翔节度使李昌符以抗之。重荣求救于李克用，克用方怨朝廷不罪朱全忠，玫、昌符亦阴附全忠，克用乃上言，请讨二镇。十二月，战于沙苑，玫、昌符大败，克用逼京城，帝幸凤翔。明年，令孜劫帝幸兴元。

臣祖禹曰：僖宗播迁，两京陷贼，皆令孜之为也。其养子傲狠于河中，而重荣、克用背叛，再幸兴元，不去其本，祸难不已。《书》曰：“怨不在大。”岂不信哉！

【注释】①榷盐：食盐专卖，后指征收盐税。榷：专利，专卖。②觇（chān）：窥测，观测。

【译文】在以前，安邑（今山西省运城市）、解县（今山西运城盐湖区解州镇）两地池盐都是属于朝廷的盐铁司，设置官衙专卖，中和以来，河中节度使王重荣垄断了盐利，田令孜呈奏皇帝恢复以前旧例，田令孜自己兼任两河榷盐使，将征收的盐税用来供养军队。王重荣呈上奏章不断议论，唐僖宗派遣宦官前往说服他，王重荣不接受。当时田令孜多次派遣亲信窥探藩镇，有不依附自己的，就设法对付他。田令孜的养子田匡祐出使河中，王重荣对待他甚为优厚，但是田匡祐却十分傲慢，全军都十分愤怒，王重荣于是列举田令孜的罪恶，责备他的无礼。监军为田匡祐讲解求和，只能从军中脱身，田匡祐回去把它告诉了田令孜，劝他设法对付王重荣。田令孜于是把王重荣改任为泰宁节度使，将王处存任命为河中节度使。王重荣多次上奏讨论田令孜离间君臣关系，述说他的十宗罪恶。田令孜勾结邠宁节度使朱玫、凤翔节度使李昌符来对抗他。王重荣向李克用求救，李克用正埋怨朝廷不降罪朱全忠，朱玫、李昌符也暗中依附朱全忠，李克用于是上奏，请求讨伐两镇。十二月，两军在沙苑大战，朱玫、李昌符大败，李克用进逼京城，唐僖宗逃奔凤翔。第二年，田令孜劫掠唐僖宗到兴元。

臣范祖禹认为，唐僖宗流离失所，东、西两京失陷，都是田令孜导致的。他的养子在河中傲慢凶狠，而王重荣、李克用的背叛，再到被挟持到兴元（都是田令孜的罪责），如果不铲除根本，祸乱是不会停止的。《尚书》上说：“怨恨不在于大小。”难道不是确实如此吗！

文德[1]元年，三月，壬寅，帝疾，大渐，皇弟吉王保，长而贤，群臣属望。十军观军容使杨复恭[2]请立其弟寿王杰。是日，下诏，立杰为皇太弟，监军国事。

臣祖禹曰：懿宗之崩，中官废长而立幼，遂倾唐室。僖宗疾革，杨复恭亦如之。大抵宦者，利于幼弱，欲专威权，以长而立则己无功，故必有所废置，谓之定策。夫立君以为天下，而宦者以私一己，既以援立为功，未有不乱国家者也。

右，僖宗在位十六年崩，年二十七。

【注释】①文德：唐僖宗李儇的第五个年号，从888年二月至十二月，共计十个月。文德元年三月唐昭宗李晔即位沿用。②杨复恭（？-894）：字子恪，本姓林氏，闽（福建）人。唐末宦官。代田令孜为左神策中尉，主导平定朱玫之乱。唐僖宗驾崩后定策立昭宗，专典禁兵，操纵朝政。

【译文】文德元年（888），三月，壬寅日，唐僖宗病危，皇上的弟弟吉王李保，年长而且是贤德之人，是众位大臣期待的。十军观军容使杨复恭请求策立他的弟弟寿王李杰。这天，颁布诏令立李杰为皇太弟，监管国家军政大事。

臣范祖禹认为，唐懿宗驾崩，宦官废除长子而立幼子，所以倾覆了唐朝。唐僖宗病情危急，杨复恭也这样做。大概所有的宦官，都认为立幼小势弱的君主对他们有利，以此想要专制独断，凭借年长设立就无法显出功劳，所以一定会有废立，称为定策之功。设立君主本来是为了天下，但这些宦官是为了一己私利，既然用拥立皇帝作为功勋，哪有不祸害国家的。

以上，唐僖宗在位十六年，驾崩时二十七岁。

唐鉴卷之二十三

扫一扫 听导读

昭宗上

大顺[①]元年四月，赫连铎、李匡威请讨李克用。朱全忠亦上言："克用终为国患，今因其败，臣请帅汴、滑、孟三军，与河朔三镇共除之。乞朝廷命大臣为统帅。"初，张浚因杨复恭以进，复恭中废，更附田令孜而薄复恭。复恭再用事，深恨之。帝知浚与复恭有隙，特亲倚之。浚亦以功名为己任，每自比谢安、裴度。克用之讨黄巢，屯河中也，浚为都统判官。克用薄其为人，闻其作相，私谓诏使曰："张公好虚谈而无实用，倾覆之士也。主上采其名而用之，他日交乱天下，必是人也。"浚闻而衔之。帝从容与浚论古今治乱，浚曰："陛下英睿如此，而中外制于强臣，此臣日夜所痛心疾首也。"帝问以当今所急，对曰："莫若强兵以服天下。"帝于是广募兵于京师，至十万人。及全忠等请讨克用，帝命三省、御史台四品以上议之，以为不可者什六七，杜让能、刘崇望亦以为不可。浚欲倚外势以挤杨复恭，乃曰："先帝再幸山南，沙陀所为也。今两河藩镇共请讨之，此千载一时。但乞陛下付臣兵柄，旬月可平。"孔纬曰："浚言是也。"帝曰："克用有兴复大功，今乘其危而攻之，天下其谓我何？"纬曰："陛下所言，一时之体也；张浚所言，万世之利也。"帝以二相言叶[②]黾勉[③]从之。五月，诏削夺克用官爵、属籍，以浚为河东行营都招讨制置宣慰使，京兆尹孙揆副之。八月，揆为克用将李存孝所擒，克用锯杀之。十月，禁军自溃；张浚战，又败。克用上表讼冤。制以孔纬为荆南节度使，浚为岳鄂观察使，再贬纬均州刺史，悉复李克用官爵，使归晋阳。明年二月，加克用守中书令，再贬浚绣州司户。

臣祖禹曰：李克用有复唐社稷之功，苟无大害于天下，犹将十世宥也。朱全忠欲杀之，而朝廷不诘全忠与诸镇，一请讨克用，则遽从之，盖以克用出于蕃夷，而陵蔑之耳。然有功者见讨，有罪者不诛，则无以为国。故夫昭宗所以失政，而海内愈乱者，由张浚为此役也。唐之将亡，譬如人有必死之疾，使秦和[④]扁鹊救之，未必能起也。而庸医妄药以攻之，所攻非疾，所疾不攻，岂不速其死乎！

【注释】①大顺：是唐昭宗李晔的第二个年号，从890年正月至891年十二月。②叶（xié）：和，合，一致。③黾勉：奋勉。④秦和：方技家代表人物，远古有岐伯、俞拊，战国有扁鹊、秦和，汉初有仓公，其中以扁鹊最为知名。

【译文】大顺元年(890)四月，赫连铎、李匡威请求征伐李克用。朱全忠也上奏说:“李克用最终会成为国家祸患，现在趁着他的失败，我请求率领汴州、滑州(今河南省北部)、孟州(今河南省焦作市)三支军队，和河朔三镇一同铲除他。恳请朝廷命令大臣作为统帅。”当初张浚因为杨复恭而升官，杨复恭中途被废的时候，改依附田令孜而疏离杨复恭。杨复恭再次被启用时，对他非常憎恨。唐昭宗知道张浚和杨复恭有嫌隙，特别优待他。张浚追求功名利禄，每次都把自己和谢安、裴度相比。李克用征讨黄巢驻扎在河中，张浚是都统判官。李克用看不起他的为人，听说他做宰相，私下对颁布诏令的使者说:“张浚喜好虚谈但没有实用价值，是倾覆国家的人。君主因为他的名而用他，后日祸乱天下的人，一定是这个人。”张浚听说后怀恨在心。唐昭宗从容地和张浚讨论古代现在的治世和乱世，张浚说:“陛下如此英明睿智，但是朝廷内外被擅权的大臣控制，这是我日夜伤心痛恨到极点的。”唐昭宗问现今当务之急，回答说:“莫过于增强兵力用来征服天下。”唐昭宗于是在京师大面积招募士兵，直到十万人。等到朱全忠等人请求讨伐李克用，唐昭宗命令尚书、中书、门下三省，御史台四品以上商议，认为不可以这么做的有十之六七，杜让能、刘崇望都认为不能这样。张浚想要依仗外来势力来排挤杨复恭，于是他说:“先皇两次驾临山南，是李克用所导致的。现在两河藩镇共同请求讨伐他，这是千载难逢的。只请陛下授予我调兵的权力，一个月就可以平定。”孔纬说:“张浚所言极是。”唐昭宗说:“李克用有兴复唐室的大功，现在趁着他有危机去攻击他，天下的人将会怎么说我呢?”孔纬说:“陛下所说的，是一时的情况;张浚所说的，是世世代代的利益。”唐昭宗因为两位宰相的话一样，勉强同意了。五月，颁布诏令褫夺了李克用的官爵、属籍，命令张浚作为河东行营都招讨制置宣慰使，命令京兆尹孙揆作为副使。八月，孙揆被李克用的将领李存孝擒获，李克用用锯子杀了他。十月，禁军自行崩溃；张浚出战，再次失败。李克用呈上奏折倾诉冤情。颁布诏令贬孔纬作为荆南节度使，张浚作为岳鄂观察使，再次把孔纬贬为均州刺史，全部恢复李克用的官职，让他回到晋阳。第二年二月，加李克用为守中书令，再次把张浚贬为绣州司户。

臣范祖禹认为，李克用有恢复唐朝社稷的功业，如果对天下没有大害，还应该宽恕十世的罪行。朱全忠想要杀了他，但是朝廷不谴责朱全忠和各个镇，一有请求征讨李克用的，就立马听从了，大概是因为李克用是蕃夷出身，都对他凌侮蔑视。但是有功业的被讨伐，有罪的人却不诛灭，那就无法治理国家。之所以唐昭宗时期政治混乱，国家越来越纷乱，是由张浚发起的这场战役。唐朝将要灭亡，就像人有必然会致死的疾病，让秦和扁鹊来拯救他，也未必能够让他有起色。但庸医妄想用药来攻克它，所攻的方向并非是疾病所在，疾病所在的方向却不去攻克，这样不是很快就致死了吗！

乾宁[①]元年七月，李茂贞[②]遣兵攻阆州，杨复恭、杨守信帅其族党犯围走。将自商山奔河东，至乾元，遇华州兵，获之。八月，韩建献于阙下，斩于独柳。李茂贞献复恭与守亮书，诉致仕之由，云：“承天门乃隋家旧业，大侄但积粟训兵，勿贡献。吾于荆榛中立寿王，才得尊位，废定策国老，有如此负心门生天子！”

臣祖禹曰：惟君子可以有功，小人不可以有功也。君子有功而不伐，小人有功而益骄，先王戒小人勿用者，以其不可立功也。夫无功犹不可长也，况其有功，何以堪之？故小人而有非常之功者，国之不幸也。复恭刑臣，至与天子为敌，昭宗亲战，用大师，而后克之。其言不臣如此，由其恃援立之功故也。岂不足为永戒哉！

【注释】①乾宁：唐昭宗李晔的第四个年号，从894年正月至898年八月。②李茂贞（856–924）：原名宋文通，字正臣，深州博野（今河北蠡县）人。唐末至五代时期藩镇、军阀，官至凤翔、陇右节度使，封岐王。

【译文】乾宁元年（894）七月，李茂贞派遣军队进攻阆州（今四川省东北部），杨复恭、杨守信率领他的族人和党羽突围逃走。将会从商山（今陕西省商洛市丹凤县商镇）逃奔到河东，到了乾元，遇到华州（今陕西省渭南市华州区境内及其周边）的军队，被擒获。八月，韩建把他进献给京城，在独柳下斩杀了他。李茂贞献上杨复恭写给杨守亮的书信，陈述退休的原因，说：“承天门是隋朝旧的产业，大侄只要囤积粮食训练军队，不要向朝廷进贡。我在困难之中拥立寿王，他才得到君主之位，就罢黜定策国老，竟然有这样负心的天子！”

臣范祖禹认为，只有贤德之人可以有功业，奸诡小人不可以有功业。贤德之人有功业但不会归功于自己，奸诡小人有功业就更加骄横，先代君主防备小人不去任用，是因为他们不可以建立功业，没有功业尚且不易掌控，更何况他们有功业，又让人怎么忍受？所以奸谗小人有了重要的功业，是国家的不幸。杨复恭作为宦官，最后竟敢和天子为敌，唐昭宗亲自参战，动用了大部队，最后战胜了他。他的言论如此叛逆，是因为他依仗拥立唐昭宗登基的功劳，这难道不应该永远引以为戒吗？

三年七月，李茂贞犯京师，帝将幸太原。韩建请幸华州，帝从之。茂贞入长安，宫室市肆燔烧俱尽。帝愤天下之乱，思得奇杰之士，不次[①]用之。国子博士朱朴自言得为宰相，月余可致太平，帝以为然。八月，以朴为左谏议大夫同平章事。朴为人庸鄙迂僻，无他长，制出，中外大惊。

臣祖禹曰：国之将亡，如大厦之将颠。扶其东而西倾，支其南而北坏，况所以扶而支之者，非其任哉。

【注释】①不次：破格。《汉书·东方朔传》："武帝初即位，徵天下举方正贤良文学材力之士，待以不次之位。"颜师古注："不拘常次，言超擢也。"

【译文】乾宁三年（896）七月，李茂贞侵犯京城，唐昭宗将逃奔太原。韩建请唐昭宗驾临华州，唐昭宗同意了。李茂贞进入长安，宫室和集市焚烧殆尽。唐昭宗愤恨天下陷入混乱之中，想得到杰出的人才，破格任用他。国子监博士朱朴自己说如果他当上宰相，一个月左右就可以让天下太平，唐昭宗认为他说得对。八月，任命朱朴作为左谏议大夫同平章事。朱朴为人平庸鄙俗，迂诞乖僻，没有其他的特长，诏书颁布，朝廷内外大为惊讶。

臣范祖禹认为，国家将要灭亡，像大厦将要倾倒。扶了它的东面，西面就会倾倒，支撑它的南面，北面就坍坏了。况且扶植和支撑的人，并不是能够胜任的人。

四年，帝在华州。右拾遗张道古上疏称："国家有五危二乱，昔汉文帝即位未几，明习国家事，今陛下登极已十年，而曾不知为君驭臣之道。太宗内安中原外开四夷，海表之国莫不入臣，今先朝封域，日蹙几尽，臣虽微贱，窃伤陛下朝廷社稷，始为奸臣卖弄，终为贼臣所有也。"帝怒，贬道古施州司户，仍下诏罪状道古，宣示谏官。

臣祖禹曰：昭宗之在华州，唐室日趋于亡，当求贤如不及，听言如在己。社稷宗庙未可冀也，而斥逐言责之臣，杜绝谏争之路，是自蔽耳目，长奸谀也。终于颠坠厥绪。诚不知君道哉！

【译文】乾宁四年（897），唐昭宗在华州。右拾遗张道古呈上奏折说："国家存在五危二乱，往日，汉文帝登基没有多久，就明了熟悉军政国事，现在陛下您已经在位十年，却连君主驾驭臣子的方法都不知道。唐太宗对内安定中原，对外开拓四方边境，海外的国家没有不来归顺称臣的，现在先代的封疆，一天天将要消失殆尽，我虽然很卑微，私下特别伤痛陛下的国家社稷，开始时被奸臣恃恩弄权，最后被贼臣所占有。"唐昭宗非常愤怒，把他贬为施州司户，接着颁布诏令把他的罪状宣示谏官。

臣范祖禹认为，唐昭宗逃奔华州，唐朝王室一天天趋向灭亡，应当渴求贤德之人还来不及，顺耳的话就好像是自己说的。国家社稷能否保住还不能保证，就贬斥驱逐尽职尽责进谏忠言的大臣，阻断隔绝进谏的道路，是在自己堵塞自己的耳目，滋长奸谗阿谀的风气。最终衰亡。他是真的不知晓为君之道啊！

光化[①]三年，初，崔胤[②]与帝密谋尽诛宦官，及宋道弼、景务修死，宦官益惧。帝自华州还，忽忽不乐，多纵酒，喜怒不常，左右尤自危。于是中尉刘季述、王仲先、枢密使王彦范、薛齐偓等谋废立。十一月，帝猎苑中，夜，醉归，手杀黄门侍女数人。明日辰巳，宫门不开。季述率禁兵千人破门而入，问得其状，谓崔胤曰："主上所为如此，岂可理天下？"庚寅，季述陈兵殿廷，召集百官，使书奉请太子监国，胤等不敢违。帝在乞巧楼，季述、仲先与宣武进奏官程岩等帅兵入，将士大呼，至思政殿，逢人辄杀。帝见兵入，惊堕床下，起将走，季述、仲先掖之令坐。皇后趋至，拜曰："军容勿惊官家，有事唯军容议。"季述出，百官奏曰："愿奉太子监国，陛下保颐东宫。"帝曰："昨与卿曹乐饮，不觉太过，何至于是？"后曰："官家趣依军容语！"宦官扶帝与后同辇，适少阳院。季述以银挝画地，数帝曰："某时某事，汝不从我言，其罪一也。"如此数十不止。乃手锁其门，镕铁锢之，遣李师虔将兵围，穴墙以通饮食，凡兵器针刀皆不得入，帝求钱帛俱不得，求纸笔亦不与。时大寒，嫔御公主无衣衾，号哭闻于外。季述矫诏太子监国，又矫诏太子嗣位，以帝为太上皇。十二月，季述遣养子希度诣朱全忠，许以唐社稷输之；李振劝全忠讨季述，全忠乃囚希度，遣振如京师。崔胤密遣人说神策指挥使孙德昭诛季述等，德昭乃与董彦弼、周承诲谋，伏兵诛之。

天复[3]元年正月乙酉朔，德昭斩王仲先。崔胤迎帝御长乐门楼，率百官称贺。周承诲擒刘季述、王彦范继至，方诘责，已为乱梃所毙。薛齐偓赴井死，出而斩之。灭四人之族，以韩全诲、张彦弘为左右中尉，袁易简、周敬容为枢密使。

臣祖禹曰：刘季述劫太子而幽帝，宦者皆预谋。昭宗不能因天下仇疾之心，穷治逆党，以清宫闱，夺其兵柄，归之将相。而以乱易乱，复任宦者，既赦而不问，又稍以法诛之，至使反侧不安，外结藩镇，以致劫迁之祸，由除恶不绝其本，而大信不立故也。昔阳虎作乱于鲁，囚季桓子，劫其国君，《春秋》书曰："盗窃宝玉、大弓。"若季述等家臣贱人，不得曰"废立"，为唐史者，宜书曰"盗"，则名实正矣。

【注释】①光化：唐昭宗李晔的第五个年号，从898年八月至901年三月。②崔胤（853—904）：清河武城（今河北故城县）人，字垂休。右仆射崔从之孙，工部侍郎崔慎由之子。③天复：唐昭宗李晔的第六个年号，从901年四月至904年闰四月，共计4年。

【译文】光化三年（900），当初，崔胤和唐昭宗秘密谋划杀尽宦官，等到宋道弼、景务修死后，宦官们更加害怕。唐昭宗从华州回来后，心中失意而不快乐，屡次纵情饮酒，喜怒无常，身边近臣更加人人自危。于是中尉刘季述、王仲先、枢密使王彦范、薛齐偓等谋划君主的废立。十一月，唐昭宗在皇苑中打猎，夜里，喝醉了回来，杀了好几位黄门侍女。第二天辰巳时，宫门没有打开。刘季述率领上千名禁军破门而入，问明当时情况，对崔胤说："陛下有这样的作为，怎么能够治理天下呢？"庚寅日，刘季述在宫殿中布置军队，召集百官让他们上奏恳请让太子监国，崔胤等不敢违逆。唐昭宗在乞巧楼，刘季述、王仲先与宣武进奏官程岩等率领军队进入，将领士兵大声呼喊，到思政殿，见人就杀。唐昭宗看见军队进入，非常吃惊，从床上掉下，起身将要逃走，刘季述、王仲先扶着让他坐下。皇后快步走过来，边作揖边说："你们不要吓着官家，有事情任凭你们商议。"刘季述走出来，百官奏请说："愿意奉请太子监国，陛下您就在东宫保养。唐昭宗说："昨天和你们一同宴饮，不自觉失了分寸，哪里就到这个地步？"皇后说："官家赶快依照他们的话！"宦官扶着皇帝和皇后同一个步辇，到了少阳院。刘季述用银挝画地数落他的罪名说："某时某事，你不听我的话，这是你的一个罪状。"这样数了十个还不停止，然后用手锁了门，熔化铁把他禁锢起来，派遣李师虔用军队包围，在墙上打了个洞用来传送饮食。只要是兵器针刀都不准送去，唐昭宗想要钱帛都不能得到，求纸笔也不给。当时是大寒，嫔妃公主缺衣少被，哭喊声外面都能听得见。刘季述假托皇帝诏书让太子监国，又假令太子继承皇位，让唐昭宗作为太上皇。十二月，刘季述派遣养子刘希度到朱全忠那里去，许诺把大唐社稷送给他；李振劝说朱全忠征讨刘季述，朱全忠于是囚禁刘希度，派遣李振到京城。崔胤秘密派遣人游说神策指挥使孙德昭诛杀刘季述等，孙德昭于是和董彦弼、周承诲谋划，埋伏士兵诛杀了他。

天复元年（901）正月乙酉初一，孙德昭斩杀王仲先。崔胤迎接唐昭宗到长乐门楼，率领百官道贺。周承诲擒住刘季述和王彦范接着就到了，刚刚要谴责，就已经被乱棍击毙。薛齐偓跳井自杀，被捞出之后杀了。灭了四个人的亲族，任命以韩全诲、张彦弘作为左右中尉。袁易简、周敬容作为枢密使。

臣范祖禹认为，刘季述劫持太子，幽禁唐昭宗，宦官都事先谋划了。唐昭宗不能趁着天下人仇恨之心，彻底治理叛逆之人，用来肃清宫廷，褫夺他们的兵权，把它们还给将军和宰相。而是用混乱治理混乱，再次任用宦官，既然已经赦免他们，不追究责任，又逐渐用法律诛除他们，以致他们辗转反侧，甚为不安，向外勾结藩镇，造成了被劫持的祸端，是因为铲除罪恶不能够倾覆它的根本，大信也没有树立。以前，阳虎在鲁国犯上作乱，囚禁了季恒子，劫持了他的国君，《春秋》上说："强盗窃取了宝玉、大弓。"像刘季述这样的宦官，不能说"废立"，应该说"盗"，这就名副其实了。

六月，崔胤请帝尽诛宦官。宦官属耳，颇闻之，韩全诲[①]等涕泣求哀于帝。帝乃令胤："百事密封疏以闻，勿口奏。"宦官求美女知书者数人，内之宫中，阴令诇察[②]其事，尽得胤密谋。全诲等大惧，每宴聚流涕相诀，日夜谋所以去胤之术。时胤领三司使，全诲等教禁军喧哗，诉胤减损冬衣。帝不得已，解胤盐铁使。时朱全忠、李茂贞各有挟天子令诸侯之意，全忠欲帝幸东都，茂贞欲帝幸凤翔。胤知谋泄，急遗朱全忠书，称被诏令全忠以兵迎车驾，且言："上反正，公之力，而凤翔入朝引功自归。今不速至，必成罪，岂唯功为他人所有，且见征讨。”全忠得书，十月，举兵发大梁。全忠至河中，表请车驾幸东都，京城大骇。士民亡窜山谷，百官皆不入朝。十一月，壬子，全诲等陈兵殿前，奏曰：“全忠以大兵逼京师，欲劫天子幸洛阳，求传禅。臣等请陛下幸凤翔。收兵拒之。”帝不许，仗剑登乞巧楼。全诲等急即火其下。帝降楼，乃与皇后、妃嫔、诸王百余人皆上马，恸哭声不绝。全诲等遂火宫城，壬戌，车驾至凤翔。

二年六月，全忠败李茂贞之师于虢县之北。进军攻凤翔。九月，全忠围凤翔。十月，茂贞出兵击之，又败还。汴军每夜鸣鼓角，城中地如动。是冬，大雪，城中食尽，冻馁死者不可胜计，或卧未死，肉已为人所剐[3]。市中卖人肉，斤直钱百，犬肉直钱五百。茂贞储偫[4]亦竭，以犬彘供御膳。帝鬻御衣及小皇子衣于市以充用，削渍松柹以饲御马。十二月，帝召李茂贞等食，议与朱全忠和，帝曰：“十六宅诸王以下，冻馁死者日有数人。在内诸王及公主、妃嫔，一日食粥，一日食汤饼，今亦竭矣。卿等意如何？”皆不对，帝曰：“速当和解耳！”

三年正月，茂贞请诛韩全诲等，与朱全忠和，奉车驾还京。帝即遣内养帅凤翔卒四十人，收全诲等斩之。以第五可范、仇承坦为左右军中尉，王知古、杨虔朗为枢密使。是夕，又斩李继筠等十六人。遣使囊全诲等首以示全忠，时凤翔所诛宦官已七十二人。全忠使京兆捕诛九十人。甲子，帝幸全忠营。己巳，入长安。庚午，崔胤奏诛宦官。是日，全忠以兵驱第五可范以下数百人于内侍省，尽杀之，冤号之声彻于内外。其出使者，诏所在捕诛之，止留黄衣幼弱者三十人以备洒扫。帝愍可范等咸无罪，为文祭之。自是，宣传诏命皆以宫人。其两军内外八镇兵悉属六军，以崔胤兼判六军、十二卫。

臣祖禹曰：崔胤本与韩全诲争权，因昭宗惩幽辱之祸，谋尽诛中官，故全诲党李茂贞，而胤结朱全忠，各倚强藩以为外援。而岐、汴亦凭宦官、宰相内为城社，以制朝廷。故胤召全忠以兵入朝，而全诲劫帝西幸。唐室之亡，由南北司相吞灭，而人主受其祸，岂不为将来之永鉴哉。

【注释】①韩全诲（？-903）：唐代宦官。宦官韩文约的养子，任右神策军护军中尉，与凤翔节度使李茂贞有深交，天复元年（901）幽禁唐昭宗，后被李茂贞所杀。②诇（xiòng）察：侦察。③剐：割肉离骨，指封建时代的凌迟。④储偫（zhì）：储备。

【译文】六月，崔胤请求唐昭宗诛杀全部宦官。宦官偷听到这件事，韩全诲等哭着哀求唐昭宗。唐昭宗于是命令崔胤：“所有的事情以密奏的形式告诉我，不要口头上奏。”宦官搜集了几个识字的美女进入宫中，暗中让她们侦查他的事情，得到了所有崔胤的秘密谋划。韩全诲等人特别害怕，每次宴会相聚都会流着泪离别，日夜密谋如何除去崔胤。当时崔胤兼任三司使，韩全诲等教唆禁军大声叫喊，控告崔胤缩减冬衣。唐昭宗不得已，除去崔胤的盐铁使。当时朱全忠、李茂贞各自都有挟持天子命令诸侯的意向，朱全忠想要唐昭宗到东都（今河南洛阳），李茂贞想要唐昭宗到凤翔。崔胤得知他的计谋泄露，急忙给朱全忠写信，说接到诏令让朱全忠领兵迎接唐昭宗，并且说："皇上复归正道，是你的功劳，而凤翔节度使进入朝廷，把功劳都揽归到自己身上。你现在不快点来，一定会成为你的罪过，怎么可能仅仅是功劳归他人所有，一定还会被征讨。"朱全忠得到这样的书信，十月，从大梁发兵。朱全忠到达河中，上奏请求皇帝驾临东都，京城中人特别害怕。百姓都逃到山谷，文武百官都不去上朝。十一月，壬子日，韩全诲等人在大殿前部署兵力，上奏说："朱全忠用大部队进逼京城，想要劫持天子驾临洛阳，想要谋求禅位。我们请求陛下驾临凤翔，招收士兵抵抗朱全忠。"唐昭宗不允许，手握宝剑登上乞巧楼。韩全诲等赶忙在楼下点火。唐昭宗逃下楼，于是和皇后、妃嫔、众王一百多人都上马，痛哭声连续不断。韩全诲等人于是火烧皇城。壬戌日，唐昭宗驾临凤翔。

天复二年（902）六月，朱全忠在虢县（今陕西宝鸡）的北面打败李茂贞的军队。进军攻打凤翔。九月，朱全忠包围凤翔。十月，李茂贞出兵攻打汴军，又大败而归。汴军每天夜晚鸣战鼓吹号角，城中像地震一样。这年冬天，大雪，城中粮食被吃完，因寒冷和饥饿而死的人不可胜数。有的人躺下还没死，肉就被人用刀割下。市集中卖人肉，每斤肉值一百钱，狗肉值五百钱。李茂贞的储备也用完了，用狗肉、猪肉供给御膳。皇帝在市集上卖自己和小皇子的衣服来满足急用，削松木的碎片来饲养御马。十二月，唐昭宗召唤李茂贞吃饭，商量与朱全忠讲和，唐昭宗说："十六宅各王以下，每天冻死饿死的有好几人。在宫内的众王和公主、妃嫔，一天吃粥，一天吃汤饼，现在也没有了。你们觉得怎么样？"都不回答，唐昭宗说："应该快点和解了！"

天复三年(903)正月,李茂贞请求诛杀韩全诲等人,与朱全忠议和,护送唐昭宗的车驾回京城。唐昭宗立即派遣宫内培养的人率领凤翔士兵四十人拘捕韩全诲等人并杀了他们。用第五可范、仇承坦作为左右神策军的中尉,王知古、杨虔朗作为枢密使。这个傍晚,又把李继筠等十六人杀了。派遣使者把韩全诲等人的头装在口袋里给朱全忠看。当时凤翔所杀的宦官已达七十二人。朱全忠派京兆尹抓捕九十名宦官。甲子日,唐昭宗到朱全忠军营。己巳日,进入长安(今陕西西安)。庚午日,崔胤上书请求诛杀宦官。这一天,朱全忠用士兵驱赶第五可范以下的数百人到内侍省,全部杀了,冤屈喊叫的声音,通达宫内外。宦官中被派遣出使的人,诏令所在地逮捕杀了他们,仅仅留下他们之中年幼和病弱的三十人,用来做洒扫。唐昭宗感伤第五可范等人无罪,写文章祭奠他们。从此,宣传诏命都用宫女。左右神策军内外八镇,兵权都归属六军,用崔胤来兼任署理六军、十二卫。

臣范祖禹认为,崔胤本来与韩全诲争夺权力,因为昭宗经过被宦官幽禁侮辱的灾祸,考虑杀完全部宦官,所以韩全诲勾结李茂贞,而崔胤勾结朱全忠,各自仗恃强大有力的藩镇作为外援。而李茂贞、朱全忠也各自依靠宦官、宰相,作为靠山,来掌控朝廷。所以崔胤召唤朱全忠把士兵带入朝廷,而韩全诲劫持唐昭宗向西走。唐朝皇室的灭亡,由南司和北司互相吞并消灭,而唐昭宗遭受它的祸乱,难道不应该成为将来的永久借鉴吗?

唐鉴卷之二十四

昭宗下

天祐[1]元年正月，全忠杀崔胤，将劫帝迁都，引兵屯河中。丁巳，帝御延喜楼，全忠遣牙将寇彦卿奉表称邠、岐兵逼畿甸，请帝迁都洛阳。帝未及下楼，宰相裴枢以得全忠遗书，促百官东行。戊午，驱士民，号哭满路，骂曰："贼臣崔胤召朱温来，倾覆社稷，使我曹流离至此。"老幼繈属[2]，月余不绝。壬戌，车驾发长安，全忠以张廷范为御营使。毁长安宫室、百司及民间庐舍，取其材，浮渭沿河而下，长安自是遂丘墟矣。甲子，帝至华州，民夹道呼万岁，帝泣谓曰："勿呼万岁，朕不复为汝主矣。"馆于兴德宫，谓侍臣曰："鄙语云：'纥干山头冻杀雀，何不飞去生处乐？'朕今漂泊，不知竟落何所？"因泣下沾襟，左右莫能仰视。二月，乙亥，帝至陕，全忠自河中来朝，帝延全忠入寝室见何后，后泣曰："自今大家夫妇委身全忠矣。"帝遣间使以御札告难于王建[3]，建使王宗祐将兵会岐兵迎车驾，至兴平，遇汴兵，不得进而还。三月，帝复遣间使以绢诏告急于王建、杨行密④、李克用等，令纠率藩镇以图匡复，曰："朕至洛阳，则为全忠所幽闭，诏敕皆出其手，朕意不复得通矣。"四月，全忠请车驾早发，表章相继。帝屡遣宫人，谕以皇后新产，未任就路，请俟十月东行。全忠疑帝徘徊俟变，怒甚，谓寇彦卿曰："汝速至陕，即日促官家发来。"闰月丁酉，车驾发陕。癸卯，帝憩于谷水。自崔胤之死，六军散亡俱尽，所余击毬、供奉、内园小儿共二百余人，从帝而东。全忠犹忌之，为设食于幄，尽缢杀之。预选二百余人大小相类者，衣其衣服，代之侍卫，帝初不觉，累日乃寤。自是，帝之左右职掌使令皆全忠之人矣。甲辰，车驾至洛阳。帝自离长安，日忧不测，与皇后终日沉饮或相对涕泣。全忠使蒋玄晖伺察帝动静，皆知之。帝从容问玄晖曰："德王，朕之爱子，全忠何故坚欲杀之？"因泣下，啮中指流血。玄晖具以语全忠，全忠愈不自安。时茂贞等移檄往来，皆以兴复为辞。全忠方引兵西讨。以帝有英气，恐变生于中，欲立幼君，易谋禅代。乃遣李振至洛阳，与玄晖及朱友恭、氏叔琮图之。八月，壬寅，帝在椒殿，玄晖选龙武牙官史太等夜叩宫门，言军前有急奏，欲面见帝，夫人裴贞一开门见兵，曰："急奏何以兵为？"史太杀之。玄晖问："至尊安在？"昭仪李渐荣临轩呼曰："宁杀我曹，勿伤大家。"帝方醉，遽起，单衣绕柱走，太追而弑之。渐荣以身蔽帝，太亦杀之。又欲杀何后，后乃求哀于玄晖，乃释之。癸卯，玄晖矫诏称李渐荣、裴贞一弑逆，宜立辉王祚为皇太子，更名柷，监军国事。又矫皇后令，太子柩前即位。宫中恐惧不敢出声哭。丙午，昭宣帝即位，年十三。

臣祖禹曰：昔周之兴也，以诸侯归之，其亡也，以诸侯叛之。平王以后，周室微弱，政令不行，历数百年而不亡者，亦以诸侯持之也。唐之乱以藩镇，及其末也，藩镇割裂，疆土皆尽，而唐室遂亡。僖昭之时，惟李克用最为有功，虽尝跋扈，而终不失臣节，王室可倚以为藩扞[⑤]，使太原之势常重，则诸镇未敢窥唐也。而唐以其戎狄之人，疑而不信，外而不亲，有震上之势而无朝廷之助，是以不竞于汴，而全忠独强，吞噬诸镇，卒灭唐室。自古忠者不见信，所信者不忠，岂有不亡者乎？

右，昭宗在位十七年，为朱全忠所弑，年三十八。

【注释】①天祐：唐昭宗李晔的第七个年号，从904年至924年。天祐元年八月唐哀帝李柷即位沿用。②繦（qiǎng）属：连续不断。《汉书·儿宽传》：“大家牛车，小家担负，输租繦属不绝。”颜师古注：“繦，索也。言输者接连不绝於道，若绳索之相属也。”③王建（847–918）：字光图，许州舞阳（今属河南）人。唐昭宗天复三年（903）封蜀王，公元907年乘朱温代唐之机称帝，国号蜀，史称前蜀。④杨行密（852–905）：原名行愍，字化源，庐州合肥（今安徽省长丰县）人。五代十国时期吴国政权奠基人，史称南吴太祖。⑤藩扞（hàn）：护卫遮挡。

【译文】天祐元年（904）的正月，朱全忠把宰相崔胤杀了，准备劫持唐昭宗迁到东都，带领军队驻扎在河中。丁巳日，唐昭宗御临延喜楼，朱全忠派遣牙将寇彦卿奉表称邠州（今陕西彬州、长武、旬邑、永寿四市县地）、岐州（今陕西凤翔县南）的军队逼近京城地区，请昭宗迁都洛阳。唐昭宗还没来得及从延喜楼走下来，宰相裴枢因为接到朱全忠给的书信，催促文武百官向东行进。戊午日，驱赶百姓，一路都是哭声，老百姓骂道："贼臣崔胤招引朱温前来，使得国家颠覆，让我们流落到这种田地！"老老少少走了一个多月也没有断绝。壬戌日，唐昭宗的马车从长安出发。朱全忠任命张廷范为御营使，毁坏长安宫室、各个官衙以及民间的房屋，拣取它们的木料，让它们漂浮于渭河河面上，沿着河流向下。长安自此以后就是一片废墟了。甲子日，唐昭宗到了华州，老百姓排在道路的两边大声呼喊万岁。唐昭宗哭着说："别喊万岁了，我已经不再是你们的君主了。"唐昭宗在兴德宫住下，对侍臣说："俗话说：'纥干山头冻杀雀，何不飞去生处乐？'我现在漂泊在外，不知道最后会流落到哪里。"因此泪水沾湿了衣襟，身边近臣没有能够抬起头看他的。二月乙亥日，唐昭宗到达陕州，朱全忠从河中出发来朝见。唐昭宗邀请朱全忠进到后宫拜见何皇后，皇后哭着说："从今天开始，我们夫妇的安全就交给你朱全忠了。"唐昭宗派遣间谍把书信送给王建告急。王建派遣王宗祐带领军队和李茂贞的军队一起去迎接唐昭宗的马车。到了兴平（今陕西省关中平原中部），遇到朱全忠的部队，无法向前走，就返还了。三月，唐昭宗又派遣使者用绢诏向王建、杨行密、李克用等告急，让他们纠集统率藩镇用来恢复国家建设。说："我到了洛阳，就会被朱全忠软禁，诏令敕告都会从他手里发出，我的意旨不再会传到你们手中了。"四月，朱全忠恳求唐昭宗尽快出发，奏折接连不断。唐昭宗多次派宫女告诉他皇后刚刚生产，没有力气上路，请朱全忠等到十月，他们再向东出发。朱全忠怀疑唐昭宗的犹豫是在等待变故的时机，特别愤怒，对寇彦卿说："你快到陕州，催促陛下立即出发。"闰四月丁酉日，唐昭宗从陕州出发。癸卯日，在谷水歇息。自从崔胤死后，六军已经逃散得差不多了，只剩下击球、供奉、内园小儿一共二百多人，跟随唐昭宗向东出发。朱全忠对这些人还有猜疑忌惮，为他们在军用帐篷里准备食物，把他们全部勒死。提前准备好了和他们类似的二百多人，穿上他们的衣物，代替唐昭宗的近卫。开始唐昭宗没有察觉，几天以后才明白。从此以后，唐昭宗身边的管理人员，都是朱全忠的耳目了。甲辰日，唐昭宗的车马到了洛阳。自从离开长安，他每天担心发生祸端，每天和皇后沉溺于喝酒，有时互相对哭。朱全忠派蒋玄晖观察唐昭宗的举动，一切都在他的掌握之中。唐昭宗舒缓悠闲地问蒋玄晖说："德王是我喜欢的儿子，为什么朱全忠非要杀他？"接着哭着咬自己的中指，血流了出来。蒋玄晖把这些状况全都告诉了朱全忠，朱全忠越来越不安。这时候李茂贞等人和各藩镇的声讨檄文，都在说兴复唐室的言辞。朱全忠正要率领军队向西征伐，因为害怕唐昭宗的英武豪迈的气概使得朝中有变数，想要拥立年幼的君主，这样容易谋取禅让。于是派李振到洛阳，与蒋玄晖和朱友恭、氏叔琮图谋这件事。八月壬寅日，唐昭宗在后妃居住的宫殿。蒋玄晖选派龙武牙官史太等夜里敲击宫门，说军前有紧急情报，想要当面呈报皇帝。夫人裴贞一开门，看见士兵，说："急奏为什么要派兵？"史太杀了她。蒋玄晖问："皇帝在哪里？"昭仪李渐荣在窗前喊道："即使杀了我们，也不要伤害皇上！"唐昭宗正醉躺在床上，急忙起身，穿着单衣绕着殿柱逃跑。史太追上他，把他杀了。李渐荣用自己的身体保护皇帝，史太把她也杀了。又想要杀何皇后，皇后向蒋玄晖哀求，于是把她放了。癸卯日，蒋玄晖伪造诏书说李渐荣、裴贞一犯上作乱弑杀唐昭宗，应该拥立辉王李祚作为皇太子，改名为李柷，监管国家军政大事。又假传皇后口谕，让太子在灵柩前登基。宫中之人虽然害怕，但是不敢放声大哭。丙午日，昭宣帝登基，当时年仅十三岁。

臣范祖禹以为，以前周王朝的强大，是因为各个诸侯的归顺；它的衰亡，是因为各位诸侯的背叛。周平王以后，王室开始衰微，国家法令不能够推广实施。但经历数百年而不灭亡，也是因为诸侯的扶持。唐代的战乱是因为藩镇，到了唐朝末年，藩镇割据，使得国土都丧失了，于是唐朝就灭亡了。到了唐僖宗、唐昭宗的时候，只有李克用最具功业，虽然曾经独断专行，但最终没有失掉作为臣子的道义，王室是可以把他作为护卫遮挡，假使太原的势力时时强大，那么其他藩镇就不敢窥伺唐王朝。但是唐王室因为李克用是外族人，猜忌他而不信任他，疏远他而不亲近他，有威震各方的势力却没有朝廷的扶持，因而无法和朱全忠竞争。朱全忠一方独大，吞并了各个藩镇，最终灭了唐王朝。自古以来有忠心的人不被信任，而被信任的人又没有忠心，怎么会有不灭亡的呢？

以上，唐昭宗在位十七年，被朱全忠杀害，时年三十八。

昭宣帝

天祐二年三月，独孤损、裴枢、崔远并罢政事。初，柳璨[①]及第，不四年，为宰相，性倾巧轻佻。时天子左右皆朱全忠腹心，璨曲意事之。同列裴枢、崔远、独孤损皆朝廷宿望，意轻之，璨以为憾。和王傅张廷范，本优人，全忠欲以为太常卿，枢以为太常卿当以清流为之，廷范以梁客将，不可。乃曰："廷范勋臣，自有方镇，何藉乐卿！恐非元帅之旨。"持之不下。全忠闻之怒，璨因此并远、损谮于全忠。故三人皆罢。五月，乙丑，彗星竟天[②]，占者曰："君臣俱灾，宜诛杀以应之。"柳璨因疏其素所不快者于全忠曰："此曹皆聚徒横议，怨望腹非，宜以之塞灾异。"李振亦言于全忠曰："王欲图大事，此曹皆朝廷之难制者也，不若尽去之。"全忠以为然。乃贬独孤损、裴枢、崔远皆为刺史，陆扆、王溥、赵崇、王赞皆为司户，其余或门胄高华，或科第自达于三省台阁，以名检自处，声迹稍著，皆指以为浮薄，贬逐无虚日，搢绅为之一空。辛巳，再贬枢、损、远为泷、琼、白州司户。六月，全忠聚枢等及朝士贬官者三十余人于白马驿，一夕尽杀之，投尸于河。初，李振屡举进士不中第，故深疾搢绅之士。言于全忠曰："此辈常自谓清流，宜投之黄河，使为浊流。"全忠笑而从之。

臣祖禹曰：白马之祸，至今悲之，欧阳修有言曰："一太常卿与社稷孰为重？使枢等不死，尚惜一卿，其肯以国与人乎？虽枢等之力不能存唐，必不亡唐而独存也。"臣以为不然，昭宗返自凤翔，而全忠篡夺之势已成，人无愚智皆知之矣。枢乃其党被其荐引以为宰相，不恤国之存亡，方且宴安于宠禄。全忠之劫迁洛阳，昭宗未及下楼，枢受贼旨，已率百官出长安东门，昭宗卒以弑殒，而唐遂亡。由此观之，枢为忠于李氏乎，忠于朱氏乎？且长安与一太常卿孰重，国亡君弑与流品不分孰急？枢不惜长安以与全忠，乃惜一卿不与廷范，不惜国亡君弑而惜流品之不分，其愚岂不甚哉！夫枢非有忠义之心，能为社稷者也，不胜其利欲之心，畏全忠而附之，弑其君父。既从之矣，以为除太常卿小事也，持之不与，未必拂全忠之心，而微以示人至公。从其大而违其细，欲以窃天下之虚誉，不意全忠怒之至此也。全忠以为此小事也，犹不从己，其肯听己之取天下乎？是以肆其诛锄，无所不至，不知枢等实非能为唐轻重，乃全忠疑之过也。向使枢有存唐之心，当全忠之劫迁，端委而受刃于国门，天下忠义之士闻之，必有奋发而起者矣！枢不为此而惜一卿，不死于昭宗之弑，而死于廷范之事，处身如此，岂能为国虑乎？迹其附会全忠以为相，进不由其道矣。乃欲上不失贼臣之意，下不失士大夫之誉，其可得乎！白马之祸盖自取之也！然自古如此而死者多矣，贪躁之士，亦可少戒哉！

【注释】①柳璨（？-906）：字照之，唐朝河东（今山西省永济市）人。中国唐朝末年大臣、文学家及史学家，间接造成了唐末惨案白马驿之祸。②竟天：布满整个天空。形容盛大的样子。

【译文】天祐二年（905）三月，独孤损、裴枢、崔远一起被罢免。开始的时候，柳璨进士及第，不出四年就被任命为宰相。他的性格狡诈轻佻，当时唐昭宗帝身边的人都是朱全忠的部下，柳璨对他曲意逢迎。同朝为官的裴枢、崔远、独孤损都是一向负有众望的人，看不起柳璨，柳璨认为这是一件遗憾的事。和王李福的师傅张廷范，原来是以乐舞、戏谑为业的艺人，朱全忠想任命他作为太常卿。裴枢认为太常卿这一职务应当让德行高洁负有名望的士大夫担任，张廷范作为汴梁方面的宾客，是不合适的。于是他说："张廷范是负有功业的臣子，自然有州镇可以委任，为什么要寄居在太常卿的职位？这恐怕不是元帅的意思。"双方僵持不下。朱全忠听说之后非常愤怒。柳璨趁机在朱全忠面前连崔远、独孤损一起诬陷，所以三个人都被罢免了。五月乙丑日，彗星直至天边，占卜的人说："君主和臣下都有灾难，应当通过诛杀臣子来应对星象。"柳璨趁机把平时让他心情不愉悦的人报告给朱全忠，说："这些人都勾结党羽，妄议朝政，心怀不满，应该用他们来平复灾异。"李振也对朱全忠说："梁王您要图谋大事，这些人都是朝中很难控制的，不如把他们都除去。"朱全忠认为他们说得对，就把独孤损、裴枢、崔远都贬为刺史，把陆扆、王溥、赵崇、王赞都贬为司户。其他有的因为出身高贵，有的因为通过科举自己上升到三省职位的，以名誉与礼法处世，稍微有一点声望的，都被指为轻薄，连续不断被贬出朝廷，朝中的士大夫因为这个而空缺许多。辛巳日，再次把裴枢、独孤损、崔远分别贬为泷州司户、琼州司户、白州司户。六月，朱全忠在白马驿汇集了裴枢一类和朝中其他被贬官的共三十多人，一晚上把他们全都杀了，将他们的尸体投到河中。当初，李振多次考进士考不中，所以特别痛恨通过考试做官的那些人，对朱全忠说："这些人常常称自己是德行高洁的一类人，应当把他们投到黄河里边变成浊流！"朱全忠笑着应允了。

臣范祖禹认为，白马驿的祸乱，到现在还让人悲伤感慨。欧阳修曾经说："太常卿一职和国家社稷哪个为重？如果裴枢等一类人没被杀死，他尚且珍惜太常卿的职位，他肯把国家送给人吗？虽然凭借裴枢等人的力量不能保存唐朝，他们也一定不会在唐代灭亡的情况下独自存活。"我认为不是这样的。唐昭宗从凤翔返回的时候，朱全忠篡夺的形势已经形成，无论聪慧或愚钝的人，都知道了。裴枢本来是朱全忠的党羽，被他举荐做了宰相。他不关心国家的生死存亡，却在宠信和高官厚禄中苟且偷安。朱全忠劫持唐昭宗东迁洛阳的时候，唐昭宗还没下楼，裴枢却接受了他的意旨，已经率领百官走出长安东门。唐昭宗终于被杀死，唐朝于是灭亡。从这方面来看，裴枢是效忠李氏呢？还是效忠朱氏？况且长安与太常卿一职哪个重要？国家灭亡、君主被杀，和门第不分哪个更为紧急？裴枢不惜把长安交给朱全忠，却爱惜太常卿不给张廷范，不惜国家灭亡、君王被杀而吝惜门第不分，他不是太愚昧了么！裴枢不是有忠直正义的心，能为国家着想的人；他不能驾驭自己对私利的欲望，因为畏惧朱全忠而附和他。杀了他的君主，就归顺他了！认为任命太常卿一职是一件小事，坚持不给，未必拂逆了朱全忠的意愿，而且还多多少少能够向世人表示自己很公正。在大的方面顺从而在细小的方面拂逆他的意思，想凭借这个盗取虚名，没想到朱全忠发怒成这样。朱全忠却认为细微的事情都不听从自己，怎么可能听从自己去夺取天下呢？所以恣意诛灭铲除，没有他做不到的地步。却不明白裴枢一类人并不能作为唐朝举足轻重的人物，这是朱全忠猜疑之心过重了。假使裴枢有护卫唐朝的意愿，那么在朱全忠劫持唐昭宗迁到东都的时候，就应当穿上端庄而宽长的朝服，在国门下被杀，天下忠直正义的人听说这件事后，一定有情绪高昂而起身反抗的人。裴枢不这样做，而只是吝惜太常卿一职；不在唐昭宗的被谋杀事件中死亡，而在张廷范的事件中死亡。这样立身处世的态度，难道还会为国家考虑吗？看他依附朱全忠被任命为宰相，晋升的方法就不是正道，还想要对上不丧失贼臣的欢心，对下不丧失士大夫的赞誉，这可能做到吗？白马驿的祸端，是他咎由自取的啊。然而从古以来像这样死去的人多了，心怀贪欲、浮躁的人，也多少能够援引作为借鉴的啊！

十二月，王殷、赵殷衡嫉蒋玄晖[①]之权宠，欲得其处，谮玄晖。云与柳璨、张廷范于积善宫夜宴，对太后焚香为誓，欲兴复唐室。全忠信之，斩玄晖，戮其尸。令殷、殷衡弑太后，追废为庶人。斩璨于上东门，轘[②]廷范于都市。

臣祖禹曰：孟子曰："不仁而得国者有之矣，不仁而得天下，未之有也。"三代以后，盖有不仁而得天下者焉。朱全忠之篡唐，以悖逆取之，以暴虐守之。虽为天子数年，不免其身，子孙殄戮，靡有遗类，是以一身易一族之富贵也。五代之际，起匹夫而为天子，或五六年，或三四年，或一二年，皆宗族夷灭，世绝不祀。乱臣贼子，曾莫惩也。《书》曰："惠迪吉，从逆凶，惟影响。"岂不信哉！

【注释】①蒋玄晖（？-906）：唐朝末年大臣，官至枢密使，宣武节度使朱温的心腹，协助朱温铲除其谋篡帝位的阻碍，并设计杀死了唐昭宗的九个儿子，还是弑杀唐昭宗的主谋。②轘（huàn）：车裂人的酷刑。

【译文】十二月，王殷、赵殷衡二人，嫉恨蒋玄晖的权力和宠信，想得到他现在的位置，就中伤蒋玄晖。说他和柳璨、张廷范在积善宫夜间饮宴上，对着太后烧香发誓，想要复兴唐朝宗室。朱全忠相信了他们，杀了蒋玄晖，陈尸示众。命令王殷、赵殷衡杀了太后，废除所有封诰，贬为平民。在上东门杀了柳璨，在街市上将张廷范车裂。

臣范祖禹认为，孟子说："不施行仁政却能拥有国家的事是有的；不施行仁政却想拥有天下，从来就没有发生过。"夏、商、周三代之后，大概有了不实行仁政而拥有天下的事。朱全忠篡取唐室帝位，从违反正道得到，用凶恶残酷的方法防守。虽然做了几年皇帝，不能避免自身的祸端，后代被赶尽杀绝，他是用一个人的富贵交换一族人的富贵。五代的时候，出身平民后来当天子的人，有的五六年，有的三四年，有的一二年，结果都是整个家族被消灭，最终绝后。而这些犯上作乱的大臣，都没有把这些作为前车之鉴警示自己。《尚书》上说："顺应天道就有吉祥，忤逆天道就有凶灾，两者的关系如影随形，响之应声。"这不是完全正确的么！

三年正月，天雄节度使罗绍威[①]与朱全忠密谋，帅兵攻牙军。阖营殪之，凡八千家，婴孺无遗。全忠引兵入魏州，自是魏兵衰弱，绍威悔之。

臣祖禹曰：昔商民化纣之恶，周公迁之于洛邑。既历三纪，而其风未殄，以累圣人之治犹如此，甚矣，污俗之难变也。自天宝以后，燕赵魏不为唐有，其人安于悖逆，不复知有君臣。声色之所不及，政刑之所不加，历十五世，然后歼夷殄灭，靡有遗类，而其俗犹不改也。其后梁之亡也始于魏，庄宗之亡也亦始于魏。其得之也以魏，其失之也以魏，由其习乱之久，故易动也。而燕人至于晋氏，遂沦于左衽，岂非诸夏之礼，其亡有渐乎？赵居二寇之间，或逆或顺，不若燕魏之甚也，故其祸有浅深。论者或谓绍威诛牙军以弱魏，而全忠无后顾之虑，因以篡唐。夫唐与魏离亦久矣，牙军适足乱魏以拒朝廷而已，其能为唐室轻重，岂其然乎？

【注释】①罗绍威（877—910）：《旧唐书》作罗威，字端已，魏州贵乡（今河北大名）人，唐末五代军阀、将领，魏博节度使罗弘信之子。

【译文】天祐三年（906）正月。天雄节度使罗绍威，和朱全忠秘密谋划率领军队进攻牙军，杀光了整个营，一共八千家，连幼小的婴儿也不留下。朱全忠带领军队进入魏州，从此以后魏州兵力衰微，罗绍威对于做出这件事感觉很后悔。

臣范祖禹认为，以前商朝的百姓被纣王的恶习影响，周公把他们迁徙到洛邑。已经过了三十六年，他们的恶习还没有根除。还非常顽固地拖累了圣人的治理，恶风劣俗实在是很难改变啊。自从天宝年间之后，燕、赵、魏这些地方已经不再是唐朝的了，那里的人在叛逆的统治之下已经非常安心，不再知道君臣之间的礼节了。朝廷的礼仪教化不能达到那里，朝廷的政令刑罚不能在那里实施，已经过了十五代皇帝，然后被铲平消灭，不留后嗣，但那里的恶风劣习还没有改变。此后梁的灭亡，从魏开始；唐庄宗的灭亡，也是从魏开始。取得也是因为魏，丧失也是因为魏，是那里的人陷入纷乱已经很长时间了，所以容易动荡。而北方的燕人到了后晋的时候，于是沦落到被外族统治。华夏礼教的消亡是不是也有个过程呢？赵地居于燕、魏之间，有时叛逆有时顺从，不像燕、魏那样非常叛逆，所以祸患有浅有深。有的人说罗绍威凭借消灭牙军来削弱魏的势力，所以朱全忠没有后顾之忧，以此才可以谋篡唐朝。其实魏与唐已经分开很长时间了，它的牙军只能够扰乱魏地并抗拒朝廷而已，对唐室来说它怎么可能发挥举足轻重的作用？是这样的吗？

四年三月，帝禅位于梁，以杨涉为押传国宝使，涉子直史馆凝式，言于涉曰："大人为唐宰相，而国家至此，不可谓之无过，况手持天子玺绶与人，虽保富贵，奈千载何？盍辞之。"涉大骇，曰："汝灭吾族。"神色不宁者数日。

臣祖禹曰：自古易姓之际，必有仗节死义之臣，忠于本朝，故贼臣惮焉。唐之亡也，其宰相皆奸险趋利，卖国与盗，惟以倾覆宗社，士之立于朝者皆小人也。故以玺绶与人而不以为不可，劝进贼庭而不以为羞。惟凝式一有言，而其父大骇，以为狂惑不祥之人矣。岂其贤人君子遭世之乱，而隐伏不见欤？抑其累世之君不能养其风俗，而无礼义廉耻之习欤？何三百年之天下[1]而无一忠义之士扶持之也？人君岂可不养士之廉耻以重其国哉？

【注释】①三百年之天下：唐自618年（唐高祖武德元年）建国，至907年（唐哀帝天祐四年）为朱全忠所篡，共历二十一帝，二百八十九年。三百年是举其大数。

【译文】天祐四年（907）三月，皇帝让位给梁王朱全忠，以杨涉作为押传国宝使，杨涉的儿子任直史馆的杨凝式，对杨涉说："大人是唐朝的宰相，然而国家到了这个地步，不可以说你没有过错，何况手里拿着天子玉玺和丝带给他人，虽然保住了富贵，到千年以后怎么办呢？为什么不辞去这份职位？"杨涉听了很害怕，说："你要消灭我们九族啊。"此后多日神色不安。

臣范祖禹认为，自古改朝换代的时候，一定有坚守节操，为正义而死的臣子，忠于自己所处的王朝，所以奸臣害怕他们。唐朝的灭亡，它的宰相都奸险狡诈追求名利，把国家卖给强盗，只是用来倾覆社稷的，立于朝堂的国家士大夫都是小人。所以把玉玺和丝带给他人，而不认为不可以，到奸臣的朝堂劝登帝位，却不认为羞耻。杨凝式只说了一句话，而他的父亲很害怕，认为他不明事理，是不祥的人。

难道那些有才能的人、人格高尚的人遭逢世间的动乱，都隐藏不见了吗？或者一世接连一世的君主不能培养风俗，臣民没有礼义廉耻的习惯吗？为什么三百年的天下，没有一个忠义的士大夫来辅佐他呢？君主怎么可以不培养士大夫的廉耻，用来保重他的国家？

右昭宣帝在位四年，禅位于梁。梁封帝为济阴王。明年，为所弑。年十七。

臣祖禹曰：三代之得天下也以仁，其失天下也以不仁[①]。人心悦而归之，则王，离而去之，则亡。故凡有德则兴，无德则废。君人者勤于德，以待天下之归而已。至于后世有天下者，其德不足，而以势力劫持之，天下之人，非心服也，力不能胜也，故天下易离。然而汉唐之有天下也，除其暴乱而待之以宽，人心悦而从之，故其享天下皆长久，虽不足以及三代，亦其次也。魏之代汉非由积德，故天下不服，分而为三，数十年而亡。若朱全忠之篡唐，又不足以及曹氏，直为盗贼而已矣。言之可丑[②]，岂足道哉，然唐之所以亡，不可不戒，乱臣贼子，不可不惩也。臣故举其大略而著之。

【注释】①三代之得天下也以仁，其失天下也以不仁：语出《孟子·离娄》，孟子曰：“三代之得天下也以仁，其失天下也以不仁。”意思是：夏商周三代能够得到天下是因为推行仁政，他们失去天下是因为不实行仁政。②言之可丑：语出《诗经·鄘风·墙有茨》：“所可道也，言之丑也。”意思是说：说出来难听得叫人觉得害臊。

【译文】以上唐昭宣帝在位四年，给梁禅让帝位。梁王把昭宣帝封为济阴王，第二年，就被梁王杀了，他当时十七岁。

臣范祖禹以为，夏、商、周得到天下是因为施行仁政，他们失去天下是因为不施行仁政。人们愉悦地归顺就能够称王，心中不拥戴，抛弃了君主，便丧失天下。所以君王有贤德国家就兴盛，没有贤德就会被废掉。做百姓君主的人，勤于用德政处理的，凭借它等待百姓归顺就行了。至于后代得到天下的君主，如果他的德政不够，却凭借势力劫持百姓，那么百姓不反抗不是心悦诚服，只是力量不够，所以国家容易混乱。汉唐拥有天下，除掉叛乱而待人宽厚，百姓心悦诚服，因此他们享有长久的国运。虽然赶不上三代，却也仅次于三代了。魏取代汉，不是因为累积的德政，所以百姓并不心悦诚服，一分为三，几十年就灭亡了。像朱全忠篡夺唐室，连曹氏也赶不上，这简直就是盗贼！说出来难听得叫人觉得害臊，难道值得说它吗！然而唐朝覆灭的原因，不能不作为警戒，对待犯上作乱的臣子，不能不去惩戒。所以我列举了其中的大概把它写出来。

右，唐起高祖武德元年，终昭宣帝天祐四年。凡十四世二十帝，二百九十年。

臣祖禹曰：唐自高祖取隋，五年而四方底平，九年而太宗立，贞观之治，几于三代，然一传而有武氏之篡[①]，朝命中绝二十余年，中、睿享国日浅，朝廷浊乱，明皇以兵取，而后得之，开元之治，几于贞观，而终之以天宝大乱，唐室遂微，肃宗以后，无足称者，惟宪宗元和之政，号为中兴，凡唐之世，治日如此其少，乱日如彼其多也。昔三代之君，莫不修身齐家，以正天下，而唐之人主，起兵而诛其亲者，谓之定内难，逼父而夺其位者，谓之受内禅，此其闺门无法，不足以正天下，乱之大者也。其治安之久者，不过数十年，或变生于内，或乱作于外，未有内外无患承平百年者也。扬雄曰："阴不极则阳不生，乱不极则德不形。"唐室之乱极于五代，而天祚有宋[②]。太祖皇帝顺天人之心，兵不血刃，市不易肆，而天下定，神武所临，海外有截[3]。继以太宗文治，四宗守成，百有余年太平，虽三代之盛，未有如此其久者也。其取之也，虽无以远过于前代，其守之也，则不愧于三王。内则家道正而人伦明，其养民也仁，其奉己也俭，德泽从厚，刑罚从薄。外则县之政听于令，郡之政听于守，守之权归于按察，按察之权归于朝廷，上下相维，轻重相制，藩镇无擅兵之势，郡县无专杀之威，士自一命以上，刑辱不及也。故无大臣之诛，施及群生，功利无穷，较之唐世，我朝为优。夫唐事已如彼，祖宗之成效如此，然则今当何监，不在唐乎？今当何法，不在祖宗乎？夫惟取监于唐，取法于祖宗，则永世保民之道也。

【注释】①武氏之篡：指唐高宗死后，武则天称帝，国号大周。②天祚有宋：天祚，天赐福祐。五代末，显德六年（959），周世宗柴荣病逝，年仅七岁的皇子柴宗训继位。殿前都点检赵匡胤带兵出征。军至陈桥驿，部将赵普等举行兵变，赵匡胤“黄袍加身”，当了皇帝，建立宋王朝。③有截：意思是齐一貌，整齐貌。《诗·商颂·长发》：苞有三蘖，莫遂莫达，九有有截，韦顾既伐，昆吾夏桀。郑玄笺：九州齐一截然。又：相士烈烈，海外有截。郑玄笺：截，整齐也。

【译文】唐代起源于高祖武德元年（618），覆灭于昭宣帝天祐四年（907），一共十四世，二十位帝王，二百九十年。

臣范祖禹以为，唐代自从高祖取代隋朝，五年后国内安定，九年后，太宗继承帝位，出现了贞观之治，差不多可以和夏、商、周三代时的圣人之世相比较了。但是传了一代就出现了武则天的篡权夺位，唐朝中断了二十几年。唐中宗、唐睿宗在位时间都很短，朝中混乱不堪，唐玄宗通过兵变夺得皇位。开元盛世，和贞观之治相差无几，却以天宝之乱结束，于是唐王朝走向衰微。唐肃宗以后的皇帝没有值得称道的，只有唐宪宗年间的元和之政，号称中兴。整个大唐年间，安定的日子如此之少，战乱日子是那么多。从前三代的君王，没有不修养自身，理好家政，从而治理天下。而唐朝的君主，起兵杀他亲族的人，叫作“定内难”；逼父而夺取他权位的人，叫作“受内禅”。这是家庭内部没有法度，不能够以正天下，是很大的祸乱。唐朝治理安定时间久的，只有几十年，不是内部产生变数，就是外部产生叛乱，没有内外无祸患、太平长达百年的时候。扬雄说：“阴不到极点则阳不生，乱不到极点则德无法形成。”唐室之乱到五代达到极点，而上天赐福使利宋朝建国。太祖皇帝顺应人心，兵器没有杀人见血，市场没有改变陈列，但天下已经安定，神武所到之处，四海之外都来归顺。接着宋太宗以文臣治天下，真、仁、英、神四宗保住了既有的成就，国家出现一百多年的安定。就连夏、商、周三代的盛世，也没有这么长久的安定。宋朝所获得天下的方法，虽然不能超过前代；但在保持成就方面却不次于尧、舜、禹三王。对内家风淳朴正直，而人与人之间的关系准则明确；推行仁政来养育百姓，奉养自己则节俭；德泽宽厚，刑罚从轻。朝廷外就是一个县的政令听从县令指挥，一个郡的政令听从太守指挥，太守的管辖权归属于按察使，按察使的管辖权归属于朝廷。这样上下相连，轻重相互制衡，藩镇没有独自调遣兵力的权力，郡县没有无须禀命而可诛戮的权威。官员都不受刑罚侮辱，所以没有诛杀大臣的事件。将恩惠施及百姓那么它的效用是无穷的。和唐朝比较，宋朝是比较好的。唐朝的事体是既定的，我朝先祖的成效却是如此之好。然而现在应当以何为鉴，不是在唐朝吗？现在应当以什么为法，不在我朝先祖吗？如此以唐朝为借鉴，从祖宗那里取法，这就是永久保卫人民、安定国家的途径！

谦德国学文库丛书

（已出书目）

弟子规·感应篇·十善业道经
三字经·百家姓·千字文·德育启蒙
千家诗
幼学琼林
龙文鞭影
女四书
了凡四训
孝经·女孝经
增广贤文
格言联璧
大学·中庸
论语
孟子
周易
礼记
左传
尚书
诗经
史记
汉书
后汉书
三国志
道德经
庄子
世说新语
墨子
荀子
韩非子
鬼谷子
山海经
孙子兵法·三十六计
素书·黄帝阴符经
近思录
传习录
洗冤集录
颜氏家训
列子
心经·金刚经
六祖坛经

茶经·续茶经
唐诗三百首
宋词三百首
元曲三百首
小窗幽记
菜根谭
围炉夜话
呻吟语
人间词话
古文观止
黄帝内经
五种遗规
一梦漫言
楚辞
说文解字
资治通鉴
智囊全集
酉阳杂俎
商君书
读书录
战国策
吕氏春秋
淮南子
营造法式
韩诗外传
长短经

虞初新志
迪吉录
浮生六记
文心雕龙
幽梦影
东京梦华录
阅微草堂笔记
说苑
竹窗随笔
国语
日知录
帝京景物略
子不语
水经注
徐霞客游记
聊斋志异
清代三大尺牍：小仓山房尺牍
清代三大尺牍：秋水轩尺牍
清代三大尺牍：雪鸿轩尺牍
孔子家语
贤母录
张岱文集：陶庵梦忆
张岱文集：西湖梦寻
张岱文集：快园道古
群书类编故事
管子